MULTILATERALISMO NA ÁSIA ORIENTAL

CB123906

ORGANIZAÇÃO

Kent E. Calder
e Francis Fukuyama

MULTILATERALISMO NA ÁSIA ORIENTAL

Perspectivas para a estabilidade regional

Tradução de Nivaldo Montingelli Jr.

Rocco

Título original
EAST ASIAN MULTILATERALISM
Prospects for Regional Stability

Copyright © 2008 *by* The Johns Hopkins University Press
Todos os direitos reservados.

PROIBIDA A VENDA EM PORTUGAL

Direitos para a língua portuguesa reservados
com exclusividade para o Brasil à
EDITORA ROCCO LTDA.
Av. Presidente Wilson, 231 – 8º andar
20030-021 – Rio de Janeiro, RJ
Tel.: (21) 3525-2000 – Fax: (21) 3525-2001
rocco@rocco.com.br
www.rocco.com.br

Printed in Brazil/Impresso no Brasil

preparação de originais
VILMA HOMERO

CIP-Brasil. Catalogação na fonte.
Sindicato Nacional dos Editores de Livros, RJ.

M926 Multilateralismo na Ásia Oriental: perspectivas para a estabilidade regional / organização de Kent E. Calder e Francis Fukuyama; tradução de Nivaldo Montingelli Jr. – Rio de Janeiro: Rocco, 2012.
14x21 cm

Tradução de: East Asian multilateralism: prospects for regional stability
ISBN 978-85-325-2730-1

1. Ásia, Leste – Integração econômica. 2. Estados Unidos – Relações econômicas exteriores – Ásia, Leste. 3. Ásia, Leste – Relações econômicas exteriores – Estados Unidos. 4. Integração econômica internacional. 5. Relações econômicas internacionais. I. Calder, Kent E. II. Fukuyama, Francis, 1952-.

11-8137 CDD-337.15
CDU-339.1(5)

Sumário

Parte II
PERSPECTIVAS PARA OS PAÍSES

Parte III
IMPLICAÇÕES PARA AS POLÍTICAS

Agradecimentos

Este livro nasceu no Fórum Bernard L. Schwartz sobre Capitalismo Construtivo de 2005 na Paul H. Nitze School of Advanced International Studies (SAIS), da Johns Hopkins University, copatrocinado pelo Edwin O. Reischauer Center, da SAIS. Os editores agradecem a Bernard Schwartz, antigo presidente do conselho e executivo da Loral Space and Communications, pelo generoso apoio à conferência e ao fórum como um todo.

Este livro não teria sido possível sem o trabalho de várias pessoas. Peter Beck, do Grupo de Crises Internacionais; Kurt Campbell, então do Centro para Estudos Internacionais e Estratégicos; Jessica Einhom, da SAIS; Lyric Hale, da Hale Associates; Chen Jian, da Universidade de Virgínia; Michael Swaine, do Carnegie Endowment for International Peace; Kathryn Weathersby, do Woodrow Wilson Center; e nossos colegas da SAIS Karl Jackson e David M. Lampton; todos participaram da conferência original. Hiromi Murakami e Levi Tillemann-Dick usaram tempo de seus estudos para ajudar a editar o livro. Cynthia Doroghazi e Robin Washington, em nome do Fórum Bernard L. Schwartz, e Mayumi Tani e Júri Yamazaki, do Reischauer Center, ajudaram a organizar a conferência e na produção do livro.

Abreviaturas

6PT	Six-Party Talks [Conversações entre seis partes: China, Coreia do Norte, Coreia do Sul, Estados Unidos, Japão e Rússia]
ABF	Asian Bond Fund [Fundo Asiático de Títulos]
ABF2	Asian Bond Fund Initiative, Segundo estágio
AMF	Fundo Monetário Asiático
Anzcerta	Australia New Zealand Closer Economic Relations Trade Agreement [Acordo para relações econômicas mais próximas entre Austrália e Nova Zelândia]
Apec	Asia-Pacific Economic Cooperation [Cooperação Econômica Ásia-Pacífico]
APT	ASEAN Plus Three [ASEAN Mais Três]
ARF	ASEAN Regional Forum [Fórum Regional da ASEAN]
Asean	Associação das Nações do Sudeste Asiático [Indonésia, Malásia, Filipinas, Cingapura, Tailândia, Brunei, Vietnã, Mianmar, Laos e Camboja]
Asem	Asia-Europe Meeting [Encontro Ásia-Europa]
Aspac	Asia and Pacific Council [Conselho Ásia-Pacífico]
BSA	Bilateral Swap Agreement [Acordo Bilateral de Comércio]
CSCAP	Council for Security Cooperation in the Asia Pacific [Conselho para a Cooperação em Segurança na Ásia-Pacífico]
DMZ	zona desmilitarizada
EAEC	East Asian Economic Caucus [Convenção Econômica da Ásia Oriental]
EAEG	East Asian Economic Grouping [Grupo Econômico da Ásia Oriental]
EAS	East Asia Summit [Encontro Anual da Ásia Oriental]
EASG	East Asia Study Group [Grupo de Estudos da Ásia Oriental]
EAVG	East Asia Vision Group [Grupo de Visão da Ásia Oriental]
ECA	Economic Cooperation Administration [Administração de Cooperação Econômica]
EFTA	European Free Trade Association [Associação Europeia de Livre Comércio]
EVSL	Early Voluntary Sectoral Liberalization [Liberalização Setorial Voluntária Antecipada]

FDI	foreign direct investment [investimento estrangeiro direto]
FMI	Fundo Monetário Internacional
FTA	free trade agreement [acordo de livre comércio]
GATT	General Agreement on Tariffs and Trade [Acordo Geral Sobre Tarifas e Comércio]
IEA	International Energy Agency [Agência de Energia Internacional]
Kedo	Korean Peninsula Energy Development Organization [Organização de Desenvolvimento da Energia da Península Coreana]
Meti	Ministry of Economy, Trade, and Industry [Ministro da Economia, Comércio e Indústria](Japão, anteriormente MITI)
MFN	most favored nation [nação mais favorecida]
Miti	Ministry of International Trade and Industry [Ministro da Indústria e Comércio Exterior] (Japão)
MOFA	Ministry of Foreign Affairs [Ministro das Relações Exteriores] (Japão)
NAFTA	North American Free Trade Agreement [Tratado Norte-Americano de Livre Comércio]
NMD	National Missile Defense [Defesa Nacional Antimísseis]
OCDE	Organização para Cooperação e Desenvolvimento Econômico
ODA	overseas development assistance [assistência externa ao desenvolvimento]
OMC	Organização Mundial do Comércio
ONU	Organização das Nações Unidas
OTAN	Organização do Tratado do Atlântico Norte
PECC	Pacific Economic Cooperation Council [Cooperação Econômica do Pacífico]
PRC	República Popular da China
PTA	preferential trading agreement [acordo de comércio preferencial]
ROK	República da Coreia
SCO	Shanghai Cooperation Organization [Organização de Cooperação de Shangai]
Seato	Southeast Asia Treaty Organization [Organização do Tratado do Sudeste da Ásia]
URSS	União das Repúblicas Socialistas Soviéticas

Notas sobre nomes estrangeiros e transliterações

Estão disponíveis várias romanizações para nomes chineses, japoneses e coreanos. Neste livro, serão empregadas as seguintes convenções:

Os nomes japoneses serão transliterados usando-se um sistema Hepburn *romaji* modificado, que omite os sinais em nome da conveniência.

A menos que o uso histórico mande o contrário, os nomes e transliterações em chinês mandarim serão feitas pelo sistema Pinyin. Os nomes em mandarim (por exemplo, Hu Jintao) serão divididos em duas palavras. Alguns nomes com romanizações comumente aceitas são isentos desta convenção (por exemplo, Chiang Kai-shek).

Não existe nenhuma convenção amplamente aceita para a transliteração de nomes coreanos e estes assuntos são normalmente deixados para a preferência pessoal do indivíduo. Em nome da consistência, este livro seguirá a convenção de dividir os nomes coreanos em duas palavras, hifenizando o nome próprio (por exemplo, Kim Jong-il).

São feitas exceções a essas regras em três casos: (1) quando um colaborador ou acadêmico manifesta uma clara preferência na transliteração de seu próprio nome (por exemplo, Cheng-Chwee Kuik); (2) quando um nome histórico amplamente reconhecido segue convenções diferentes daquelas usadas pelos editores deste livro (p.ex., Syngman Rhee); ou (3) quando há um precedente razoável para seguir convenções alternativas.

As transliterações de outros idiomas seguirão as convenções estabelecidas pelos autores dos capítulos.

Introdução

– Kent E. Calder e Francis Fukuyama

Ao longo da última geração, a Ásia oriental tornou-se cada vez mais afluente, industrializada e economicamente integrada. De fato, hoje, Japão, China e Coreia do Sul respondem por quase 20 por cento do PIB global, ou dois terços do PIB da União Europeia[1]. E a relação entre seu comércio e seu PIB é de quase um terço, comparada com 70 por cento na União Europeia, 17 por cento nos países reunidos pelo Nafta e 55 para o mundo como um todo[2].

Em outras partes do mundo, a interdependência econômica normalmente se correlaciona fortemente com a organização econômica transnacional e multilateral. Paradoxalmente, isso não tem sido verdade no nordeste da Ásia. A despeito de seu alto nível de integração econômica interna, a Ásia oriental vem sofrendo há muito de uma "lacuna organizacional" – falta de organização multilateral, em particular de organização formal – pronunciada em comparação com a situação em outras regiões globais[3]. Em 2005, por exemplo, a Europa participava de sete acordos comerciais regionais; a América Latina, de cinco. Em contraste, a Ásia oriental fazia parte de apenas dois, ambos limitados ao sudeste da Ásia[4]. O nordeste do continente não participava de nenhum acordo[5].

É claro que uma lacuna de organização na Ásia oriental tem implicações importantes para os Estados Unidos. Dificulta, para os asiáticos, a conversão de sua crescente influência econômica em poder geopolítico que possa, potencialmente, questionar Washington, caso queiram fazê-lo. Além disso, essa lacuna também complica os esforços asiáticos para resolver problemas comuns, elevando as tensões sobre a segurança intrarregional e ameaçando com a possibilidade de caos financeiro na ausência de intervenções externas estabilizadoras.

A existência de uma lacuna em termos de organização multilateral na Ásia oriental, em especial na parte nordeste do continente, tem origens históricas importantes. Não existe nenhuma organização regional séria desde o colapso do império japonês, em 1945. Nos últimos anos, ressentimentos históricos têm sido alimentados pelo nacionalismo populista. A urbanização e a democratização ampliaram a área política, apesar de a educação patriótica ter intensificado a conscientização local a respeito de erros antigos alegadamente cometidos por Estados vizinhos. O resultado tem sido uma evolução lamentavelmente lenta de instituições regionais. Qualquer que tenha sido a utilidade das divisões da Ásia oriental na sustentação da influência americana na região durante a Guerra Fria, ela hoje é superada pelos riscos geopolíticos e pelos obstáculos sem sentido ao progresso econômico criados pelas crescentes rivalidades nacionalistas.

Além de representar perigos onipresentes de nacionalismo e instabilidade financeira, a lacuna organizacional é inconveniente, do ponto de vista político e econômico, porque a região enfrenta desafios únicos em termos de desenvolvimento intensivo de capital. Esses desafios requerem uma rede mais profunda de organizações regionais para neutralizar o risco geopolítico e, ao mesmo tempo, lidar com a economia e a segurança. Quase todas as nações da região, por exemplo, sofrem uma severa carência de reservas domésticas de energia prontamente acessíveis. E também enfrentam uma infraestrutura inadequada de transporte e de comunicações, bem como mercados regionais de capitais integrados que poderiam direcionar seus grandes superávits financeiros para o seu desenvolvimento. Além disso – é desnecessário dizer –, existem riscos de proliferação nuclear, contra os quais uma cooperação regional sistemática é urgentemente necessária.

Embora a lacuna de organizações multilaterais seja atualmente uma característica proeminente da economia da região, a Ásia oriental, vista de uma perspectiva comparativa, não é destituída de arquitetura regional. Na verdade, nos anos 1950, foi criado um bem desenvolvido sistema de "cubo e raios" de relações bilaterais de segurança, centrado em Washington, D.C., que continua a prevalecer. Antes disso, houve tentativas de criar um sistema multilateral mais amplo, mas a carência de organizações nesse sentido permanece, embora venham surgindo importantes complementos para o cubo e os raios. Nas próximas páginas, delinearemos como têm progredido esses esforços para criar no Pacífico uma ampla arquitetura regional, que herança eles deixaram para o futuro e, finalmente, como uma possível evolução do multilateralismo na Ásia poderá afetar os interesses americanos.

O tortuoso curso do multilateralismo na Ásia

De 1895 até 1945, houve um jeito perverso e hegemônico de arquitetura regional, na forma do império japonês. Em 1895, pelo Tratado de Shimonoseki, o Japão anexou Taiwan, iniciando seu caminho de conquistas regionais. Em 1905, acrescentou a metade sul da ilha de Sacalina e estabeleceu um protetorado sobre a Coreia, anexada em 1910. Depois de tomar a Manchúria, em 1931, como o protetorado fantoche de Manchukuo, em 1937, o Japão entrou fundo na China e, depois de 1940-41, no Sudeste da Ásia, formando a esfera de coprosperidade da Ásia Maior Oriental. No total, mais de 30 milhões de asiáticos – menos de um décimo dos quais japoneses – morreram nessas intermitentes guerras imperiais que, por mais de meio século, prejudicaram seriamente o crescimento econômico na maior parte da região.

Depois do colapso do Japão em 1945, ao final da Segunda Guerra Mundial, muitas fronteiras permaneceram ambíguas e ferozmente disputadas em meio à turbulência da transição do início do pós-guerra. Dias depois do término formal do conflito, por exemplo, nas duas últimas semanas de agosto de 1945, a União Soviética ocupou abruptamente as ilhas Kurilas, pouco ao norte de Hokaido, criando com o Japão uma disputa pelos "territórios do norte", que continua até hoje. A Coreia do Sul também ocupou as ilhotas Takeshima/Tokdo, no centro do mar do Japão, ao passo que forças americanas baseadas no país ocuparam as ilhotas rochosas de Senkaku/Diaoyutai, no mar da China, próximas a Taiwan. Todos esses territórios foram disputados, e até mesmo seus nomes foram alvo de controvérsia, dando origem a conflitos ferozes e duradouros na região.

Tendo vencido o Império japonês, ocupado o Japão e a Coreia do Sul, os Estados Unidos mantiveram uma esmagadora influência político-militar no nordeste da Ásia durante os anos do pós-guerra. O país também era, é claro, a superpotência político-econômica global dominante, com monopólio de armas nucleares e uma poderosa economia que compreendia quase a metade do PIB mundial. Contudo, podendo claramente ter eliminado a maior parte das rivalidades intra-asiáticas do pós-guerra, os Estados Unidos fizeram poucas tentativas nesse sentido.

O papel de John Foster Dulles, representante especial do secretário de Estado Dean Acheson nas negociações do tratado, parece ter sido especialmente crucial[6]. Determinado a não transformar o Japão derrotado em outra República de Weimar, Dulles foi o arquiteto de um relacionamento Estados Unidos-Japão bem institucionalizado, que persiste até hoje como o pilar dos interesses americanos no Pacífico. Seus esforços com relação às questões intra-asiáticas foram menos vigorosos e significativos.

O Tratado de Paz de San Francisco, de setembro de 1951, que formalmente pôs fim à guerra com o Japão, resolveu poucas das profundas ambiguidades territoriais e políticas deixadas pela queda do império japonês. É claro que a Coreia tornou-se independente, mas suas fronteiras permaneceram obscuras. O país não teve representante na conferência, não recebeu reparações pelos 40 anos de ocupação colonial pelo Japão e recusou-se a restabelecer relações diplomáticas com Tóquio até 1965. As relações com a União Soviética só foram restabelecidas em 1990 e com a China, em 1992. Os laços do Japão com China e Rússia, também cheios de ambiguidade política e territorial, permaneceram igualmente não resolvidos por ainda mais tempo[7].

Dulles forçou o primeiro-ministro japonês Shigeru Yoshida a reconhecer Taiwan como o governo legítimo da China; a República Popular da China só foi reconhecida pelo Japão em outubro de 1972. Os japoneses normalizaram suas relações com a União Soviética em 1956, mas não resolveram até hoje sua disputa sobre os territórios do norte.

Nos anos da Guerra Fria, essas divisões no interior da Ásia com frequência beneficiaram a América. Em particular, afastaram o Japão em ascensão e a Coreia do Sul de antigos interlocutores no continente, tornados comunistas, que poderiam ter se beneficiado com seu suporte tecnológico e político-econômico. As divisões internas na Ásia também inibiram os sentimentos pan-asiáticos que haviam sido pronunciados no início do século XX e restringiram quaisquer tendências de conflito em potencial que os aliados da América na Ásia pudessem ter tido[8].

Na verdade, o sistema de cubo e raios causou alguns inconvenientes para a diplomacia americana, quando a ocupação e as leis coloniais deram lugar à independência[9]. Ele salientou a natureza hierárquica dos assuntos de segurança nacional, nos quais todas as estradas levavam a Washington, inibindo o desenvolvimento de laços intrarregionais. Para muitas novas nações asiáticas, como Índia, Indonésia, Malásia e até mesmo Cingapura, o não alinhamento nominal era preferível a laços bilaterais de segurança assimétricos com os Estados Unidos.

É claro que os vestígios da Guerra Fria ainda permanecem. China e Coreia continuam divididas respectivamente pelo estreito de Taiwan e pela zona desmilitarizada, embora as sombras da reunificação estejam se alongando em ambos os casos, com o aumento da interdependência econômica. Japão e Rússia estão separados pela disputa pelos territórios do norte; Japão e Coreia, pela disputa sobre a situação da ilha de Takeshima/Tokdo, no mar do Japão; e China e Japão, pelo conflito no mar da China oriental[10]. Esses conflitos e as ansiedades geoestratégicas subjacentes que refletem têm inibido o surgimento de um regionalismo coeso na Ásia oriental. Porém, esse regionalismo tem uma história institucional formal mais substantiva do que sugere a sabedoria convencional, apesar da frequente ambivalência americana[11].

A origem do multilateralismo na Ásia oriental

No pós-guerra, as tentativas da Ásia oriental em estabelecer uma arquitetura regional formal parecem ter se iniciado com as discussões sobre o Pacto do Pacífico, de 1949-51. O conceito desse pacto foi lançado em janeiro de 1949 por Carlos Romulo, secretário do Exterior das Filipinas, em Nova Delhi, como meio para se conseguir um acordo político-econômico pan-asiático. Em março de 1949, logo depois da publicação do texto da nova Organização do Tratado Atlântico Norte (Otan) na Europa, num esforço para conseguir o apoio dos Estados Unidos, Elpidio Quirino, presidente das Filipinas, deu ao conceito do pacto uma dimensão mais explicitamente militar, salientando a necessidade de um acordo de defesa no Pacífico para combater o comunismo no Extremo Oriente. Chiang Kai-chek, da China, e Syngman Rhee, da Coreia, eram a favor, mas Jawaharlal Nehru, da Índia, embora favorável ao conceito geral de uma ação asiática coletiva, preferiu um Plano Marshall de orientação econômica para a Ásia, em vez de uma concepção semelhante à Otan, de Quirino.

Os Estados Unidos adotaram a posição de esperar para ver, mas encorajaram as Filipinas a organizar uma união asiática, explorada na Conferência de Baguio, que reuniu seis importantes nações da Ásia em abril de 1950. Logo após o início da Guerra da Coreia, os americanos aparentemente consideraram que o conceito de segurança coletiva estava implícito no Pacto do Pacífico, chegando a ponto de preparar um rascunho e discuti-lo internamente, mas acabaram por decidir contra, depois da intervenção dos Voluntários do Povo Chinês na guerra. Intimidado pela força da intervenção chinesa, o Pentágono sentiu que não poderia garantir a defesa de Hong Kong sob um pacto coletivo de defesa, e os britânicos, por sua vez, opuseram-se à criação de qualquer pacto multilateral do qual não participassem, temendo que isso direcionasse a pressão chinesa contra suas possessões na Ásia, inclusive Malásia e Cingapura, bem como contra Hong Kong.

A mão divisiva de Dulles

Durante os anos 1950, a força motriz para a criação de uma arquitetura regional para o Pacífico eram claramente os Estados Unidos. John Foster Dulles, autor do Tratado de Paz de San Francisco, de 1951, antes de se tornar secretário de Estado do presidente Dwight Eisenhower (1953-59), era sobrinho de Robert Lansing, secretário de Estado do ex-presidente Woodrow Wilson, e havia sido delegado na Conferência de Paz de Versalhes, em 1919, que oficialmente pusera fim à Primeira Guerra Mundial. Devido às lembranças do acordo vingativo de 1919 contra a Alemanha, ele acreditava na importância de um acordo que fizesse três coisas: (1) unisse o Japão de modo seguro aos Estados Unidos, (2) desse àquele país amplas oportunidades para prosperar economicamente e (3) mantivesse as ambiguidades japonesas latentes nas relações com seus vizinhos, reforçando assim sua dependência em relação aos Estados Unidos.

Como já vimos, Dulles semeou ambiguidades nas relações do Japão com o norte da Ásia pelo acordo territorial de San Francisco. No Tratado Estados Unidos-Japão de Segurança Mútua, assinado em San Francisco horas depois do tratado de paz em si, ele uniu Tóquio aos Estados Unidos. E ajudou a recuperação econômica do Japão, assegurando acesso ao mercado americano e encorajando sua reaproximação com o sudeste da Ásia, por meio de uma série de acordos de reparação inspirados pelos Estados Unidos entre 1954 e 1963[12].

Depois de uma série de arranjos bilaterais de cubo e raios entre Estados Unidos e Austrália, Japão, Nova Zelândia, Filipinas, Coreia do Sul, Vietnã do Sul e Taiwan, em meados dos anos 1950, o passo concreto seguinte na formulação de uma arquitetura de segurança regional foi o estabelecimento da Organização do Tratado do Sudeste da Ásia (Seato), em 1955. Esse arranjo coletivo de segurança, com sua secretaria em Bangcoc, pretendia apoiar as nações não comunistas da região na trilha da Guerra da Indochina. Além de Filipinas e Tailândia (embora não incluísse o Japão, devido ao fato de a constituição daquele país proibir acordos de segurança coletiva), a Seato incluía potências ocidentais, o que prejudicava sua legitimidade na Ásia.

O avanço do sub-regionalismo

Durante a década de 1960, um dos maiores temas de organização regional, além dos esforços americanos para manter a solidariedade da Guerra Fria, foi a tentativa das próprias nações do sudeste da Ásia em conseguir alguma coerência regional em meio ao conflito no Vietnã. Em 1961, a Associação do Sudeste da Ásia foi uma iniciativa da Malásia, seguida pelas Filipinas e pela Tailândia. Seguiram-se, em 1963, a Maphilindo, povos malaios e uma confederação frouxa que incluía a Indonésia em vez da Tailândia, num esforço para evitar a criação da Malásia[13].

A Maphilindo desapareceu em meio ao confronto contra a Malásia, logo após o seu estabelecimento, e foi substituída, em 1967, por uma organização ainda mais ambiciosa, a Associação das Nações do Sudeste da Ásia (Asean). Incluindo Cingapura e Tailândia, bem como as nações da Maphilindo, a Asean serviu como uma demonstração de solidariedade não provocativa contra a expansão comunista no Vietnã e contra insurgências dentro das fronteiras de seus países membros. Apoiada tacitamente pelos Estados Unidos mas sem os incluir ou a outras potências ocidentais e governos controversos da Indochina, a Asean tinha uma relativa neutralidade, reforçada por seu princípio cardeal de não intervenção nos assuntos internos dos seus membros[14]. O que a sustentaria pelas décadas turbulentas que se seguiriam. A partir dos cinco países originais, o número de membros aumentou, com a inclusão de Brunei (1984), Vietnã (1995), Laos e Mianmar (1997) e Camboja (1999). Hoje, seus 10 membros têm uma população acima de 550 milhões e um PIB superior a US$ 2 trilhões.

Também houve, no nordeste da Ásia, tentativas para se acrescentar uma arquitetura regional, com relativo sucesso. Em 1965, foi fundado o Banco Asiático de Desenvolvimento, uma iniciativa originalmente japonesa, com sede em Manila. O fato foi marcadamente contrário aos desejos do Ministério das Finanças japonês, que já havia selecionado uma sede em Tóquio. Em 1966, o presidente Park Chung-hee, da Coreia, inaugurou o Conselho Ásia e Pacífico (Aspac) para unificar a Ásia contra os chineses. No entanto, a visita do presidente Nixon à China eliminou sua razão de existir, e a Aspac desapareceu em 1974. A "Esfera de Cooperação Ásia-Pacífico", outro conceito inspirado por Tóquio, também foi um fracasso.

Os líderes não americanos no Pacífico se saíram melhor no estabelecimento de redes de baixo perfil para a definição de políticas do que nas tentativas de mudar a arquitetura formal da região. O Conselho Econômico da Bacia do Pacífico e o Conselho de Cooperação Econômica do Pacífico (PECC), organismos reunindo governos e empresas com funções de Track II[15], foram criados respectivamente em 1967 e 1980; têm sido relativamente bem-sucedidos, com o PECC tendo sido admitido como observador formal na Apec. A Conferência de Comércio de Desenvolvimento do Pacífico, uma rede transnacional de economistas fundada em

1968, também tem desempenhado um papel importante na definição de agendas com as organizações regionais criadas posteriormente[16].

A Apec e suas alternativas

Um importante divisor de águas na evolução de uma arquitetura regional foi o estabelecimento da Apec em janeiro de 1989, por iniciativa da Austrália e do Japão. O primeiro Encontro de Líderes da Apec foi realizado em 1993, quando o presidente americano Bill Clinton, vendo uma oportunidade para recolocar a Rodada do Uruguai nos trilhos, convidou os líderes das economias membros para uma reunião em Blake Island, Washington. Desde então, o padrão dos encontros anuais tem continuado, embora a Apec venha tendo sucesso variável como órgão de coordenação e formulação de políticas. O encontro de 1994, em Bogor, Indonésia, adotou um ambicioso programa de redução de tarifas, entre 0 e 5 por cento para os países membros industrializados até 2010 e para países em desenvolvimento até 2020, e o encontro de 1996 em Subic Bay, Filipinas, garantiu um acordo pela abolição da maior parte das tarifas sobre a indústria da informação. Contudo, muitos observadores acham que a Apec perdeu impulso político na segunda metade dos anos 1990, destacando-se principalmente como fórum para a formação de redes de contatos de alto nível.

Desde 1990, a luta pelo desenvolvimento de uma arquitetura regional tem sido dominada pelo esforço, há muito liderado por Mohamad Mahathir, antigo primeiro-ministro da Malásia, para estabelecer uma organização intra-asiática discreta que não envolvesse os Estados Unidos. Em 1990, Mahathir propôs um Agrupamento Econômico da Ásia oriental, mas Indonésia, Japão e outras nações, sob forte pressão americana, recusaram-se a aceitar. A ideia de Mahathir ressurgiu em 1993 como conceito da Convenção Econômica da Ásia oriental e do Fundo Monetário Asiático; algo similar, mas mais especializado, foi proposto por Eisuke Sakakibara, vice-ministro de Finanças para Assuntos Internacionais do Japão, em 1995-96. Sob o disfarce de um conjunto integrado de arranjos de permuta de quotas[17], esta ideia foi finalmente concretizada no acordo de Chiang Mai, de maio de 2000, com a crise financeira asiática de 1997-98 servindo como catalisador.

Em dezembro de 2005, foi realizado o primeiro Encontro da Ásia Oriental, em Kuala Lumpur, a capital de Mahathir, embora ele houvesse deixado o cargo de primeiro-ministro em 2003. Apesar dos participantes do encontro não incluírem um representante americano, entre eles havia líderes da Austrália, Índia e Nova Zelândia, com observadores russos também presentes. Muitos questionaram quanta coesão ou capacidade para inovar aquele grupo tão variado poderia ter no futuro.

Multilateralismo funcionalista

Embora o desenvolvimento de uma arquitetura regional não tenha progredido muito no nível macro, como ficou evidenciado pelo Encontro da Ásia Oriental, ele se tornou mais denso e eficaz em esferas mais especializadas. Em finanças, a Iniciativa Chiang Mai, de maio de 2000, estabeleceu uma rede bilateral de trocas (BSA), instalada em 2003. Em maio de 2006, a rede BSA já havia comercializado US$ 75 bilhões[18]. O mecanismo Asean Plus Three[19], estabelecido em 1997 (em Kuala Lumpur), encabeçou, igualmente, o desenvolvimento de um Fundo Asiático de Títulos[20]. Consultas rotineiras entre ministros de finanças e bancos centrais da região se tornaram comuns, reduzindo as perspectivas futuras de outra crise financeira asiática como a de 1997-98, bastante traumática.

As consultas multilaterais regionais especializadas também estão se tornando mais comuns no campo de energia. O órgão mais dinâmico no setor parece ser a Comissão de Energia da Apec, presidida pela Austrália. Grupos de estudos do nordeste da Ásia também se reúnem, rotineiramente, para auxiliar a viabilidade de projetos regionais de infraestrutura energética, como a construção de oleodutos e instalações para a gaseificação de gás natural liquefeito, bem como de aplicações mais eficientes de energia nuclear.

Embora seu histórico não seja homogêneo, também estão surgindo organizações "minilaterais" (envolvendo poucos membros). Uma das mais conhecidas foi a Korean Peninsula Energy Development Organization (Kedo), fundada em 1995 por Japão, Coreia do Sul e Estados Unidos para fornecer reatores nucleares e óleo combustível pesado à Coreia do Norte, segundo o Agreed Framework entre Estados Unidos e República Popular Democrática da Coreia, que terminou com a crise nuclear norte-coreana de 1994. Embora a Kedo tenha-se tornado quase inativa em 2006, depois do término do seu projeto de reator na Coreia do Norte, o modelo de interação multilateral entre governos e setores privados de um número limitado de países a respeito de um problema restrito provavelmente terá mais aplicações no futuro. Certamente, o "processo de seis partes", que de 2005 a 2008 conduziu as negociações sobre o fim do programa nuclear norte-coreano, também estava bem configurado para uma coordenação mais ampla de políticas intrarregionais.

No meio século decorrido, depois que as propostas do Pacto do Pacífico iniciaram esforços para uma organização regional asiática posterior à Segunda Guerra Mundial, os Estados Unidos quase sempre constituíram um elemento importante. Eles moldaram de forma decisiva o Tratado de Paz de San Francisco, de 1951, e o sistema de cubo e raios de laços político-econômicos bilaterais que dele fluiu. Durante a Guerra Fria, os Estados Unidos viam a estrutura bilateral e a continuada alienação entre os Estados asiáticos como a melhor garantia de estabilidade regional.

Como vimos, os americanos raramente estiveram à frente de empreendimentos multilaterais asiáticos no pós-guerra. O país chegou a considerar o Pacto do Pacífico, mas esta noção foi abortada pela Guerra da Coreia. Também apoiou a Seato e a Asean em seus primeiros dias, mas fez poucos esforços em benefício delas. As iniciativas multilateralistas, como a representada pela própria Apec, provêm invariavelmente de outras partes[21].

Imperativos para mudar?

Agora o cálculo mudou. O Pacífico e o mundo se tornaram mais interdependentes em termos econômicos e financeiros, exigindo uma coordenação político-econômica bem mais estreita do que antes. A volatilidade das finanças globais, juntamente com o crucial papel da Ásia nesse contexto, como credor global dominante, trazem uma urgência especial para esta tarefa. Os claros perigos para a estabilidade financeira de uma configuração de cubo e raios centrada em Washington, que carece de uma concepção clara das complexidades da Ásia, se manifestaram na crise financeira asiática de 1997 e, uma década mais tarde, nas incertezas ligadas ao desdobramento das operações de *carry trade* [tomar empréstimos em países com baixas taxas de juros e aplicar em países com taxas mais altas] com o iene.

Fatos recentes nos mercados de energia também têm aumentado o interesse nacional dos Estados Unidos em considerar estruturas novas e mais multilaterais nos níveis regional e global. As nações asiáticas, lideradas por China, Índia e Japão, estão se tornando algumas das maiores e mais insistentes consumidoras nos mercados globais. China e Índia, em particular, têm estoques insuficientes de matérias-primas e permanecem fora dos regimes globais de planejamento contingencial. Pelo fato de não se qualificarem, em termos não energéticos, para admissão na OCDE[22], pré-requisito tradicional para admissão na Agência Internacional de Energia, serão necessárias outras estruturas, possivelmente regionais, para coordenar suas ações coletivas nessa área, bem como em finanças, nos próximos anos.

Entre meados de 2005 e o final de 2007, as Conversações de Seis Partes que periodicamente têm lugar em Pequim, sobre a questão nuclear norte-coreana mostraram o potencial de resultados desta abordagem multilateral, assim como algumas limitações. Em setembro de 2005, as conversações garantiram, em princípio, a concordância da Coreia do Norte em abandonar seu programa nuclear. Em fevereiro de 2007, foi fechado um tratado para cessar operações na instalação nuclear de Yongbyon e, em outubro do mesmo ano, chegou-se a um acordo pelo qual a Coreia do Norte desativaria suas instalações nucleares em troca de assistência econômica, apesar de permanecerem importantes ambiguidades sobre seu monitoramento e implantação.

Embora tenham prevalecido estruturas bilaterais, como a aliança Estados Unidos-Japão, a segurança é uma área final – e certamente a mais importante – sobre a qual o interesse nacional requer claramente que os Estados Unidos pensem de forma mais séria sobre estruturas multilaterais na Ásia. A problemática evolução do programa nuclear de Pyongyang, culminando com o teste nuclear de 2006, é apenas a mais dramática manifestação da importância desta área. Desenvolvimentos em armas químicas e biológicas, proliferação de mísseis, a emergência de contramedidas ativas de defesa para mísseis balísticos, pirataria e o contrabando de drogas, tudo isso representa desafios à estabilidade e prosperidade asiáticas e requer urgentemente um gerenciamento multilateral que eleve a interdependência.

O fantasma da instabilidade geopolítica na península coreana, em cenários que variam do colapso súbito de uma Coreia do Norte com capacidade nuclear duvidosa até a explosão de uma guerra civil no país, continua, apesar dos aparentes progressos nas negociações nucleares. Além da crise nuclear em si, é necessário pensamento criativo adicional orientado para ações coletivas multilaterais sobre questões tais como administrar e depois eliminar a capacidade nuclear norte-coreana em meio a uma transição política nacional, como minimizar o impacto de possíveis mudanças na Coreia sobre a postura do Japão a respeito de segurança e como enfrentar as implicações do avanço na tecnologia de mísseis para a segurança da Ásia oriental. Nas nascentes Conversações entre Seis Partes, criadas para lidar com a perigosa lacuna organizacional do nordeste da Ásia, está surgindo gradualmente uma rede interpessoal e de processos. Contudo, as políticas concretas que animarão este novo multilateralismo e as instituições que possibilitarão sua futura sobrevivência ainda não estão totalmente definidas.

Como mudaram as condições desde os primeiros dias do cubo e raios? Será que acontecimentos na Ásia, causados pela crise nuclear norte-coreana, ou sobre o papel da América no mundo atual, sugerem uma abordagem cada vez mais positiva ao multilateralismo? Neste caso, que forma de construção da região melhor servirá aos interesses da América? Essas são algumas das prementes perguntas políticas relevantes a que procuramos responder neste livro, depois de uma revisão da herança do passado.

NOTAS

1. World Bank, *World Development Indicators*, disponível em http://devdata.worldbank.org/. Os valores são de 2005.
2. World Bank, *World Development Indicators*, disponível em http://devdata.worldbank.org/ e Organização para Cooperação e Desenvolvimento Econômico (OCDE), *OECD Statistics*, disponível em http://new.sourceoecd.org/. Valores de 2004.

3. Sobre o conceito de lacuna organizacional, veja Kent Calder e Min Ye, "Regionalism and Critical Junctures: Explaining the 'Organization Gap' in Northeast Asia", *Journal of East Asian Studies* (primavera de 2004): 191-226.
4. Veja Jo Ann Crawford e Roberto Fiorentino, "The Changing Landscape of Regional Trade Agreements", estudo para discussão, World Trade Organization, 2005, disponível em www.wto.org.
5. Idem.
6. Veja Kent Calder, "Securing Security through Prosperity: The San Francisco System in Comparative Perspective", *Pacific Review* 17 (2004): 135-57.
7. O primeiro-ministro japonês Shigeru Yoshida foi forçado por John Foster Dulles a reconhecer Taiwan como o governo legítimo da China, e o Japão não restabeleceu relações diplomáticas com a China continental até outubro de 1972. O Japão estabeleceu relações diplomáticas com a URSS em 1956, mas não resolveu até hoje sua disputa dos territórios do norte com a Rússia.
8. Esta era uma preocupação dos comentaristas americanos nos anos 1970. Veja Zbigniew Brzezinski, *The Fragile Blossom: Crisis and Change in Japan* (Nova York: Harper and Row, 1972); Albert Axelbank, *Black Star over Japan: Rising Forces of Militarism* (Nova York: Hill and Wang, 1972); e Isaac Shapiro, "The Risen Sun: A Gaullist Japan?" *Foreign Policy* (inverno de 1980-81). Sobre a complexa evolução inicial das relações do Japão com Taiwan e com a China continental, veja John Dower, *Empire and Aftermath: Yoshida Shigeru and the Japanese Experience, 1878-1954* (Cambridge, MA: Council on East Asian Studies, Harvard University, 1979).
9. Birmânia, Índia, Indonésia, Japão, Coreia, Paquistão e Filipinas recuperaram a autodeterminação durante a primeira década posterior à Segunda Guerra Mundial.
10. Sobre a última questão, veja Kent E. Calder, "China and Japan's Simmering Rivalry", *Foreign Affairs* (março-abril de 2006): 1-11.
11. Peter Katzenstein, por exemplo, afirma que o regionalismo da Ásia oriental é, em grande parte, um aglomerado de redes pessoais informais, em contraste com o padrão europeu, muito mais formal e baseado em leis; sua opinião é altamente influente. Veja Peter Katzenstein e Takashi Shiraishi, Eds., *Network Power* (Ithaca, NY: Cornell University Press, 1997).
12. Veja William S. Borden, *The Pacific Alliance: United States Foreign Economic Policy and Japanese Trade Recovery, 1947-1955* (Madison: University of Wisconsin Press, 1984).
13. Matthew Jones, *Conflict and Confrontation in Southeast Asia: Britain, the United States, and the Creation of Malaysia* (Cambridge: Cambridge University Press, 2002).
14. Amitav Acharya, "Ideas, Identity, and Institution-Building: From the Asean Way to the Asia-Pacific Way?" *Pacific Review* 10 (1997): 319-30.
15. As organizações "Track II" são órgãos não oficiais, muitas vezes grupos de estudos, institutos de pesquisa de universidades ou grupos informais de antigos fun-

cionários públicos e outros especialistas, que acompanham o processo formal de definição de políticas e periodicamente fazem sugestões.

16. Veja Hugh Patrick, *From PAFTAD to Apec: Economists' Networks and Public Policymaking*, Apec Studies Center Discussion Paper 2, janeiro (Nova York: Columbia University, 1997).
17. "Cotas de troca" são tetos para quantias em moeda local que um governo concorda em emprestar a um parceiro contratual (normalmente outro governo) para fins de intervenção no mercado de câmbio.
18. *Website* do Ministério das Finanças do Japão: www.mof.go.jp/jouhou/kokkin/cmi01.htm.
19. Asean Plus Three é um grupo regional asiático que inclui as nações da ASEAN mais Japão, China e Coreia do Sul.
20. *Website* do Ministério do Exterior do Japão: www.mofa.go.jp/mofaj/area/asiakeizai/asean_3ci.html.
21. Sobre a evolução da Apec, veja John Ravenhill, *Apec and the Construction of Pacific Regionalism* (Cambridge: Cambridge University Press, 2001).
22. O artigo 2º da Convenção da OCDE requer que seus membros liberalizem movimentações de capitais, inclusive restrições sobre investimentos estrangeiros, condições que China e Índia não satisfazem plenamente. Veja OCDE, *Convention on the Organization for Economic Co-operation and Development*, disponível em www.oecd.org.

PARTE I

ALÉM DO CUBO E DOS RAIOS

CAPÍTULO 1

Ligações críticas e os contornos do regionalismo do nordeste da Ásia

– Kent E. Calder

Para entender o futuro, até onde é humanamente possível fazê-lo, é crucial compreender as forças que comandam as mudanças nos assuntos humanos. O futuro claramente não precisa replicar o passado. Contudo, ele deve tomar como ponto de partida as instituições e as percepções que herdou.

Como e por que os padrões de organização regional *mudam* no nordeste da Ásia é a preocupação central deste capítulo. O assunto exige uma abordagem histórica eclética, focalizando, desde a Segunda Guerra Mundial, os períodos da história político-econômica que foram mais importantes na geração de padrões distintos de relações regionais no nordeste da Ásia. Os mais destacados, em termos comparativos regionais, foram (1) a pronunciada "lacuna organizacional" local, em especial nos primeiros 45 anos depois da Guerra da Coreia; (2) sua gradual erosão desde então; e (3) a crescente importância das instituições multilaterais na organização regional. É sobre esta tríade de dinâmicas históricas que este capítulo se concentra, com atenção especial para o equilíbrio das estruturas multilaterais e bilaterais que têm surgido.

É central para minha análise a noção de "conjuntura crítica" como variável-chave explicativa[1]. Afirmo que acontecimentos durante períodos de clímax, com frequência relativamente breves, respondem, ao longo do tempo, por uma grande parcela da variação na estrutura organizacional. Minha hipótese é de que a história se move de forma *descontínua*. Portanto, para entender os perfis institucionais e de políticas predominantes em determinado ponto no tempo – longitudinal e regionalmente – é produtivo focalizar as intensivas interações político-econômicas dos períodos em que esses padrões surgiram.

Base teórica da estrutura da conjuntura crítica

O conceito de conjuntura crítica não é empregado com frequência no estudo do regionalismo. Contudo, uma variante tem sido aplicada frequentemente e de forma produtiva para explicar a construção de instituições domésticas. Em particular, muitos trabalhos seminais sobre a construção de nações encontram políticas nacionais e opções de líderes em pontos de decisão cruciais na determinação da forma e função das instituições subsequentes[2].

As crises reduzem a incongruência entre as estruturas do Estado e o ambiente doméstico, prenunciando mudanças estruturais sensíveis a esse ambiente. Porém, durante os períodos subsequentes, as instituições criadas para resolver a incongruência assumem vida própria. As estruturas institucionais se reproduzem sem necessariamente se adequar às mudanças sociais, levando a tensões maiores, que acabam precipitando novas crises. Esta dualidade de mudança e continuidade é crucial no entendimento da importância de conjunturas críticas criadas por crises no desenvolvimento político.

Sem rejeitar formulações alternativas, a estrutura de conjuntura crítica explica muitas dinâmicas e consequências do desenvolvimento político regional. Instituições domésticas são o produto de interações entre grupos de interesse, organizações, ramos administrativos e até mesmo líderes individuais, empreendidas num esforço para enfrentar crises comuns. Portanto, a cooperação regional é produto de interações dinâmicas entre países com interesses e recursos diferentes, procurando resolver problemas emergentes comuns ou preencher um vazio de poder.

Características-chave do modelo de conjuntura crítica

Uma conjuntura crítica pode ser definida como um ponto de decisão histórico, em que existem caminhos alternativos claros para o futuro. Especificamente, para que um ponto de decisão seja uma conjuntura crítica, certas características definidoras são, ao mesmo tempo, necessárias e suficientes:

- Há normalmente uma *crise* que questiona seriamente a legitimidade dos arranjos correntes. Essa crise pode ser estratégica, econômica ou uma mistura dos dois. Entre os exemplos, estão a crise dos mísseis cubanos de 1962, o colapso do sistema de Bretton Woods em 1971, os choques do petróleo de 1973 e 1979, o colapso dos satélites soviéticos na Europa oriental em 1989, o colapso da União Soviética em 1991 e a crise financeira asiática de 1997.
- Uma crise cria *estímulo para mudanças.* Ela também gera a necessidade paralela de ação coletiva para resolver um *problema comum*, embora possa levar um período substancial de tempo para uma resolução plena.
- Há uma intensa pressão de tempo sobre as partes envolvidas. Essa pressão torna difícil a rotinização das interações e restringe o tempo disponível para a busca de opções. Em consequência, a tomada de decisões é conduzida sob uma severa racionalidade. Como sugere o conceito de "neblina de guerra", os responsáveis são forçados a tomar decisões súbitas e importantes sob circunstâncias extremas, muitas vezes com muito poucas informações, dadas as consequências de suas ações[3].

Os participantes de conjunturas críticas são os *líderes* encarregados da resolução de problemas durante as crises e logo depois delas. Eles podem ser, mas não necessariamente, chefes de governo. Quando eclodiu a Guerra da Coreia, John Foster Dulles, então conselheiro do Departamento de Estado americano, era o participante-chave na negociação com o Japão e outros países para garantir arranjos regionais em toda a Ásia no contexto de um acordo de paz relativo à Segunda Guerra Mundial. O primeiro-ministro Shigeru Yoshida, do Japão, e o presidente Syngman Rhee, da Coreia, também eram participantes importantes da conjuntura crítica que levaria a um acordo, embora menos influentes do que Dulles. Diante da crise financeira asiática de 1997, os próprios chefes de Estado dos países afetados, e não seus assessores, foram a força motriz para o lançamento de iniciativas relativas a políticas[4]. Assim, a localização do poder de decisão e da liderança em potencial varia com as circunstâncias das decisões. Contudo, *liderança* de algum tipo é crucial.

O elo entre conjunturas críticas e o perfil do regionalismo da Ásia oriental

As respostas a três perguntas vitais são cruciais para se compreender o atual perfil do regionalismo da Ásia oriental, ou mesmo o regionalismo em geral: (1) Qual é a causa da lacuna organizacional – isto é, a falta de organizações regionais, a despeito de uma necessidade clara de coordenação? (2) Qual é a causa do perfil modesto da organização internacional, bilateral e até certo ponto multilateral, que emergiu? (3) Qual é a causa da crescente proeminência de organizações multilaterais na Ásia oriental?

Essas são as perguntas de que trata este capítulo. Ele o faz por um foco central sobre duas conjunturas críticas: (1) o período da Guerra da Coreia (1950-53), que abortou o nascente suporte para um conceito de um Pacto do Pacífico multilateral e deu origem a um "Sistema de San Francisco" bilateral e (2) os três anos cruciais subsequentes à crise financeira asiática (1998-2000). Essas conjunturas, juntamente com aquela que levou à fundação do Banco de Desenvolvimento Asiático, foram os únicos casos de claro sucesso na construção de instituições regionais no Pacífico desde a Segunda Guerra Mundial. Vinte outros desses casos, inclusive os que deram origem à Comunidade Econômica do Pacífico Asiático, à Asean, ao Fórum Regional e à Organização do Tratado do Sudeste da Ásia, fracassaram ou tiveram sucesso apenas modesto.

As origens da lacuna organizacional ligadas à Guerra da Coreia

Quando se considera a lacuna organizacional da Ásia oriental, é vital compreender as circunstâncias tumultuadas sob as quais foi forjado inicialmente o sistema de relações internacionais que emergiu no Pacífico depois da Segunda Guerra Mundial. No processo, é preciso olhar o interior da caixa preta das tomadas de decisões nacionais para examinar como reagiram as nações do Pacífico e como veio a existir o perfil distinto do nordeste da Ásia. Dois conceitos regionalistas em particular emergiram pouco depois da queda da China, em 1949, e foram inevitavelmente reformulados pela conjuntura crítica iniciada pela Guerra da Coreia: o Pacto do Pacífico e o Sistema de San Francisco.

O conceito do Pacto do Pacífico era originalmente uma noção de segurança coletiva na Ásia, concebida pelos aliados asiáticos e anticomunistas da América, para amortecer o impacto regional da Guerra Civil chinesa de 1946-49. Foi apresentado formalmente por Carlos Romulo, o ministro do Exterior das Filipinas, na conferência de Nova Delhi sobre a Indonésia, em janeiro de 1949, e concebido como uma liga de nações asiáticas trabalhando para promover interesses mútuos, econômicos e de segurança, sob os auspícios dos Estados Unidos, com um pequeno secretariado permanente[5]. Porém, o primeiro-ministro da Índia, Jawaharlal Nehru, opôs-se à ideia. A opinião mundial, argumentou ele, poderia facilmente interpretar a iniciativa como antiocidental[6].

Ainda em 1949, depois da criação da Organização do Tratado do Atlântico Norte (Otan), à medida que a perspectiva de um triunfo revolucionário na China continental ficava mais e mais forte, a ideia do Pacto do Pacífico passou a ser um veículo para contê-la. Os proponentes iniciais mais fortes foram as Filipinas, a Coreia do Sul e Taiwan. A noção era de uma aliança militar multilateral, semelhante à Otan, centrada nos Estados Unidos e destinada a conter uma república popular revolucionária e possivelmente militante.

O Sistema de San Francisco foi uma arquitetura alternativa à segurança regional dos Estados Unidos e seus aliados no Pacífico. Tal como a noção do Pacto do Pacífico, ele foi desenvolvido no período de 1950-51, na esteira da queda da China. Depois da intervenção chinesa na Guerra da Coreia em 1950, o sistema ganhou aceitação como a segunda melhor alternativa ao Pacto do Pacífico para lidar com dificuldades políticas práticas na realização do próprio Pacto e para incorporar de forma estável o Japão pós-ocupação na ordem de assuntos internacionais do Pacífico.

A ideia do Sistema de San Francisco deixou de lado o multilateralismo. Ele conceitualizou a segurança no Pacífico como uma série de "raios" – acordos bilaterais americanos com vários aliados na região –, todos saindo do cubo de Washington, DC. O sistema, concebido pelo diplomata americano John Foster Dulles, tinha quatro traços básicos:

1. Uma densa rede de *alianças formais bilaterais de segurança*, inclusive tratados mútuos de segurança com Austrália-Nova Zelândia (julho de 1951), Filipinas (agosto de 1951) e República da China ou Taiwan (dezembro de 1954).
2. *Direito de instalação de bases militares* em toda a região.
3. Ajuda *para reconstrução relativamente limitada* em comparação àquela dada à Europa ocidental.
4. Integração gradual das economias aliadas em *termos preferenciais* na *ordem comercial e financeira* bilateral-internacionalista promovida pelos Estados Unidos.

Em comparação com a arquitetura do Pacto do Pacífico, a do Sistema de San Francisco incluía uma dimensão econômica explícita.

No fim das contas, a situação crítica da Guerra da Coreia desempenhou um papel central no fracasso do Pacto do Pacífico e também no estabelecimento do Sistema de San Francisco, o "segundo melhor" conceito[8]. Por meio desses dois acontecimentos, o perfil da organização regional na Ásia foi estabelecido e perpetuado por cinco décadas. Explorando o processo de estabilização, também se pode testar a estrutura teórica de situações críticas.

Os graves primeiros anos do pós-guerra

Agosto de 1945 trouxe o fim da Segunda Guerra Mundial no Pacífico, e com ele a Esfera de Coprosperidade japonesa. Globalmente, o fim das hostilidades com as potências do Eixo levou rapidamente à Guerra Fria. Na Ásia, como sugere Akira Iriye, essa transição produziu o que poderia ser chamado um "sistema Ialta de relações internacionais": um condomínio de poder americano e soviético[9], estabelecido na Conferência de Ialta, em fevereiro de 1945, entre Grã-Bretanha, União Soviética e Estados Unidos, na qual o papel da China foi fundamentalmente ambíguo.

Depois de uma luta épica no final de 1949, o Exército de Libertação Popular triunfou na China continental, enviando ondas de choque pelo nordeste asiático e por todo o mundo. No nível regional, o sistema Ialta de um frágil acordo Leste-Oeste no Pacífico, contrastando com uma política de confronto ainda mais pronunciada, ficou numa delicada encruzilhada. Para a América e seus aliados, havia certa hesitação sobre os parâmetros apropriados de sua futura linha de defesa. O secretário de Estado dos Estados Unidos, Dean Acheson, por exemplo, excluiu a Coreia, numa declaração funesta que aparentemente convenceu Stalin e Kim Il-sung de que seria improvável uma intervenção americana em resposta a um ataque norte-coreano[10].

Havia manobras políticas consideráveis nas relações com a China. A Grã-Bretanha reconheceu a República Popular da China, o Japão queria fazê-lo e os diplomatas e políticos americanos estavam divididos. Contudo, a probabilidade do aumento de futuras tensões com a China era objeto de amplo consenso na comunidade de política externa americana; a principal pergunta era a forma com que a resposta americana deveria assumir. Em resumo, o Pacífico estava na ponta de uma situação crítica.

Neste crucial ponto de inflexão entre a "queda da China" no final de 1949 e a grande intervenção chinesa na Guerra da Coreia, um ano depois, muitos responsáveis por decisões nos Estados Unidos e nas nações aliadas do Pacífico consideraram seriamente o conceito multilateral do pacto. Para aliados menores, como Filipinas, Coreia do Sul e, é claro, a Taiwan de Chiang Kai-shek, que estavam entre os seus maiores defensores, o Pacto do

Pacífico garantia o apoio americano contra o emergente colosso chinês e maior influência junto aos Estados Unidos do que uma relação puramente bilateral. Para os Estados Unidos, um Pacto do Pacífico multilateral tinha potencial para maiores vantagens diplomáticas do que as do unilateralismo ou do bilateralismo, embora a relativa fraqueza dos aliados na região tornasse o multilateralismo menos atraente na Ásia que na Europa.

O conceito do Pacto do Pacífico foi levantado pela primeira vez em janeiro de 1949, em Nova Delhi, por Romulo, secretário do Exterior filipino, como uma concepção político-econômica pan-asiática difusa. Em 21 de março de 1949, apenas três dias depois de publicado o texto da Otan, o presidente filipino Elpidio Quirino deu ao conceito do Pacto do Pacífico uma dimensão militar mais explícita, no esforço para obter apoio americano. Citando a Otan e a liderança dos Estados Unidos na Europa como precedentes, Quirino defendeu a formação de um pacto similar de defesa no Pacífico, para combater o comunismo no Extremo Oriente[11]. Vários influentes comentaristas americanos, entre eles Harold Noble, do *Saturday Evening Post*, e Daniel Poling, da revista *Look*, adotaram a causa[12].

Durante o verão de 1949, quando o Exército de Libertação Popular cruzou o rio Yang-Tsé, entrando na China e caminhando para a vitória, houve um aumento de atividade diplomática na Ásia em apoio ao pacto. Chiang Kai-shek reuniu-se com Quirino, das Filipinas, para discuti-lo, e o gabinete nacionalista em Cantão apoiou o conceito[13], provocando imediatamente uma resposta ácida da Rádio Pequim. A Austrália também promovia ativamente a ideia[14]. Em agosto, o generalíssimo Chiang foi até Chinhae, na costa sul da Coreia, para uma reunião com o presidente Syngman Rhee para discutir o assunto. Apesar de se opor ao pacto, Nehru pediu uma ação coletiva na forma de um Plano Marshall para a Ásia.

Durante 1949, o governo americano adotou uma abordagem de esperar para ver em relação ao pacto e também à política chinesa, resumida na declaração do Departamento de Estado sobre a China, publicada em agosto de 1949. Contudo, à medida que a nova República Popular da China adotava uma posição cada vez mais antiamericana, o interesse dos Estados Unidos por uma política de segurança coletiva no Pacífico mais formalizada aumentava gradualmente. Em janeiro de 1950, durante uma visita a Manila, o embaixador americano Philip Jessup deu garantias da simpatia da América pelo esforço filipino em organizar uma união de nações asiáticas para "preservar o modo de vida democrático"[15]. Em abril de 1950, encorajados por esta demonstração de apoio, os filipinos receberam seis nações-chave para uma discussão sobre cooperação regional na Conferência de Baguio[16].

A emergência de uma situação crítica

Dois meses depois, em junho de 1950, forças norte-coreanas irromperam pelo paralelo 38, alterando drasticamente a equação da segurança asiática e inaugurando uma situação crítica histórica para a região. A noção do Pacto do Pacífico continuou a ser considerada, embora sob uma luz diferente, à medida que se aprofundava a crise sobre a península coreana. Dentro do governo americano, um Pacto do Pacífico completo foi rascunhado e seriamente debatido no início de 1951[17]. Nesse rascunho, os Estados Unidos estipularam que o arranjo multilateral de segurança terminaria somente se as Nações Unidas cobrissem adequadamente a área ou se fosse criada uma estrutura mais ampla e formal, com a qual o Pacto do Pacífico poderia se fundir[18]. Os Estados Unidos buscavam claramente um conceito viável de segurança coletiva na região e estavam dispostos a explorar uma formulação multilateral.

Porém, a fatídica viagem de Dulles, em janeiro e fevereiro de 1951, foi iniciada num período extremamente delicado da diplomacia americana no Pacífico. Washington acabara de ser traumatizada pela intervenção de quase 300 mil "voluntários" do Exército de Libertação Popular na Coreia. Aquele ataque súbito havia capturado mais de 150 mil soldados da ONU, muitos deles americanos, nos campos de batalha congelados da Coreia do Norte, logo depois do Dia de Ação de Graças de 1950.

Quando tropas chinesas entraram na luta, no outono de 1950, havia apelos ainda mais intensos para que o Japão adotasse a neutralidade e se afastasse dos Estados Unidos[19]. Como compreenderam os responsáveis pela política americana, os oponentes dos conservadores pró-americanos usavam a ausência formal de soberania do Japão como veículo para atacar o relacionamento Estados Unidos-Japão pela esquerda e pela direita. Aquela situação fazia de cada escalada da Guerra da Coreia uma razão mais premente para que os Estados Unidos concluíssem o tratado de paz já iniciado com o Japão, o que decidiram em setembro de 1950[20].

Quando Dulles partiu para sua jornada no Pacífico, em janeiro de 1951, queria acima de tudo uma solução *rápida* para a ampla gama de perturbadoras incertezas geopolíticas em toda a região. Cada vez mais interligadas, elas se tornaram mais urgentes, pelo conflito na Coreia e pelo imperativo, a ele associado, de paz com o Japão. Os dois acontecimentos exigiam a criação, tão rapidamente quanto possível, de uma estrutura de segurança digna de crédito para o Pacífico. As pressões de tempo eram esmagadoras e ajudaram a estabelecer a tendência para o bilateralismo que finalmente emergiu na esteira da Guerra da Coreia.

No sentido de uma segunda melhor solução: como surgiu o bilateralismo

Um exame empírico detalhado das situações críticas e suas consequências precisa começar com um teste heurístico: o das origens históricas da lacuna de organização no nordeste da Ásia durante o tumultuado período inicial da Guerra da Coreia. Foi quando fracassou a ideia do Pacto do Pacífico multilateral e surgiu o Sistema de San Francisco de relações internacionais bilaterais. O notável é que, até certo ponto, o Sistema de San Francisco persiste até hoje.

Examinando as preferências dos países envolvidos nas negociações de um acordo de paz na Ásia, fica claro que a predição indeterminada e o bilateralismo decididamente não eram as melhores opções para as partes envolvidas, como sugere a Tabela 1.1[21]. Como já dissemos, entre a Revolução Chinesa de 1949 e a intervenção chinesa na Guerra da Coreia no final de 1950, o Japão parece ter preferido um acordo de segurança multilateral na Ásia oriental a um estritamente bilateral. O Departamento de Estado dos Estados Unidos, o principal ator americano, também achava o multilateralismo adequado. Outros importantes aliados na Ásia igualmente aplaudiram a ideia de um Pacto do Pacífico multilateral, motivados por incertezas simultâneas a respeito do futuro político da China e do Japão.

A condição crítica da Guerra da Coreia transformou a situação de forma fundamental, principalmente por apresentar o Pentágono como agente central de políticas. Os líderes militares americanos estavam preocupados de forma mais imediata sobre o acesso ilimitado às bases no Japão. Eles viam um acordo bilateral com os Japoneses sobre bases como altamente prioritário, e não estavam convencidos de que um pacto multilateral regional seria necessário ou suficiente para se chegar a esse acordo.

Tabela 1.1 O SISTEMA DE SAN FRANCISCO, O SEGUNDO MELHOR: ESTRUTURA PREFERENCIAL DURANTE A GUERRA DA COREIA, 1950-1951

Estados Unidos	Multilateralismo >	Bilateralismo >	Sem tratado
Austrália	Multilateralismo >	Bilateralismo >	Sem tratado
Grã-Bretanha	Bilateralismo >	Multilateralismo >	Sem tratado
Japão	Multilateralismo >	Bilateralismo >	Sem tratado
Coreia do Sul	Multilateralismo >	Bilateralismo >	Sem tratado
Taiwan	Multilateralismo >	Bilateralismo >	Sem tratado

Fonte: Michael Schaller, "Japan and the United States Reconsidered", disponível em www.econstrat.org.
Nota: > Indica ordem de preferência, declinando da esquerda para a direita.

À sombra da intervenção chinesa na Guerra da Coreia, o Pentágono também temia as espinhosas questões ligadas à segurança coletiva levantadas pelo multilateralismo na Ásia. Uma delas, a possível defesa de Hong Kong, então britânica, contra a China, transformada pela invasão dos Voluntários do Povo pelo Yalu numa possibilidade muito real. Além disso, por mais atraente que fosse em termos políticos, o multilateralismo no Pacífico oferecia poucos dividendos militares concretos para reforçar os laços políticos americanos na Ásia. Todos os aliados asiáticos em potencial eram simplesmente demasiadamente fracos e vulneráveis à pressão da China continental para oferecer qualquer suporte militar tangível. Embora o setor diplomático superasse o militar antes do início da guerra, as perspectivas se inverteram à medida que o conflito coreano se aprofundava.

Os britânicos se opuseram, em muitos aspectos, ao conceito de multilateralismo no Pacífico liderado pelos Estados Unidos, em especial depois de os Voluntários do Povo Chinês terem cruzado o Yalu. O Reino Unido preocupava-se com a perturbadora possibilidade de um Pacto do Pacífico liderado pelos americanos excluir Hong Kong das garantias de segurança. Os britânicos relutavam em ver a emergência de um pacto que os excluísse ou deixasse de oferecer tais garantias. Eles achavam que a omissão prejudicaria a segurança não só de Hong Kong, mas também de suas outras possessões coloniais na região, como Malásia, Sarawak-Brunei e Cingapura[22].

Diante das complexas pressões contrárias já citadas, que chegaram ao auge no final de janeiro de 1951, os Estados Unidos desistiram do conceito do Pacto do Pacífico. Em agosto de 1952, as Filipinas e a Coreia do Sul ainda promoviam entusiasticamente a ideia, e o governo Truman, sensível às acusações políticas de que tratava os asiáticos como "descartáveis de segunda classe", publicamente continuava a considerá-la uma possibilidade[23]. Porém, o impulso havia sido interrompido 18 meses antes pelos imperativos absolutos da guerra.

Como ilustra claramente o esboço do processo aqui apresentado, o bilateralista Sistema de San Francisco, com seu duradouro legado de uma lacuna organizacional no nordeste da Ásia, não resultou somente do poder geopolítico, nem de instituições preexistentes, nem de uma identidade coletiva. O processo desempenhou um papel sutil, mas crucial, que uma análise com base menos empírica infelizmente ignorou[24]. Não há dúvida de que poder, ambiente institucional e identidade influenciaram os interesses e as preferências, conscientes ou não, das partes em negociação – isto é, Estados Unidos e seus aliados.

Porém, nem interesses, nem preferências, nem identidade ditaram sozinhos as decisões finais dos atores principais. Os interesses e preferências das principais nações envolvidas acabaram sendo reformulados numa situação crítica criada pela Guerra da Coreia. Durante o traumático primeiro ano do conflito coreano, a estrutura e as regras do jogo de barganhas entre Estados Unidos, Japão e outras nações importantes do Pacífico foram profundamente transformadas à medida que a balança pendeu dos diplomatas para os militares e as perspectivas iniciais de multilateralismo foram destruídas.

Combatendo os riscos financeiros: a crise asiática e a integração regional

Como vimos, a conjuntura crítica da Guerra da Coreia mudou de forma crucial o perfil político-econômico das relações no Pacífico durante os primeiros anos depois da Segunda Guerra Mundial. Ela criou uma estrutura bilateral de "cubo e raios", com Washington como cubo; uma rede complementar de laços econômicos de orientação bilateral; e, no próprio nordeste da Ásia, criou uma lacuna organizacional sem virtualmente nenhuma dimensão multilateral, fato que persistiu por muito tempo. Somente os momentosos acontecimentos globais nos anos 1980 e 1990, ditados em parte pela globalização econômica, tiveram impacto sério sobre essa durável estrutura bilateral.

Nos últimos anos, três forças motrizes começaram a encorajar a integração regional com propensão multilateral para além do cubo e raios centrados em Washington. Essas forças são (1) *pressões econômicas locais*; (2) *busca de influência*, em especial por países em desenvolvimento frustrados com o unilateralismo americano e com o fundamentalismo de mercado de instituições como o Fundo Monetário Internacional; e (3) *contrarregionalismo*. As economias em desenvolvimento, inclusive as da Ásia, tornaram-se ansiosas por consolidar sua própria coesão para contrabalançar a crescente unidade da Europa e das Américas.

Essas amplas forças globais, que ao mesmo tempo facilitavam a integração regional devido a fortes complementaridades intrarregionais, foram muito aumentadas na Ásia pela crise financeira de 1997, como já ocorrera na América Latina devido a anteriores terremotos financeiros regionais. A crise financeira da Ásia foi claramente um divisor de águas no crescimento econômico e na mentalidade política da região. A dolorida afronta que representou para nações havia muito acostumadas ao sucesso econômico – e que em conjunto detêm dois terços do total de reservas em moedas estrangeiras na terra – foi um grande estímulo para novas abordagens regionalistas. Para garantir a mais ampla cooperação possível, essas abordagens tenderam a ser multilaterais.

A crise, com todo seu trauma, galvanizou governos nacionais para a ação. Também incentivou, entre líderes políticos e empresariais do nordeste da Ásia, uma crescente percepção da necessidade de mecanismos formais para lidar com crises similares no futuro[25]. Em resumo, ela representou um catalisador para grandes mudanças. Em contraste com a crise da Guerra da Coreia, este catalisador gerou impulso para a formação de uma organização intrarregional para tornar a Ásia mais independente de Washington.

A importância da crise financeira de 1997 como uma situação crítica pode ser claramente demonstrada por uma breve análise do regionalismo anterior. Como mostra a próxima seção, antes de 1997, os países da Ásia, em sua maioria, estiveram unidos por um frouxo regionalismo, ao estilo de rede. É verdade que houve esforços – muitos deles bastante determinados e persistentes – para conseguir maior coesão, inclusive independentemente dos Estados Unidos. Contudo, a maior parte das tentativas para estabelecer instituições multilaterais formais na região fracassou, com exceção daquela que resultou na formação do Banco Asiático de Desenvolvimento (1966). Porém, mesmo esta instituição era produto de circunstâncias incomuns: um ambiente regional e internacional favorável (inclusive a colaboração íntima entre Japão e Estados Unidos) e a conjuntura crítica do início da Guerra do Vietnã.

Regionalismo anterior à crise na Ásia

Comparada ao dinâmico crescimento econômico e às relações comerciais predominantes em quase toda a Ásia, a debilidade das instituições intrarregionais formais é chocante. Repetidamente, desde os anos 1950, tentativas do Japão, da Coreia do Sul e de outros países para promover o multilateralismo enfrentaram uma série de contratempos. Somente diante de situações críticas foi que surgiram arranjos multilaterais promissores.

Durante os anos 1950, o Sistema de San Francisco de relações político-econômicas assimétricas no Pacífico, estabelecido em consequência da situação crítica da Guerra da Coreia, perpetuou os relacionamentos de cubo e raios entre os Estados Unidos e seus aliados asiáticos. Prevaleceu o bilateralismo e, por três décadas, as iniciativas multilateralistas produziram pouco mais que um "regionalismo aberto mínimo" – uma forma superficial de integração, envolvendo um desenvolvimento institucional limitado. A manifestação mais elaborada desse padrão foi a Cooperação Econômica Ásia-Pacífico (Apec), que começou a evoluir somente no final dos anos 1980[26].

Alguns agentes, especialmente no Japão, gostariam de contar com uma estrutura multilateral mais rica. No início dos anos 1960, o Centro de Pesquisas Econômicas do Japão serviu como foro ativo para debates sobre integração regional, que reuniram acadêmicos e funcionários do governo com representantes da Austrália, Canadá, Nova Zelândia e Estados Unidos. A seguir, Saburo Okita, mais tarde ministro do Exterior do Japão, articulou o conceito – superficialmente promissor – da Cooperação Econômica do Pacífico (PEC). Okita propôs encontros anuais entre representantes dos cinco países para discutir questões econômicas, culturais e outras de interesse comum. Contudo, a iniciativa, como virtualmente todas as propostas japonesas desta era, com exceção do Banco Asiático de Desenvolvimento (1966), não saiu do papel. O mesmo aconteceu com as iniciativas multilaterais propostas pela Coreia do Sul (o Conselho Ásia e Pacífico, 1966) e pela Tailândia (Cooperação Econômica do Pacífico Ocidental, 1988).

Aos poucos, as propostas para um multilateralismo asiático conseguiram sucessos modestos, embora somente aqueles que *incluíam* os Estados Unidos. Em 1989, em resposta a uma iniciativa de Robert Hawke, primeiro-ministro da Austrália, foi criada a Apec. Esse amplo grupo regional originalmente reunia representantes governamentais e não governamentais do Japão, Estados Unidos, Canadá, República da Coreia, Austrália, Nova Zelândia e os cinco Estados membros da Asean[27]. A República Popular da China, Hong Kong e Taiwan aderiram em 1992; México e Papua Nova Guiné, em 1993; e o Chile, em 1994.

Porém, com um orçamento de apenas US$ 52 milhões e um pequeno secretariado localizado em Cingapura, a Apec até hoje tem capacidade administrativa limitada, usando, na maior parte dos casos, grupos de trabalho técnicos. Ela também teve a desvantagem política de incluir, durante a "ascensão pacífica" da China, Taiwan (sob o disfarce de "Taipei chinesa") como membro. Essa realidade atávica, com a qual Pequim concordou com relutância em seus dias de vulnerabilidade diplomática no início dos anos 1990, fez recentemente com que a República Popular da China desmerecesse a Apec como veículo sério para a integração regional.

Desde 1993, a Apec realiza reuniões anuais de líderes que lhe deram proeminência como mecanismo de alto nível para a formação de redes. Contudo, ela continua sendo um foro puramente consultivo, limitado pelas restrições da tomada de decisões por consenso, a despeito da persistente pressão das empresas por uma integração mais profunda[28]. Algumas vezes, ela teve aspirações maiores, com os Estados Unidos entre seus partidários mais entusiastas[29]. Nos próximos anos, a Apec poderá continuar como um foro importante para o debate da liberalização do comércio e dos investimentos, mas não para a operacionalização da integração econômica, a menos que seja reformulada por força de uma circunstância crítica.

Em contraste com a Apec, as propostas para organizações menores e mais exclusivamente asiáticas fracassaram totalmente na década anterior à crise financeira de 1997 na região. No final dos anos 1980, a criação do Grupo Econômico da Ásia Oriental (EAEG) foi proposta pelo primeiro-ministro Mohamad Mahathir, da Malásia, na época em que a Rodada do Uruguai parecia destinada ao fracasso. Desde o início, a proposta regionalista de Mahathir foi atacada pelos Estados Unidos, que não estavam incluídos na sua concepção. O Japão mostrou-se relutante e preocupado com o antagonismo de Washington, indicando que esperaria por uma decisão da Aean antes de esclarecer o caso. E a Indonésia, maior membro da Asean, reagiu friamente à controversa ideia de Mahathir.

Em agudo contraste com a hesitação de 1991 para entrar na EAEG, o Japão concebeu uma proposta multilateral ainda mais controversa para a criação de um Fundo Monetário Asiático (FMA) pouco antes da crise financeira em 1997[30]. Nas reuniões do Grupo dos 7 do Fundo Monetário Internacional (FMI), em Hong Kong, em setembro de 1997, o FMA foi oficialmente proposto, com o Japão se oferecendo para criar um fundo de US$ 100 bilhões para estabilizar as taxas de câmbio na Ásia. Discordando fortemente da visão dos Estados Unidos a respeito de abreviar a crise financeira, o Japão refletia sua profunda frustração com o FMI. Caso fosse criado, o FMA teria permitido que o Japão desenvolvesse de forma mais eficaz os resultados de suas políticas, de acordo com suas preferências por crédito fácil e condicionalidade mais frouxa. Além disso, o FMA teria ajudado a prover um *headline figure* maior para o pacote de salvamento, ajudando a acalmar os mercados e a desembolsar os fundos de forma mais flexível.

Na verdade, o FMA recebeu uma animada recepção inicial em virtualmente todas as capitais do sudeste da Ásia. Taiwan e Coreia do Sul também estavam favoravelmente dispostas[31]. Porém, os Estados Unidos se opuseram fortemente ao plano, convencendo também a China, ao invocar o fantasma da "hegemonia japonesa".

A proposta do FMA acabou sendo rejeitada, apesar do apoio da Asean e da Coreia do Sul. Em vez do FMA, foi criada uma "estrutura de Manila", substancialmente diminuída, que silenciosamente deixou de lado as características mais controversas do fundo.

Em resumo, as claras aspirações multilaterais na Ásia anteriores à crise de 1997 eram frouxamente estruturadas e careciam de compromissos firmes. Uma suposição há muito implícita na região é que os empreendimentos regionais deveriam estar subordinados aos interesses nacionais e à independência dos países membros[32]. Autoridades supranacionais do padrão europeu nunca foram aceitas.

As relações com os Estados Unidos também têm sido um fator inibidor, em particular para o Japão, líder em potencial de um movimento regionalista. Os países asiáticos têm reagido à complexa mistura de interesses conflitantes, apoiando propostas institucionais "flexíveis". Essas propostas têm carecido de regras formais compulsórias, não excluindo nações e interesses não asiáticos, mesmo quando estes divergiam das preocupações dos membros asiáticos.

Todas essas hipóteses e estruturas foram questionadas durante a crise financeira na Ásia. A seção a seguir conta como a crise ocorreu, como afetou os países asiáticos e como os forçou a agir em conjunto pelo interesse comum. Somente com a crise, numa ocasião crítica em seu desenvolvimento, eles conseguiram atingir a coesão necessária para estabilizar a região diante dos furacões financeiros que sopravam pelo globo.

Chegando mais perto da crise

Desde o início da década de 1970, as nações asiáticas vêm se tornando mais integradas economicamente. Apesar da falta de laços políticos, um silencioso agente de mudança vem corroendo incessantemente a imutável ordem do cubo e dos raios: o poder das finanças globais. Duas forças têm estado em ação: as finanças em si têm mudado profundamente e o papel da Ásia nesse mundo misterioso, mas crucial, também tem mudado.

Em 1997, cerca de US$ 2 trilhões em transações cruzavam diariamente os mercados financeiros do mundo, exercendo intensa pressão sobre governos e empresas mesmo sob circunstâncias rotineiras. A volatilidade dos fluxos financeiros globais já havia provocado a crise da dívida latino-americana de 1982, a crise cambial europeia de 1992-93 e a crise da dívida externa mexicana de 1994-95. Contudo, a Ásia permanecera notavelmente ilesa até o verão de 1997.

Devido a um ambiente macroeconômico aparentemente benigno, os capitais fluíam para a Ásia em volumes maciços até o início dos anos 1990. Na Tailândia, por exemplo, de 1990 a 1996, as entradas médias de capital equivaliam a 10,3 por cento do PIB. Confiando em um futuro brilhante, as empresas asiáticas fizeram grandes empréstimos em dólar nos arriscados mercados de capitais de curto prazo porque neles as taxas de juros eram menores.

Em setembro de 1997, por exemplo, a Coreia do Sul devia a bancos estrangeiros mais de US$ 114 bilhões, dos quais US$ 78 bilhões eram empréstimos de curto prazo. Suas reservas em moeda estrangeira eram de apenas US$ 31 bilhões, cerca de um quarto do total da dívida. Indonésia e Tailândia estavam em situação semelhante. Grande parte dos empréstimos em dólar era para financiar investimentos imobiliários e outros projetos em moeda local, expondo os tomadores ao risco cambial. Como se sabe, as exigências dos bancos estrangeiros de 1995 a 1997 representavam um enorme risco para a região.

Alcançando o turbilhão: a chegada de uma situação crítica

A decisão da Tailândia de deixar sua moeda, o bath, flutuar provocou, em 2 de julho de 1997, uma tempestade não prevista por quase ninguém, nem mesmo pelos maiores especialistas em finanças asiáticas. No primeiro dia de flutuação, o bath caiu 15 por cento. Em menos de um mês, ele havia perdido 40 por cento do valor e, nos dois meses seguintes, caiu mais 20 por cento. Em pouco tempo, todos os países do sudeste Asiático e a Coreia enfrentavam uma crise monetária internacional histórica. Em menos de um ano, as taxas cambiais da Indonésia, Malásia, Filipinas, Cingapura e Tailândia haviam caído muito em relação ao dólar americano, dificultando o pagamento das dívidas externas e espalhando o temor de contágio.

A hesitação americana em ir em auxílio à Tailândia, apesar da posição político-militar de Washington no centro da ordem bilateralista, também encorajou os fundos de hedge e outros investidores especulativos. Eles viam claramente o amplo desalinhamento das moedas em toda a região e a ausência generalizada de vontade política para defender o *status quo*. Quando a Indonésia foi forçada a desvalorizar sua moeda em agosto de 1997, reagindo à pressão dos fundos internacionais, começou a especulação contra a Coreia, que também estava fortemente endividada e cujos bancos tinham investimentos pesados na Indonésia. O colapso do Hanbo Group em fevereiro de 1997 – o primeiro dos 30 maiores *chaebol** a quebrar em dezembro de 1998 – e o crescente déficit em conta corrente da Coreia indicaram que ela também poderia estar vulnerável.

Uma queda de 9 por cento no índice Seng, de Hong Kong, em 20 de outubro, foi seguida, da noite para o dia, pela maior queda da média Dow Jones de Nova York[33], provocando temores em Washington e em toda a Ásia de que a crise do sudeste da Ásia pudesse se tornar global. Os eventos nos meses seguintes – fuga de capitais de US$ 12 bilhões da Ásia como um todo em 1997; o colapso do won coreano, que perdeu 60 por cento do valor em seis meses, levando o país a uma maciça crise financeira e a

* [Grandes corporações]. (N. do T.)

um humilhante pacote de resgate de US$ 57 bilhões pelo FMI; e o rebaixamento das dívidas externas da Indonésia, Coreia e Tailândia ao status de *junk bond** pela Moody's – estão gravados na história e na consciência de uma geração de asiáticos.

Apesar de tocados pela crise, Japão e China, de forma menos direta que seus vizinhos, também sentiram o trauma. A despeito da posição do Japão como antigo aliado dos Estados Unidos, com as maiores reservas em moeda estrangeira do mundo e um PIB equivalente a 15 por cento do total global, o país foi sumariamente repreendido por funcionários do governo americano e teve rejeitada sua proposta para um Fundo Monetário Asiático, como já vimos. Com a Ásia recebendo mais de 35 por cento de suas exportações – muito mais que os Estados Unidos –, o Japão também sofreu com o declínio econômico que se seguiu à crise[35].

O movimento da China no sentido do multilateralismo

Embora tenha ficado ao lado dos Estados Unidos na reprovação à iniciativa do Japão para a criação do Fundo Monetário Asiático, a China também começou lentamente a perceber os grandes riscos do desastre financeiro regional que emergia. Ela providenciou, por exemplo, US$ 1 bilhão do pacote de ajuda à Tailândia oferecido em agosto de 1997 – US$ 1 bilhão a mais do que os Estados Unidos – embora sua delegação não pudesse anunciar a contribuição antes de consultar Pequim, depois da reunião do grupo de ajuda[36]. Essa foi a primeira vez em que a China fez uma contribuição substancial a um país atingido por crise monetária; o fato representou sua estreia na diplomacia das crises monetárias internacionais.

Em 1998, as políticas chinesas evoluíram mais no sentido da cooperação financeira intra-asiática. Naquele ano, na reunião dos líderes da Asean Plus Three[37], em Hanói, com a região ainda sofrendo com a crise financeira, a China propôs que os executivos dos bancos centrais e os vice-ministros de Finanças asiáticos se reunissem regularmente para explorar

* [Papéis de alto risco]. (N. do T.)

as possibilidades de uma maior cooperação multilateral. No encontro de líderes em Manila em 1999, o ministro Zhu Rongji desempenhou um papel importante, juntamente com o primeiro-ministro Obuchi Keizo, na finalização do acordo da quota de troca de moedas, que conduziu ao histórico tratado de Chiang Mai em maio de 2000[38].

Além de participar ativamente de iniciativas de cooperação financeira na região, a China também estava se tornando mais sensível às preocupações do sudeste da Ásia com segurança. Em 27 de julho de 1999, o país assinou o acordo que tornava a região zona livre de armas nucleares e concluiu o Tratado de Amizade e Cooperação com o sudeste da Ásia. Por vários anos, a Asean tentara persuadir as potências nucleares a concordarem com o protocolo; assim, o gesto chinês foi bem recebido por aquelas nações. A China também passou a se mostrar mais conciliatória em seus contatos com a Asean sobre questões marítimas no mar do Sul da China.

Assim, o histórico movimento gradual da China no sentido do multilateralismo foi gerado por uma complexa mistura de quatro motivos diferentes, todos ligados ao destino crítico da crise financeira asiática:

1. *Uma percepção mais profunda de sua própria vulnerabilidade a acontecimentos monetários internacionais.* Entre 1982 e 1997, a dívida externa chinesa havia aumentado cinco vezes, chegando a US$ 10 bilhões, excluindo investimentos diretos e títulos comerciais estrangeiros[39]. Com a passagem de Hong Kong para seu domínio em julho de 1997, a China também assumira a responsabilidade por um centro financeiro global.
2. *Uma percepção crescente de sua própria sustentabilidade econômica a longo prazo e sua força diplomática.* Na segunda metade de 1998, estava claro que a economia chinesa havia superado a crise com sucesso, embora ainda houvesse vulnerabilidades na região como um todo.
3. *Sua percepção das dinâmicas competitivas na região.* Embora Pequim certamente sentisse que havia ganhado poder com os eventos de 1997-98, como sugerimos, o país ainda era abalado por impulsos defensivos, particularmente em face de iniciativas vindas de Tóquio.
4. *O aprofundamento de suas redes intrarregionais em finanças internacionais, em especial com Japão e Coreia.*

Em conjunto, esses quatro motivos, todos originários de uma situação crítica, catalisaram uma importante transformação nas relações da China com o restante da Ásia. Antes da crise, o país tendia a seguir uma definição estreita e mercantilista de interesse econômico nacional que desestabilizava toda a região, como ficou evidenciado em 1994, na desvalorização do yuan. No calor da crise financeira, essa tendência evoluiu para um senso de responsabilidade mais amplo e maduro – não só pelo próprio crescimento chinês, mas também pela estabilidade da região como um todo.

No início de 1999, a Ásia havia começado a deixar a crise para trás. Na Coreia, que liderou a saída da crise na Ásia, o crescimento do PIB chegou a 10,9 por cento em 1999 e 8,8 por cento em 2000, levado pelos gastos dos consumidores e também por pesados investimentos estrangeiros[40]. Contudo, permaneceram as marcas da crise, que foi traumática por ter sido inesperada e, para muitos asiáticos, injustificada.

Dado o temor intenso e plausível de desvalorização do yuan e a modesta recuperação econômica regional, muitas nações asiáticas temiam a volta do caos financeiro caso não fossem estabelecidos arranjos institucionais regionais que afastassem essa terrível possibilidade. Esse persistente senso de urgência e pressão do tempo, originário do fato de a situação crítica de 1997 ainda persistir dois anos mais tarde, encorajou uma ação coletiva asiática para a criação de entendimentos financeiros regionais. A hesitação da América em agir de forma pró-ativa nos estágios iniciais da crise fortaleceu essa determinação regionalista.

O caminho para Chiang Mai: um modelo para o futuro?

Em novembro de 1999, os chefes de Estado da Asean Plus Three se reuniram em Manila e declararam que a cooperação monetária e financeira havia se tornado área prioritária de preocupação comum. Seis meses depois, em maio de 2000, os ministros de Finanças da Asean Plus Three se reuniram em Chiang Mai, na Tailândia, para anunciar que criariam uma rede de acordos de permuta de moedas para evitar a ocorrência de futuras crises monetárias como a que haviam sofrido em 1997-98. Estados Unidos,

Austrália e Nova Zelândia não foram incluídos nos arranjos, e o FMI só os endossou um ano mais tarde.

Menos de quatro anos depois da reunião em Chiang Mai, haviam sido estabelecidos 15 acordos bilaterais de permuta de moedas, envolvendo créditos em aberto de quase US$ 35 bilhões. A estrutura de Chiang Mai, como veremos em detalhe mais tarde, representa claramente uma intensificação do regionalismo na Ásia, com um elenco multilateralista, apesar dos mecanismos bilateralistas envolvidos. Ela tem como membros nações exclusivamente asiáticas. Embora até agora esses acordos sejam tecnicamente bilaterais, sua configuração básica dos acordos foi decidida de forma multilateral em Chiang Mai. E a possibilidade de que essa rede de entendimentos bilaterais se transforme numa instituição regional é real e esperada.

Assim, o acordo de Chiang Mai representa um avanço substancial na cooperação regional – particularmente no nordeste da Ásia – independentemente dos Estados Unidos e de organizações multilaterais influenciadas por aquele país, como o FMI. Este avanço veio na esteira de numerosas tentativas inúteis para promover a cooperação regional, inclusive as propostas para a criação da Convenção Econômica da Ásia oriental, do EAEG e do FMA.

O modelo Chiang Mai de inovação em políticas regionais tem cinco características especialmente dignas de nota:

1. *O não envolvimento dos Estados Unidos e de instituições multilaterais globais.* O acordo de Chiang Mai, o primeiro realmente importante sobre finanças regionais asiáticas, foi conseguido em um foro que *não* envolvia aqueles agentes.
2. *A sequência pela qual se aprofundaram os procedimentos para a integração regional:* grande *interdependência comercial*, levando a uma proposta substantiva de *integração regional* (o conceito do FMA e início dos anos 1990), seguida por uma *situação crítica* que abre uma "janela para políticas" de inovação prospectiva, um momento indeterminado para a *tomada de decisões de liderança*, um *acordo regional* concreto e, finalmente, *aceitação internacional posterior*.

3. *O papel-chave de líderes políticos* como Kim Dae-jung, Obuchi Keizo e Zhu Rongji, em incentivar inovações políticas no lugar de burocratas.
4. *A concentração de inovações políticas na área financeira em vez de no comércio*, impulsionando o processo da integração europeia por meio de inovações como o Carvão Europeu e a Comunidade do Aço.
5. *A natureza limitada das restrições sobre a soberania nacional.* As quotas de permuta autorizadas pelo acordo de Chiang Mai não restringem as prerrogativas dos governos nacionais, em contraste com a maior parte dos passos no sentido da integração regional na Europa.

O sucesso do acordo de Chiang Mai na esteira da crise financeira asiática demonstra a importância em potencial de situações críticas como mecanismos para a superação de problemas de ação coletiva na Ásia. Como observa Sidney Tarrow:

> Os movimentos são criados quando oportunidades políticas se abrem para atores sociais que usualmente carecem delas. Eles atraem pessoas para ações coletivas por meio de repertórios conhecidos de contenção e criando inovações em torno de suas margens... Despertados pelo incentivo criado pelas oportunidades políticas, combinando formas de ação convencionais e desafiadoras, construindo redes sociais e molduras culturais é como os movimentos superam os obstáculos à ação coletiva e sustentam suas interações com os oponentes[41].

É claro que a integração regional na Ásia tem avançado desde Chiang Mai. Foi proposta uma série de acordos de livre comércio, em especial a sugestão de Zhu Rongji de um tratado entre a China e a Asean, para entrar em vigor em 2010. Contudo, a qualidade dos acordos propostos tem sido desigual, e eles são principalmente intrarregionais.

A área financeira tem sido objeto de uma cooperação mais profunda e significativa do que a de comércio, com base no impulso do acordo de Chiang Mai e alimentada pelo interesse regional comum por uma rede de segurança que elimine os riscos à estabilidade implícitos no rápido crescimento econômico da China. A cooperação financeira também tem sido de caráter principalmente multilateral, ao contrário do bilateralismo generalizado no comércio.

Em junho de 2003, foi criado o Asian Bond Fund (ABF), investindo um bilhão de dólares americanos em papéis emitidos por tomadores de oito países membros. Ele foi complementado pouco depois por uma Iniciativa Asiática no Mercado de Papéis Comerciais para coordenar alterações técnicas no tratamento fiscal dos papéis comerciais e assuntos correlatos. Em 2004, um segundo estágio da Iniciativa Asiática no Mercado de Papéis Comerciais anunciou uma estrutura para o investimento de cerca de US$ 2 bilhões em papéis comerciais, emitidos em moedas domésticas dos países membros durante 2005[42]. Com medidas como essas, a Asean e as nações do nordeste da Ásia vêm trabalhando para diversificar os riscos implícitos nos padrões tradicionais de crescimento econômico asiático, altamente alavancados e dependentes de bancos, incentivando mercados de capitais e tirando proveito de suas experiências dolorosas durante a crise financeira de 1997.

A energia também tem sido uma área de inovação em políticas, particularmente com a elevação dos preços. A Declaração de Cebu sobre segurança em energia de janeiro de 2007, por exemplo, comprometeu seus membros em um amplo programa de cooperação regional no setor, incluindo a expansão de sistemas de energia renovável e a produção de biocombustíveis. A declaração abrangia a concordância sobre um sistema de encontros periódicos entre os ministros de Energia para expandir a cooperação. Na Asean Plus Three, a cooperação em energia tem estado ativa desde 2004[43].

Além das iniciativas específicas de setores, as nações asiáticas também inauguraram um Encontro Anual da Ásia oriental, realizado pela primeira vez em Kuala Lumpur em dezembro de 2005. Os 16 participantes nacionais incluíram os 10 membros da Asean e as três maiores potências do nordeste da Ásia (China, Japão e Coreia do Sul), além de Austrália, Índia e Nova Zelândia. Em 2006, o encontro começou a assumir funções de definição de agendas de políticas em setores como conservação de energia, controle de pandemias e criação de uma área consolidada de livre comércio na Ásia oriental.

Conclusão: o passado e o futuro do regionalismo asiático

Os países da Ásia oriental em geral e do nordeste da Ásia em particular manifestaram uma enorme variação no grau de integração econômica e política ao longo do século XX. No início do século – virtualmente na sua primeira metade – era possível viajar sem problemas e com rapidez, por terra, desde o Japão, através de toda a península coreana até a Manchúria e além, em 24 horas ou menos. Contudo, apesar dos grandes avanços em tecnologia de transportes, devido à radical transição da assimilação forçada ao império japonês para a independência, a segunda metade do século foi uma proposição muito mais complexa.

Para compreender o futuro, como foi observado no início deste capítulo, é importante entender as forças que motivam mudanças nos assuntos humanos. Afirmei que, respondendo de forma episódica, descontínua, mas sistemática, à lógica econômica subjacente, as crises políticas influenciaram fortemente os contornos complexos e sutis do regionalismo na Ásia oriental. As experiências da Guerra da Coreia e da crise financeira asiática foram responsáveis, mais do que qualquer outro acontecimento dos últimos 60 anos, pelos atuais contornos da integração político-econômica da Ásia oriental.

Como já vimos, a Guerra da Coreia e as sombras da Segunda Guerra Mundial explicam, em grande parte, o perfil da lacuna organizacional que afastou as irascíveis nações-Estados da região. Elas explicam por que o nascente multilateralismo da iniciativa do Pacto do Pacífico não teve sucesso, a despeito de um maior interesse pouco conhecido pelo conceito antes da Guerra da Coreia. E as consequências por toda a Ásia da invasão chinesa através do rio Yalu, no final de 1950, deram origem ao Sistema de San Francisco, bilateral e centrado nos Estados Unidos, o qual estruturou os assuntos relativos à segurança no Pacífico até hoje.

Analogamente, a crise asiática do final dos anos 1990 galvanizou novas e importantes redes políticas e financeiras intrarregionais na Ásia oriental, catalisando novas formas de multilateralismo econômico, como os acordos de Chiang Mai para permuta de moedas e o ABF. Deixando de lado os Estados Unidos, essa nova estrutura inspirada na crise combinou-se às forças econômicas que geram a ascensão da China, predispondo a organização regional numa nova direção, mais multilateralista. Pela primeira vez em meio século, o movimento era de afastamento da estrutura bilateral de cubo e raios centrada em Washington e voltada a uma maior integração político-econômica intra-asiática, com múltiplos grandes participantes em finanças.

Extrapolando do passado para o futuro, a lógica deste capítulo certamente é algo perturbadora para aqueles que acreditam na evolução estável da solidariedade no nordeste da Ásia. Por mais importante que o multilateralismo possa ser para amortecer o impacto sistêmico do nacionalismo e das transições de poder na Ásia oriental, ele não emerge espontaneamente por si só. Sugere-se que inovações políticas realmente substanciais, inclusive novas estruturas multilateralistas, tendem a nascer de crises; nesses períodos, os responsáveis pelas políticas em geral não tomam decisões otimizadas. Os parâmetros que são forçados a considerar são, com frequência, diferentes daqueles de períodos sem crises e não conduzem necessariamente ao multilateralismo. Os tecnocratas, certamente, podem refinar os amplos esboços de iniciativas ditadas por crises, mas, muitas vezes, são os líderes políticos desprovidos de experiência pessoal ou de tempo para refletir que devem fazer as inevitáveis escolhas sobre as quais se baseia a mudança sistêmica.

Embora a história mostre como é difícil adotar diretamente planos anteriores à crise como guias para a definição de políticas, ela também destaca os perigos da falta de atenção às realidades preexistentes, em especial a profunda e persistente paranoia mútua com a qual os países do nordeste da Ásia veem uns aos outros. Incrementalismo, formação de redes de contatos e diálogo numa base multilateral podem não conseguir *transformar* a região ou impedir agressões, mas são muito importantes como rede de segurança diante de desastres imprevistos. A "lacuna de confiança" entre os "países-raio" no Sistema de San Francisco é intensa, como mostram os explosivos confrontos sino-japonês e japonês-coreano de 2005-6[44]. E, diante da persistente estrutura de cubo e raios nos assuntos do Pacífico, é difícil para os países-raio resolverem suas diferenças sem uma atitude pró-ativa em relação ao multilateralismo, mesmo que informal, por parte dos Estados Unidos.

Assim, a história fornece importantes perspectivas sobre a utilidade, a longo prazo, de estruturas diplomáticas multilaterais como as Conversações entre Seis Partes como veículos para a construção de instituições. Elas são claramente úteis, a curto prazo, como dispositivos estáticos para promover a comunicação transnacional e minimizar os riscos reais de erros de percepção e paranoia que impregnam a região. Porém, sua importância a longo prazo é mais provável numa esfera diferente: no papel que podem desempenhar na formação de redes pessoais duradouras e no desenvolvimento de propostas criativas e orientadas para o futuro, para o turbulento e inesperado futuro que quase certamente virá. Porque será esse futuro turbulento – provavelmente um segmento curto, agudo e crítico dele – que irá determinar o curso geoeconômico da região em longo prazo, com implicações decisivas para o futuro do resto do mundo.

NOTAS

1. Para uma melhor explicação desse conceito, veja de Kent Calder e Min Ye, "Regionalism and Critical Junctures: Explaining the 'Organization Gap' in Northeast Asia", *Journal of East Asian Studies* (primavera de 2004): 191-226.
2. Veja Leonard Binder, ed., *Crises and Sequences in Political Development* (Princeton, NJ: Princeton University Press, 1971); Stephen Krasner, "Approaches to the State", *Comparative Politics* (janeiro de 1984): 223-46; Nelson Polsby, *Political Innovation in America: The Politics of Policy Innovation* (New Haven, Conn.: Yale University Press, 1984); Peter Gourevitch, *Politics in Hard Times* (Ithaca, NY: Cornell University Press, 1986); e Stephen Skowronek, *Building a New American State* (Cambridge: Cambridge University Press, 1982).
3. Graham Allison e Philip Zelikow, *Essence of Decision*, segunda edição (Nova York: Longman, 1999).
4. Yoichi Nemoto, "An Unexpected Outcome of the Asian Financial Crisis", Relatório sobre as Relações Estados Unidos-Japão (Princeton, NJ: Princeton University, junho de 2003), 14.
5. Milton Walton Meyer, *A Diplomatic History of the Philippine Republic* (Honolulu: University of Hawaii Press, 1965), 142-43.
6. Meyer, *Diplomatic History.*

7. Sobre este conceito e sua ligação com a teoria de relações internacionais mais amplas, veja Kent E. Calder, "The San Francisco System in Comparative Perspective", *Pacific Review* (janeiro de 2004): 135-57.
8. Sobre os eventos internacionais e domésticos coreanos em torno deste caso durante a Guerra da Coreia, veja por exemplo Bruce Cumings, *The Origins of the Korean War*, vols. 1 e 2 (Princeton, NJ: Princeton University Press, 1981 e 1990); Chen Jian, *China's Road to the Korean War: The Making of the Sino-American Confrontation* (Nova York: Columbia University Press, 1994); John W. Garver, *The Sino-American Alliance: Nationalist China and American Cold War Strategy in Asia* (Armonk, NY: M.E. Sharpe, 1997); e William Stuek, *Rethinking the Korean War: A New Diplomatic and Strategic History* (Princeton, NJ: Princeton University Press, 2002).
9. Akira Iriye, *The Cold War in Asia: A Historical Introduction* (Englewood Cliffs, NJ: Prentice-Hall, 1974), 93-97.
10. Veja Sergei N. Goncharov, John W. Lewis e Xue Litai, *Uncertain Partners: Stalin, Mao and the Korean War* (Stanford, CA: Stanford University Press, 1993), cap. 5.
11. Meyer, *Diplomatic History*, 143.
12. Robert T. Oliver, *Syngman Rhee and American Involvement in Korea, 1942-1960* (Seoul: Panmun, 1978), 255.
13. Meyer, *Diplomatic History*, 147.
14. Oliver, *Syngman Rhee*, 233.
15. Meyer, *Diplomatic History*, 151.
16. Os sete participantes, inclusive as Filipinas, eram Austrália, Ceilão, Índia, Indonésia, Paquistão e Tailândia. Como foi assinalado, Coreia do Sul e Tailândia também apoiavam a cooperação regional na esfera da defesa. Veja Meyer, *Diplomatic History*, 153.
17. Departamento de Estado dos Estados Unidos, *Foreign Relations of the United States (FRUS): East Asia and the Pacific*, vol. 6, Parte 1 (Washington, DC: U.S. Government Printing Office, 1983), 133-34. Entre os funcionários do governo que receberam cópias, estavam Dean Rusk, secretário assistente para Assuntos do Oriente, e Paul Nitze, diretor de planejamento de políticas.
18. Veja Departamento de Estado dos Estados Unifod, *FRUS: East Asia and the Pacific*, vol. 6, Parte 1, 136.
19. Steven Hugh Lee, *The Korean War* (Londres: Longman, 2001).
20. Dean Acheson, *Present at the Creation: My Years at the State Department* (Londres: Hamish Hamilton, 1969), 426.
21. Para ter uma ideia da predição indeterminada de instituições regionais, veja Steve Weber, "Shaping the Postwar Balance of Power", *International Organization* 46 (verão de 1992): 633-80.
22. Departamento de Estado dos Estados Unidos, *FRUS: East Asia and the Pacific*, vol. 6, Parte 1, 143-44.
23. John M. Allison, *Ambassador from the Prairie* (Boston: Houghton Mifflin, 1973), 199-205.

24. Veja por exemplo Peter Katzenstein e Christopher Hemmer, "Why Is There No NATO in Asia? Collective Identities, Regionalism and the Origins of Multilateralism", *International Organization* (outono de 2002): 575-88.
25. Veja Kevin Cai, "Is a Free Trade Zone Emerging in Northeast Asia in the Wake of the Asian Financial Crisis?", *Pacific Affairs* 74 (primavera de 2001): 11.
26. Saori Katada, "Japan and Asian Monetary Regionalization: Cultivating a New Regional Leadership after the Asian Financial Crisis", relatório apresentado na ISA Annual Meeting, Nova Orleans, 24-27 de março de 2002.
27. Quando a Asean foi fundada, em 1967, seus cinco membros originais eram Indonésia, Malásia, Filipinas, Cingapura e Tailândia.
28. O assim chamado Pacific Business Forum, formado em 1994 para representar interesses regionais de negócios, se reúne rotineiramente, por exemplo, antes dos encontros da Apec para preparar roteiros concebidos para orientá-la no livre comércio. A partir de 1995, os interesses de negócios também foram representados no Apec Business Advisory Council. Eles exigiram medidas como padrões comuns para produtos, procedimentos aduaneiros harmonizados, regras comuns para a proteção da propriedade intelectual e um visto de negócios da Apec. Veja Walter Mattli, *The Logic of Regional Integration: Europe and Beyond* (Cambridge, Inglaterra: Cambridge University Press, 1999), 171-72.
29. Em 1994, por exemplo, os líderes do encontro da Apec em Bogor, Indonésia, fixaram uma meta ambiciosa de tarifa zero para todo o Pacífico até 2020, com os membros mais avançados da organização devendo atingir essa meta em 2010. Porém, em 1996, o impulso incorporado à Declaração de Bogor havia desaparecido.
30. Muito antes do início da crise financeira asiática, a ideia do FMA tinha sido ativamente promovida, embora informalmente, por economistas e políticos japoneses, inclusive por Eisuke Sakakibara, vice-ministro das finanças para assuntos internacionais.
31. Eric Altbach, "The Asian Monetary Fund Proposal: A Case Study of Japanese Regional Leadership", *Japan Economic Institute Report* 47a (Washington, DC: Japan Economic Institute, 19 de dezembro de 1997), 10.
32. Saori Katada, "Japan and Asian Monetary Regionalization: Cultivating a New Regional Leadership after the Asian Financial Crisis", relatório apresentado na International Studies Association Annual Meeting, Nova Orleans, 24-27 de março de 2002.
33. A média Dow Jones caiu 7,2 por cento – a maior queda em pontos absolutos, mas pouco em comparação com a queda de 22,6 por cento em 19 de outubro de 1987, em resposta à disputa financeira entre Estados Unidos e Alemanha.
34. Robert Garan, *Tigers Tamed: The End of the Asian Miracle* (Honolulu: University of Hawaii Press, 1998), 165.
35. Em 1999, a Ásia recebeu 37,3 por cento das exportações do Japão, comparados com 30,7 por cento recebidos pelos Estados Unidos. Veja Asahi Shimbun Sha, *Japan Almanac*, 2003 ed. (Tóquio: Asahi Shimbun Sha, 2002), 90.

36. Nemoto, "Unexpected Outcome", 14.
37. Na época, a Asean havia se expandido além dos cinco membros originais para incluir Brunei, Camboja, Laos, Mianmar e Vietnã. A Asean Plus Three acrescentou três membros de fora: China, Japão e Coreia do Sul.
38. Este arranjo permitiu que as nações participantes tomassem emprestadas as moedas de outros membros para fins de intervenção quando necessário, até um teto especificado, para estabilizar as relações cambiais na região.
39. James Laurenceson, "External Financial Liberalization and Foreign Debt in China", relatório 304, School of Economics (Queensland, Austrália: University of Queensland, 2002).
40. Edward M. Graham, *Reforming Korea's Industrial Conglomerates* (Washington, DC: Institute for International Economics, 2003), 111.
41. Sidney Tarrow, *Power in Movement* (Londres: Cambridge University Press, 1994), 1.
42. Jennifer Amyx, "What Motivates Regional Financial Cooperation in East Asia Today?" *Asia-Pacific Issues* (fevereiro de 2005):5.
43. Veja, por exemplo, "The Joint Ministerial Statement", Asean, Reunião dos ministros de Energia da China, Japão e Coreia, 9 de junho de 2004.
44. Para sugestões sobre como moderar essas tensões, veja Yoon Young-Kwan, Security in Northeast Asia: A South Korean View, palestra feita no Reischauer Center for East Asian Studies, abril de 2005, e Kent E. Calder, "China and Japan's Simmering Rivalry", *Foreign Affairs* (março/abril de 2006): 1-11.

CAPÍTULO 2

História e prática do unilateralismo na Ásia oriental

– *Bruce Cumings*

Em setembro de 2005, as Conversações entre Seis Partes, em Pequim, produziram um conjunto de "princípios" consensuais para a desnuclearização da península coreana[1], o que foi denunciado pelos norte-coreanos um dia depois. Dois meses mais tarde, as partes voltaram a se reunir em Pequim para mais três dias de conversações, nas quais, até onde se sabe, nada aconteceu. Logo depois, veio o fórum da Apec em Pusan, Coreia do Sul, que se reuniu em meio a preocupações a respeito da ascensão da China à posição de potência econômica (e sua futura primazia), um aprofundamento do distanciamento entre Seul e Washington, a infindável crise sobre o programa nuclear norte-coreano e o fato de os nacionalistas japoneses estarem reescrevendo a constituição do pós-guerra e encontrando maneiras inovadoras de ignorar e menosprezar seus vizinhos.

O presidente George W. Bush esteve na reunião da Apec a caminho da China, onde a maior notícia da sua visita a Pequim, ao menos para o *New York Times*, foi um fiasco: três fotos na primeira página mostravam Bush tentando deixar uma entrevista coletiva por uma porta trancada e fazendo caretas para a imprensa enquanto sacudia a maçaneta da porta, até finalmente sair por um saguão aberto[2]. E a reunião da Apec não gerou nada além de notícias de protestos anti-Bush por estudantes coreanos. Em outras palavras, o encontro forneceu outra repetição tediosa e previsível de um truísmo: a diplomacia multilateral na Ásia oriental é uma espécie de piada, até em sua própria existência.

A razão fundamental pela qual o multilateralismo é tão fraco na Ásia oriental remonta aos acordos posteriores à Segunda Guerra Mundial e à

Guerra da Coreia, assim como as origens dos problemas contemporâneos já citados. A constituição do Japão, seu crescente nacionalismo e a incapacidade do país para enfrentar seriamente seus crimes de guerra na China e na Coreia, com a consequente inimizade regional, podem ser atribuídos à paz flexível imposta pelos Estados Unidos durante sua ocupação unilateral do Japão, entre 1945 e 1952, e ao tratado bilateral de paz que pôs fim ao estado de guerra entre os dois países, mas não entre os japoneses e seus vizinhos. Esse tratado deixou sem solução muitos problemas complicados da Guerra no Pacífico (1931-45)[3]. O distanciamento da Coreia em relação aos Estados Unidos está embutido em seis décadas de preponderância americana, desde setembro de 1945, quando tropas daquele país tomaram a guarnição japonesa de Yongsan Garrison, no centro de Seul; os americanos ainda não deixaram o lugar. O distanciamento também remonta a julho de 1950, quando os americanos assumiram o comando operacional das forças armadas sul-coreanas. (Em novembro de 2005, o presidente Roh Moo-hyun pediu que os Estados Unidos acabassem com aquele arranjo; o pedido foi recebido em Washington com um silêncio ensurdecedor.) A ameaça nuclear norte-coreana data do pouco conhecido fato de os Estados Unidos haverem estacionado armas nucleares na Coreia do Sul, de 1958 a 1991 e, em seus jogos de guerra de hoje, usá-las contra o Norte. A única anomalia nos últimos 60 anos é a China, cujo crescimento foi liberado em 1979 por reformas internas e também por uma importante brecha na estrutura e na lógica do poder americano na região durante a Guerra Fria – a abertura para a China iniciada pelo presidente Richard Nixon e continuada pelo presidente Jimmy Carter.

Em outros casos, as divisões da Guerra Fria prejudicaram (e com frequência bloquearam totalmente) as relações e comunicações horizontais entre os países da Ásia oriental. A maior parte da comunicação diplomática era vertical, isto é, do Ministério do Exterior em Tóquio, Seul, Manila ou Taipei para Washington e vice-versa. Essa diplomacia vertical era esvaziada horizontalmente por forças econômicas que, desde os anos 1960, corroíam e contornavam os limites da Guerra Fria, unindo antigos adversários, mas principalmente através de contatos comerciais e da cultura pop do que de instituições multilaterais. A abertura da China à economia mundial e seu rápido crescimento são, hoje, as melhores expressões dessa tendência. Mas a China também está copiando aquilo que Japão, Coreia do Sul e Taiwan fizeram no passado. Embora a primeira fase da Guerra Fria tenha enfatizado considerações de segurança e dividido a região, enquanto a segunda fase exemplificou a ascendência do desenvolvimento econômico e acelerou a integração regional, é importante lembrar que as duas tendências foram primordialmente o resultado de oscilações básicas na política externa americana e sua repercussão sobre os Estados asiáticos. Obstáculos contemporâneos a uma integração mais profunda na região também podem ser atribuídos a Washington, embora não de forma exclusiva. Com ou sem razão, os Estados Unidos ainda detêm a chave para a segurança e a cooperação regional na Ásia oriental.

O começo do fim da Guerra Fria na Ásia oriental chegou durante os anos 1970, com a abertura de Nixon para a China e a conclusão da guerra na Indochina. Mas foi somente nos anos 1990 que uma democracia verdadeira, horizontal, começou a se desenvolver entre a China e seus vizinhos, em especial a Coreia do Sul. Enquanto isso, a diplomacia do Japão permanece fraca e, com frequência, enfrenta resistência por parte de seus vizinhos. Embora, a partir de janeiro de 2000, a Coreia do Norte tenha feito progressos na abertura de relações com nações europeias e as da antiga Comunidade Britânica, no desenvolvimento de relações com seus vizinhos próximos, em especial o Japão, seus esforços têm sido frustrados por barreiras ainda da Guerra Fria (algumas internas, outras externas). Em resumo, o passado ainda pesa muito sobre a região, exceto em transações comerciais.

Desde 1991, no entanto, tem havido um desenvolvimento promissor de tendências regionais: a emergência da Apec, o aprofundamento da influência da Asean no sudeste da Ásia, a crescente capacidade inclusiva do Fórum Regional da Asean (ARF), a devolução pacífica e (até agora) bem-sucedida de Hong Kong à China, em 1997, e os importantes progressos das tentativas, de 1998 a 2005, para reconciliar as duas Coreias. (Como veremos, o presidente Kim Dae-jung foi um importante catalisador nesse processo e na obtenção do apoio do governo Bill Clinton.) Porém, nada disso é muito relevante em comparação com a continuada importância da estrutura de segurança construída pelos americanos no pós-guerra, e tudo, exceto a emergência da China, é reversível. Podemos ver esse potencial de reversibilidade quando olhamos para o progresso na reconciliação das Coreias, quando Washington, Seul e Tóquio trabalharam em conjunto, em 1997-2000, e o retrocesso quase instantâneo, quando o presidente George W. Bush tomou posse em 2001. A crise que ressurgiu sobre as instalações nucleares da Coreia do Norte, em outubro de 2002, e uma "diplomacia por abandono" causaram a perda de alguns ganhos anteriores, além do enfraquecimento de quase todos eles. Em consequência, a Coreia permanece como está desde 1945: dividida e, com isso, um sério obstáculo à paz na região. Existe uma clara possibilidade de o país voltar àquilo que era durante a Guerra Fria: o centro de uma divisão regional.

Europa e Ásia oriental no assentamento do pós-guerra

O assentamento do final dos anos 1940 permanece como mecanismo determinante, na explicação de por que o nordeste da Ásia, comparado à Europa, tem hoje tão poucas instituições e mecanismos multilaterais de cooperação e conciliação, e teve ainda menos, durante a maior parte do período do pós-guerra. Não existe na região um equivalente da Otan. Houve uma Organização do Tratado do Sudeste da Ásia que nunca chegou a ter muita importância, nunca gerou uma Organização do Tratado do Nordeste da Ásia e morreu depois de duas décadas. Houve uma espécie de Plano Marshall (a Administração de Cooperação Econômica, ou ECA, que ajudou a Coreia do Sul e Taiwan de 1947 em diante). Como o Plano Marshall na Europa, a ECA foi superada pelo renascimento das economias industriais avançadas, neste caso, da única na região, o Japão. Não surgiu nada como a Comissão para Cooperação Econômica na Europa (CSCE); a OCDE era remota; e a teoricamente abrangente ONU era, em essência, uma operação americana na Ásia oriental (tropas dos Estados Unidos ainda estão estacionadas na Coreia, sob a bandeira azul do Comando das Nações Unidas). Embora os americanos tenham seguido políticas multilaterais e cooperativas na Europa ocidental, depois da Segunda Guerra Mundial, na Ásia oriental, predominou um padrão de unilateralismo que hoje quase se tornou rotina. Por exemplo, no mesmo mês em que a Apec se reuniu em Pusan, o governo coreano solicitou a devolução do comando militar conjunto das forças americanas e coreanas, assumido pelos Estados Unidos durante a guerra. Os americanos protestaram, alegando que isso romperia a estrutura de dissuasão. O Japão quer um lugar no Conselho de Segurança da ONU, e o embaixador americano junto às Nações Unidas, John Bolton, apoiou, em princípio, a solicitação, mas também disse aos jornalistas que ninguém fará nada a respeito. O Japão quer ser um país "normal", mas revistas em quadrinhos repletas de descrições racistas de coreanos e chineses estão nas listas de bestsellers no país. Os especialistas dizem que o alcance diplomático da China na região pode desalojar os Estados Unidos, mas o governo Bush não dá atenção a isso, porque tomou o padrão unilateral de poder americano na Ásia oriental e o espalhou por todo o globo[4].

Comparado com o duro trabalho da Ásia oriental desde 1945, o processo histórico de consolidação regional na Europa parece quase impecável. Em sua maioria, os aliados vitoriosos (exceto a União Soviética, depois de 1946) cooperaram para orientar a República Federal da Alemanha para longe de seu antigo domínio da Europa oriental, fazendo com que se voltasse para o oeste e promovendo sua reconciliação com a antiga inimiga França[5]. Altos funcionários em posições críticas, como George Kennan, Dean Acheson e, em especial, John J. McCloy, alto comissário dos Estados Unidos para a Alemanha, forçaram os alemães a se reformularem como bons cidadãos da comunidade europeia, em troca da concordância em remover os pesados limites ao renascimento das indústrias pesadas alemãs, fazendo do país, com isso, uma usina de crescimento regional e global. O famoso Plano Schuman, divulgado em maio de 1950, simbolizou essa mudança fundamental na orientação da Alemanha, colocando a produção europeia de carvão e aço sob uma autoridade transnacional. Isso criou "as bases políticas e econômicas para um acordo final entre a Alemanha e seus antigos inimigos no Ocidente"[6]. A Otan surgiu para dar uma qualidade visivelmente multilateral à influência militar, apesar de os Estados Unidos a terem dominado por décadas. A despeito de muitas idas e vindas, envolvendo particularmente os franceses, é possível traçar uma linha razoavelmente reta do Plano Schuman e da OTAN, até a emergência da União Europeia que conhecemos hoje.

Na Ásia oriental, o resultado foi muito diferente. A região estava dramaticamente dividida pelo fim da Guerra no Pacífico e pela emergência de movimentos revolucionário-nacionalistas e anticoloniais na China, Coreia e Vietnã. Em contraste com a ocupação multilateral da Alemanha, os militares americanos ocuparam o Japão unilateralmente em 1945. Em menos de cinco anos, a Ásia oriental estava totalmente dividida em estruturas bipolares, ditadas pela Guerra Fria. Em 15 de agosto de 1945, o general Douglas MacArthur emitiu a Ordem Geral 1, que excluiu as potências aliadas da ocupação do Japão, exceto em forma simbólica, dividiu a Coreia no paralelo 37 e o Vietnã no paralelo 16 e procurou unificar a China sob o poder de Chiang Kai-shek, exigindo que os soldados japoneses na China se rendessem às forças nacionalistas. A única parte dessa divisão militar da Ásia oriental que não deu certo foi a da China e, à medida que os comunistas conquistaram a parte continental, em 1948-49, teve lugar uma nova divisão: entre Taiwan e a República Popular da China. MacArthur governou o Japão como um imperador benevolente, enquanto os americanos policiavam as falhas geológicas do grande conflito de poder na China e na Coreia.

A Guerra da Coreia eclodiu em junho de 1950, resultando em um vasto aprofundamento da divisão do nordeste da Ásia. Uma zona desmilitarizada (DMZ) pesadamente fortificada substituiu o paralelo 38 e permanece até hoje como relíquia da Guerra Fria; as duas Coreias se reformularam como Estados armados, com uma relação elevada de forças militares para a população civil. Durante uma geração, a China foi excluída do sistema global do pós-guerra, por meio de bloqueios e ameaças belicosas. O Japão também foi remilitarizado, ainda que modestamente, devido à Guerra da Coreia. Além disso, havia, depois da guerra, um arquipélago de instalações militares por toda a parte não comunista da região, com bases na Coreia do Sul e no Japão (especialmente em Okinawa), totalizando 100 mil homens. Isso, no entanto, raramente é discutido na literatura de relações internacionais. Contudo, essas instalações constituem a estrutura coercitiva que garantiu a posição americana no nordeste da Ásia, proporcionando uma influência difusa sobre os aliados. Como na Europa, a compensação foi o renascimento das indústrias pesadas japonesas e, a partir de 1947, uma contínua pressão americana para reintroduzir a influência econômica japonesa no leste e no sudeste da Ásia[7]. A diferença foi que, ao contrário do caso da Europa, ninguém perguntou aos chineses ou aos coreanos se eles apoiavam tais políticas; essa foi mais uma razão para o continuado distanciamento entre o Japão e seus vizinhos.

O resultado a longo prazo deste unilateralismo americano na Ásia oriental foi essencialmente um sistema de "cubo e raios", no qual os países capitalistas da região tendiam a se comunicar entre si *através dos Estados Unidos.* Esse regime vertical era solidificado por tratados bilaterais de defesa (entre Estados Unidos e Japão, Filipinas, Coreia do Sul e Taiwan) e conduzido pelo Departamento de Estado americano, que dominava os ministérios do Exterior desses quatro países. Cada um deles tornou-se um Estado semissoberano, profundamente penetrado por estruturas militares americanas. Cederam, por exemplo, o controle operacional em tempo de guerra das forças armadas sul-coreanas aos Estados Unidos, concordaram com o patrulhamento do Estreito de Taiwan pela Sétima Frota americana, criaram domínios de defesa e aceitaram a instalação de bases militares em seus territórios. Isso deixou aqueles países incapazes de qualquer coisa parecida com política externa ou iniciativas de defesa independentes. Os países da Ásia oriental podiam ter sido "reinos eremitas", em relação uns aos outros, se não fossem suas relações com os Estados Unidos: a China não dialogava com Taiwan ou com a Coreia do Sul; nem mesmo correspondência pessoal passava entre as duas Coreias; ambas odiavam o Japão, e a diplomacia japonesa olhava para os Estados Unidos, a Europa e o sudoeste da Ásia, mas não para seus vizinhos próximos.

Os países capitalistas se "comunicavam" com os países comunistas principalmente por meio das forças armadas americanas, um relacionamento simbolizado pelas conversações militares em Panmunjom, por minicrises como as sobre Quemoy e Matsu, no Estreito de Taiwan, a guerra em andamento no Vietnã, escaramuças periódicas com a Coreia do Norte (por exemplo, a captura do *USS Pueblo* em 1968, a derrubada de um avião EC-121 em 1969 e o "incidente do corte de árvores", em 1976), e a contenção geral da (relativamente fraca) posição soviética no nordeste da Ásia. Houve pequenas negociações de políticas através dessa cortina de divisão militar, a partir de meados dos anos 1950, como os baixos níveis de comércio entre China e Japão ou entre Japão e Coreia do Norte. Mas, até os anos 1970, a tendência dominante era de um regime unilateral americano, fortemente inclinado para formas militares de comunicação e contra os mecanismos multilaterais que surgiam na Europa. Mesmo homens de negócios eram impedidos de viajar pela região. Até meados da década de 1960, a economia política da Ásia oriental era principalmente bilateral com os Estados Unidos, cuja ajuda sustentava os países menores. No fim dos anos 1950, por exemplo, cinco sextos das importações sul-coreanas vinham de ajuda, e Taiwan era igualmente dependente. O intercâmbio econômico desses dois países com o Japão era relativamente pequeno e praticamente inexistente entre os países comunistas da Ásia oriental. Japão e as economias menores dependiam das exportações para o vasto mercado de consumo americano.

O começo do fim da Guerra Fria na Ásia oriental

A década de 1960 foi um divisor de águas na transformação de volta à "normalidade" no sistema do nordeste da Ásia. Desde então e até o presente, o intercâmbio econômico foi a força motriz no restabelecimento dos laços da região. O governo John Kennedy foi essencial, lançando muitas políticas para reduzir as múltiplas estruturas militares e ativando novos relacionamentos econômicos. Pela primeira vez, o Japão foi solicitado a "dividir o ônus" da defesa[8]. Ao tomar posse, Kennedy esperava normalizar as relações com a China, e W. Averell Harriman, secretário de Estado assistente para assuntos do Extremo Oriente, elaborou secretamente um plano para a retirada das tropas americanas da Coreia. Isso era, de certa forma, a concretização da política econômica de Dean Acheson, isto é, sua concepção de um "grande crescente" ligando Tóquio, a "ilha Ásia", e o petróleo do Oriente Médio, que estava em andamento em 1948, mas havia sido temporariamente demolido pela invasão norte-coreana em 1950[9]. De maneira diferente, as mudanças de Kennedy anteciparam políticas depois implantadas pelo governo Nixon, especialmente a Doutrina Nixon e a abertura para a China[10].

O principal motivo da estratégia de Kennedy, redigida por W. W. Rostow, assistente especial para Assuntos de Segurança Nacional, era restaurar a influência econômica do Japão na Ásia oriental, como forma de revitalizar o crescimento na Coreia do Sul e em Taiwan. Isso resultou na normalização das relações Japão-Coreia do Sul em 1965 (sob uma enorme pressão americana e a despeito da forte resistência dos dissidentes coreanos), e tanto a Coreia do Sul quanto Taiwan começaram a se industrializar sob a bandeira do desenvolvimento movido por exportações, utilizando normalmente leves tecnologias industriais japonesas obsoletas[11]. Então, o FMI e o Banco Mundial se envolveram numa espécie de planejamento e cooperação transnacionais particularmente evidentes no caso do segundo plano quinquenal da Coreia do Sul, em meados dos anos 1960, de sua recuperação da taxa de exportações em meados dos anos 1980 e da ajuda do FMI em 1997-98. Nixon abriu relações com a China em 1971-72, inicialmente para reduzir o envolvimento americano no Vietnã e também para conter comunismo com comunismo. Mas, depois da normalização das relações sino-americanas e das reformas especiais instituídas por Deng Xiaoping (ambas as políticas estavam decididas em dezembro de 1978), as interações econômicas da China com a Ásia oriental e a economia mundial passaram a dominar a política externa daquele país, a ponto de os chineses serem finalmente admitidos na Organização Mundial do Comércio (OMC), depois de 15 anos de tentativas. A última década viu a inclusão econômica do Vietnã, culminando com um importante acordo comercial com os Estados Unidos, em novembro de 2001, e na redução do isolamento econômico da Coreia do Norte, com os empreendimentos conjuntos com empresas sul-coreanas, extensa ajuda externa e investimentos estrangeiros limitados. Em resumo, a partir de meados da década de 1960, as forças econômicas passaram por cima das barreiras de segurança anteriormente impenetráveis, e fortalecidas pela Guerra da Coreia, sem derrubá-las. Mesmo quando o fim abrupto da Guerra Fria se desvanece no passado distante, a estrutura militar americana daquela era ainda é a base da segurança regional.

A despeito da crescente proeminência dos encontros entre líderes da China, do Japão e da Coreia do Sul, quando comparado à Europa, o nordeste da Ásia ainda carece de contatos horizontais intensos e de instituições multilaterais. A fundação da Apec teve grande efeito nas manchetes. Desde 1993, vários chefes de Estado se reúnem anualmente e seus membros respondem por 40 por cento do comércio mundial. Fotos mostrando esses líderes conversando, nas roupas informais do país que hospeda o encontro (Bush, com Roh Moo-hyun, da Coreia; Junichiro Koizumi, do Japão, e Hu Jintao, da China, usavam roupas tradicionais coreanas, em Pusan), dão à Apec um certo peso simbólico. Mas ela continua sendo um grupo meramente consultivo, um fraco conjunto de 18 países que não interagem bem, nem com frequência. A proposta da Malásia, nos anos 1990, de um grupo econômico regional exclusivo, gerou muito entusiasmo e atenção. Mas o esforço não levou a nada, exceto pelo fato de atrair o apoio ocasional de nacionalistas japoneses. Não existe um equivalente regional do Nafta, mas, se vier a existir um "Neafta", será provavelmente na forma de uma ampliação do Nafta, para incluir economias selecionadas do nordeste da Ásia ou da costa do Pacífico. Apesar de pequenos progressos na última década, Aaron Friedberg ainda está certo ao dizer que a "rede de interdependência" asiática é fraca, que "a Ásia parece evidentemente subinstitucionalizada" sem a "rica 'sopa de letrinhas' de agências internacionais"[12]. Não existe nada como a União Aduaneira Europeia, o Parlamento Europeu ou o CSCE (embora muitos partidários de um fórum semelhante ao CSCE tenham se manifestado na última década). Alguns observadores também pensaram ter visto uma união dos pequenos estados da Asean contra a expansão militar chinesa na forma do Fórum Regional Asiático. Embora hoje ele seja mais inclusivo do que no passado, como organização de segurança ainda é relativamente ineficaz[13].

Hoje, a principal organização que mantém unida a região nordeste ainda é a empresa privada; são elas que movem a dinâmica da região. Há uma década, por exemplo, uma enorme coalizão de empresas americanas acabou com a tentativa de Clinton de ligar o status de nação favorecida à China, à sua situação interna quanto aos direitos humanos; uma coalizão ainda mais forte aconselha moderação na abordagem de Bush à China. Na crise financeira de 1997-98, o FMI e grandes bancos americanos se uniram para o reescalonamento da dívida de toda a região, enquanto empresas americanas e multinacionais deram enorme apoio à entrada da China na Organização Mundial do Comércio. As viagens não são mais restritas a homens de negócios que cruzam a Ásia oriental, e cada vez mais empresários estão optando por transferir suas empresas, e até mesmo seus lares, de Taiwan ou da Coreia do Sul para a China[14]. Embora as forças econômicas ainda não consigam ajudar na união as duas Coreias, elas se tornaram as forças mais importantes na promoção dessa reconciliação.

Observadores externos podem pensar que China, Japão e Coreia estão ligados por uma linguagem escrita comum, de ideogramas chineses, mas, na verdade, a linguagem comum da região é o inglês. A China usa caracteres simplificados ao passo que Taiwan não, o Japão usa uma escrita sino-japonesa, a Coreia do Sul vem tentando substituir sua escrita nativa, o *han'gul* pela sino-coreana anteriormente usada, mudança que a Coreia do Norte fez em 1948. Enquanto isso, a linguagem vietnamita, também repleta de etimologia chinesa, é escrita no alfabeto romano. A situação é semelhante àquela que aconteceria se os países europeus tivessem que encontrar maneiras para tornar o alfabeto romano ilegível através das fronteiras nacionais. Além disso, se o japonês e o coreano são gramaticamente próximos, o chinês é completamente diferente; por comparação, o francês, o italiano e o espanhol parecem dialetos do inglês[15]. Nem mesmo o suposto antecedente cultural do confucionismo cria laços culturais entre, digamos, Japão e Coreia ou China e Japão; as prolongadas divisões do colonialismo e da guerra, combinadas ao domínio da cultura de massa americana, tendem a eliminar essa herança tradicional e a tornar a cultura popular do nordeste da Ásia uma mistura de construções nacionais, unidas somente por canções e vídeos populares – embora algumas delas, como as da recente "onda coreana", encontrem aceitação em países vizinhos.

Animosidades nevrálgicas que remontam ao colonialismo e à guerra permanecem como grandes obstáculos à cooperação regional, gerando quase diariamente ofensas, insultos, confusão e pandemônios ocasionais. Um exemplo dramático é o retrocesso nas relações entre Japão e Coreia do Sul. No final de 1998, o presidente coreano Kim Dae-jung visitou o Japão e fez progressos sem precedentes no sentido da reconciliação afirmando que, à medida que nascia o novo século, os conflitos do século XX deveriam ser relegados ao passado; os dois povos deveriam seguir em frente com otimismo porque suas dificuldades mútuas podiam ser superadas. Nenhum presidente coreano jamais havia dito algo parecido, e os líderes japoneses apreciaram profundamente suas palavras. Nos dois anos seguintes, Tóquio e Seul trabalharam intimamente com Washington para definir políticas comuns no sentido da desnuclearização e da reconciliação com a Coreia do Norte; também foram desenvolvidos planos para uma visita do imperador japonês a Seul. Porém, pouco depois, os veículos de mídia em Tóquio e Seul falavam sobre a questão da revisão dos livros didáticos (que amenizava as passagens relativas às agressões do Japão na Ásia no passado) e as muitas visitas do primeiro-ministro ao Santuário de Yasukuni, onde os restos de criminosos de guerra estão guardados como relíquias[16]. Embora os sucessores de Koizumi, Shinzo Abe e Yasuo Fukuda não tenham feito visitas ao santuário, o crescente nacionalismo japonês e a força da ala direita nos partidos da situação e da oposição continuaram a exigir relações delicadas entre o Japão e seus vizinhos China e Coreia.

Em outras palavras, à medida que os anos se passam no novo século, a Ásia oriental permanece mais dividida do que unida e o unilateralismo americano continua sendo a tendência dominante. O multilateralismo da era Clinton conduziu a uma boa diplomacia ativa e obteve um importante sucesso em congelar as operações das instalações de plutônio em Yongbyon, na Coreia do Norte, em 1994. Mas essa diplomacia, muitas vezes, era apenas para exibição. Quando questões sérias dividiam Washington e as capitais da região, geralmente os problemas eram resolvidos de forma bilateral. A crise financeira asiática de 1997-98 foi mediada e manipulada pelo FMI, que, por sua vez, era pouco mais do que uma entidade no topo dos altos conselheiros econômicos americanos, como o secretário do Tesouro, Robert Rubin, e seu vice (e sucessor), Lawrence Summers[17]. Washington continua a dirigir a entrada da China na economia mundial, procurando ao mesmo tempo conter qualquer expansão militar daquele país. Isso é notável, quando se considera que Clinton enviou duas forças-tarefas com porta-aviões às águas a leste de Taiwan, em 1996, durante a crise sobre os testes de mísseis de Pequim, perto da ilha, e que Bush tomou posse chamando a China de "concorrente estratégico". Uma singular exceção a essa regra foi o apoio multilateral à política *Sunshine*, de Kim Dae-jung, que visava incluir não só Washington, Seul e Tóquio, mas também tinha forte apoio da China, da União Europeia e, de tempos em tempos, da Rússia de Vladimir Putin. Mas tudo isso perdeu significado diante da renovada hostilidade do governo Bush em relação a Pyongyang.

Bom tempo ou trovoada?

Kim Dae-jung foi o principal e mais assíduo partidário da reconciliação com o Norte, e uma breve consideração de seu mandato nos ajuda a ver tanto as possibilidades de uma diplomacia voltada para o futuro quanto a influência latente da estrutura da região, forjada pela Guerra Fria. Em sua cerimônia de posse, em fevereiro de 1998, Kim prometeu "buscar ativamente a reconciliação e a cooperação" com a Coreia do Norte e declarou seu apoio às tentativas de Pyongyang para melhorar as relações com Washington e Tóquio. Esta posição estava em completo contraste com a de seus antecessores, que haviam se irritado fortemente diante de qualquer sugestão de reaproximação. Kim rejeitou explicitamente a "unificação por absorção" ao estilo da Alemanha Ocidental (que havia sido a política real de seus antecessores) e comprometeu Seul com um período prolongado de coexistência pacífica com o Norte. Pouco depois, reforçou as promessas da posse, aprovando grandes embarques de alimentos como ajuda ao Norte, abolindo limites sobre acordos de negócios entre empresas do Norte e do Sul, e recusando-se a aceitar as provocações dos elementos da linha dura norte-coreana. De modo geral, Kim rejeitou o velho processo de "olho por olho" pelo qual qualquer ato, positivo ou negativo, de um lado da Coreia tinha que ser retribuído por um ato comparável do outro lado, garantindo assim que nenhum progresso real ocorresse. Kim também foi o primeiro presidente coreano a recomendar (durante uma visita a Washington em junho de 1998) a abolição do embargo econômico de 50 anos dos Estados Unidos contra a Coreia do Norte, argumentando que, enquanto continuasse o embargo, dificilmente se poderia esperar que o regime do Norte mudasse suas políticas econômicas e fizesse uma abertura. A "Política da Luz Solar" de Kim, amplamente condenada como sendo de conciliação, na verdade se baseava em dois princípios da *realpolitik*: sua crença (correta) de que um colapso da Coreia do Norte era improvável (e assim, era preciso lidar com ela como ela era) e também que o Norte *não* se oporia à presença continuada de tropas americanas no Sul, se Washington buscasse um compromisso com Pyongyang em vez do confronto, normalizando as relações entre os dois países. As tropas americanas seriam úteis para policiar a fronteira, isto é, a Zona Desmilitarizada, assegurando que as forças armadas superiores do Sul não engoliriam as do Norte e mantendo China e Japão a distância. O programa de Kim constituiu a primeira tentativa em 50 anos para se conseguir a reconciliação Norte-Sul dentro da estrutura e segurança existente no nordeste da Ásia[18].

Até 1999, os esforços de Kim foram recebidos com indiferença por Washington, além do mal disfarçado desprezo dos gerentes da segurança nacional. Porém, de forma lenta e segura, Kim conduziu Washington a uma grande reavaliação de sua política em relação à Coreia. William Perry, embaixador de Bill Clinton na Coreia, orientou, em 1998-99, uma importante revisão da política para aquele país, através do Departamento de Estado e do Conselho Nacional de Segurança; seus esforços culminaram no relatório, entregue em setembro de 1999, em que expôs muitas das mudanças incorporadas numa nova estratégia de "engajamento". O relatório partia da premissa de lidar com a Coreia "como ela é, não como gostaríamos que fosse"[19]. Washington, Tóquio e Seul desenvolveram um mecanismo eficaz de consultas multilaterais em apoio às novas estratégias de Kim Dae-jung, e o Norte respondeu transformando sua diplomacia: de janeiro de 2000 em diante, abriu relações diplomáticas com quase todos os aliados dos americanos, exceto o Japão. Em junho de 2000, Kim Jong-il recebeu Kim Dae-jung em Pyongyang para um encontro histórico e, em outubro de 2000, também a secretária de Estado Madeleine Albright.

A revisão do embaixador Perry e as novas políticas de Clinton em relação ao Norte quase culminaram com um acordo sobre mísseis altamente interessante para a América e para a Ásia oriental. Em novembro de 2000, o cenário estava pronto para a visita de Clinton a Pyongyang, que resultaria na abolição do programa de mísseis norte-coreano e na troca de missões diplomáticas, mas não necessariamente embaixadas, por ambos os lados. Pyongyang já havia indicado que estava preparada para abandonar a construção, distribuição e vendas internacionais de todos os mísseis com alcance superior a 300 milhas. Se Clinton fizesse ao país o favor de uma visita presidencial, os negociadores americanos estavam convencidos de que Kim Jong-il concordaria em entrar para o regime de Controle de Tecnologia de Mísseis, o que limitaria o alcance do armamento norte-coreano a 180 milhas, eliminando a ameaça sentida profundamente pelo vizinho Japão. Em troca, os Estados Unidos ofereceriam ao regime uma ajuda de cerca de US$1 bilhão em alimentos, por um número de anos indeterminado[20]. Mas então algo totalmente inesperado, além de qualquer possibilidade de previsão, ocorreu: uma casualidade produziu a mais acirrada corrida presidencial da história americana. Clinton queria ir a Pyongyang; na verdade, seus negociadores para a Coreia estavam de malas prontas havia semanas. Mas, como colocou mais tarde Sandy Berger, conselheiro de Clinton para assuntos de segurança nacional, não seria uma boa ideia para o presidente deixar o país, quando não se sabia "se poderia haver uma grande crise constitucional" [21]. Depois que a Suprema Corte interveio para dar a vitória a George W. Bush, era tarde demais para Clinton ir à Coreia do Norte.

A Diferença Bush

Seja lá o que pensem seus críticos, Bill Clinton e os dois líderes coreanos fizeram mais para reduzir as tensões na Coreia do que todos os chefes de Estado desde a divisão do país em 1945. Essa abordagem de estadista com todos os lados envolvidos mostrou o quanto pode ser conseguido pela diplomacia, que, na maior parte dos casos, havia sido um conceito estranho à Ásia oriental. Mas, hoje, grande parte desse progresso, senão todo, está ameaçada. O presidente Bush chamou Kim Jong-il de "pigmeu" e contou ao autor Bob Woodward que o "detestava" e queria derrubar seu regime. É claro que ele também incluiu a Coreia do Norte entre os países que chamou de "eixo do mal". O governo Bush oscilou entre injúrias gratuitas a respeito da crise sobre o alegado programa do Norte para obter urânio altamente enriquecido, uma aparente indiferença quando a guerra no Iraque dominou a política externa americana, ou a participação desatenta nas Conversações entre Seis Partes. O frágil progresso de hoje é incerto e, com seis anos de inimizade separando a Casa Branca de Bush do regime de Kim Jong-il, pode ser muito pequeno e ter vindo demasiadamente tarde. A desnuclearização da península coreana pode não mais ser viável.

Enquanto isso, nas relações dos Estados Unidos com outros países da Ásia oriental, o intercâmbio comercial com a China carrega tudo o mais em sua esteira e não é óbvio qual é a política de Bush em relação à China. Bush tentou a ideia do "concorrente estratégico", mas logo deixou-a de lado; em certo momento, parecia pronto a defender Taiwan, em caso de um ataque da China, mas recuou para a usual ambiguidade que obscurece o assunto; encontros de finalidade dúbia vêm e vão, mas a indiferença marca a abordagem de Bush em relação à China. Seu governo considera o Japão o queridinho da região. Por um lado, esta tem sido a tendência dos republicanos desde o tempo do presidente Reagan. Mas, por outro, Bush tem mostrado muito mais apoio do que qualquer governo anterior ao crescente nacionalismo do Japão e ao seu desejo de ser um país "normal", com uma grande estrutura de forças armadas. Esta tendência nas relações entre Estados Unidos e Japão parece empurrar toda a região de volta à situação de 1945: cheia de divergências e dividida, com o cubo unilateral (Washington) manipulando os raios multilaterais.

O governo Bush sinalizou suas intenções com relação ao Japão e à Ásia oriental em um relatório emitido em outubro de 2000, o mesmo mês em que Madeleine Albright visitou Pyongyang, sob a direção de Richard Armitage, que mais tarde tornou-se assistente de Colin Powell no Departamento de Estado[22]. No usual oceano de palavras com duplo sentido, o relatório chegou a duas importantes conclusões: (1) argumentava vigorosamente pela manutenção de uma presença pesada de forças americanas no Japão, sem afirmar que o objetivo estratégico dessa presença poderia estar no período pós-Guerra Fria; (2) discutia "reduções nas pegadas" para lidar com problemas recentes entre fuzileiros navais americanos e a população de Okinawa, argumentando que aquela ilha era a chave para a segurança americana na Ásia oriental. O relatório afirmava que, "em assuntos de segurança, a distância é importante. Okinawa está posicionada na interseção do mar oriental da China com o Oceano Pacífico – a somente uma hora de voo da Coreia, de Taiwan e do mar do sul da China". O relatório Armitage também tratava do artigo 9º da constituição japonesa, a "cláusula de paz" que proibia o uso de força no exterior como um assunto de política de Estado, como uma infeliz "restrição sobre a cooperação da aliança" e defendia sua eliminação[23]. Em outras palavras, o relatório concluía que uma constituição japonesa redigida por americanos em 1947 é hoje deficiente. Pode ser, de acordo com americanos e nacionalistas de direita, mas não para o povo japonês, que, em sua esmagadora maioria, apoia o artigo 9º. Em resumo, o relatório Armitage era um guia para o aprofundamento de uma estrutura que havia começado nos anos 1940 e perdera sua base lógica quando do colapso da União Soviética. O relatório tinha poucas probabilidades de tranquilizar os habitantes da Ásia oriental, com exceção de um pequeno número de nacionalistas e reacionários japoneses, que foram muito encorajados por ele e pelo subsequente apoio do governo Bush.

Quando, em março de 2001, Kim Dae-jung foi a Washington como primeiro chefe de Estado estrangeiro a saudar o presidente Bush na Sala Oval, havia acabado de receber o Prêmio Nobel. Bush lhe disse que não confiava em Kim Jong-il (levantando a questão de "Quem confia?") e afirmou que não era provável que o Norte cumprisse seus acordos. Um dia antes da visita, o secretário de Estado Colin Powell contara aos repórteres que começaria de onde Bill Clinton havia parado, para trabalhar no sentido de um acordo que encerrasse o programa de mísseis norte-coreano. Mas a linha dura de Bush com aquele país forçou Powell a voltar atrás. O presidente Kim deu meia volta ao mundo somente para ser recebido de forma rude por Bush, voltando para casa de mãos vazias; era um claro sinal do que estava por vir.

Logo depois da desastrosa visita de Kim Dae-jung, o governo Bush afirmou que era preciso efetuar uma completa revisão na política em relação à Coreia antes de decidir o que fazer. Clinton, contudo, já havia realizado, sob a direção de William Perry, a primeira revisão política em relação à Coreia pós-Guerra Fria. No verão de 2001, foi terminada a última revisão, e o governo Bush anunciou que iniciaria negociações com Pyongyang. Mas a revisão também levantou uma série de novas questões, como a distribuição das forças convencionais norte-coreanas, e os conselheiros de Bush continuaram a afirmar que seu projeto de Defesa Nacional contra Mísseis, iniciado pelo presidente Reagan e mais tarde conhecido como "Star Wars", era dirigido particularmente à Coreia do Norte. A aceitação norte-coreana do regime de controle de mísseis, como estava no plano de Clinton, teria resolvido o problema ao custo de US$ 1 bilhão anual em ajuda de alimentos e uma troca de missões diplomáticas.

Na época, o projeto de Defesa Nacional contra Mísseis já havia custado US$ 60 bilhões[24], e, sob Bush, o céu era o limite.

Em outubro de 2002, James Kelly, secretário de Estado assistente dos Estados Unidos para assuntos da Ásia oriental e do Pacífico, foi até Pyongyang para acusar o Norte de ter um segundo programa nuclear de construção de bombas, usando urânio altamente enriquecido. Como consequência dessa acusação, feita um mês depois que o governo Bush apresentara sua doutrina de ataque preventivo (com a Coreia do Norte perto do topo, na lista de alvos em potencial), era totalmente previsível que o Norte voltasse ao que conhecia melhor: confronto total e beligerância. Poucas semanas depois da visita de Kelly, o Norte havia expulsado os inspetores de armas das Nações Unidas (que estavam em Yongbyon havia oito anos), saíra do Tratado de Não Proliferação Nuclear, reabrira sua instalação de plutônio (congelada havia oito anos) e iniciara o reprocessamento do plutônio. O Norte alegava dispor de recursos para a construção de seis a oito bombas atômicas, em vez de uma ou duas, estimadas pela CIA na década anterior. Foi esse o único resultado claro do confronto de Kelly em outubro de 2002.

As Conversações entre Seis Partes sobre a resolução do problema nuclear norte-coreano representam uma forte e inédita asserção da força diplomática chinesa, a clara emergência de interações horizontais e verticais em toda a região e a aquiescência, senão o ávido apoio, de Washington a esse novo fórum. A estrutura de seis mãos sugere como o multilateralismo do século XXI poderá finalmente emergir na região da Ásia oriental e servir como uma espécie de modelo para esse futuro[25]. Também têm surgido numerosas redes informais sociais e políticas entre China, Japão, Coreia do Sul e até mesmo, em modesta extensão, a Coreia do Norte. Elas não existiam há 10 anos e também constituem um bom presságio para o futuro. Mas, enquanto este livro está sendo escrito, elas são essencialmente um simulacro chinês das conversações bilaterais entre Washington e Pyongyang e, até o ponto em que qualquer das partes não queira tratar com a outra, essas conversações fracassam.

Conclusão: de volta para o futuro

O termo que resume a política externa de Bush é *unilateralismo*, o que meramente dá nome a um truísmo banal. Mas este termo nos leva de volta ao início deste capítulo e ao sistema pós-1945 para a Ásia oriental. Embora o unilateralismo tenha sido uma tendência republicana por décadas, começando com os "choques de Nixon", que reverberaram no Japão há 35 anos e continuam na busca de fantasias como "Star Wars" da era Reagan, o novo unilateralismo tem tido efeitos bem piores na Ásia oriental. Desde a chegada de Douglas MacArthur a Tóquio, em setembro de 1945, ele tem sido a norma na Ásia oriental. Donald Rumsfeld, o primeiro secretário de Defesa de Bush, aparentemente queria voltar para este futuro. Ele pode ter sido objeto de ridículo por falar a respeito da "velha Europa", mas, em 2001, presidiu uma reformulação altamente secreta da Revisão Quadrienal de Defesa do Pentágono, sinalizando uma importante mudança de ênfase da Europa para a Ásia e, de forma mais ampla, a transferência do unilateralismo ao estilo asiático para o resto do mundo. Dizem que Rumsfeld e seus aliados estavam preocupados sobre a ascensão da China, é claro, mas também sobre a rivalidade nuclear entre Índia e Paquistão e sobre as intenções da Coreia do Norte, mas bem menos preocupados a respeito dos eventos na Europa ocidental, região dos tradicionais aliados da América.

O acaso na eleição de 2000, que levou ao poder um homem claramente inexperiente e despreparado – mas rodeado por pesos pesados republicanos, experimentados em política externa, como Rumsfeld e o vice-presidente Dick Cheney –, causou um recuo no sentido do unilateralismo histórico que há muito caracterizava a estratégia americana na Ásia oriental. Por meio de uma perigosa aliança com a direita japonesa, esse unilateralismo proclama uma redivisão da região – isto é, um retorno às hostilidades entre o Japão e seus vizinhos. As relações entre Washington e Pyongyang são as piores possíveis, com uma nova guerra facilmente imaginável, como fora entre 1945 e 1998. A reconciliação entre as duas Coreias avançou muito desde 1998, mas ao custo de um grande distanciamento entre Seul e Washington. E, se o velho partido dominante voltar ao poder nas eleições coreanas de dezembro de 2007, todo esse progresso poderá desaparecer. A política chinesa oscila entre contenção e engajamento, com o enorme apetite da comunidade de negócios americana pelo mercado daquele país servindo como base para o engajamento. Mas isso pode se transformar rapidamente numa crise a respeito da Coreia do Norte ou de Taiwan. O aprofundamento da reconciliação entre as duas Coreias beneficiaria muito a criação de uma comunidade da Ásia oriental, assim como o vasto intercâmbio econômico entre China e Taiwan constitui a esperança de um lento desaparecimento de suas diferenças históricas. Mas hoje a continuada divisão da península coreana e as perigosas tensões entre China e Taiwan talvez representem os maiores obstáculos à paz, à cooperação e ao intercâmbio regional na Ásia oriental. Acontece que esses dois conflitos são os mesmos que dividiram a região logo depois da Segunda Guerra Mundial.

Tudo isso enfatiza o grau até onde os Estados Unidos permanecem como principais possibilitadores do multilateralismo ou do unilateralismo na Ásia oriental. As atuais evidências indicam que o governo Bush prefere reformular o padrão na região e transformá-lo no modelo para todo o mundo. Talvez isso seja fatal porque os Estados Unidos são a única superpotência do mundo, em vez de simplesmente a única superpotência da Ásia oriental. O ex-dirigente da ONU, Boutrous Boutrus-Ghali, identificou corretamente a mais profunda verdade contemporânea sobre o papel dos Estados Unidos no mundo: "Como nos tempos de Roma", disse ele, os americanos "não têm diplomacia nenhuma; se você é tão poderoso, não precisa de diplomacia"[26]. Ou talvez a situação possa mudar com um novo governo em Washington. De qualquer maneira, os líderes da Ásia oriental ainda estão do lado de fora, olhando para dentro.

NOTAS

1. Essas conversações, que têm envolvido China, Japão, as duas Coreias, Rússia e Estados Unidos, vêm se realizando periodicamente em Pequim para resolver a questão nuclear norte-coreana e assuntos correlatos.
2. *New York Times*, 21 de novembro de 2005, A-1.
3. Veja Herbert Bix, *Hirohito and the Making of Modern Japan* (Nova York: Harper-Collins, 2000).

4. Norimitsu Onishi, "Ugly Images of Asian Rivals Become Bestsellers in Japan", *New York Times*, 17 de novembro de 2005, A-1.
5. O chanceler Konrad Adenauer exemplificou, com sua própria pessoa e sua liderança, a tendência de se voltar para o Ocidente.
6. Michael Hogan, *The Marshall Plan* (Cambridge: Cambridge University Press, 1987), 378; veja também 286-92 e 366-78. Kai Bird, *The Chairman: John J. McCloy and the Making of the American Establishment* (Nova York: Simon and Schuster, 1992), 336-44.
7. Veja Bruce Cumings, *The Origins of the Korean War*, vol. 2 (Princeton, NJ: Princeton University Press, 1990), 49-58.
8. O discurso do senador Frank Church em 22 de abril de 1963 foi, provavelmente, a cortina de abertura neste drama prolongado. Veja Makato Momoi, "Basic Trends in Japanese Security Policies", em Robert Scalapino, ed., *The Foreign Policy of Modern Japan* (Berkeley: University of California Press, 1977), 353.
9. Cumings, *Origins of the Korean War*, 45-54 e 168-75.
10. A Doutrina Nixon, apresentada em Guam em julho de 1969, dizia que, a partir daquele momento, os Estados Unidos esperavam que seus aliados assumissem a responsabilidade por sua própria defesa militar. Esta doutrina defendia uma retirada parcial das forças americanas da Ásia oriental e resultou na partida da Segunda Divisão do Exército dos Estados Unidos da Coreia.
11. Veja a análise de documentos da Biblioteca Kennedy em Jung-en Woo, *Race to the Swift* (Nova York: Columbia University Press, 1991). Uma fonte mais antiga e negligenciada sobre o período é Kim Kwan Bong, *The Korea-Japan Treaty Crisis and the Instability of the Korean Political System* (Nova York: Praeger, 1968).
12. Aaron L. Friedberg, "Ripe for Rivalry: Prospects for Peace in a Multipolar Asia", *International Security* 18 (inverno de 1993/94): 19-23.
13. Takashi Inoguchi oferece razões adicionais convincentes para a falta de integração regional no nordeste da Ásia em "Dialectics of World Order", em George Sorenson e Hans-Henrik Holm, eds., *Whose World Order? Uneven Globalization and the End of the Cold War* (Boulder, CO: Wastview, 1996), 10-12.
14. Dezenas de milhares de homens de negócios e empresários taiwaneses vivem hoje na China, especialmente em Xangai.
15. Tenho uma forte recomendação para a promoção da comunicação e integração regionais: deixar que todos voltem a usar extensivamente os caracteres chineses em sua forma padrão.
16. Em conversas de bastidores no recente encontro da Apec, em Pusan, Roh Moohyun pediu novamente que Koizumi parasse com aquelas visitas em que só recebia prevaricação como retorno.
17. Veja Bruce Cumings, "The Asian Crisis, Democracy, and the End of 'Late' Development", em T.J. Pempel, ed., *The Politics of the Asian Economic Crisis* (Ithaca, NY: Cornell University Press, 1999), 17-44.
18. Escrevi mais extensivamente a respeito deste aspecto das políticas de Kim na revista *Ch'angjak kwa Pip'yông* (Criação e Crítica) (Seul, primavera de 2001).

Durante o encontro de junho de 2000, Kim Jong-il disse que concordava com a estratégia de Kim Dae-jung de manter tropas americanas na Coreia como procedimento de reconciliação.

19. Eu me reuni com o grupo de Perry como especialista externo do Departamento de Estado, em maio de 1999, e fui informado de que a revisão estava em andamento havia seis meses (desde o outono de 1998), resultando nas mudanças mais importantes na política Estados Unidos-Coreia desde a guerra entre os dois países.
20. Veja o relatório investigativo de Michael R. Gordon "How Politics Sank Accord on Missiles with North Korea", *New York Times*, 6 de março de 2001, A-1 e A-8. Gordon concluiu que a ida de Clinton a Pyongyang foi adiada no decorrer dos resultados da eleição na Flórida. E, depois que a Suprema Corte decidiu em favor de Bush, no início de dezembro, era tarde demais.
21. Citado em Gordon, "How Politics Sank Accord", A-8.
22. O relatório Armitage representava a opinião de um grupo de estudos de 16 membros; o democrata Joseph Nye era um deles, mas a maioria era favorável aos republicanos do Pentágono. O relatório foi emitido em 11 de outubro de 2000.
23. O relatório afirma que "levantar esta proibição permitiria uma cooperação em segurança mais próxima e eficiente".
24. De acordo com Gordon, "How Politics Sank Accord", A-8.
25. Veja Francis Fukuyama, "Re-envisioning Asia", *Foreign Affairs* 84 (janeiro/fevereiro de 2005): 75-87.
26. Citado em Barbara Crossette, "Boutros-Ghali vs. 'Goliath': His Account", *New York Times*, 20 de novembro de 1998, A-1 e A-7.

CAPÍTULO 3

Panorama para integração econômica na Ásia oriental

– David Hale

Uma das características que distinguem o sistema global de comércio durante as duas últimas décadas tem sido a proliferação de acordos comerciais regionais e bilaterais. Desde o estabelecimento da Organização Mundial do Comércio (OMC) em meados dos anos 1990, mais de cem tratados de livre comércio foram lançados por países de todo o mundo. Até recentemente, o único experimento da Ásia com a liberalização regional do comércio era a tentativa, pelos países da Asean, de reduzir as barreiras comerciais entre eles.

A partir de 2000, tem havido na região um número crescente de acordos comerciais bilaterais. O Japão assinou vários com Chile, Malásia, Filipinas e Cingapura. E está negociando outros novos com Chile, Coreia e Tailândia. A Federação de Organizações Econômicas do Japão (Nippon Keidanren) pediu a criação de um acordo de parceria econômica com os Estados Unidos. Tóquio e Canberra estão explorando seriamente a possibilidade de um tratado de livre comércio Japão-Austrália. A China propôs a criação de uma zona regional de livre comércio com a Asean. A Austrália negociou um acordo de livre comércio com Cingapura, Tailândia e Estados Unidos e está tentando criar outro com a China. Nova Zelândia lançou um tratado bilateral de comércio com Cingapura e está trabalhando em outro com a China. Cingapura assinou acordos com Índia, Japão e Estados Unidos, bem como com Austrália e Nova Zelândia. Os Estados Unidos estão negociando com a Tailândia, anunciaram planos para um acordo com a Malásia e recentemente concluíram negociações com a Coreia do Sul. Além disso, há uma discussão recorrente a respeito da criação de uma zona de livre comércio para os países da Apec.

Vários fatores explicam o novo entusiasmo por acordos comerciais bilaterais e regionais na Ásia oriental. Primeiro, a grande crise financeira de 1997-98 encorajou os países asiáticos a explorarem novas formas de cooperação econômica. Sob a égide da Asean Plus Three, eles lançaram uma estrutura para discussões regulares entre presidentes de bancos centrais e os ministros de Finanças. Em dezembro de 2005, os países da região realizaram, pela primeira vez, uma conferência de chefes de governo em Kuala Lumpur, continuando a manter o encontro todos os anos. O grupo também inclui Austrália, Índia e Nova Zelândia.

Segundo, há uma grande preocupação sobre se a Rodada Doha da OMC, de negociações sobre o comércio global, conseguirá produzir resultados de sucesso. As principais disputas na Rodada Doha focalizam questões que a Ásia não pode controlar diretamente, como o comércio de produtos agrícolas. Mas a incapacidade dos países em desenvolvimento para resolver disputas com os países industrializados é mais um incentivo para que busquem estratégias alternativas para a liberalização do comércio.

Terceiro, a ascensão da China como grande potência econômica está produzindo mudanças importantes nos fluxos comerciais regionais e globais. Pequim tenta convencer os demais países asiáticos de que não será uma ameaça às suas economias. Atualmente, a maior parte dos países asiáticos tem superávits comerciais com a China e está ansiosa por ampliar seu acesso ao mercado chinês.

Quarto, o Japão está preocupado com a possibilidade de a China ocupar seu lugar de maior potência econômica regional, e tenta usar diplomacia comercial para melhorar suas relações com os demais países da região.

Quinto, países pequenos, como Cingapura, tentam promover investimentos na região através de acordos de livre comércio. Empresas estatais de Cingapura, como a Temesek, também estão fazendo investimentos locais.

Sexto, a Ásia oriental tem um alto nível de integração comercial sem nenhum acordo de livre comércio. Segundo o Banco Mundial, o comércio intrarregional na Ásia oriental representou 26,5 por cento do PIB local em 2002, mais do que em qualquer outra região em desenvolvimento. Em consequência disso, existe apoio natural para a promoção de maior integração na Ásia.

À medida que a Ásia caminha para uma maior integração econômica, tenta comparar-se à Europa ou à América do Norte, mas essas comparações são de valor limitado, devido a profundas diferenças históricas. Às vésperas da Segunda Guerra Mundial, havia somente três nações-Estado independentes na Ásia oriental: China, Japão e Tailândia. Todos os outros países eram colônias europeias ou japonesas. As nações-Estado da Europa são independentes há muitos séculos. Alemanha e França travaram três guerras, em 1871, 1914 e 1939, antes de estar prontas para buscar um alto nível de integração econômica. O Japão invadiu a China e muitas colônias europeias nos anos 1930 e no início dos anos 1940. O país se desculpou por seus atos de agressão, mas nunca foi capaz de seguir uma política de acomodação de longo alcance como a Alemanha depois de 1945. Pelo contrário, o primeiro-ministro Junichiro Koizumi provocou outros países asiáticos, visitando o Santuário Yasukuni, onde criminosos de guerra estão enterrados. Portanto, o processo de integração econômica na Ásia oriental prosseguirá por um caminho bem diferente daquele da Europa a partir dos anos 1950. Haverá novos acordos comerciais, bilaterais e multilaterais. Haverá maior cooperação sobre questões como regulamentação financeira e gerenciamento de reservas cambiais. Mas não haverá nenhuma discussão sobre união política, nem sobre o estabelecimento de uma moeda comum comparável ao euro.

Até recentemente, os Estados Unidos desempenhavam um papel dominante na moldagem do comércio e das políticas econômicas da Ásia oriental, porque eram o mais amplo mercado para as exportações da maior parte dos países da região. O país ainda é um mercado bastante importante, mas vem sendo cada vez mais eclipsado pela China, que tirou seu lugar de maior parceiro comercial do Japão, da Coreia e de Taiwan. Mas, ironicamente, os Estados Unidos continuam cruciais, porque se tornaram o mercado para 20 por cento das exportações da China; se passarem por uma recessão, com queda de importações, a taxa de crescimento da China cairá pelo menos 2 a 3 por cento. Dois terços do valor agregado às exportações chinesas também vão para outros países asiáticos, porque a China depende fortemente deles para componentes usados em suas operações de montagem.

Não há dúvida de que a ascensão da China como grande nação comercial irá desempenhar um papel decisivo em moldar as políticas comerciais regionais e globais nas próximas décadas. Desde os anos de 1980, as realizações comerciais chinesas têm sido assombrosas. Durante quase 14 anos, o país teve crescimento de 18 por cento nas exportações. Hoje, essas exportações passam de US$ 1 trilhão, e o país superará a Alemanha como maior nação exportadora, em 2008. Em consequência do prodigioso crescimento de suas indústrias exportadoras, o superávit comercial de Pequim superou US$ 150 bilhões em 2006, e sua relação entre exportações e PIB estava por volta de 36 por cento, comparados com apenas 10-12 por cento para Europa, Japão e Estados Unidos. A China conseguiu este sucesso porque hoje sua economia é muito mais aberta do que eram as economias do Japão e da Coreia, nas décadas subsequentes à Segunda Guerra Mundial. Durante os 12 últimos anos, a China atraiu mais de US$ 600 bilhões em investimentos diretos do exterior. As empresas estrangeiras chegaram à China para penetrar seu mercado interno e para usar o país como base de exportações para o resto do mundo. Hoje, elas produzem mais de 57 por cento das exportações chinesas e constituem muitos dos maiores exportadores do país. A balança comercial das multinacionais que operam na China passou de um déficit de US$14,1 bilhões, em 1996, para um superávit de US$ 14,6 bilhões, em 2004. O total de superávit comercial da China, em 2004, foi de apenas US$ 32,8 bilhões.

As empresas estrangeiras também aumentaram a integração da China com outros países asiáticos, importando dois terços de seus componentes de Coreia, Malásia, Taiwan e outros, para produzir bens para reexportar para a Europa e a América do Norte. Alguns economistas afirmam que a verdadeira relação entre as exportações da China com seu PIB é de apenas 18 por cento, porque grande parte do valor agregado ao comércio exterior chinês provém de outros países, em especial da Ásia oriental. Somente Taiwan responde por 19 dos 100 maiores exportadores da China, comparados com 8 por cento para o Japão e outros 8 por cento para a Coreia. Em consequência, não constitui surpresa o fato de dois terços dos investimentos externos na China virem de outros países asiáticos, em especial Hong Kong, Japão, Coreia, Cingapura e Taiwan. Japão e Coreia nunca permitiram a ocorrência de investimentos estrangeiros numa escala tão elevada. Esses países queriam proteger as empresas locais da concorrência externa até que elas estivessem prontas para se tornar participantes globais. Em 1997, às vésperas da crise financeira da Ásia oriental, o Japão tinha somente US$17 bilhões em investimentos externos diretos, ao passo que a Coreia tinha US$ 12 bilhões.

As relações comerciais entre China e Ásia oriental vêm crescendo regularmente desde a década de 1980. A China entrou para a Apec em 1991 e, depois disso, reduziu unilateralmente suas barreiras tarifárias para o grupo, de 44,1 por cento, em 1991, para 15,3 por cento em 2001. No encontro da Apec em Vancouver, em 1997, o governo chinês prometeu reduzir as tarifas aduaneiras sobre bens industriais para 10 por cento até 2005. E também comprometeu-se a reduzir gradualmente todas as barreiras não tarifárias e elevar sua transparência reguladora. O que foi acompanhado por promessas de abertura no setor de serviços, no aumento de transparência das políticas de investimentos e reforço na proteção aos direitos de propriedade intelectual. Em abril de 2005, a China entrou para o Acordo de Bangcoc, o primeiro tratado comercial regional com arranjos preferenciais para a China. Em 2001, o primeiro-ministro chinês propôs a criação de uma zona de livre comércio com a Asean. Na primeira metade de 2005, empresas chinesas investiram US$1,9 bilhão, ou 75 por cento do total de seus investimentos externos em outros países asiáticos. Em consequência de sua decolagem econômica, o país desenvolveu uma imensa necessidade de matérias-primas, o que também influencia a evolução contínua de sua política comercial. Em 2003, a China ultrapassou os Estados Unidos e se tornou a maior consumidora da maioria das matérias-primas industriais do mundo, superando o Japão como segundo maior consumidor do petróleo mundial. Hoje, a China consome 22 por cento da produção mundial de cobre, comparados aos 16 por cento dos Estados Unidos; e sua produção de aço é duas vezes maior do que a do Japão e Estados Unidos combinados. Durante 2004, a economia chinesa respondeu por quase 40 por cento do crescimento global de consumo de petróleo, exercendo forte pressão para cima nos preços do produto. Essa necessidade de commodities está levando a China a buscar acordos comerciais com países produtores de recursos, como Austrália, Chile, Nova Zelândia, Arábia Saudita e África do Sul. Os chineses também prometeram realizar grandes investimentos em infraestrutura na Argentina e no Brasil, para facilitar seu crescente comércio com esses países.

Como em pouco tempo será a maior exportadora do mundo, a China tem mais interesse estratégico em promover um sistema comercial aberto e multilateral do que manter um mundo caracterizado por acordos comerciais regionais. Mas o país tem capacidade limitada para resolver as questões que hoje impedem a conclusão da Rodada de Doha. Essas questões não estão centradas no comércio de bens manufaturados. Os grandes conflitos estão ligados à agricultura, em especial aos subsídios a agricultores americanos e europeus, bem como a vários aspectos do comércio de serviços. Portanto, a China buscará uma política de mão dupla: encorajar um sistema comercial global aberto, mas, por razões econômicas e geopolíticas, também acordos comerciais regionais.

Outros países da Ásia oriental provavelmente gostarão de cooperar com a China porque preocupam-se com a concorrência e temem que ela consuma uma parte grande demais dos investimentos externos da região. Depois da crise financeira asiática, a participação chinesa nos investimentos externos na região cresceu de 50 por cento, em 1995, para 70 por cento, em 2002, ao passo que a da Asean caiu de 40 por cento para 20 por cento no mesmo período. As economias asiáticas preocupam-se com a possibilidade de a China prejudicar suas posições competitivas em setores que dependem de baixos salários. Os mais vulneráveis à concorrência da China são Malásia e Tailândia. Suas exportações têm correlações de 58 e 64 por cento, respectivamente, com o mix de exportações da China (veja Tabela 1.1). A Malásia também não se recuperou plenamente da crise financeira asiática. A parcela de seus investimentos em relação ao PIB ainda é de apenas 14 por cento, comparados aos 35 por cento de antes de 1997. O problema é que a Malásia depende fortemente de produtos eletrônicos de baixo valor agregado, que são mais concorrentes do que complementares à produção chinesa. As exportações da Coreia e de Taiwan também têm alta correlação com as exportações chinesas, suas empresas transferem boa parte da produção para a China, ao passo que os investimentos da Malásia no país são bem modestos.

As diferenças na estrutura econômica são evidentes a partir dos fluxos comerciais. A China hoje consome 44 por cento das exportações de Hong Kong, 13 por cento das do Japão e 11 por cento das exportações das Filipinas. Seu comércio com a Asean é mais modesto. Consome somente 8,6 por cento das exportações de Cingapura, 7,5 por cento das da Indonésia, 7,3 por cento das da Tailândia e 6,7 por cento das da Malásia. Em compensação, os Estados Unidos absorvem mais de 20 por cento das exportações da Malásia.

O caráter do comércio intrarregional asiático também está mudando. Dez anos atrás, a Asean se baseava fortemente em exportações de commodities, ao passo que hoje ela exporta principalmente bens manufaturados intermediários. Em 2000, os equipamentos elétricos representavam 32 por cento das exportações da Asean à China, comparados com 6 por cento em 1990. Em contraste, a energia caiu de 32 para 13 por cento, enquanto a madeira caiu de 22,6 para 2,75 por cento. Em 2004, os manufaturados representavam 55,5 por cento das exportações da Asean para a China, comparados com 34,9 em 1995, e 31,1 por cento em 1990. A relação entre as exportações de manufaturados e o total do comércio era de 92,5 por cento para as Filipinas, 68,4 por cento para Cingapura, 59,7 por cento para a Tailândia, 50,2 por cento para a Malásia e 22,3 por cento para a Indonésia.

Tabela 3.1 CORRELAÇÕES DA ESTRUTURA DE EXPORTAÇÕES DOS PAÍSES ASIÁTICOS COM A ESTRUTURA DE EXPORTAÇÕES DA CHINA, 1990, 2000 E 2004.

Correlações de três dígitos com a China (classif. SITC)	1990	2000	2004
Indonésia	0,38	0,34	0,31
Coreia	0,33	0,43	0,55
Malásia	0,28	0,44	0,58
Filipinas	0,19	0,33	0,37
Cingapura	0,11	0,41	0,47
Taiwan	0,34	0,53	0,53
Tailândia	0,31	0,51	0,64

Fonte: Cálculos estatísticos do BNP Paribas, baseados em estatísticas comerciais nacionais.
Nota: SITC, standard international trade classification.

Devido ao aumento dos custos chineses e também a melhores políticas internas, a Asean vem recuperando sua posição competitiva em relação à China. Em 2005, os investimentos estrangeiros na Asean cresceram 48 por cento, para US$ 38 bilhões, US$ 4 bilhões acima do pico de 1997, depois de haverem caído para menos de US$ 15 bilhões, em 2002. Alguns analistas estimam que poderão chegar a US$ 50 bilhões, ou 5 por cento do PIB até 2007, nível que não é visto desde 1997. No passado, a Asean tinha custos de mão de obra maiores do que os da China, mas isso não mais acontece. Hoje, o salário mínimo mensal em Guangdong é de US$ 83, comparados com US$ 75 em Jacarta, US$ 45 no Camboja e no Vietnã, e US$ 32 para Java oriental. Os salários anuais da gerência média baixa também estão mais altos na China do que na Asean. De acordo com dados da Mercer, o salário mensal médio na China é de US$ 977, comparados a US$ 857 na Tailândia, US$ 761 nas Filipinas, US$ 702 na Índia, US$ 655 na Indonésia e US$ 494 no Vietnã. Os aluguéis de escritórios nas capitais da Asean estão entre 50 e 75 por cento abaixo daqueles pagos hoje em Xangai. O custo de uma ligação de três minutos para o Japão é de US$ 3 na China, US$ 1,50 na Tailândia, US$ 1,43 na Malásia e US$1,20 nas Filipinas. O custo da eletricidade por kilowatt-hora na China é de 4-11 centavos de dólar versus 4-6 centavos na Tailândia e na Indonésia e 5 centavos na Malásia. Hoje, a principal vantagem dos custos da China está nos fretes marítimos: o custo de envio de um container para os Estados Unidos varia entre US$ 2.000 e US$ 2.500, comparados com US$ 3.900 para a Tailândia, US$ 3.200 para a Malásia e US$ 2.650 para as Filipinas.

Com o crescimento do perfil regional da China, surgiram maiores oportunidades de liderança. O país demonstrou sua capacidade para a cooperação regional durante a crise financeira asiática de 1997, não desvalorizando sua moeda. A crise foi um dos mais dramáticos choques econômicos a atingir a Ásia desde a Grande Depressão dos anos 1930. Ela causou um aumento de três vezes no desemprego na Tailândia, quatro vezes na Coreia e dez vezes na Indonésia. Quase 15 por cento de todos os homens perderam emprego na Indonésia durante a primeira metade de 1998, ao passo que os índices de pobreza nos centros urbanos foram para o espaço. À medida que as taxas de câmbio na Indonésia, Coreia, Tailândia e em outros países caíram, a China reconheceu que uma desvalorização de sua moeda apenas ampliaria o contágio financeiro. Em consequência, o país decidiu não a desvalorizar e, em vez disso, estimulou sua própria economia com um grande programa de investimentos em infraestrutura. Esse estímulo fiscal ajudou a sustentar o crescimento da produção, a despeito de um aumento de 30 por cento na taxa cambial real e de uma forte desaceleração no crescimento das exportações. Os líderes mundiais apoiaram a China por manter estável sua taxa cambial. O primeiro-ministro britânico, Tony Blair, e o presidente francês, Jacques Chirac, por exemplo, aplaudiram publicamente o país por ajudar a conter o contágio financeiro que na época paralisava a Ásia oriental.

O Japão tem sido líder regional há muito mais tempo que a China devido à assistência externa ao desenvolvimento (ODA), aos investimentos estrangeiros e ao comércio. O Japão responde por 13-14 por cento das exportações da Asean e por 17-18 por cento das suas importações. A Asean responde por 11 trilhões de ienes em investimentos no Japão, ou 9,9 por cento do total, ao passo que a China responde por 3,1 trilhões, ou 2,8 por cento do total. Em 2003, o Japão enviou 67 por cento de sua assistência ao desenvolvimento a países asiáticos, sendo os maiores beneficiários a Indonésia (19%), a China (12,6%), as Filipinas (8,8%) e o Vietnã (8%). A influência do Japão diminuiu nos anos 1990, porque sua economia doméstica entrou em um prolongado período de estagnação, enquanto os bancos japoneses ajudavam a montar o cenário para a crise financeira asiática, cortando seus empréstimos na região. Quando o Japão tentou conter a crise, propondo a criação de um fundo monetário para a Ásia oriental, os Estados Unidos rejeitaram a ideia e a China não a apoiou. Depois da crise, o Japão ofereceu um programa de ajuda de US$ 30 bilhões (o plano Miyazawa), ao mesmo tempo em que colaborava com as conversações na Asean Plus Three sobre a cooperação financeira regional.

Em 2002, o primeiro-ministro Koizumi propôs a criação de uma parceria econômica abrangente Japão-Asean. A proposta japonesa vai além do livre comércio, abordando uma cooperação científica, educacional e cultural. O Japão também assinou um acordo de livre comércio com Cingapura em 2001 e concluiu outro com a Malásia em 2006. O país também negocia novos acordos de livre comércio com Coreia, Filipinas e Tailândia. Até agora, o Japão evitou a discussão de um acordo com a China. Houve, nos últimos anos, um grande aumento nas tensões políticas, devido à decisão do primeiro-ministro Koizumi de visitar o Santuário Yasukuni, onde criminosos de guerra estão enterrados (junto com milhões de japoneses comuns que morreram durante as guerras do Japão), e ainda por uma disputa territorial sobre áreas marítimas no mar da China oriental, que talvez contenham depósitos substanciais de hidrocarbonetos. O governo japonês também está cético a respeito da capacidade da China em negociar um acordo de livre comércio abrangendo questões como serviços e proteção a investimentos. Mas o fato é que ambos os lados poderiam se beneficiar com um acordo de livre comércio limitado a produtos manufaturados. A China ainda mantém altas tarifas sobre importantes exportações japonesas, como automóveis, e se preocupa com a possibilidade de que os acordos do Japão com os países da Asean lhes deem vantagem de penetração no mercado japonês. O setor empresarial japonês tem feito grandes investimentos na China, mas não foi capaz de superar as tensões políticas que separam os governos de Tóquio e Pequim. Em 2005, apesar do aumento nas tensões políticas durante a primavera, empresas japonesas investiram US$ 6,53 bilhões na China, 19,8 por cento a mais que em 2004. Os maiores investidores foram empresas automotivas e de autopeças, além de companhias de produtos eletrônicos.

Eventos recentes mostram claramente que o Japão suspeita da China, ao passo que os chineses continuam a abrigar fortes lembranças históricas da Segunda Guerra Mundial. Não há uma maneira simples para superar essas diferenças. Os japoneses cada vez mais percebem que a China poderia ser uma ameaça econômica e militar à sua posição na Ásia oriental. Apesar de terem tido uma fase de muitas exportações para a China, o que ajudou a reviver sua economia durante 2004, os japoneses relutam em aceitar as consequências geopolíticas da decolagem econômica daquele país. Numa recente pesquisa de opinião, um recorde de 63,4 por cento de japoneses responderam que não sentem amizade pela China; a porcentagem daqueles com sentimentos positivos caiu para um mínimo inédito de 33,4 por cento. A China também tem sido uma vigorosa oponente às tentativas do Japão em conquistar um lugar permanente no Conselho de Segurança da ONU. Ela enviou uma delegação à África para fazer lobby contra o Japão, além de encorajar outros países asiáticos a negar seu apoio. O esforço do Japão fracassou, em parte devido à sua incapacidade em obter qualquer suporte regional. As únicas ofertas de apoio às pretensões japonesas vieram de três pequenos países asiáticos: Afeganistão, Butão e Ilhas Maldivas.

Como um arauto potencial de mudanças, o novo primeiro-ministro japonês Shinzo Abe decidiu visitar a China apenas uma semana depois da posse. Sua decisão de engajar a China e a Coreia do Sul sugeria que queria agir de forma decisiva para reparar o dano causado pelo primeiro-ministro Kouzumi. Ao tomar posse, Abe não havia declarado publicamente se ia ou não visitar o Santuário Yasukuni, e suspeitava-se de que ele dera aos chineses garantias particulares de que não iria fazê-lo. A despeito das gafes retóricas de Abe terem ultrapassado qualquer ofensa cometida por seu antecessor, o presidente chinês Hu Jintao não cancelou sua viagem ao Japão na primavera de 2007, e a visita foi amplamente saudada como um sucesso. Abe foi sucedido por Yasuo Fukuda, que tem a reputação de ser mais conciliatório em relação à China.

A delicada reaproximação entre Pequim e Tóquio poderá ter consequências importantes para as relações políticas em toda a Ásia oriental. Ela poderá preparar o cenário para maior entendimento em questões de cooperação econômica regional e aumentar as probabilidades de evolução de uma área de livre comércio que poderá incluir os principais países da Ásia oriental. Abe tentou acalmar as preocupações chinesas a respeito de um renascimento do militarismo japonês, afirmando que o país não buscará armas nucleares, a despeito do teste nuclear norte-coreano de 2006. Há muito, a China temia que o Japão usasse a Coreia do Norte como pretexto para desenvolver armas nucleares. Mesmo que consiga rejeitar o artigo 9º de sua constituição (que restringe o tamanho e o papel de suas forças armadas) para expandir o seu papel militar global, a decisão do Japão continuará a deixar o país fortemente dependente dos Estados Unidos para sua segurança militar.

Relações de segurança

O ponto focal para as relações de segurança da China com a Ásia oriental é o Fórum Regional da Asean (ARF). A China juntou-se ao grupo quando ele foi formado em 1994. A participação no fórum é extensiva, reunindo 23 países de ambos os lados do Pacífico bem como da Europa. A principal missão da organização é promover diálogo e não criar alianças formais. Ela permite que os países discutam questões de interesse comum e dividam informações. Os chineses não tentaram usar a organização para atingir metas particulares, mas ajudaram a promover um debate pacífico a respeito de disputas territoriais no mar do Sul da China. A China reivindica várias ilhas na região e ocasionalmente desloca suas forças militares para promover sua posição. Mas, depois de 1994, ela usou o ARF para deixar claro que recorreria às Convenções das Nações Unidas sobre a Lei do Mar para resolver suas reivindicações, em vez de buscar uma solução unilateral. O ARF ainda está evoluindo, mas a China claramente o vê como importante para promover boas relações e impedir qualquer tentativa americana de criar uma aliança antichinesa na região.

Pelo rápido crescimento do comércio e dos investimentos, a China vem projetando uma grande influência no sudeste da Ásia. Por trás da cena, tentou, também, desempenhar um papel no gerenciamento das tensões locais. Em 2003, devido a comentários de um astro do cinema tailandês a respeito daquele país, houve tumultos contra a Tailândia na capital do Camboja. Os manifestantes saquearam propriedades tailandesas e sitiaram a embaixada. O ministro do Exterior chinês falou com ambos os governos, para encorajá-los a neutralizar as tensões.

A China também tem ajudado a criar uma nova instituição na Ásia Central, denominada Organização de Cooperação de Xangai (SCO). A queda da União Soviética levou à criação de vários novos Estados independentes na região, adjacentes à fronteira ocidental da China, que tem desempenhado um importante papel de liderança ao incentivá-los a formar uma organização para promover a segurança e a cooperação econômica. Em contraste com os membros da Asean, todos os países da Ásia central têm regimes políticos autoritários, muitos dos quais são continuações da era comunista. Todos dividem o interesse em suprimir os fundamentalistas islâmicos e permitiram que os Estados Unidos desenvolvessem presença militar na região para prosseguir sua guerra contra o taliban no Afeganistão. A SCO é única porque é a primeira organização na qual a China desempenha um papel de liderança como fundadora, mas permanece altamente informal, sem uma agenda precisa. Ela também poderá assumir um caráter mais econômico, devido ao desejo da China de comprar petróleo local.

Entre 1997 e 2003, os chineses anunciaram investimentos de US$ 9 bilhões nos depósitos petrolíferos do Cazaquistão e propuseram a construção de um oleoduto daquele país até a região ocidental da China. Em setembro de 2005, a Empresa Nacional de Petróleo chinesa fez uma oferta de US$ 4,2 bilhões pela tomada do controle de uma empresa canadense com grandes depósitos no Cazaquistão e, em janeiro de 2006, a Empresa Chinesa de Petróleo Offshore anunciou uma oferta pelo controle da Nation's Energy, outra empresa canadense com ativos no Cazaquistão. Além disso, em 2000, a China assinara um acordo para ajudar a desenvolver depósitos de petróleo no Turcomenistão e construir um oleoduto até a China.

A SCO gerou atrito entre as metas das políticas externas chinesa e americana na região, em grande parte devido às diferentes abordagens dos dois países ao regime autoritário do Uzbequistão. O regime havia eliminado violentamente um levante, em maio de 2005, matando centenas de pessoas no processo. O levante aconteceu apenas poucas semanas depois de uma súbita revolução no Quirguizistão; assim, todos os regimes na região estavam particularmente sensíveis a demonstrações de oposição. Os Estados Unidos e outros países ocidentais condenaram as mortes. A China, ao contrário, recebeu o líder do Uzbequistão em Pequim e anunciou seu apoio, como fizeram os russos.

Poucos duvidam de que a China continuará a apoiar regimes autoritários na Ásia Central, uma vez que eles protegerão os suprimentos chineses de petróleo na região e restringirão os fundamentalistas islâmicos que ameaçam sua unidade nas áreas ocidentais muçulmanas do país. Os Estados Unidos promoverão a democracia, mas devem ter em mente que esta pode produzir apoio a movimentos políticos fundamentalistas islâmicos. Também é provável que os chineses se mostrem sensíveis aos pontos de vista russos sobre a região, porque ambos os países têm manifestado uma crescente disposição para colaborar. A China é um importante cliente para armas russas e os dois países realizaram recentemente manobras militares conjuntas. A China também espera ampliar bastante suas importações de petróleo russo. Os russos têm apoiado os regimes atualmente no poder, na Ásia Central, seus aliados de longa data. Moscou se ressente das tentativas americanas em promover revoluções comparáveis às ocorridas na Ucrânia e na Geórgia e, em consequência, a SCO agora encoraja os

Estados Unidos a retirarem suas forças militares da região. Outra grande iniciativa multilateral da China tem sido de encorajar conversações para acabar com o programa de armas nucleares da Coreia do Norte. A China é o mais antigo aliado da Coreia do Norte, mas hoje os dois países pouco têm em comum. Enquanto a China mantém crescentes ligações comerciais e de investimentos com a Coreia do Sul, a economia norte-coreana está moribunda. Em 2005, o comércio entre os dois países foi de apenas US$ 1,58 bilhão, uma pequena fração do comércio chinês com a Coreia do Sul. A China se preocupa muito com a possibilidade de o programa de armas nucleares norte-coreano encorajar o Japão a se tornar uma potência nuclear, forçando os americanos a desempenharem um papel mais agressivo na região. Além disso, a decisão da Coreia do Norte de detonar um artefato nuclear, em outubro de 2006, foi causa de profundo embaraço para os chineses. O governo de Pequim condenou fortemente o teste e se ofereceu para apoiar as sanções da ONU contra a Coreia do Norte. Mas há um limite até onde a China irá nessa punição, porque a queda do regime poderia provocar uma grande onda de refugiados para seu território.

O governo da Coreia do Sul vem seguindo uma política de cooperação com o Norte. Ajudou a estabelecer uma zona industrial na fronteira entre os dois países, onde empresas sul-coreanas podem utilizar a barata mão de obra norte-coreana. O parque industrial Kaesong tem muitas fábricas e emprega mais de 15 mil trabalhadores. Os patrocinadores da zona esperam que, dentro de sete anos, ela seja capaz de prover emprego para 730 mil norte-coreanos, ou 8 por cento da força de trabalho total do país. A Coreia do Sul tem relutado em se juntar à condenação americana dos crimes econômicos norte-coreanos, como a falsificação de dólares e o contrabando de drogas. É provável que a atitude sul-coreana tenha reforçado a relutância chinesa em seguir uma política de linha dura com o Norte. Há na Coreia do Sul um entusiasmo crescente a respeito das oportunidades econômicas oferecidas pela China. No último ano, empresas sul-coreanas investiram mais de US$ 6 bilhões na China e milhares delas operam naquele país. Há 29 mil estudantes universitários sul-coreanos na China, além dos milhares que estudam em escolas de ensino médio. À medida que prossegue a integração econômica na Ásia, são altas as probabilidades de a Coreia do Sul voltar a ser aliada da China.

Além do grupo conhecido de países engajados em diplomacia na Ásia oriental, há um novo membro debutando no cenário da diplomacia regional: a Índia. Nos primeiros 40 anos depois que conquistou sua independência, a Índia manteve políticas econômicas isolacionistas e sem promover nem o comércio nem investimentos. O país seguia políticas reguladoras que prejudicavam sua competitividade no setor de manufaturados, limitando o número de empregos formais nessa área a somente seis milhões. Mas, depois de uma crise cambial, em 1991, a Índia adotou uma política de abertura de mercado que elevou suas taxas de crescimento, dos 2-3 por cento anteriores à faixa de 7-8 por cento. Como consequência dessa política, hoje, a Índia segue ativamente a integração econômica com a China e com o sudeste da Ásia. Ela negociou um acordo de livre comércio com Cingapura e vem abrindo diálogos importantes com líderes chineses a respeito de cooperação econômica. Japão e Cingapura fizeram lobby para a Índia ser incluída no recente encontro de chefes de governo da Ásia oriental em Kuala Lumpur. Além disso, o presidente George W. Bush anunciou um acordo de cooperação nuclear com a Índia para reforçar os laços comerciais e promover sua emergência como centro alternativo de energia à China. Os indianos têm se mostrado relutantes em adotar essa causa de contenção da China, mas há poucas dúvidas de que outros países asiáticos a consideram como um agente potencialmente importante na criação de um novo equilíbrio regional de poder.

Outra nova potência econômica que está emergindo na região é o Vietnã. Como resultado de reformas econômicas iniciadas no fim da década de 1980, hoje o Vietnã está conseguindo um crescimento real do PIB de 7-8 por cento anuais, tornando-se o líder de crescimento na Ásia. Como no caso da China, esse rápido crescimento do Vietnã está sendo movido, em parte, por investimentos diretos de outros países asiáticos. Ajustando para as diferenças de população, as entradas anuais de investimentos no Vietnã são maiores que as da China (US$ 7,9 bilhões em 2006). Seus maiores investidores são Cingapura e Taiwan (US$ 8 bilhões cada), seguidos pelo Japão (US$ 7,1 bilhões). Os Estados Unidos investiram somente US$ 2,2 bilhões, mas empresas americanas estão chegando ao país, e a Intel anunciou recentemente um investimento de US$ 1 bilhão em Ho Chi Min City

(Saigon). O crescimento da economia está bastante centrado no sul do país, em particular em Ho Chi Min. As exportações partindo dessa cidade superarão US$ 18 bilhões este ano, quase cinco vezes mais do que qualquer outra província. Hoje, o sul também controla a maioria dos assentos no Politburo. Em novembro de 2006, o Vietnã sediou o encontro anual da Apec e usou o evento para demonstrar seu recente sucesso como economia de mercado. O país está inscrito para entrar para a OMC em 2007.

Implicações para a política dos Estados Unidos

A ascensão da China como grande potência econômica e os novos experimentos com o multilateralismo na Ásia oriental representarão sérios desafios para a política dos Estados Unidos. O país precisa reconhecer que existem novas forças em ação na região que irão alterar o tradicional equilíbrio de poder e que a crise financeira de 1997-98 alterou profundamente a visão asiática de como o mundo funciona. Existe hoje na região muito mais disposição para colaborar do que antes da crise. Hoje, os países realizam conferências regulares sobre questões financeiras e econômicas. E também possuem US$ 2,7 trilhões em reservas cambiais, quase dois terços do total mundial, para assegurar que nunca mais estarão vulneráveis a alterações súbitas nos fluxos globais de capitais. A China tem mais de US$ 1,4 trilhão de reservas em moedas estrangeiras, e o Japão, mais de US$ 900 bilhões. Coreia e Taiwan têm mais de US$ 250 bilhões cada uma, e Hong Kong e Cingapura, mais de US$ 120 bilhões cada um. Até o recente choque dos preços do petróleo, todos os países da Ásia oriental tinham superávits em conta corrente.

Os Estados Unidos vêm criticando a China por acumular reservas em vez de permitir a valorização de sua moeda, mas o fato é que a intervenção chinesa tem ajudado a financiar o déficit orçamentário dos Estados Unidos e a impelir seu *boom* imobiliário. Durante o primeiro mandato de George W. Bush, houve um aumento real sem precedentes nos preços dos imóveis residenciais. Se a China e o Japão não tivessem sido grandes compradores de papéis do governo americano em 2003 e 2004, as taxas de juros poderiam ter subido e refreado o *boom* de imóveis residenciais.

Desde os ataques a Nova York e Washington, em 11 de setembro de 2001, os Estados Unidos têm se preocupado com o Oriente Médio e dado menos importância ao seu relacionamento com a Ásia oriental. Nos encontros da Apec de 2002 e 2003, o presidente Bush fez palestras a respeito da guerra contra o terrorismo e não sobre a cooperação econômica. A secretária de Estado Condoleezza Rice não compareceu à Conferência Pós-Ministerial da Asean, ao contrário de seus antecessores. Mas a política americana não esteve totalmente estática. Os Estados Unidos assinaram acordos de livre comércio com Austrália e Cingapura e há mais de dois anos estão negociando um tratado com a Tailândia. Também anunciaram planos para buscar um acordo com a Malásia e concluíram suas negociações com a Coreia, apesar da oposição de muitos grupos coreanos, como os agricultores.

O governo Bush também ampliou de forma significativa a ajuda externa à região. A Casa Branca impressionou bastante o público indonésio, fornecendo uma significativa ajuda de emergência depois que um tsunami atingiu Aceh em janeiro de 2004. A nova ameaça às relações Estados Unidos-Ásia é o domínio do Congresso pelos democratas nas eleições de 2006. Os democratas vêm se tornando cada vez mais protecionistas durante os últimos anos; em 2006, alguns novos deputados do partido não só fizeram campanha contra a China e a Rodada de Doha, como também pediram a reprovação do Tratado Norte-Americano de Livre Comércio (Nafta). Como a autoridade *fast-track** de negociação do presidente Bush expirou em julho de 2007, existe agora um alto risco de que se torne impossível para os Estados Unidos negociarem mais acordos bilaterais de livre comércio. Os democratas também poderão tentar usar sua recente maioria para promover uma nova legislação, restringindo o comércio com a China. A emergência de um Congresso protecionista poderá reduzir a capacidade dos americanos em usarem a diplomacia comercial na nova competição regional com a China pelo equilíbrio de poder. E também poderá limitar sua capacidade de usar o comércio como alavanca para promover reformas democráticas no Oriente Médio. Em 2001, os Estados Unidos assinaram

* [Pela qual um acordo proposto pelo presidente ao Congresso pode ser aprovado ou não, mas não pode sofrer emendas nem ter sua votação retardada]. (N. do T.)

um acordo de livre comércio com a Jordânia, o que levou o intercâmbio com aquele país a aumentar seis vezes. Os americanos também assinaram acordos com Barein, Marrocos e Omã. Falam de um tratado com o Egito, mas a conquista da maioria no Congresso pelos democratas poderá impedir qualquer nova negociação comercial.

Há uma inquietação natural em Washington a respeito das consequências geopolíticas e militares do novo status da China como superpotência econômica. Muitos temem que ela use sua nova riqueza para desenvolver armas sofisticadas e desafiar o tradicional domínio da América na região. Mas a China está tão engajada na economia global, que hoje tem menor capacidade para ações políticas externas radicais. O país tem o terceiro maior volume de financiamentos diretos no exterior: a relação entre as exportações chinesas e seu PIB é três vezes maior que a da Europa, do Japão ou dos Estados Unidos, e ela poderá se tornar a maior nação exportadora do mundo dentro de dois anos. Em razão dessas circunstâncias, a China precisa ser uma boa cidadã global, porque ela hoje depende de outros países para absorver quase metade de sua produção manufatureira. Se não tiver mercados externos, sua economia entrará em recessão, o desemprego aumentará muito e haverá fortes protestos contra o Partido Comunista, que está no poder.

Há muito, os Estados Unidos querem promover a democracia na China, mas não está claro se um regime democrático na China será bom para os interesses americanos. O atual regime de Pequim está firmemente comprometido com a modernização econômica e a abertura de mercado, que, com o tempo, conduzirão à emergência de uma grande classe média. Se fosse uma democracia, haveria um grande risco de a crescente desigualdade de renda no país produzir um regime populista que suspenderia as reformas econômicas e mergulharia o país numa crise inflacionária, como aquelas que caracterizaram a América Latina por grande parte da era moderna. O que a China precisa hoje é de maior liberdade de imprensa, maior transparência e outras mudanças que aumentariam a responsabilidade do governo e permitiriam um maior debate sobre mudanças políticas. Ao prender jornalistas pela publicação de notícias sobre a corrupção ou outras injustiças, o governo chinês prejudica seu próprio programa de reformas. Seu modelo não deve ser a antiga União Soviética, mas sim México e Cingapura, países com longa tradição de governos de partido único que também toleravam dissidentes e debates políticos.

Os Estados Unidos devem apoiar os experimentos em cooperação regional, como os encontros da Asean Plus Three sobre políticas financeiras e econômicas, que não ameaçam nenhum interesse americano. Washington estava naturalmente apreensiva a respeito do recente encontro de chefes de governo da Ásia oriental, mas ele promoveu apenas o diálogo e não qualquer grande avanço em termos de políticas. As conversações também foram prejudicadas pelo mau relacionamento entre China, Japão e Coreia. É provável que a Ásia oriental faça novos progressos sobre questões como o uso comum de reservas em moeda estrangeira, o aperfeiçoamento da regulamentação financeira e a promoção do comércio, mas nenhuma dessas iniciativas colocará em risco interesses americanos. Entre as políticas que poderiam ser prejudiciais, está a decisão, pelos bancos centrais da região, de vender seus ativos em dólares e promover uma diversificação mais agressiva de reservas em euros ou ienes. Uma medida como essa causaria a elevação dos rendimentos dos títulos americanos. Os Estados Unidos também seriam ameaçados por qualquer ação no sentido de uma zona de livre comércio da Ásia oriental altamente discriminatória contra outros países, o que encorajaria o desvio do comércio e não sua criação. Mas, como os Estados Unidos ainda são o mercado dominante para as exportações da região, é possível que consigam manter em xeque as forças protecionistas regionais.

Alguns, em Washington, gostariam de criar na Ásia oriental algo comparável à Organização do Tratado do Atlântico Norte, para desafiar os chineses. Porém, em consequência do crescente comércio com a China, é duvidoso que qualquer país na região apoie tal organização. A atitude australiana com relação à questão de Taiwan demonstra como as forças econômicas estão mudando as relações políticas. Em 1996, a Austrália apoiou publicamente a decisão americana de colocar forças navais nas proximidades de Taiwan, devido à ameaça chinesa de disparar mísseis contra a ilha. Em 2004, Alexander Downer, ministro do Exterior australiano, afirmou que seu país não poderia apoiar os Estados Unidos num conflito sobre a ilha. O Partido Trabalhista inglês protestou que aqueles sentimentos violavam o Tratado de Segurança Austrália-Nova Zelândia-

Estados Unidos, mas a mensagem de Downer foi clara: a Austrália não quer que sua tradicional aliança com os americanos coloque em risco um relacionamento econômico em rápido crescimento com a China. Esse aprofundamento da orientação para a China foi reforçado com a eleição para primeiro-ministro, em 2007, de Kevin Rupp, fluente em mandarim e também favorável aos Estados Unidos. Por algum tempo, os americanos se engajaram em um diálogo trilateral formal sobre segurança com Austrália e Japão. Há dez anos, o país poderia ter sido capaz de usar esse diálogo para lançar uma política de contenção da China, mas hoje a Austrália relutaria em adotar qualquer iniciativa de política externa que veja a China como inimiga.

Existe em toda parte a preocupação de que uma zona de livre comércio China-Asean possa se tornar discriminatória contra outros países e outras regiões. Mas a Asean tem uma tradição de encorajar a abertura, e não o aumento do protecionismo. Os Estados Unidos devem persuadir os países da Asean a continuar com essa tradição. Devido à sua forte dependência dos mercados europeu e norte-americano, a China também tem pouco interesse por políticas comerciais altamente discriminatórias. O fato é que os chineses necessitam, mais que a maioria dos outros países, de um sistema de comércio global de sucesso. Precisam buscar qualquer acordo, regional ou bilateral, tendo em mente essa meta maior. Caso a Rodada Doha fracasse, é possível que os países da Ásia oriental tentem usar a Apec para criar uma nova zona de livre comércio. Os Estados Unidos, recentemente, apoiaram essa ideia, que também teve o endosso da Austrália, que presidirá o encontro da organização de 2007. Mas uma zona de livre comércio da Apec enfrentará muitos dos obstáculos enfrentados pela Rodada Doha. Japão e Coreia protegem muito sua agricultura, e o Congresso dos Estados Unidos pode se opor a um acordo que, de fato, leve ao livre comércio com a China. O Vietnã acabou de entrar para a OMC, ao passo que a Rússia só irá fazê-lo em 2007.

Os Estados Unidos continuarão a ser um agente fundamental na cooperação econômica regional na Ásia oriental, devido ao seu papel de provedor de mercado para exportações (veja Tabela 3.2). O país normalmente recebe de 10 a 20 por cento das manufaturas da maioria dos países asiáticos. A relação entre as exportações para os Estados Unidos e o PIB é de 27 por cento em Hong Kong, 23,8 por cento na Malásia, 14,7 por cento em Cingapura e 10,2 por cento na Tailândia. Mas a participação americana no comércio asiático vem declinando ao longo do tempo, devido à elevação da renda na região. A demanda doméstica nos países da Ásia oriental é hoje igual a 37 por cento da demanda doméstica americana, comparada com 25 por cento no início dos anos 1990. Mas, como as taxas de crescimento na Ásia oriental são muito mais altas do que na Europa ou na América do Norte, o crescimento anual da demanda doméstica na região é igual, hoje, a 82 por cento da americana, comparada com 68 por cento, há cinco anos, e 47 por cento, há dez anos. Como consequência dessa tendência, hoje as exportações intrarregionais costumam ser de duas a três vezes maiores do que as exportações para os Estados Unidos.

Sempre existe o risco de a economia da China crescer mais. Ela se tornará mais arrogante ou nacionalista em relação aos outros países. Como consequência da história do país, sempre há suspeita em relação aos estrangeiros e o desejo natural de compensar os fracassos e as derrotas do passado. Mas, por mais que o governo chinês possa querer flertar com o nacionalismo, o escopo do bem-sucedido engajamento da China na economia global limitará sua liberdade de ação. Caso a China siga uma política externa temerária, colocará em risco sua estabilidade política doméstica.

Os Estados Unidos têm criticado a China por manter relacionamentos com Estados perigosos como Irã, Sudão e Venezuela, em busca de reservas de petróleo, temendo naturalmente que o país lhes possa fornecer equipamentos militares em troca de acesso preferencial a matérias-primas. Mas os americanos, na verdade, encorajaram a China a cultivar esses relacionamentos quando o Congresso tentou vetar a oferta chinesa para assumir o controle da Unocal* em 2006. O fato é que a tomada do controle pelos chineses não teria representado nenhuma ameaça à segurança americana, mas teria dado à China acesso a novas reservas de petróleo no litoral da Tailândia. A decisão de bloquear a oferta revelou uma extraordinária insegurança sobre os chineses, que só pode prejudicar a capacidade da América de buscar um relacionamento construtivo com aquele país. Desde o fracasso da oferta pela Unocal, empresas chinesas têm anunciado

* [Empresa de petróleo californiana, hoje inativa.] (N. do T.)

Tabela 3.2

EXPOSIÇÃO DE PAÍSES ASIÁTICOS AO CRESCIMENTO DOS ESTADOS UNIDOS, 2005

	Exportações/ PIB	Porcentagem das exportações para os Estados Unidos	Porcentagem das exportações para a Ásia	Porcentagem das exportações para Estados Unidos e Ásia	Porcentagem das exportações para Estados Unidos em relação ao PIB	Porcentagem das exportações para Estados Unidos e Ásia em relação ao PIB
China	33,6	21,4	41,6	63,0	7,2	21,2
Hong Kong	181,0	14,9	59,0	74,5	27,0	134,8
Índia	21,3	16,3	24,9	41,1	3,5	8,8
Indonésia	42,2	11,5	62,5	74,1	4,9	31,3
Japão	13,7	22,5	48,4	71,0	3,1	9,7
Coreia	54,1	14,5	49,4	64,0	7,9	34,6
Malásia	121,2	19,7	55,5	75,2	23,8	91,1
Filipinas	46,3	18,0	59,5	77,5	8,3	35,8
Cingapura	102,4	14,4	54,7	69,1	14,7	70,7
Taiwan	64,8	14,7	61,9	76,6	9,5	49,6
Tailândia	66,6	15,4	50,8	66,2	10,2	44,0

Fontes: CEIC Data Co. e cálculos do HSBC. Entre as fontes de dados, estão o *Direction of Trade Statistics*, do Fundo Monetário Internacional, e *World Development Indicators*, do Banco Mundial.

mais de US$ 11 bilhões em outros investimentos em energia no Equador, no Cazaquistão, na Nigéria e na Síria. A China simplesmente não se contenta em comprar petróleo no mercado aberto. Ela quer maximizar sua segurança futura, adquirindo reservas de petróleo.

Depois de um período inicial de hostilidades, o governo Bill Clinton chegou a falar de uma parceria com a China. Considerando o país mais como rival, o governo Bush começou a se distanciar de Pequim, até que os eventos de 11 de setembro de 2001 forçaram-no a repensar quem eram realmente seus inimigos. A partir de 2001, o governo Bush vem tentando manter um relacionamento de maior colaboração, apesar de permanecer apreensivo a respeito das implicações a longo prazo da ascensão da China como potência econômica. O secretário do Tesouro Henry Paulson conhece bem o país, por sua experiência no Goldman Sachs, e lançou uma rodada de encontros para promover o diálogo Estados Unidos-China no mais alto nível.

A ascensão chinesa é comparável à da Alemanha e do Japão no início do século XX, mas tem potencial para ser ainda mais significativa, devido ao tamanho da população e de sua massa de terra. Alemanha e Japão visavam ser potências regionais. A China tem potencial para ser uma potência global.

Em vez de reagir baseados em insegurança e medo, os Estados Unidos deveriam procurar engajar os chineses como parceiros na promoção de objetivos globais comuns. Ambos os países querem uma economia mundial estável e próspera com mercados abertos. Ambos necessitam de acesso a matérias-primas e commodities de países potencialmente instáveis. Ambos têm populações que desejam viajar e conhecer o mundo sem encontrar terroristas e outras ameaças. Será difícil para os Estados Unidos, como única superpotência do mundo, considerar outro país em rápida emergência como sócio potencialmente igual, mas o fato é que eles terão vantagens econômicas e militares decisivas em comparação com a China, durante, pelo menos, duas ou três gerações. E podem engajar a China sem risco de qualquer grande perda econômica ou política. O desafio será buscar oportunidades de cooperação e, ao mesmo tempo, continuar a incentivar as forças internas chinesas, que finalmente produzirão um país mais próspero e também mais democrático.

Conclusão: perigos da desatenção dos EUA

O cenário econômico e político na Ásia oriental está evoluindo rapidamente: a China vem emergindo como grande potência; a Índia está tentando conseguir uma maior integração econômica com a China; enquanto a Ásia oriental, a Indonésia e a Malásia procuram compensar os efeitos da crise financeira asiática reforçando seus investimentos em infraestrutura; o Japão passa por uma recuperação econômica, depois de muitos anos de estagnação; o Vietnã emerge como importante novo centro de crescimento, e todos os países da região estão acumulando grandes reservas em moeda estrangeira, para restringir a valorização de suas moedas e reduzir o risco de futuras crises cambiais.

Neste momento, os Estados Unidos parecem consumidos pelos conflitos no Oriente Médio. Mas a América continuará influente, porque é o maior mercado das exportações da Ásia e também a potência militar dominante. Não poderá, no entanto, ditar seus desejos em termos de políticas de uma forma tão simples e clara quanto no passado. Terá que ser mais sensível aos pontos de vista da China e reconhecer que aliados tradicionais, como a Austrália, hoje consideram a China igualmente crucial para seu futuro econômico. O domínio do Congresso pelos democratas poderá inibir a diplomacia americana, promovendo o protecionismo, mas o presidente ainda tem poder para vetar qualquer lei perigosa ao comércio. O novo equilíbrio na promoção da cooperação por meio da integração econômica provavelmente persistirá por vários anos, porque os setores privados de todos os principais países todos os dias fortalecem seus laços comerciais e de investimentos. A China precisa do mercado americano para suas exportações, e os Estados Unidos precisam dos fluxos de capital da China, para financiar seus déficits, orçamentário e de conta corrente. Outros países asiáticos hoje exportam para os Estados Unidos através da China e do comércio exterior direto. Não há como deter o processo de integração sem políticas comerciais tão protecionistas que destruiriam o sistema comercial global, e levantando o fantasma de outra Grande Depressão. Nem mesmo os congressistas democratas ousariam provocar uma crise dessas. A Rodada Doha pode fracassar, mas isso não impedirá novas tentativas de acordos de livre comércio regionais e bilaterais para a Ásia oriental, se não para a Apec, como um todo.

Os grandes riscos para a região são a apreensão americana a respeito da decolagem econômica chinesa e de uma onda de nacionalismo na China, que poderiam prejudicar a atual política do país em buscar sua ascensão pacífica como grande potência. Os Estados Unidos têm encontrado maneiras eficazes de interagir com os chineses desde os anos de presidência de Richard Nixon; assim, é difícil imaginar qualquer aberração política radicalmente destrutiva vinda daquele país. O sistema político chinês permanece autoritário, e é provável que tenha continuidade; mas o país, por definição, representa riscos maiores de uma sublevação, simplesmente porque seu sistema político permanece tão controlado.

A diferença crítica entre as atuais tendências integracionistas na Ásia oriental e as tentativas anteriores de integração econômica, como as ocorridas na Europa nos anos 1950, é o papel dominante do setor privado. Políticos e representantes de governos têm certamente um papel crucial a desempenhar no gerenciamento dos efeitos colaterais da globalização; os países precisam forçar o respeito ao domínio da lei para o comércio e os investimentos internacionais, da mesma forma como fazem para as transações domésticas. Os políticos teriam apenas um papel menor, caso os líderes e executivos das empresas não se entusiasmassem com as oportunidades de negócios oferecidas pela interação econômica na região do Pacífico. Em consequência, os líderes empresariais terão um papel crucial a desempenhar controlando os representantes de governos e impedindo que eles permitam que conflitos políticos perturbem os benefícios da integração econômica e do progresso da Ásia oriental.

CAPÍTULO 4

O novo bilateralismo comercial na Ásia oriental

– *John Ravenhill*

Na maior parte do período iniciado em 1945, os países da Ásia oriental permaneceram ao lado dos Estados Unidos como principais defensores do multilateralismo econômico. Eram fortes defensores das instituições econômicas globais e igualmente fortes adversários de arranjos comerciais discriminatórios[1]. As razões não são difíceis de compreender. Em sua maioria, os países da Ásia oriental tinham mercados de exportação extremamente diversificados (em grande parte porque o líder econômico da região, o Japão, tinha pouco apetite pelas exportações de seus vizinhos que não fossem matérias-primas) e muito a perder com qualquer divisão do sistema comercial global em blocos regionais fechados. Com frequência, os países da Ásia oriental eram as vítimas, quando seus parceiros comerciais deixavam de lado a abordagem baseada em regras, como no caso da discriminação contra as exportações japonesas, logo depois da adesão do país ao Acordo Geral sobre Tarifas e Comércio (GATT), ou do unilateralismo dos Estados Unidos e da União Europeia contra o Japão e as economias recém-industrializadas da Ásia oriental nas décadas de 1970 e 1980.

Em vez de procurar enfraquecer o regime comercial global, os países da Ásia oriental viram virtudes em sua maior institucionalização e legalização, como meio para conter as pressões bilaterais de Washington ou de Bruxelas, mas não na rápida ampliação do escopo da liberalização do comércio, caso esta pudesse prejudicar seus pactos sociais domésticos, uma atitude evidente em sua resistência à agenda da Early Voluntary Sectoral Liberalization (EVSL), da Apec[2]. Além disso, caso tivesse havido qualquer tentativa para construir instituições econômicas "regionais" na Ásia oriental, ela teria enfrentado enormes dificuldades. Entre elas, a "sombra do passado" (divisões pela Guerra Fria e a incapacidade do Japão em dissipar o ressentimento por seu comportamento em tempo de guerra), uma diversidade de culturas, de portes e de estruturas econômicas bem maior do que a da Europa[3], e a falta de qualquer acordo sobre a composição da região. De fato, há 25 anos era raro encontrar referências à "Ásia oriental" ou a uma "região asiática oriental", exceto no sentido de "Harvard", de países que tinham em comum uma herança confucionista[4].

Na extensão em que o regionalismo econômico naquela parte do mundo era discutida, antes da década de 1990 (e também em vários arranjos inspirados pelo governo japonês para prover assistência ao desenvolvimento), o foco era o sudeste da Ásia, onde a Asean havia optado pela cooperação econômica como principal veículo para a geração de confiança entre seus Estados membros. Contudo, enquanto a Asean alterava frequentemente seus arranjos comerciais preferenciais, movendo-se lentamente no sentido da implantação de uma área de livre comércio não abrangente[5], os mercados extrarregionais continuaram a ter muito mais importância para os Estados membros da Asean, uma dependência que moldou suas políticas econômicas externas[6]. A partir de meados dos anos 1980, quando os membros da Asean reduziram suas tarifas sobre o comércio intrarregional, também foi reduzida de forma substancial sua classificação para nações mais favorecidas (Cingapura, a economia mais desenvolvida do grupo, há muito implantou tarifa zero para quase todas as importações).

Assim, o novo entusiasmo da Ásia oriental por acordos comerciais preferenciais (PTAs) marcou um afastamento radical em relação às suas anteriores prioridades econômicas externas. Na virada do novo século, a Ásia oriental (e, em termos mais amplos, a região Ásia-Pacífico) tinha muito poucos representantes na corrida ao regionalismo (Figura 4.1). China, Japão, Coreia e Taiwan estavam sós, entre as grandes economias do mundo que não haviam negociado um PTA. Subsequentemente, os países da Ásia oriental compensaram rapidamente o tempo perdido: estão sendo implantadas ou negociadas mais de 60 PTAs em que estão envolvidos, e mais de 20 são objeto de grupos semioficiais de estudos. A Ásia oriental é hoje a região mais ativa do mundo para a negociação de PTAs.

O restante deste capítulo explora as implicações do novo bilateralismo na Ásia oriental para grupos econômicos multilaterais – existentes ou em potencial –, envolvendo países da região. Começo analisando as origens do novo bilateralismo, porque elas oferecem importantes indicações a respeito de como os países da região podem reagir a iniciativas multilaterais sobre assuntos econômicos.

Figura 4.1 NÚMERO E TIPO DE ACORDOS COMERCIAIS REGIONAIS EM VIGOR E EM NEGOCIAÇÃO EM 2001, POR REGIÃO

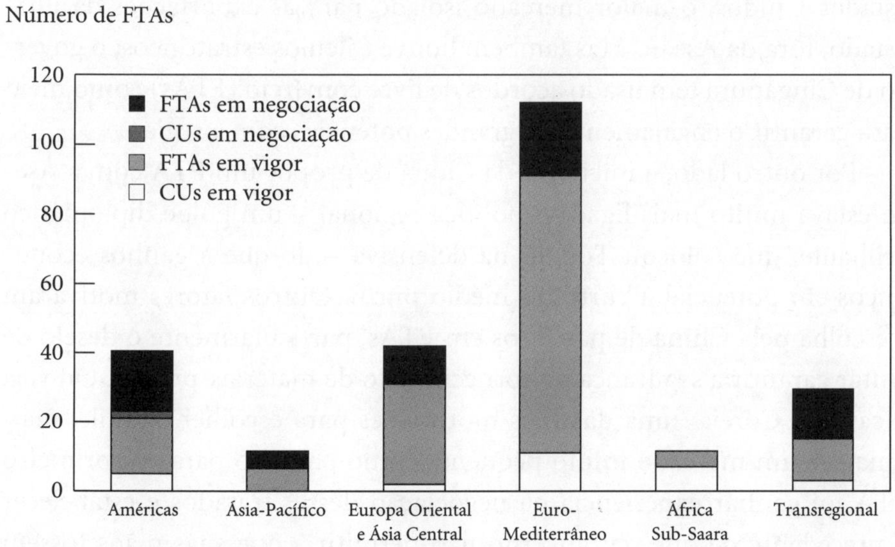

Fontes: Organização Mundial do Comércio, "Regionalism: Facts and Figures" (2001), disponível em www.wto.org/english/ tratop_e/regfac _e.htm (acessado em 4 de abril de 2001).
Nota: FTAs, acordos de livre comércio; CUs, uniões aduaneiras.

O novo bilateralismo

Como muitos acontecimentos nas relações internacionais da região, a variedade de interesses em jogo no novo bilateralismo na Ásia oriental é tão complexa que seria ingenuidade tentar explicá-la apontando para um único fator[7]. Compare, por exemplo, o acordo comercial Taiwan-Panamá com Cingapura-Estados Unidos. Para Taiwan, a principal motivação para a assinatura com o Panamá foi claramente o desejo de encontrar um parceiro disposto a reconhecer sua posição internacional, negociando um tratado de comércio. Mesmo depois que dobraram, em 2004, as exportações de Taiwan para o Panamá constituíam menos de 0,2 por cento do valor total de exportações do país: é pouco provável que motivações de ordem econômica ocupassem um papel predominante no desejo de Taiwan pelo acordo, movido pela preocupação do país em não ser completamente excluído do trem dos PTAs. Em contrapartida, as motivações econômicas foram predominantes para Cingapura na negociação de um PTA com os Estados Unidos, o maior mercado isolado para as exportações da ilha-Estado, fora da Asean. Mas também houve cálculos estratégicos; o governo de Cingapura tem usado acordos de livre comércio (FTAs) como meio para garantir o engajamento de grandes potências com a região.

Por outro lado, a iniciativa da China de propor um PTA com a Asean estava muito mais ligada à política regional – um golpe diplomático brilhante, que colocou Tóquio na defensiva – do que a ganhos econômicos em potencial a curto ou médio prazo. Outros fatores motivaram a escolha pela China de parceiros em PTAs, particularmente o desejo de tentar garantir a segurança do fornecimento de matérias-primas. Ou veja o caso da Coreia: uma das suas motivações para escolher o Chile, mais uma vez um mercado muito pequeno, como parceiro para seu primeiro PTA foi ganhar experiência na negociação desses tratados e estabelecer o precedente de que seu governo não permitiria que suas mãos fossem atadas por interesses protecionistas na economia doméstica, contrários a tais arranjos. Apesar dos PTAs serem ostensivamente acordos "econômicos", as motivações para sua negociação também podem incluir considerações de ordem política ou estratégica.

Apesar dessa crítica à busca de uma explicação única para o novo bilateralismo, são possíveis algumas generalizações sobre o contexto no qual esse importante fato novo em políticas econômicas externas emergiu na Ásia oriental. Elas serão expostas nas seções a seguir.

O crescimento do comércio preferencial em outros lugares

Na segunda metade dos anos 1990, os governos da Ásia oriental estavam claramente preocupados em ter passado por cima de algo importante nas relações comerciais globais, à medida que a onda de PTAs, particularmente aqueles que associavam economias industrializadas a outras menos desenvolvidas, partia da Europa para tomar as Américas. O raciocínio por trás da mudança na visão dos governos da Ásia oriental sobre o assunto PTAs fica bem demonstrado pela evolução da posição oficial do Japão. Esta se baseava na análise dos resultados de PTAs em outros lugares, sugerindo que eles tinham resultados positivos para os participantes e nenhum efeito negativo significativo para outros países da economia global; sobre cálculos políticos de que não era do interesse da política externa japonesa rejeitar aberturas de PTAs de países vizinhos ou de parceiros importantes, e sobre as pressões do setor privado para que o governo agisse para aplainar o campo de jogo enfrentado no exterior pelas empresas japonesas.

A despeito da disseminação de arranjos regionais por toda a economia global, particularmente depois que os Estados Unidos assinaram seu primeiro PTA, em 1985, com Israel, o governo japonês continuara a criticar tais arranjos dentro de grupos de pesquisa do GATT, que analisavam acordos regionais[8]. Seu temor da repercussão potencialmente negativa de blocos comerciais discriminatórios havia dirigido sua diplomacia comercial na região da Ásia-Pacífico. Porém, ficava cada vez mais expressa a preocupação do governo japonês de que o país se isolava, com sua recusa de entrar em PTAs. Havia temores de que o comércio preferencial na região Ásia-Pacífico pudesse se disseminar cada vez mais, em prejuízo do Japão: uma resposta do governo americano ao lento progresso sobre a liberalização do comércio dentro da Apec havia sido a proposta, em novembro de 1997, pelo Escritório do Representante do Comércio dos Estados Unidos, de um PTA com os outros quatro membros da organização, considerados os mais entusiastas a respeito da liberalização – Austrália, Chile, Nova Zelândia e Cingapura. Os governos do Chile, da Nova Zelândia e de Cingapura aceitaram a proposta em 1999, depois do fracasso do programa EVSL da Apec – fracasso esse atribuído a Tóquio pelos membros ocidentais da APEC.

Na segunda metade dos anos 1990, o Ministério de Comércio Internacional e da Indústria do Japão (Miti) havia começado a realizar estudos sobre regionalismo e dos custos e benefícios em potencial da busca de PTAs para o país. A primeira indicação pública de que o governo japonês reconsiderava seriamente sua posição sobre acordos de comércio regional saiu no "White Paper on International Trade 1999", do Miti. Observando que o país tradicionalmente destacara o impacto negativo dos arranjos regionais sobre terceiros e, com isso, se distanciara da maioria dos países da comunidade internacional, que então participavam de tais arranjos, o relatório afirmava haver evidências dos efeitos positivos gerados por esses arranjos, não só para os Estados participantes, mas também para o sistema global de comércio como um todo. E concluía que o Japão deveria reconsiderar sua política sobre regionalismo e usá-la como complemento para o sistema de comércio multilateral[10].

Um relatório publicado pelo Miti no ano seguinte, então rebatizado de Ministério da Economia, Comércio e Indústria (Meti) – "The Economic Foundations of Japanese Trade Policy: Promoting a Multi-Layered Trade Policy" – articulava a nova abordagem com mais detalhes[11]. O relatório sugeria que o alargamento e aprofundamento da integração regional haviam ocorrido em resposta ao crescimento da interdependência econômica, refletida nos menores fluxos de comércio e investimentos estrangeiros diretos. O novo regionalismo havia gerado efeitos positivos para as economias participantes, não só pela criação do comércio Vineriano convencional e o aumento da competitividade das indústrias domésticas, mas também pelo incentivo a fluxos de investimentos intrarregionais. O Meti observava que o novo regionalismo envolvia tipicamente uma "integração mais profunda", com provisões relativas não só a barreiras nas fronteiras, mas também a investimentos e serviços, e assim por diante. Portanto, os modelos econômicos convencionais, que focalizavam somente os efeitos estáticos da integração, tendiam a subestimar os ganhos obtidos com esses arranjos. O Meti estava particularmente impressionado com os benefícios que o Nafta parecia ter produzido, na forma de crescimento acelerado para os países membros. Além disso, vários estudos do novo regionalismo pareciam sugerir que ele tinha relativamente poucas consequências negativas para os países não participantes[12]. O Meti também observava que, ao entrar em arranjos regionais, os participantes haviam fortalecido sua posição em conversações com os membros de outros grupos regionais. Além disso, numa economia em fase de globalização, um país era beneficiado se os padrões técnicos usados por suas indústrias fossem adotados em toda a área geográfica abrangida por um acordo comercial regional[13].

Apelos por uma reconsideração das políticas japonesas com relação aos PTAs também vieram do setor privado. Numa declaração sobre a agenda para a proposta "Rodada do Milênio" de negociações da OMC, a Keidanren (a Federação de Organizações Econômicas do Japão) afirmou que o país precisava de "considerações concretas" na busca de PTAs consistentes com a OMC[14]. Em julho do ano seguinte, a Keidanren emitiu um apelo mais detalhado para que o governo negociasse PTAs, observando que, apesar da pressão do setor empresarial, as empresas estavam preocupadas com o fato de que as ações do governo àquele respeito haviam sido "lamentavelmente lentas"[15].

Ao pressionar para que o governo não confinasse sua negociação de PTAs a uma região específica, a Keidanren reafirmou alguns dos argumentos do Miti sobre como tais acordos poderiam complementar ações da OMC e facilitar negociações multilaterais. Também enfatizou os efeitos benéficos que os acordos poderiam ter na promoção da reforma estrutural do próprio Japão. Porém, a Keidanren acrescentou ainda preocupações específicas das empresas em defesa dos PTAs. Pelo fato de os novos acordos regionais oferecerem tipicamente proteção dos investimentos e liberalização, harmonização e mútuo reconhecimento dos padrões e do comércio de serviços, eles proveriam maiores oportunidades para as empresas japonesas nas economias dos Estados parceiros. Além disso, com os países europeus e norte-americanos expandindo agressivamente o número de PTAs de que participavam, as empresas japonesas estariam em desvantagem, a menos que seu governo negociasse arranjos semelhantes. A Keidanren destacou o caso do México, onde empresas americanas tinham acesso preferencial ao mercado por meio de arranjos do Nafta, assim como empresas europeias tinham o mesmo acesso, porque a União Europeia assinara um PTA bilateral com os mexicanos. As empresas japonesas, no entanto, enfrentavam, naquele país, tarifas de 10 a 20 por cento em exportações importantes, como automóveis e eletrodomésticos, e estavam excluídas da participação de licitações para fornecimento ao governo. A intervenção da Keidanren parecia apoiar a teoria do "dominó" do regionalismo, de autoria de Baldwin, que diz que, uma vez que os PTAs ganhem impulso, o processo se autossustenta, porque as empresas orientadas para exportações em países não participantes [de PTAs] persuadirão seus governos a realizarem ações defensivas para negociar concessões equivalentes[16].

A pressão da Keidanren marcou um fato importante na evolução do debate em torno do regionalismo, não só no Japão, mas na região, em termos mais amplos. Anteriormente, o regionalismo na Ásia-Pacífico havia sido, em grande parte, um assunto de governo. Embora as empresas tivessem participado do tripartite Conselho de Cooperação Econômica do Pacífico, os governos tiveram pouco sucesso em interessar as grandes corporações nas atividades do principal arranjo regional, a Apec. Na verdade, a capacidade das empresas para operar com sucesso por entre as fronteiras nacionais da Ásia oriental e sua consequente falta de interesse pelo regionalismo quase sempre foram alguns dos mais importantes fatores na falta de institucionalização da colaboração entre os governos naquela área[17].

Porém, a participação da comunidade empresarial japonesa pode ser incomum na promoção ativa de PTAs na Ásia oriental[18]. A Federação das Indústrias Coreanas, equivalente da Keidanren, tem se abstido de discutir PTAs na Coreia e pouco tem feito para reduzir a oposição de seus produtores agrícolas a esses acordos. E, nas economias do sudeste da Ásia, onde a manufatura orientada para exportação é tipicamente dominada por subsidiárias de corporações multinacionais, o relacionamento entre governos e empresas no campo de economia política doméstica é muito diferente.

O lento – e já previsto – progresso nas conversações sobre comércio global

O movimento para negociar acordos na Ásia oriental começou antes da Conferência da OMC em Seattle em 1999. Portanto, o fracasso daquele evento não foi, em si, um fator na precipitação do novo bilateralismo, embora certamente possa ter acelerado o processo. O fracasso confirmou os piores temores de alguns governos a respeito dos problemas que provavelmente seriam enfrentados por uma nova rodada de conversações sobre o comércio global. O Miti japonês havia observado que era provável que um número menor de economias menos desenvolvidas participasse ativamente da nova rodada de conversações, mas que, pelo fato de as tarifas terem sido reduzidas em todo o mundo, pouco havia a lhes ser oferecido em troca de sua participação nas novas disciplinas da OMC que as economias industrializadas estavam promovendo. A previsão era de pouco ou nenhum progresso no nível global. E havia, entre as economias mais desenvolvidas, uma crescente preocupação de que a OMC não estivesse bem equipada para lidar com "novas" questões de comércio, como comércio de serviços, política de concorrência ou o relacionamento entre o comércio e a determinação de padrões ambientais.

Crises financeiras

As crises financeiras que destruíram a Ásia oriental em 1997-98 foram, segundo a terminologia de Calder e Ye, uma "conjuntura crítica" que levou as elites locais a reconsiderarem os méritos da cooperação econômica regional[19]. O ressentimento dos governos da região em relação aos termos dos programas negociados com o FMI pode ser facilmente exagerado, caso não se perceba a diversidade de visões representada por muitos governos e a capacidade de vários ministérios favoráveis à liberalização em usar crises para favorecer suas agendas preferidas[20]. Não obstante, as crises promoveram um novo senso de identidade regional e a determinação para explorar, em nível local, meios pelos quais as vulnerabilidades geradas pela maior integração ao sistema financeiro global poderiam ser reduzidas. Assim, as crises ajudaram a preparar caminho para a negociação de PTAs bilaterais no final da década. E, a despeito da ênfase numa resposta financeira regional às crises (Asean Plus Three), conversações prolongadas resultaram em arranjos de natureza primordialmente bilateral – uma série de acordos de permuta de moedas conhecidos coletivamente como Iniciativa Chiang Mai[21].

A fraqueza das organizações regionais existentes

A resposta ineficaz das instituições regionais existentes abriu caminho para que as crises financeiras motivassem uma busca por novos mecanismos de colaboração. Nem a Apec, cujos líderes, reunidos em Vancouver no auge dos acontecimentos de final de novembro de 1997, limitaram-se a reafirmar a conveniência de uma maior liberalização e a endossar o papel central do FMI no combate às crises financeiras, nem a Asean se mostraram capazes de propor um pacote criativo em resposta às crises. A credibilidade da Apec foi ainda mais prejudicada com o colapso de sua iniciativa EVSI na reunião seguinte dos líderes. Os esforços da ASEAN para acelerar o ritmo da integração econômica do sudeste da Ásia, na esteira das crises, foram de eficácia limitada. Não obstante, sua posição foi fortalecida quando as propostas da Asean Plus Three lhe deram um papel central na negociação de um novo e mais amplo regionalismo na região. Pela relativa fraqueza dos seus membros, a Asean em si poderia, na melhor hipótese, ser um participante de moderada importância numa região mais ampla, em vez de um núcleo semelhante à União Europeia, cujo número de membros poderia ser expandido para abranger toda a região[22].

Efeitos potenciais do novo bilateralismo

O novo bilateralismo na Ásia oriental poderá ter três efeitos sobre as probabilidades da construção de um novo multilateralismo econômico na região:

- Pode se mostrar um obstáculo no caminho desses esforços,
- Pode não ter nenhum efeito significativo, ou
- Pode desempenhar um papel positivo no lançamento das bases para uma futura colaboração em escala geográfica mais ampla.

Na categoria final, podemos distinguir duas possibilidades: (1) as medidas introduzidas pelo novo bilateralismo poderão ter consequências positivas que encorajarão os países a buscarem a extensão desses acordos para outros participantes em potencial ou, alternativamente, (2) o novo bilateralismo poderá ter consequências negativas e/ou inesperadas, que farão com que os Estados mudem suas preferências de formas bilaterais de cooperação para o multilateralismo.

Consequências econômicas do novo bilateralismo

O novo bilateralismo é uma novidade: poucas negociações foram concluídas até hoje e somente um punhado de tratados está em vigor; desses, vários têm cronogramas prolongados até que todas as suas provisões sejam implantadas. Esse caráter de novidade torna um tanto arriscado qualquer esforço para especular sobre suas prováveis consequências. Não obstante, o conteúdo dos acordos existentes e as circunstâncias nas quais foram negociados permitem que se chegue a várias conclusões relevantes para as probabilidades do multilateralismo econômico.

O bilateralismo como base para o multilateralismo

O cenário mais otimista pintado pelos proponentes da liberalização multilateral foi que o novo bilateralismo produziria acordos entre Estados de mentalidades semelhantes, além dos atuais, fechados na OMC. Com isso, eles não só firmariam um precedente para conversações no nível multilateral, mas também exerceriam pressão sobre outros países para que assinassem acordos semelhantes (em um mundo ideal, os tratados bilaterais poderiam ser "abertos", no sentido de poder ser estendidos a parceiros adicionais). A "liberalização competitiva" aceleraria, inevitavelmente, o ritmo da liberalização global. Esses argumentos caracterizam, por exemplo, a posição do governo de Cingapura, o mais ativo dos Estados da Ásia oriental na negociação de acordos bilaterais[23].

A experiência, até o momento, oferece poucas evidências para sugerir que esse cenário mais otimista se concretizará. Com a notável exceção de tratados envolvendo economias industrializadas, dentro e fora da Ásia oriental (Austrália, Japão e Estados Unidos) – algumas das quais cobrem "novas" questões comerciais como política de competição, padrões trabalhistas e tratamento de investimentos estrangeiros, e vão além dos atuais compromissos da OMC sobre propriedade intelectual, comércio de serviços e assim por diante –, esses tratados não vão além do atual escopo dos acordos comerciais globais. De fato, em sua seletividade de cobertura de produtos e em sua falta de especificidade a respeito do que constitui "livre comércio", alguns deles estão abaixo dos padrões da OMC no escopo de suas obrigações. Além disso, não há evidências de que mesmo os acordos que vão além dos compromissos da OMC (ou PTAs em outras regiões) forneceram impulso para acordos no nível multilateral[24].

Além disso, pelo fato de cada um deles ter regras únicas de origem, sua proliferação atua como obstáculo à colaboração numa base geográfica mais ampla. Um exemplo é a negociação de PTAs de Cingapura com Austrália e Nova Zelândia. Esses países mantêm entre si um antigo tratado de comércio preferencial, o Australia New Zealand Closer Economic Relations Trade Agreement (Anzcerta), que tem regras de origem relativamente simples. Mesmo assim, os dois países negociaram PTAs separados com Cingapura; esses tratados contêm provisões para regras de origem que diferem entre si e também daquelas contidas no Anzcerta. Porém, baseadas numa simples porcentagem de valor agregado, as regras desses acordos com Cingapura são diretas, quando comparadas com as da maior parte dos novos tratados bilaterais (inclusive, por exemplo, aqueles envolvendo Japão, Coreia e Estados Unidos), que geralmente especificam procedimentos de processamento ou transformação que devem ser executados localmente, para originar um status a ser atingido. Essas regras específicas detalhadas de produtos frequentemente ocupam centenas de páginas de anexos aos tratados. Em muitos casos, um objetivo principal subjacente a essas regras complexas parece oferecer proteção a setores domésticos sensíveis.

Como essas regras são específicas para tratados bilaterais individuais, servem como obstáculos, em vez de facilitadores, da extensão da cobertura geográfica dos acordos bilaterais dos quais fazem parte. Nenhum dos tratados bilaterais negociados até hoje faz qualquer referência à possibilidade de sua extensão a partes adicionais[25]. Se o novo bilateralismo não facilitou o multilateralismo estabelecendo precedentes para maior integração, ou produzindo acordos que possam ser facilmente estendidos a novos participantes, talvez ele tenha encorajado um entusiasmo renovado pelo multilateralismo entre os Estados da Ásia oriental, que se desiludiram com os resultados até hoje obtidos – uma questão explorada na próxima seção.

Acordos bilaterais como bens posicionais

A essência dos acordos comerciais bilaterais é que eles são discriminatórios. São, na terminologia de Fred Hirsch, bens "posicionais", cujo valor é maximizado quando outros não têm acesso a eles[26]. No caso dos PTAs, o caráter posicional pode ter benefícios econômicos (acesso privilegiado a mercados) e/ou políticos ou diplomáticos (o status de ter negociado um acordo até agora negado a outros). Uma proliferação de PTAs que leva outros a contarem com os mesmos termos e a ter acesso aos mercados em condições semelhantes reduz, para os participantes, o valor dos acordos originais. Hoje, com todos os países aparentemente empenhados em fechar PTAs com vários parceiros, nem mesmo os Estados mais poderosos podem insistir em que devem receber tratamento privilegiado exclusivo de seus parceiros (e qualquer exigência do gênero seria totalmente contrária ao espírito do princípio de nação mais favorecida da OMC e ao princípio do "regionalismo aberto" da Apec). O caráter de "bem posicional" dos PTAs vem sendo cada vez mais negociado. Um argumento similar se aplica às estratégias dos Estados em tentarem se posicionar como "cubos", negociando múltiplos PTAs com parceiros regionais. Com vários Estados tentando se estabelecer como cubos (por exemplo, Cingapura e Tailândia no sudeste da Ásia), a eficácia de qualquer estratégia do gênero é rapidamente eliminada.

A retirada do caráter de bem posicional dos PTAs pode tornar os Estados menos interessados em buscá-los. Além disso, qualquer nova reticência a respeito da ausência de oportunidades para contar com um arranjo exclusivo pode ser reforçada pelo desejo, por parte dos governos que estão fazendo "concessões", buscando abrir mercados, de minimizar os riscos comerciais, estendendo os acordos a todos os seus parceiros importantes. A maneira lógica – e mais eficiente – para que o façam seria elevar suas tarifas para nações mais favorecidas, unilateralmente ou através de uma negociação multilateral.

A lógica desses argumentos ainda não parece suficientemente persuasiva para mudar o comportamento dos governos da Ásia oriental. Uma explicação pode estar em considerações de economia política doméstica. Embora as vantagens originárias de um determinado PTA para qualquer economia e seus produtores domésticos possa ser reduzida pelo fato de os seus parceiros assinarem muitos desses acordos, a *desvantagem* para os não membros e seus interesses econômicos domésticos será aumentada pela proliferação de arranjos discriminatórios. Os interesses domésticos poderão sentir que a necessidade de uma solução é suficientemente urgente e que o resultado de qualquer negociação em nível multilateral é suficientemente incerto para que os esforços sejam concentrados em fechar um acordo bilateral cujos termos sejam similares àqueles concedidos a seus principais concorrentes. O resultado será uma maior proliferação de tratados bilaterais e a possível diminuição de atenção multilateral. Essa lógica aponta para outro possível efeito do novo bilateralismo, coberto na próxima seção.

Remoção de interesses orientados para exportação da equação da economia política doméstica

A maior abertura econômica (medida como a relação entre comércio e PIB) tem acompanhado a redução das tarifas ao longo do último meio século. Hoje, está bem estabelecido na literatura de economia política que as empresas com interesses importantes no mercado de exportação têm sido as principais proponentes da liberalização, não só dos mercados externos, mas também do doméstico[27]. Que impacto terá a proliferação de PTAs sobre o comportamento delas?

O cenário otimista apresentado na teoria de regionalismo "dominó", de Baldwin, sugere, por exemplo, que os interesses orientados para exportações serão fortalecidos, devido ao acesso a novos mercados conquistados em acordos bilaterais, e portanto terão tanto os recursos quanto o desejo de fazer lobby por uma maior liberalização. Porém, aqui a lógica pode ser exagerada. Um cenário alternativo é igualmente digno de crédito: que ao atingir seus objetivos de ter acesso garantido a mercados importantes, por meio de PTAs bilaterais, esses interesses não tenham incentivo para investir recursos em lobby pela liberalização no nível multilateral[28]. Em países com acordos múltiplos que cubram a grande maioria de suas exportações, como o México, os interesses domésticos podem ter pouco incentivo para pressionar pela liberalização em nível multilateral (e menos ainda se os PTAs dos quais fazem parte continuam a gozar do status de bens posicionais).

Os ganhos econômicos limitados dos PTAs da Ásia oriental

Uma característica notável de muitos dos primeiros PTAs negociados por governos da Ásia oriental é que eles foram fechados com países relativamente insignificantes como parceiros comerciais. Este argumento se aplica não só ao acordo entre Panamá e Taiwan, cujo governo, como já vimos, estava desesperado para assinar um acordo com qualquer Estado que reconhecesse sua posição internacional, mas também a muitos outros relacionamentos comerciais negociados. Um exemplo é o PTA da Coreia com o Chile, que levou mais de quatro anos para ser negociado. O Chile responde por menos de 0,5 por cento das atuais exportações da Coreia. Ou o acordo entre Japão e México, em que cada parte responde por menos de 1 por cento das exportações da outra.

Em muitos casos, os custos de negociação desses PTAs parecem desproporcionais em relação aos benefícios em potencial que podem gerar, em especial nessa era de baixas tarifas e numa região em que zonas de processamento de exportações e esquemas de *drawback* facilitam a movimentação e a montagem de componentes através de jurisdições nacionais[29]. Não constitui surpresa que os resultados da modelagem econômica dos efeitos previstos da liberalização do comércio na região mostrem que os benefícios seriam bem maiores se ela fosse realizada em toda a sua extensão (Ásia oriental), e especialmente se a Apec ou a OMC fosse a estrutura organizadora dessa liberalização[30].

Se os governos se desapontam com os benefícios econômicos agregados aos acordos bilaterais, pode-se prever que terão mais simpatia por esforços pela liberalização multilateral. Porém, vários contra-argumentos podem ser levantados. Primeiro, em vários casos os governos pareceram escolher seus parceiros para PTAs não com base na maximização dos ganhos em potencial, mas sim na *minimização de prejuízos em potencial*, particularmente para setores domésticos sensíveis (como veremos depois). Portanto, os governos podem continuar preferindo PTAs a negociações em nível global, porque, com isso, provavelmente incorrerão em menos custos políticos.

Segundo, embora o total dos ganhos econômicos dos novos PTAs possa ser relativamente pequeno, ele pode ser significativo para determinados grupos domésticos. A indústria automotiva japonesa, por exemplo, estava preocupada com a possibilidade de ser excluída do mercado mexicano e persuadiu Tóquio a intervir a seu favor, contra concorrentes americanos e europeus, negociando um PTA. Terceiro, os potenciais benefícios econômicos ofereciam somente uma das motivações para PTAs. Na medida em que os fatores econômicos constituíam um elemento de relativamente pouca importância para alguns governos, ganhos pequenos podem não levar a uma reorientação da política comercial.

PTAs e reformas estruturais domésticas

Alguns governos na região viam os PTAs como instrumentos que podiam ser usados para impulsionar reformas econômicas domésticas, considerando-os particularmente importantes quando se achava que o progresso nas conversações da OMC provavelmente não provocaria a pressão desejada sobre os grupos protecionistas domésticos. Os governos desejavam iniciar suas experiências com o bilateralismo, em relacionamentos relativamente não controversos, para estabelecer com os grupos domésticos o precedente de que os PTAs eram instrumentos suficientemente importantes da diplomacia comercial nacional, para impedir sua obstrução por forças protecionistas. Uma vez estabelecido o princípio de entrada em PTAs, os governos poderiam negociar arranjos mais controversos, que exigiriam maiores concessões por parte dos grupos domésticos[31]. Embora os novos acordos bilaterais tenham estabelecido o princípio pelo qual os governos não permitirão que interesses protecionistas os impeçam de usar esses novos instrumentos de diplomacia comercial, seu impacto real na promoção de uma reestruturação econômica doméstica é questionável.

Dois fatores são especialmente relevantes para esta questão. Primeiro, as negociações para PTAs têm conseguido mobilizar as forças protecionistas que se opõem a que os governos façam qualquer concessão em questões do seu interesse. Certos governos, como o da Coreia, parecem ter sido pegos de surpresa pela veemência da oposição doméstica[32]. O fato de essa oposição ser ou não maior, caso a questão fosse objeto de negociação com a OMC, é questionável; por serem novidade, por abrangerem um único país e por suas limitadas possibilidades para concessões, os PTAs, podem ter gerado mais atenção e oposição do que negociações realizadas em Genebra. Até certo ponto, as pressões de interesses protecionistas têm sido compensadas pelas de interesses orientados para exportações que se beneficiarão com o melhor acesso a mercados. Se a coalizão a favor da liberalização é, ou não, tão ampla quanto a que seria conseguida através da liberalização multilateral, é questionável. Além disso, em alguns países parece que as forças a favor da liberalização têm desistido de expressar seu apoio aos PTAs quando são ameaçadas com retaliações (como um boicote dos seus produtos) por organizações não governamentais e pelo lobby dos agricultores (como aconteceu na Coreia). E nos países em que a manufatura orientada para exportações é dominada por subsidiárias de corporações multinacionais, que poderiam parecer as principais beneficiárias dos PTAs, a equação política doméstica para esses acordos difere muito daquela, digamos, do Japão ou dos Estados Unidos.

Segundo, a eficácia dos PTAs como instrumentos de reestruturação econômica doméstica é prejudicada pela imprecisão das condições da OMC, pelas quais esses acordos precisam se qualificar para a isenção do artigo 1.1, que enuncia o princípio de Nação Mais Favorecida. O artigo XXIV.8 do GATT permite uma integração mais íntima das economias que optam por implantar áreas de livre comércio ou uniões aduaneiras, desde que as taxas alfandegárias sob qualquer novo acordo não sejam mais altas ou mais restritivas do que as anteriormente impostas pelos países individualmente, e que o novo tratado preferencial elimine tarifas e outras restrições sobre "praticamente todo o comércio" entre os participantes. A redação desse artigo gerou muita controvérsia ao longo dos anos, porque os membros não conseguiram chegar a um acordo na definição e operacionalização da cláusula que se refere a "praticamente todo o comércio".

A própria OMC observou que "não existe uma definição consensual do percentual de comércio a ser abrangido por um acordo consistente com a OMC, nem critérios comuns, pelos quais se possa avaliar a exclusão de um determinado setor do acordo"[33]. A União Europeia, pioneira na negociação de PTAs, argumentou que a exigência do artigo XXIV.8 tem um elemento qualitativo e um outro quantitativo, com pelo menos 90 por cento do comércio entre as partes cobertos, e nenhum setor importante excluído[34]. Mas outros membros têm contestado essa interpretação que, de qualquer modo, levanta seus próprios problemas de definição: como medir os 80 por cento estipulados (eles se referem apenas aos volumes correntes de comércio ou àqueles que ocorreriam caso as restrições fossem removidas, e como definir um setor "importante")[35]?

A falta de acordo sobre o artigo XXIV.8 tem frustrado o trabalho do Comitê de Acordos Comerciais Regionais da OMC, criado em fevereiro de 1996 para examinar PTAs e suas implicações para o sistema de comércio multilateral. Seus membros simplesmente não têm conseguido determinar se o grande número de PTAs notificados ao comitê é plenamente compatível com as regras relevantes. Ao mesmo tempo, os Estados membros têm explorado a falta de especificidade do artigo XXIV.8 para reduzir os custos políticos domésticos de entrada em PTAs. Aqui, mais uma vez, a União Europeia mostrou o caminho. Ela fixou um precedente para a exclusão de setores sensíveis a acordos bilaterais, eliminando a maior parte dos produtos agrícolas de seus PTAs com o México e a África do Sul. Esse precedente foi adotado pela Keidanren em seu lobby em favor da negociação de PTAs pelo Japão. Em relatório sobre o assunto, a federação afirmou que, embora fosse desejável "liberalizar o máximo possível", a exigência da OMC de que os acordos cobrissem "virtualmente todo o comércio" entre os participantes oferecia uma abertura para a omissão de itens "sensíveis" da lista de liberalização, minimizando com isso os custos políticos domésticos do novo regionalismo: "Como fica evidente na análise de outros PTAs, alguns itens da indústria em questão, que simplesmente não podem ser liberalizados devido ao sério impacto que sofreriam com o acordo de livre comércio, poderão ser removidos da lista." A seguir, o relatório citou o exemplo de produtos excluídos da liberalização de tarifas no acordo comercial Estados Unidos-México, observando que "esses exemplos devem se mostrar uma referência útil na consideração de FTAs pelo Japão".[36]

Esse foi o caso na negociação, pelo governo japonês, do Acordo de Parceria Econômica Japão-Cingapura (JSEPA): os poucos produtos do sensível setor agrícola exportados por Cingapura ao Japão, principalmente flores e peixes dourados, foram excluídos das provisões de liberalização. A tarifa zero se aplica a menos de 10 por cento do volume de produtos agrícolas exportados de Cingapura para o Japão: o JSEPA não criou nenhuma nova preferência no setor agrícola e excluiu 90 por cento do (muito modesto) valor das exportações de produtos agrícolas de Cingapura para o Japão. Analogamente, o Japão fez muito poucas concessões em seu acordo comercial bilateral com o México – menos de 90 por cento do volume total de exportações do México para o Japão estão incluídos[37]. Outros países da Ásia oriental sinalizaram que pretendiam seguir o precedente japonês. O governo coreano indicou que não exporia seu setor agrícola à concorrência adicional do Chile e do México, reduzindo barreiras como parte de PTAs. E dizem que o governo taiwanês teria tentado excluir 800 produtos, principalmente têxteis e confecções, de um possível PTA com Cingapura (acordo que acabou não sendo negociado, em grande parte devido a objeções de Pequim).[38]

As ambiguidades do artigo XXIV.8 oferecem um meio pelo qual se pode achar a quadratura do círculo: um meio de criar um acordo pró-liberalização que evita a imposição de custos de ajuste aos setores domésticos menos eficientes, isto é, uma liberalização sem dores políticas[39]. O novo bilateralismo tanto pode ser visto como um exercício em protecionismo negociado quanto em liberalização negociada. Essa abordagem retorna essencialmente à lógica subjacente ao *modus operandi* original da Apec: que os governos devem escolher, de forma voluntária e unilateral, quais setores desejam expor à concorrência internacional e não ser forçados por seus parceiros a empreender uma liberalização que impõe custos políticos domésticos.

Para os governos da Ásia oriental que pretendem usar pressões externas para promover uma reestruturação econômica doméstica, a experiência de negociar PTAs até hoje tem sido pouco promissora. O desapontamento poderá levar esses governos a voltar sua atenção novamente aos fóruns multilaterais, em especial se levarem a sério a possibilidade, já delineada, dos PTAs terem a consequência inesperada de retirar os interesses orientados para exportação da equação econômica política doméstica.

Consequências políticas do novo bilateralismo

A despeito de todo o exagero sobre o novo regionalismo na Ásia oriental e da atenção dada ao grupo Asean Plus Three, as ações dos governos da região depois das crises financeiras sugerem que eles não desejam criar instituições exclusivamente regionais. A maioria dos PTAs bilaterais envolvendo os países da Ásia oriental listados na Tabela 4.1, que atualmente estão sendo implantados, negociados, ou estão em estudo, envolve um ou mais países de fora da região. E não há evidências, nas esferas de cooperação monetária e financeira, de que os governos locais tenham qualquer desejo de criar instituições exclusivamente regionais[40]. E, como sinal adicional desta não exclusividade, que surpreendeu muitos observadores, os ministros do Exterior da região abriram, em novembro de 2005, o primeiro Encontro da Ásia oriental a governos de fora – Austrália, Índia e Nova Zelândia.

Do ponto de vista de acesso aos mercados, a não exclusividade é uma abordagem inteiramente racional. A despeito do rápido crescimento do comércio intrarregião desde as crises financeiras, motivado em grande parte pela emergência da China como fábrica do mundo, a Ásia oriental ainda depende muito dos mercados de fora da região para suas exportações. Os Estados Unidos ainda constituem, para o Japão, um mercado substancialmente maior do que a China (respondendo por 22 por cento das exportações japonesas em 2005, comparados com 13 por cento da China)[41]. Os Estados Unidos continuam a ser o maior mercado fora da Asean para Cingapura. E são de longe o maior comprador para as exportações da China. Os novos triângulos comerciais – que hoje ligam outros países da Ásia oriental como fornecedores de componentes para os chineses, e depois, para o mercado americano com produtos montados na China – certamente oferecem uma base para a construção de uma comunidade econômica que se estende para além da Ásia oriental.

O novo bilateralismo na Ásia oriental tem tanto a ver com diplomacia e posicionamento político quanto com economia. O desejo de tranquilizar os Estados da Asean, nervosos a respeito das possíveis consequências do rápido crescimento econômico da China para o equilíbrio regional de poder, estão por baixo da "ofensiva de charme" que levou à proposta, por Pequim, de um PTA China-Asean – assim como o desejo de marcar pontos políticos contra Tóquio. Como as dimensões econômicas do novo bilateralismo, as vantagens políticas que se acumulam para determinados governos dependem muito do caráter de "bem posicional" do relacionamento. A China pode ter obtido uma vantagem temporária sobre o Japão com sua oferta de um PTA, mas a decisão japonesa de iniciar suas próprias negociações com a Asean como um todo, e também com os seus Estados membros, fez muito para anular esta vantagem.

O fracasso do grupo Asean Plus Three em fazer propostas para uma área de livre comércio na Ásia oriental também atesta o caráter posicional do atual bilateralismo em comércio. Isso contrasta diretamente com o caráter regional das duas principais iniciativas sobre finanças, a Chiang Mai e a Asian Bond Market, ambas apoiadas por reuniões no nível da Asean Plus Three. Apesar das iniciativas da instituição incluírem reuniões de ministros das Finanças e dirigentes de bancos centrais, os ministros do Comércio não participam. Hoje, as questões comerciais simplesmente não estão na agenda no nível da Ásia oriental[42]. Exceto na emergência de forças que produzam uma nova situação crítica nas relações econômicas da região, a previsão mais segura para os próximos anos é de que a atual onda de bilateralismo comercial provavelmente irá continuar, no lugar de um real regionalismo comercial no leste da Ásia.

As manobras posicionais dos Estados da Ásia oriental em sua negociação de PTAs sugerem que há uma considerável fluidez na atual definição da "região". A escolha de parceiros e fóruns de negociação depende tanto de considerações de ordem política quanto de ordem econômica. O atual comportamento de alguns Estados da Asean (particularmente Indonésia e Cingapura) e do Japão sugere que eles se preocupam com o potencial domínio chinês da Asean Plus Three, e por isso estão dispostos a abrir as reuniões "regionais" da Ásia oriental a países de fora do grupo, trazendo a Índia e possivelmente Austrália e Nova Zelândia para equilibrar a influência da

Tabela 4.1

PTAS BILATERAIS E MINILATERAIS ENVOLVENDO ECONOMIAS DA ÁSIA ORIENTAL, JUNHO DE 2007

País/Grupo	Implantação/assinatura	Em negociação	Grupo de estudos
ASEAN	AFTA, China, Coreia	Austrália-Nova Zelândia, Índia, Japão	União Europeia, Estados Unidos
Brunei	AFTA, Chile-Nova Zelândia-Cingapura[a]	Japão	Estados Unidos
Camboja	AFTA		
China	ASEAN, Chile, Hong Kong, Macau, Paquistão	Tailândia, Austrália, Nova Zelândia, Conselho de Cooperação do Golfo, Islândia, SACU, Cingapura	Índia, Japão-Coreia, Coreia, Peru, África do Sul
Hong Kong	China	Nova Zelândia	
Indonésia	AFTA	Japão, Paquistão	EFTA, Índia, Estados Unidos
Japão	Malásia, México, Filipinas, Cingapura, Tailândia	Austrália, ASEAN, Brunei, Chile, Indonésia, Coreia, Vietnã Conselho de Cooperação do Golfo,	Canadá, Índia, África do Sul, Suíça
Coreia	ASEAN[b], Chile, EFTA, Cingapura, Estados Unidos	Canadá, Índia, Japão	Austrália, China, União Europeia, Índia, China-Japão, Malásia, Mercosul, México[c], Nova Zelândia, África do Sul, Tailândia

Lao	AFTA	Tailândia	
Malásia	AFTA, Japão	Austrália, Nova Zelândia, Paquistão, Estados Unidos	Chile, Índia, Coreia
Mianmar	AFTA, BIMSTEC		
Filipinas	AFTA, Japão		Paquistão, Estados Unidos
Cingapura	AFTA, Austrália, EFTA, Índia, Japão, Jordânia, Coreia, Nova Zelândia, Estados Unidos, Brunei-Chile-Nova Zelândia[a]	Bahrein, Canadá, China, Egito, Kuwait, México, Panamá, Peru, Qatar	Paquistão, Sri Lanka, Emirados Árabes Unidos
Taiwan	Guatemala, Nicarágua, Panamá	República Dominicana, El Salvador, Honduras, Paraguai	
Tailândia	AFTA, Austrália, China, Índia, Nova Zelândia, BIMSTEC	Bahrein, EFTA, Índia, Peru, Estados Unidos	Mercosul

Notas: AFTA: Acordo de Livre Comércio da Asean; BIMSTEC: Iniciativa para Cooperação Técnica e Econômica Multissetorial da Baía de Bengala (Bangladesh, Butão, Índia, Mianmar, Sri Lanka, Nepal, Tailândia); EFTA: Área de Livre Comércio Europeia; E.U.: União Europeia; Mercosul: Mercado Comum do Sul; Sacu: União Aduaneira da África do Sul.

[a] Depois que a proposta do governo Clinton para uma FTA entre Estados Unidos, Austrália, Chile, Nova Zelândia e Cingapura fracassou, Chile, Nova Zelândia e Cingapura assinaram o "Pacific-Three FTA" em outubro de 2002. Com a adesão de Brunei ao acordo, em 3 de junho de 2005, ele foi rebatizado como Trans-Pacific Strategic Economic Partnership (Parceria Econômica Estratégica Trans-Pacífico).

[b] Exclui a Tailândia, que se recusou a assiná-lo, depois que a Coreia eliminou o arroz e outros produtos agrícolas do acordo.

[c] Como não chegaram a um acordo na negociação de um FTA, Coreia e México concordaram, em setembro de 2005, em negociar um tratado de cooperação econômica mais limitado.

China. (Esses Estados também podem estar seguindo a tática da Malásia, sob o primeiro-ministro Mohamad Mahathir, de aumentar o número e a diversidade de membros na Apec, para enfraquecer a instituição.) Se não está na agenda um regionalismo exclusivamente da Ásia oriental, será que isso abre caminho para outras instituições multilaterais de comércio?

O problema da Apec no multilateralismo econômico Trans-Pacífico

O conhecimento inicial obtido com o experimento da Ásia oriental com o bilateralismo sugere várias conclusões. Os governos da região não estão em busca de arranjos que excluam economias industrializadas do ocidente. Muitos desses arranjos que eles têm negociado entre si até hoje são de consequências econômicas limitadas (especialmente em comparação com o tratado negociado entre Cingapura e Estados Unidos). A proliferação de acordos está erodindo rapidamente as vantagens econômicas e políticas decorrentes de qualquer característica de "bem posicional" do novo bilateralismo. E não têm produzido o estímulo para reformas estruturais domésticas, esperado pelos elementos a favor da liberalização. O desapontamento com os resultados do novo liberalismo e a preocupação com o potencial domínio pela China de qualquer região definida como exclusivamente do leste asiático tem feito com que os governos busquem em outras regiões, como o sul da Ásia e a Oceania, outros parceiros que possam equilibrar a influência da China.

Essa disposição para abrir a "região" parece dar aos Estados Unidos uma oportunidade para tomar a iniciativa e propor um grupo de comércio "regional" mais amplo. O problema é que essa organização já existe – Apec –, mas seus esforços no sentido da liberalização do comércio perderam, em grande parte, a credibilidade. Embora a Apec tenha sido revitalizada, desde 11 de setembro de 2001, seu sucesso no novo papel depende de sua adequação como organização para promover a securitização do comércio (uma extensão da sua já antiga agenda de facilitação comercial) e da provisão do único fórum atual que reúne líderes de ambos os lados do Pacífico[45]. A liberalização do comércio desapareceu da agenda da Apec (além do endosso ritual à consciência do progresso nas negociações da OMC) depois da debacle da EVSL, em Kuala Lumpur, em 1998.

Parte da explicação para a perda de qualquer papel significativo pela Apec em negociações sobre comércio regional está na falta de disposição dos governos em investir recursos na tentativa de prover liderança nessa questão desde 1998. A força da Apec dependia muito da disponibilidade de grupos (como o Pacific Trade and Development Forum, ou PAFTAD, e o Pacific Economic Cooperation Council, ou PECC) ou governos (e de indivíduos dentro deles, como o presidente Bill Clinton, o primeiro-ministro australiano Paul Keating e o presidente Suharto, da Indonésia) para levar adiante as iniciativas. Nenhum dos sucessores de Clinton, Keating ou Suharto compartilhou de seu entusiasmo pela instituição como instrumento para negociações sobre comércio. A tentativa pelas economias industrializadas ocidentais da Apec em promover a liberalização setorial através da organização afastou o governo japonês, que, em conjunto com o da Austrália, havia sido anteriormente seu mais consistente defensor. Como os governos da região, o PAFTAD e o PECC, que em conjunto haviam fornecido grande parte do estímulo intelectual para a Apec, voltaram sua atenção ao novo bilateralismo, deixando de lado a liberalização do comércio na Ásia-Pacífico.

Mas a falta de liderança era apenas um dos problemas que frustraram os esforços da Apec em promover a liberalização do comércio, na segunda metade dos anos 1990. A instituição estava dividida entre nações que levavam a sério seu compromisso inicial com o "modo Asean" de lidar com três questões – deixar que os governos determinassem, unilateral e voluntariamente, o ritmo e a extensão da liberalização – e aquelas (principalmente os membros ocidentais industrializados, mas também Hong Kong e Cingapura) que queriam que a Apec se engajasse em negociações ao estilo da OMC, que produziriam resultados legalmente obrigatórios. O colapso das conversações sobre a EVSL marcou, na Apec, a vitória decisiva da abordagem unilateral e voluntária sobre as preferências ocidentais para que se desenvolvesse uma estrutura legalmente obrigatória.

A experiência com o bilateralismo sugere que não houve nenhuma mudança significativa na atitude dos governos da Ásia oriental em relação à liberalização do comércio. O desejo de excluir setores domésticos sensíveis tem sido proeminente nas negociações, seja na Asean ou nas negociações que os governos japonês e coreano têm tido com países de dentro e de fora da Ásia oriental. Concessões mínimas, feitas em questões como o comércio de produtos agrícolas e a movimentação de trabalhadores pelas fronteiras, sugerem que as forças protecionistas ainda estão em ascensão. Os interesses agrícolas ainda permanecem como um grupo doméstico poderoso no Japão e na Coreia e, quando se trata de negociar PTAs com eficientes produtores agrícolas ocidentais, também na China (onde dizem que há uma forte oposição interna à inclusão do setor no PTA atualmente em negociação com a Austrália)[46]. Os acordos bilaterais refletem o desejo por reduções unilaterais e voluntárias nas barreiras ao comércio, isto é, uma preferência continuada para minimizar os custos políticos domésticos em vez de maximizar os ganhos econômicos em potencial.

Conclusão: um retorno ao multilateralismo?

Qualquer esforço para promover uma nova instituição econômica multilateral irá enfrentar enormes desafios. O primeiro será determinar seu escopo geográfico. Caso o desejo seja ligar a Ásia oriental à América do Norte, em que essa instituição irá diferir da Apec? Embora esta também inclua Chile, México, Papua Nova Guiné, Peru e Rússia, nenhum desses países chegou a ser um participante significativo da instituição e sua exclusão, apesar de dar um pouco mais de coerência geográfica a um grupo Ásia-Pacífico, não mudará sua dinâmica fundamental. Para os Estados Unidos, a exclusão da Oceania alienará governos de mentalidades semelhantes na Austrália e (pelo menos em questões comerciais) na Nova Zelândia. E qualquer esforço para incluir somente algumas partes da Ásia oriental seria taticamente pouco inteligente. Apesar das divisões entre os membros do grupo Asean Plus Three, a "Ásia oriental" continua a gozar de grande importância simbólica para os governos da região.

O segundo desafio será determinar regras e procedimentos aceitáveis a países em ambos os lados do Pacífico. Em sua maioria, os governos da Ásia oriental se desiludiram com a Apec quando seus membros ocidentais tentaram usá-la para forçar a liberalização em setores sensíveis a um ritmo mais rápido do que o aceito por eles na OMC. Por outro lado, a incapacidade da Apec para ir além de compromissos vagos com o "livre comércio" em algum ponto distante no tempo garantiu pouco entusiasmo entre os representantes de empresas dos membros ocidentais e, finalmente, desilusão no Congresso e no poder executivo dos Estados Unidos.

Existe alguma base para um acordo multilateral envolvendo a Ásia oriental? Quaisquer que sejam os ruídos vindos dos ministérios do Comércio no Japão e na Coreia (e, no caso desta última, qualquer que seja o entusiasmo em círculos governamentais, empresariais e acadêmicos por um FTA com os Estados Unidos)[47], as forças a favor da liberalização ainda precisam estabelecer plenamente sua ascendência. É claro que a região não está só em continuar a proteger setores domésticos sensíveis, particularmente na agricultura; considere as isenções para açúcar, carne e laticínios nas quais os Estados Unidos insistiram em seu PTA com a Austrália. Mas o que é boa política nos Estados Unidos não é uma boa política doméstica no Congresso, quando parceiros em potencial procuram fazer o mesmo.

É pouco provável que Washington tolere qualquer acordo em que parceiros do nordeste da Ásia procurem excluir esses importantes setores nos quais as barreiras comerciais são hoje as mais altas. É difícil prever que interesses domésticos nos Estados Unidos estarão dispostos a aceitar um acordo comercial com a Ásia oriental que permita as exceções à liberalização que os governos daquela região continuam a buscar em seus tratados bilaterais. E, olhando o assunto pelo outro lado da equação, acordos bilaterais recentes dos Estados Unidos (com Austrália, Cingapura etc.) têm sido caracterizados por uma assimetria em obrigações favorável aos americanos – um simples reflexo das realidades do poder – que dificilmente encorajará os governos do nordeste da Ásia a buscarem tratados comerciais com os Estados Unidos, sejam bilaterais ou em bases regionais transpacíficas. As tentativas do Congresso para incorporar padrões trabalhistas e ambientais provavelmente alienarão ainda mais os parceiros da Ásia oriental.

As dificuldades na concepção de uma nova instituição comercial multilateral para a Ásia-Pacífico apontam para o desejo de Washington em trabalhar energicamente com governos de mentalidade semelhante para levar a atual rodada de negociações da OMC a uma conclusão bem-sucedida. Essa é a melhor esperança para conseguir, dos governos recalcitrantes da Ásia oriental, concessões significativas sobre setores sensíveis. A Apec também tem um papel modesto, mas construtivo e positivo, a desempenhar, trabalhando pelo progresso de questões que facilitem o comércio[48]. Mas é no nível global que é possível obter os ganhos mais importantes.

NOTAS

1. Por *Ásia oriental,* entendo os 10 Estados membros da Asean (Brunei, Camboja, Cingapura, Indonésia, Filipinas, Laos, Malásia, Mianmar, Tailândia, Vietnã), mais China, Hong Kong, Japão, Coreia e Taiwan.
2. Para uma exposição de como o governo japonês tem usado de forma muito eficaz a maior legalização oferecida pelos mecanismos de ajuste de disputas (DSMs) da Organização Mundial do Comércio, veja Saadia M. Pekkanen, "Aggressive Legalism: The Rules of the WTO and Japan's Emerging Trade Strategy", *World Economy* 24 (2001): 707-37, e "At Play in the Legal Realm: The WTO and the Changing Nature of U.S.-Japan Antidumping Disputes", em E.S. Krauss e T.J. Pempel, eds., *Beyond Bilateralism: U.S.-Japan Relations in the New Asia-Pacific* (Stanford, CA: Stanford University Press, 2004), 221-47. A China também começou a fazer uso dos DSMs; sua primeira ação foi contra as medidas de salvaguarda dos Estados Unidos para restringir as importações de aço (caso WTO número WT/DS252).
3. Veja, por exemplo, Edward J. Lincoln, *East Asian Economic Regionalism* (Nova York e Washington, DC: Council on Foreign Relations and Brookings Institution Press, 2004), e Joseph M. Grieco, "Systemic Sources of Variation in Regional Institutionalization in Wester Europe, East Asia, and the Americas", em E.D. Mansfield e H.V. Milner, eds., *The Political Economy of Regionalism* (Nova York: Columbia University Press, 1997), 164-87.
4. Paul Evans, "The Concept of Eastern Asia", em C. Mackerras, ed., *Eastern Asia: An Introductory History,* 3ª ed. (Melbourne: Longman Australia, 2000), 7-14.
5. John Ravenhill, "Economic Cooperation in Southeast Asia: Changing Incentives", *Asian Survey* 35, nº 9 (1995): 850-66.
6. Ao longo de mais de três décadas de cooperação econômica, a participação do comércio intra-Asean nas exportações totais das economias membros praticamente não mudou, ficando em torno de 20 por cento. E Cingapura responde pela maior parte deste comércio intrarregional.
7. Francis Fukuyama, "All Quiet on the Western Front?" *Wall Street Journal,* 1º de março de 2005, edição on-line.

8. Eguchi Masato, "JSEPA (Japan-Singapore Economic Partnership Agreement) and Future Trade Policy", *Journal of Japanese Trade and Industry*, 2001, disponível em www.jef.or.jp/en/jti /200101_001.html (acessado em 27 de fevereiro de 2002).
9. Krauss argumenta, de forma convincente, que a culpa pela debacle da EVSL vai além do governo japonês. Veja Ellis S. Krauss, "The United States and Japan in Apec's EVSL. Negotiations: Regional Multilateralism and Trade", em E.S. Krauss e T.J. Pempel, eds., *Beyond Bilateralism: U.S.-Japan Relations in the New Asia-Pacific* (Stanford, CA: Stanford University Press, 2004), 272-95.
10. Ministério do Comércio Internacional e da Indústria, "White Paper on International Trade 1999" (Tóquio: governo do Japão, Ministério de Economia, Comércio e Indústria, 1999), disponível em www.meti.go.jp/english/report/data/gWP1999e.html (acessado em 24 de fevereiro de 2002).
11. Ministério de Economia, Comércio e Indústria, "The Economic Foundations of Japanese Trade Policy – Promoting a Multi-Layered Trade Policy" (Tóquio: governo do Japão, Ministério de Economia, Comércio e Indústria, 2000), disponível em www.meti.go.jp/english/report/data/g00Wconte.html(acessado em 24 de fevereiro de 2002).
12. Esse raciocínio, porém, contrariava o argumento de que uma política ativa de PTAs era necessária por razões "defensivas" – para igualar as condições de jogo para exportadores domésticos nos mercados em que os concorrentes se beneficiavam com FTAs. Compare com Wall, que estimava que as exportações do Japão poderiam ser 19 por cento menores do que teriam sido, devido aos efeitos negativos do Nafta e da União Europeia. Howard J. Wall, "Has Japan Been Left Out in the Cold by Regional Integration?" Institute for Monetary and Economic Studies Discussion Paper 2001-E-15 (Tóquio: Banco do Japão, 2001).
13. Ministério de Economia, Comércio e Indústria, "The Economic Foundations of Japanese Trade Policy – Promoting a Multi-Layered Trade Policy" (Tóquio: governo do Japão, Ministério de Economia, Comércio e Indústria, 2000), disponível em www.meti.go.jp/english/report/data/g00Wconte.html (acessado em 24 de fevereiro de 2002).
14. Keidanren, "Challenges for the Upcoming WTO Negotiations and Agendas for Future Japanese Trade Policy"(Tóquio: Keidanren, 1999), disponível em www.keidanren.or.jp/english/policy/pol102/proposal.html (acessado em 5 de novembro de 2001).
15. Keidanren, "Urgent Call for Active Promotion of Free Trade Agreements – Toward a New Dimension in Trade Policy" (Tóquio: Keidanren, 2000), disponível em www.keidanren.or.jp/english/policy/2000/033/proposal.html (acessado em 5 de novembro de 2001).
16. Richard E. Baldwin, "The Causes of Regionalism", *World Economy* 20, nº 7 (1997): 865-88.
17. Para mais detalhes, veja John Ravenhill, *Apec and the Construction of Asia-Pacific Regionalism*, Cambridge Asia-Pacific Studies (Cambridge: Cambridge University Press, 2001).

18. Em comentários privados, Kent Calder salientou que o ativismo da Keidanren pode ter refletido o fato de que a organização foi recentemente dominada pela Toyota, que forneceu dois dos últimos presidentes do conselho. Para mais detalhes sobre o papel da Keidanren no debate a respeito das FTAs no Japão, veja Hidetaka Yoshimatsu, "Japan's Keidanren and Free Trade Agreements: Societal Interests and Trade Policy", *Asian Survey* 45 (2005): 258-78, e Mark Manger, "Competition and Bilateralism in Trade Policy: The Case of Japan's Free Trade Agreements", *Review of International Political Economy* 12 (2005): 804-28.
19. Kent Calder e Min Ye, "Regionalism and Critical Junctures: Explaining the 'Organization Gap' in Northeast Asia", *Journal of East Asian Studies* 4, nº 2 (2004): 191-226.
20. Mo e Moon discutem a interação de agentes domésticos e externos no contexto coreano. Veja Jongryn Mo e Chung-in Moon, "Business-Government Relations under Kim Dae-Jung", em S. Haggard, W. Lim e E. Kim, eds., *Economic Crisis and Corporate Restructuring in Korea: Reforming the Chaebol* (Nova York: Cambridge University Press, 2003), 127-49.
21. Jennifer Amyx, "Regional Financial Cooperation", em Andrew J. MacIntyre, T.J. Pempel e John Ravenhill, eds., *After the Crisis: East Asia's Changing Political Economy* (Ithaca, NY: Cornell University Press, 2008), cap. 4.
22. Sobre a continuada ineficácia da Asean na promoção da cooperação econômica regional, veja John Ravenhill, "Fighting Irrelevance: An Economic Community with 'Asean' Characteristics", *Pacific Review* (a ser publicado).
23. Veja, por exemplo, Berry Desker, "In Defense of FTAs: From Purity to Pragmatism in East Asia", *Pacific Review* 17 (2004): 3-26.
24. A OCDE reporta uma falta de relacionamento entre bilateralismo e progresso no nível multilateral para uma amostra maior e geograficamente mais diversificada de acordos. Veja OCDE, "Regional Trade Agreements and the Multilateral Trading System: Consolidated Report", 2002, disponível em: www.olis.oecd.org/olis/2002doc.nsf/43bb6130e5e86e5fc12569fa005d004c/db1bbc3ddbadceeec1256c770042bc1b/$FILE/JT00135547.PDF (acessado em 18 de agosto de 2003).
25. A única exceção a este argumento é o acordo trilateral entre Chile, Nova Zelândia e Cingapura, aberto ao acesso de outros Estados. Brunei aderiu a este acordo.
26. Fred Hirsch, *Social Limits to Growth* (Cambridge, Mass.: Harvard University Press, 1976).
27. Gerald K. Helleiner, *Intra-Firm Trade and the Developing Countries* (Londres: Macmillan, 1981); Helen Milner, Resisting Protectionism: *Global Industries and the Politics of International Trade* (Princeton, NJ: Princeton University Press, 1988).
28. Este argumento é uma variante do proposto por Aggarwal e Ravenhill sobre os perigos potenciais de acordos setoriais na OMC. Veja Vinod K. Aggarwal e John Ravenhill, "Undermining the WTO: The Case against 'Open Sectoralism'", *Asia-Pacific Issues* 50 (2001). Para mais detalhes, veja John Ravenhill, "The Political

Economy of the New Asia-Pacific Bilateralism: Benign, Banal or Simply Bad?" em Vinod K. Aggarwal e Shujiro Urata, eds., *Bilateral Trade Agreements in the Asia-Pacific: Origins, Evolution and Implications* (Londres: Routledge, 2006), 27-49.

29. Mesmo entre os 13 países da Asean Plus Three, os custos de se negociar a cobertura completa por uma rede de tratados bilaterais seria substancial, porque está envolvido um total de 78 relacionamentos bilaterais (81 se China, Japão e Coreia também negociarem um arranjo com a Asean como um todo, bem como individualmente com cada Estado membro daquela instituição, como China e Japão estão fazendo atualmente).
30. Veja em especial Robert Scollay e John Gilbert, *New Regional Trading Arrangements in the Asia Pacific?* (Washington, DC: Institute for International Economics, 2001) e, para a Ásia oriental, Yung Chul Park, Shujiro Urata e Inkyo Cheong, "The Political Economy of the Proliferation of FTAs", relatório apresentado na conferência PAFTAD 30, Honolulu, 19-21 de fevereiro de 2005.
31. Sobre a estratégia japonesa, veja Naoko Munakata, "Evolution of Japan's Policy toward Economic Integration" (Washington, DC: Brookings Institution, 2001), e "How Trade Agreements Can Reform Japan", *The Globalist* (Washington, DC: Brookings Institution, 2002), disponível em www.theglobalist.com/dbweb/StoryId.aspx?StoryId=2560 (acessado em 18 de agosto de 2003).
32. Entrevistas do autor com representantes do governo e do setor privado, Seul, setembro de 2005.
33. OMC, "Regionalism: Article XXIV of GATT 1994 (2)", pacote de treinamento (Genebra: WTO, 1998).
34. Comissão da União Europeia, "Commission Staff Working Paper Concerning the Establishment of an Inter-Regional Association between the European Union and Mercosur", Commission of the European Union Directorate General Trade (Bruxelas: Commission of the European Union, n.d.).
35. Em relatório sobre a estratégia do Japão sobre a negociação de áreas de livre comércio, o Ministério de Negócios Exteriores do Japão sugeriu que o critério de "substancialmente todo o comércio" "significa que os países devem encontrar um padrão de liberalização que se compare favoravelmente aos padrões internacionais em termos de volume de comércio" e nota que a média do Nafta é 99 por cento, ao passo que a média para o FTA entre a União Europeia e o México é 97 por cento. O relatório faz referência à cobertura de todos os setores. Governo do Japão, Ministério de Negócios Externos, "Japan's FTA Strategy (Resumo)" (Tóquio: Economic Affairs Bureau, Ministry of Foreign Affairs, 2002).
36. Keidanren, "Urgent Call for Active Promotion of Free Trade Agreements – Toward a New Dimension in Trade Policy" (Tóquio: Keidanren, 2000).
37. Para mais detalhes, veja Mireya Solis, "Japan's New Regionalism: The Politics of Free Trade Talks with Mexico", *Journal of East Asian Studies* 3 (2003): 377-404.
38. "Some 800 Items on Taiwan Protected List in FTA with Singapore: Report", Agence France-Presse, 21 de abril de 2002, disponível em http://asia.news.yahoo.com/020421/afp/ 020421050556singapore.html.

39. John Ravenhill, "The New Bilateralism in the Asia-Pacific", *Third World Quarterly* 24 (2003): 299-317. O artigo XXIV da OMC aplica-se somente a acordos de comércio preferencial que envolvem pelo menos uma economia industrializada. Os acordos entre países em desenvolvimento (todos os da Ásia oriental, exceto o Japão) são cobertos pela Cláusula de Capacitação, cujas exigências são ainda menos severas do que as do artigo XXIV.
40. Jennifer Amyx, "What Motivates Regional Financial Cooperation in East Asia Today?" *Asia-Pacific Issues* 76 (2005), disponível em www.eastwestcenter.org/fileadmin/stored/pdfs/api076.pdf (acessado em 6 de março de 2005).
41. Porém, a parcela dos Estados Unidos nas exportações japonesas é apequenada pela da Ásia oriental como um todo, que atualmente responde por 47 por cento do total das exportações japonesas. Dados do web site da Organização de Comércio Exterior do Japão (JETRO): www.jetro.go.jp/en/stats/statistics/.
42. Yung Chul Park, Shujiro Urata e Inkyo Cheong, "The Political Economy of the Proliferation of FTAs", relatório apresentado na conferência PAFTAD 30, Honolulu, 19-21 de fevereiro de 2005.
43. Para conclusão similar, veja Ellen L. Frost, "Implications of Regional Economic Integration", em R.J. Ellings, A.L. Friedberg e M. Wills, Eds., Strategic Asia 2003-4: *Fragility and Crisis* (Seattle: National Bureau of Asian Research, 2003). Tensões bilaterais tornam a negociação de um PTA entre China, Japão e Coreia altamente improvável.
44. O sucesso dos Estados Unidos em negociar com Cingapura um PTA que eles pretendem usar como modelo para outros acordos no sudeste da Ásia (com negociações iniciadas com Tailândia e Malásia) sugere que as visões alarmistas a respeito da marginalização dos Estados Unidos na Ásia oriental são incorretas – assim como a conclusão das negociações de um acordo com a Coreia. Os PTAs negociados pelos americanos têm várias características distintivas: são de cobertura abrangente (claramente WTO Plus), entram em vigor imediatamente e são monitorados de perto. Portanto, provavelmente terão um impacto econômico mais significativo sobre os países parceiros na Ásia oriental, do que os acordos "vagos" que as economias da Ásia oriental negociaram entre si.
45. John Ravenhill, "Mission Creep or Mission Impossible? Apec and Security", em Amitav Acharya e Evelyn Goh, eds., *Reassessing Security Cooperation in the Asia-Pacific Competition, Congruence, and Transformation* (Cambridge, Mass.: MIT Press, 2007).
46. Veja por exemplo "Beijing Sends Warning over Farm Exports", *Australian Financial Review*, 22 de março de 2005, 3. Analogamente, jornal *Nihon Keizai Shimbun* reportou que o Ministério da Agricultura, Silvicultura e Pesca do Japão bloqueou proposta de condução de um estudo preparatório para a negociação de um FTA com a Austrália. Veja "Japanese Farm Lobby Threatens Trade Pact", *Sydney Morning Herald*, 18 de abril de 2005, disponível em www.smh.com.au (acessado em 18 de abril de 2005).

47. Inbom Choi e Jeffrey J. Schott, "Korea-US Free Trade Revisited", em J.J. Schott, ed., *Free Trade Agreements: US Strategies and Priorities* (Washington, DC: Institute for International Economics, 2004), 173-96.
48. Lincoln extrai implicações semelhantes para a política dos Estados Unidos do novo regionalismo da Ásia oriental. Veja Lincoln, *East Asian Economic Regionalism.*

PARTE II

PERSPECTIVAS PARA OS PAÍSES

CAPÍTULO 5

O multilateralismo da China em evolução na Ásia

As explicações da *Aussenpolitik* e da *Innenpolitik*

– Cheng-Chwee Kuik

Se o multilateralismo é definido como a inclinação de um país para usar a diplomacia multilateral como um meio ativo para chegar aos seus principais fins em termos de políticas[1], o da China foi um novo fenômeno que emergiu somente perto do final dos anos 1990. Antes desse período, a República Popular da China (RPC) não preferia nem se baseava numa abordagem multilateral como forma ativa para perseguir seus interesses centrais. A diplomacia bilateral e ações unilaterais constituíam seus principais instrumentos no trato de questões importantes em relações exteriores, desde a cooperação política e econômica até assuntos estratégicos e de segurança. Certamente, desde os anos 1970, a China é membro de uma gama de organizações globais (em especial das Nações Unidas e suas agências especiais). Desde os anos 1990, também tem participado de várias instituições regionais, como a Apec e os fóruns comandados pela Asean. Não obstante, a mera participação nesses processos não sinalizou a ascensão do multilateralismo da China. O padrão do envolvimento multilateral chinês durante o período era, em grande parte, passivo e reativo, como fica evidenciado pelo histórico de Pequim de reagir às iniciativas alheias, em vez de propor e promover as suas próprias. Assim, a diplomacia multilateral desempenhou um papel desprezível na política externa da PRC durante suas quatro primeiras décadas de existência.

Uma mudança na política multilateral da China só ocorreu gradualmente a partir de meados dos anos 1990. Essa mudança foi inicialmente manifestada no crescente conforto e confiança de Pequim com relação ao

Fórum Regional Asean (ARF). No começo, sua participação no fórum de segurança era marcada por uma atitude vigilante e às vezes suspeitosa, em parte devido à sensibilidade de Pequim a questões de soberania (como as disputas territoriais por Taiwan e pelas ilhas Spratly) e em parte devido à falta de familiaridade do governo chinês com práticas multilaterais[2]. Uma atmosfera igualmente cautelosa e tensa também se manifestou nas consultas políticas anuais de alto nível Asean-China[3]. Porém, depois de um período de participação e observação, a RPC percebeu lentamente que aqueles fóruns, que apresentam um modo consultivo de interação e são conduzidos pelos Estados da Asean e não pelos Estados Unidos ou Japão, poderiam não ser danosos a seus interesses nacionais[4]. Assim, Pequim julgou que poderia usar essas instituições como plataforma para promover seus próprios objetivos políticos, inclusive a manutenção de um ambiente externo estável, marginalizando as iniciativas diplomáticas de Taipei e refutando a teoria da alegada "ameaça chinesa", vista na região[5]. Mais tarde, o desejo da China de se defender de uma possível campanha de cerco pelos Estados Unidos aumentou ainda mais sua determinação em promover metas políticas[6].

Essa reavaliação levou a uma mudança na política regional multilateral chinesa, do envolvimento passivo à participação ativa[7]. A partir de meados da década de 1990, o país começou a participar de uma forma cada vez mais ativa. Ofereceu-se para presidir a reunião de 1997 do grupo de apoio da ARF Intersessional; defendeu o novo conceito de segurança [*xin anquan guan*]"; desempenhou um papel central na criação do Shangai Five e tem se envolvido ativamente na Asean Plus Three (APT, isto é, Asean mais China, Japão e Coreia) desde o encontro inaugural em 1997. A adoção pela China da diplomacia multilateral atingiu um ponto alto em 2000, quando o país propôs a criação da Área de Livre Comércio Asean-China (ACFTA). Esse pode ser considerado um divisor de águas, pois sinalizou a entrada da RPC numa nova fase, na qual começou a promover uma série de importantes iniciativas regionais, como a ideia da Parceria Estratégica Asean-China, e recomendações para ampliar o objetivo da APT de cooperação econômica para diálogo político e de segurança. Falaremos mais tarde sobre a motivação de Pequim para essas ações. Aqui, basta dizer que a virada pró-ativa é um claro testemunho do crescente multilateralismo da China. Na virada do novo século, a diplomacia multilateral emergiu como parte indispensável da condução da política externa chinesa.

Muito tem sido escrito sobre como o multilateralismo em evolução da China – ou sua "nova diplomacia" – ao longo da última década possibilitou que Pequim neutralizasse apreensões regionais sobre sua rápida ascensão, aumentasse sua influência na Ásia e representasse um desafio político aos interesses americanos e japoneses na região[8]. Porém, poucos estudos tentaram trocar uma visão evolucionária de longo prazo analisando as mudanças nas atitudes chinesas em relação às instituições multilaterais desde 1949[9]. Essa abordagem é necessária porque, sem uma melhor compreensão das forças subjacentes que moveram as mudanças nas políticas multilaterais da RPC em circunstâncias históricas diferentes, é muito provável que não consigamos entender a atual natureza e as futuras direções do multilateralismo chinês.

Em termos específicos, essa compreensão nos ajudará a tratar de uma questão central relativa à política externa chinesa: será que seu atual multilateralismo resulta de uma *adaptação tática*, calculada externamente e concebida para tranquilizar outros Estados da região, enquanto ela "ainda cresce e está relativamente fraca"[10], ou é o produto de uma *necessidade interna* em que os líderes chineses reconhecem que a cooperação multilateral é um meio vital de interagir com o mundo exterior, com o objetivo final de atender aos interesses internos do regime[11]?

Embora essas duas perspectivas não sejam mutuamente excludentes em sua totalidade, são hipóteses suficientemente distintas para oferecer diferentes interpretações e proposições alternativas para explicar o multilateralismo da China. A primeira perspectiva, denominada *Aussenpolitik*, salienta a primazia de "forças estruturais" em influenciar a política externa de um Estado. Suas origens históricas estão no realismo estrutural ou neorrealismo, que insiste que todos os estados são "unidades funcionalmente semelhantes", cuja tarefa é buscar segurança em um ambiente anárquico, reagindo às mudanças na distribuição do poder global, principalmente pela formação de alianças militares e pelo aperfeiçoamento de seus armamentos[12]. Em contraste, a segunda perspectiva, denominada *Innenpolitik*, destaca a centralidade da política doméstica na formação da política externa[13]. Ela está teoricamente ligada ao realismo neoclássico, que afirma que as pressões estruturais somente são importantes se estão ligadas a variáveis, como a estrutura doméstica do Estado[14].

A perspectiva *Aussenpolitik* focaliza a questão das *capacidades relativas.* Sua hipótese é de que o comportamento político externo de um estado é motivado externamente e constrangido pelo nível de seu poder material em relação aos demais participantes do sistema internacional. Assim, ela afirma que a atual posição da China a favor do multilateralismo se deve à falta de capacidade do país em empreender ações coercivas para impor sua agenda internacional. Ela prevê que, uma vez que a China se torne mais forte econômica e militarmente, haverá uma necessidade decrescente para Pequim empregar a diplomacia multilateral como instrumento tranquilizador e, portanto, maior possibilidade de adotar uma abordagem agressiva para promover seus interesses.

Por outro lado, a perspectiva *Innenpolitik* examina a questão da *necessidade política doméstica.* Ela afirma que a opção de política externa de um Estado é movida internamente pela preocupação da elite governante em justificar sua autoridade e ampliar sua capacidade de governança[15]. Desta perspectiva, o atual multilateralismo da China é visto como parte contínua de décadas de busca pelo país de uma maior integração na comunidade internacional, como exige a meta suprema de preservar sua relevância política no âmbito interno. Se Pequim irá ou não apoiar o multilateralismo e até que ponto depende dessa abordagem consolidar ou restringir os esforços do Partido Comunista Chinês (PCC) para permanecer no poder. Considerando que as ligações multilaterais estão se tornando uma condição *sine qua non* para virtualmente todos os aspectos das interações externas da China e que elas estão fortalecendo – em vez de prejudicar – o poder do partido, é provável que a China permaneça na trilha multilateral pelas próximas décadas. Caso isso seja válido, devemos esperar que as principais mudanças na política multilateral da China em diferentes conjunturas estejam consistentemente alinhadas com a meta do PCC de fortalecer os interesses do regime, que podem ou não se superpor à tarefa de maximizar seu poder relativo. Nos casos em que a preservação do regime contradisser a maximização do poder, em vez de coincidir com ela, é de se esperar que a China opte pela primeira alternativa no lugar da segunda.

O argumento central deste capítulo é que as oscilações na política multilateral da RPC ao longo das últimas décadas foram motivadas principalmente pelas mudanças nas bases de justificação do regime do PCC. Afirmo que a preocupação sobre o poder relativo afeta somente o *ritmo* do envolvimento multilateral de Pequim; mas não determina a *direção* da política chinesa. Foram as mudanças nas bases de preservação do regime que forçaram o país a evoluir de um estranho que, nos anos 1950 e 1960, desafiava o mundo das organizações multilaterais, para um participante pragmático nos anos 1980 e, finalmente, um integrante ativo do jogo multilateral no final dos anos 1990.

O restante deste capítulo revê a evolução desse envolvimento da RPC, em quatro fases, desde 1949, com foco em seu presente multilateralismo na Ásia oriental[16]. Identificarei as características e mudanças de cada fase, antes de oferecer explicações que as sustentem.

As mudanças nas políticas da China para instituições multilaterais

A atitude da China em relação às instituições multilaterais, que pode ser vista como tendo evoluído em quatro fases, tem refletido as mudanças de suas preocupações na política externa desde 1949[17]. Em cada fase de sua evolução, as características da política multilateral da China têm sido, em sua maioria, extensões diretas de sua estratégia de relações exteriores durante aquela fase.

Fase I (1949-1970): a China como um estranho desafiador

Nas duas primeiras décadas de existência da RPC, sua política multilateral foi marcada pela postura como um país estranho e desafiador para o mundo das organizações internacionais[18]. De 1949 até o final da década de 1950, Mao Zedong perseguiu uma estratégia "inclinada para um lado [*yibiandao*]", levando a nação recém-estabelecida para o socialismo, liderado pela União Soviética (URSS). Devido a essa estratégia, a China participava apenas de um punhado de organizações comandadas pelos soviéticos, e criticava as lideradas pelo Ocidente. Essa postura não constituía surpresa, uma vez que a China não só estava excluída, como fora alvo de sanções das Nações Unidas (ONU), ao entrar na Guerra da Coreia (1950-53) [19]. Durante os anos 1960, em consequência da divisão sino-soviética, Mao substituiu a política de se inclinar para um lado para a estratégia de "dois adversários [*fanliangba*]", levando a China a enfrentar, ao mesmo tempo, as duas superpotências em um mundo bipolar. A RPC rotulou os Estados Unidos como "imperialistas" e os soviéticos como "revisionistas" e "social-imperialistas". Deixando de lado as instituições multilaterais como "instrumentos hegemônicos" das potências imperialistas, ela optou por se excluir das organizações internacionais ocidentais e socialistas[20].

Pela perspectiva *Aussenpolitik*, o padrão das atitudes oscilantes da China era uma resposta da resposta de Pequim ao instável equilíbrio de poder entre Washington e Moscou. Por esta visão, as idas e vindas do confronto entre Leste e Oeste resultaram nas guinadas nas relações da China com as duas superpotências, que, por sua vez, mudavam as políticas de Pequim em relação às organizações multilaterais.

Consequentemente, desta perspectiva pode-se afirmar que a inclinação da China para o lado socialista e sua entrada para organizações lideradas pelos soviéticos foram motivadas principalmente pelo desejo de obter garantias de segurança. O confronto direto entre tropas chinesas e americanas na Guerra da Coreia, juntamente com o ato dos Estados Unidos de enviar a Sétima Frota para o estreito de Taiwan, teve o efeito de justificar e prolongar a centralidade da estratégia de Mao de inclinação para um lado[21]. Como consequência, os Estados Unidos foram vistos como a maior ameaça à recém-estabelecida RPC, e a aliança do país com a URSS passava a ser vista como a única opção viável para deter a agressão "imperialista". Logo depois do cisma sino-soviético, nos anos 1960, Pequim passou para a estratégia de dois adversários. À luz da *Aussenpolitik*, a mudança de postura chinesa era motivada basicamente pelas alterações percebidas na distribuição do poder global. Como observou H. Lyman Miller, no momento em que a União Soviética atingiu paridade estratégica com os Estados Unidos, a China ajustou sua estratégia, afastando-se de Moscou e seguindo políticas antagônicas para confrontar as duas superpotências ao mesmo tempo[22].

Porém, esta explicação não é totalmente convincente, porque negligencia os cruciais determinantes domésticos que sublinharam as decisões dos líderes chineses. Do ponto de vista da *Innenpolitik*, os fatores domésticos foram mais importantes que os estruturais para explicar as ações da China, particularmente sua decisão de se recusar a aderir ao lado ocidental e se aliar aos soviéticos durante toda a primeira década de poder do PCC.

Para os analistas da *Innenpolitik*, qualquer tentativa para explicar as opções de um país em termos de política externa deve começar com um escrutínio da legitimidade de sua elite governante. Visto sob esta luz, o pronunciamento de Mao em 1º de outubro de 1949, de que "o povo chinês havia finalmente ficado de pé", não era simplesmente retórico, mas uma expressão que enfatizava as próprias fontes de legitimidade do novo regime – isto é, a libertação do povo chinês da secular opressão estrangeira, bem como a restauração da autonomia do país no mundo moderno[23]. Mao, que buscava justificar e consolidar sua autoridade para governar, foi levado a perseguir os seguintes caminhos para a legitimação do regime: enfatizar a posição da China na área do internacionalismo proletário, preservando a segurança do país; buscar a reunificação nacional, salvaguardando sua autonomia recém-adquirida, promovendo a reconstrução econômica e transformando os "velhos" estado e sociedade através da "revolução contínua"[24].

Combinados, esses caminhos constituíram e determinaram a direção da política externa chinesa durante toda a era maoista. Isso pode ser visto com relação a duas questões. Primeira: a recusa da PRC de receber a herança diplomática do Kuomintang (KMT) – em especial, seus laços políticos com os países capitalistas ocidentais e o assento da China na ONU – deveu-se ao raciocínio de Mao, com motivação ideológica, de romper com a antiga ordem do KMT e começar com o regime do PCC[25]. A adesão ao lado ocidental teria prejudicado o apelo ideológico do PCC em termos do internacionalismo proletário e da revolução permanente.

Segunda: a decisão da China em aderir ao lado socialista e participar das organizações lideradas pelos soviéticos foi motivada pela identificação de Mao com o movimento internacional do proletariado de Moscou, por sua determinação em criar um novo impulso para a revolução chinesa e pela ameaça que ele via nas forças "imperialistas" ocidentais[26]. A aliança com os soviéticos era também uma opção natural para o PCC, considerando que a URSS era, na época, a única fonte de ajuda para o desenvolvimento e assistência técnica de que a China precisava desesperadamente para reconstruir sua economia devastada pela guerra e para elevar a confiança doméstica no futuro da RPC[27].

A aliança sino-soviética não durou muito, porém. Os interesses divergentes entre Pequim e Moscou a respeito de muitas questões domésticas e externas – da desestalinização até os programas da comuna e do Grande Salto Adiante da China, das crises polonesa e húngara até a do estreito de Taiwan em 1958 – acabaram levando ao fim da aliança na década de 1960[28]. Depois dos choques na fronteira sino-soviética, em 1969, Mao reavaliou sua política de confronto com os Estados Unidos. Essa reavaliação coincidiu com o reajuste estratégico do governo Nixon, abrindo caminho para a reaproximação americano-chinesa.

Fase II (1971-1978): a China como ator passivo

Graças à reaproximação sino-americana, a RPC entrou para as Nações Unidas e ganhou assento em outubro de 1971. O fato foi um divisor de águas para as relações chinesas com as instituições multilaterais e também preparou o cenário para a estratégia de "frente única [*yitiaoxian*]" de Mao, pela qual a China inclinou-se para os Estados Unidos para contrabalançar a crescente ameaça soviética. Mao abandonou sua posição anterior, de motivação ideológica, de não aderir a instituições lideradas pelo Ocidente. Em menos de sete anos, a participação chinesa em organizações do Primeiro Mundo passou de zero no início dos anos 1970 para 21 em 1976[29].

Por que a China deu uma guinada de 180 graus em sua política externa, optando por se aliar aos Estados Unidos e entrar para o sistema da ONU, cuja legitimidade havia tentado questionar defendendo uma "ONU alternativa"? A explicação pela *Aussenpolitik* é que o movimento chinês foi uma resposta à alteração na distribuição do poder global, evidente, no final dos anos 1960. A invasão da Tchecoslováquia pelos soviéticos em 1968 e a subsequente proclamação da Doutrina Brezhnev (que visava justificar a intervenção militar soviética nos países socialistas), juntamente com a saída dos americanos do Vietnã, levaram os líderes chineses a ver "os soviéticos na ofensiva e os americanos carentes de poder"[30]. Para a China, o aumento do poder soviético era uma ameaça crescente a ser controlada, em especial depois do início dos conflitos sino-soviéticos em 1969 na ilha Zhenbao. Embora esse choque fronteiriço tivesse escopo limitado, seu impacto psicológico sobre a liderança chinesa foi profundo. Mao começou a se preocupar com a possibilidade de uma guerra em grande escala com os soviéticos, que eram militarmente superiores e dividiam uma longa fronteira com a China. Assim, aliar seu país aos Estados Unidos foi considerado um movimento imperativo.

Ao contrário do modelo da *Aussenpolitik*, a perspectiva *Innenpolitik* procura explicar a *passividade* da China em instituições multilaterais durante este período. Vista por esta perspectiva, a participação simbólica da RPC na ONU resultou da insistência de Mao na "autodependência [*zili gengsheng*]". Isso pode ser observado no fato de que, apesar de ter entrado nos vários organismos funcionais do sistema da ONU, a China havia optado por não participar do Banco Mundial nem do Fundo Monetário Internacional (FMI), para evitar a dependência do mundo exterior. Qualquer sinal de dependência do Ocidente teria enfraquecido a afirmação de Mao de que restauraria a "autonomia" da China.

Fase III (1979-1988): a China como participante pragmática

O ano de 1978 foi um ponto de inflexão na política multilateral da RPC. Naquele ano, a China começou a seguir uma política multilateral pragmática. Isso foi ilustrado pelo esforço do país em buscar ajuda técnica sob o Programa de Desenvolvimento da ONU, em 1978, e sua subsequente entrada no Banco Mundial e no FMI, em maio de 1980, pondo fim à prática maoista de autodependência[31]. A virada pragmática da RPC foi um resultado direto da política de "reforma e abertura [*gaige kaifang*]" de Deng Xiaoping, que emergiu como líder dominante na era posterior a Mao. Sob a direção de Deng, a China passou a participar das organizações internacionais que considerava importantes para acelerar seu desenvolvimento doméstico[32] e, por extensão, para preservar o modelo comunista. Consequentemente, o envolvimento multilateral de Pequim no período foi caracterizado por uma concentração em instituições internacionais econômicas e funcionais.

A explicação da *Aussenpolitik* para a mudança política da China focaliza as decisões estratégicas de Pequim em 1979 e 1982. Destaca que ambas as decisões foram motivadas pelas mudanças na distribuição do poder global. No caso da primeira, a percepção da expansão do poder soviético depois da invasão do Afeganistão e a invasão do Camboja pelo Vietnã reforçaram as razões lógicas de Deng para normalizar as relações sino-americanas[33]. No caso da segunda, a decisão da China, em 1982, de seguir uma política independente foi em parte atribuída à sua preocupação sobre mudança sistêmica, gerada pela percepção de que as duas superpotências haviam atingido uma paridade estratégica, depois da escalada militar de Reagan[34]. Essa reavaliação levou a China a ver a necessidade de manter uma posição mais equilibrada entre Washington e Moscou e reenfatizar sua identificação e cooperação com o Terceiro Mundo[35].

Um problema com este cálculo estrutural é que ele não explica a mudança decisiva na política multilateral da China a partir de 1978. É aqui que entra a análise da *Innenpolitik*. Ela afirma que a reforma de Deng, bem como a resultante virada pragmática no envolvimento multilateral da China, foi motivada principalmente pela determinação do PCC em restaurar sua legitimidade, substancialmente corroída pelo tumulto e pelos choques da Revolução Cultural de 1966-76. Deng e outros membros da elite do PCC decidiram que buscar a construção econômica e a elevação dos padrões de vida representava o único caminho para a recuperação da autoridade do partido[36]. Consequentemente, decidiram adotar as "Quatro Modernizações" – da agricultura, indústria, ciência e tecnologia e defesa nacional – como a mais alta prioridade da agenda nacional. O fato refletiu de forma inequívoca as mudanças nas fontes de legitimidade do regime do PCC, da revolução, durante os anos de Mao, até o desempenho econômico da era das reformas[37].

Contra este pano de fundo de mudanças na base da legitimidade do regime depois de 1978, a política externa passou, mais do que nunca, a se misturar com a política doméstica. Como desenvolvimento econômico requer um ambiente externo estável e pede uma interação mais próxima com o mundo exterior, a China passou a ter melhores relações com os Estados Unidos e com os países vizinhos, procurando participar de organizações internacionais críticas para lhe garantir acesso a capitais, tecnologias e mercados estrangeiros[38]. Portanto, não constituiu surpresa o fato de que, quase imediatamente depois da conclusão da Terceira Sessão Plenária do Undécimo Comitê Central, em que lançou formalmente a política de reformas, Deng visitou Washington para conseguir o acesso da China às instituições de Bretton Woods.

De acordo com Zhang Baijia, conhecido membro da Escola Central do Partido Comunista Chinês, a determinação de Deng para integrar a China no mundo foi reforçada por sua mudança de visão a respeito de três aspectos. Primeiro, considerando os acontecimentos mais importantes durante a primeira metade da década de 1980, Deng deixou de lado a antiga opinião de que "a guerra mundial é inevitável"; em vez disso, ele reconheceu que "paz e desenvolvimento [*heping yu fazhan*]" é o tema central do mundo contemporâneo. Segundo, Deng reconheceu que o mundo contemporâneo é de natureza heterogênea, o conflito coexiste com a cooperação e a concorrência vive lado a lado com a interdependência. As relações entre Estados, em especial entre as grandes potências, podem e devem ser baseadas na cooperação em nome dos interesses comuns. Terceiro, Deng salientou que independência não significa isolamento, e autodependência não quer dizer rejeição cega a todas as coisas estrangeiras[39].

Devido a este novo modo de pensar, a China marchou rumo a uma maior integração na comunidade internacional. Em 1986, o país iniciou esforços para entrar para o General Agreement on Tariffs and Trade (GATT), o antecessor da Organização Mundial do Comércio (OMC)[40]. Àquela altura, era evidente que a política externa de Mao, de motivação ideológica, havia sido substituída pelo pragmatismo de Deng e que o antigo "internacionalismo proletário" também havia sido suplantado por uma mistura de "patriotismo e internacionalismo"[41]. Além do comércio e do domínio econômico, desde os anos 1980, a China também vem aumentando seu envolvimento nos processos de controle de armamentos, assinando convenções e assumindo compromissos aos quais anteriormente se opunha[42].

Em resumo, o crescente envolvimento da RPC com instituições multilaterais, durante esta terceira fase de evolução da sua política, foi principalmente resultado do reconhecimento pragmático, pela elite do PCC, da necessidade de restaurar sua legitimidade doméstica e não uma resposta às mudanças na distribuição do poder global.

Fase IV (1989-presente): a China como membro pró-ativo em vez de participante relutante

A tragédia de Tiananmen em 4 de junho de 1989, associada ao colapso da União Soviética e ao fim da Guerra Fria, levaram Pequim a uma nova fase na política multilateral. Duas características importantes distinguem sua atual participação multilateral daquela dos períodos anteriores. A primeira é o crescente envolvimento multilateral da RPC no nível regional. Como resultado direto do crescente, apesar de nascente, regionalismo na área da Ásia-Pacífico depois da Guerra Fria, as novas participações multilaterais da China durante este período se deram primordialmente em grupos regionais e interregionais. Entre eles, estão a Apec em 1991; o ARF em 1994; a consulta política Asean-China em 1995; o Encontro Ásia-Europa em 1995; o Shanghai Five em 1996 [ampliado e rebatizado como Shanghai Cooperation Organization (SCO) em 2001]; o Track II Council for Security Cooperation in the Asia Pacific em 1996; o Asean-China e os Encontros APT em 1997; o Encontro China-EUA em 1998; o Fórum sobre a Cooperação China-África em 2000; o Fórum Boao para a Ásia (BFA) em 2001; o Fórum para Cooperação entre Ásia oriental e América Latina em 2001; o Diálogo para Cooperação na Ásia em 2002; as Conversações entre Seis Partes em 2003; e o Encontro da Ásia oriental em 2005[43].

Por sua vez, esta característica contribuiu para outro traço do multilateralismo chinês – uma sutil, mas observável, aspiração para ditar as regras do jogo multilateral. As regras de outras organizações globais foram determinadas antes da participação de Pequim, mas a RPC tem tido oportunidades sem precedentes para influenciar as concepções organizacionais e a direção de instituições regionais embrionárias, nas quais foi um dos membros fundadores[44]. Este foi especialmente o caso das instituições em cuja criação a China desempenhou um papel central, como a SCO, multinível e multissetorial (com uma secretaria permanente em Pequim), e também a ACFTA e a BFA.

Não estamos dizendo que a China estava determinada desde o início a usar a diplomacia multilateral como um instrumento chave de política externa. Na verdade, o multilateralismo de Pequim percorreu um longo caminho. Quando a RPC começou a se envolver em processos multilaterais regionais, no início dos anos 1990, sua participação era marcada por suspeição e passividade e não por entusiasmo.

Em retrospecto, a jornada multilateral da China na Ásia-Pacífico começou mais por ausência do que por determinação. Sua decisão de se engajar nas atividades da Asean no início dos anos 1990 foi claramente motivada por sua política de "boa vizinhança [*mulin waijiao zhengce*]", pela qual objetivava sair de seu isolamento diplomático na esteira do incidente em Tiananmen em 1989[45]. Não houve, por parte da China, nenhum grande plano para lançar a diplomacia multilateral na região. Como foi dito no início, o país via com profunda apreensão a ideia do estabelecimento de um fórum multilateral de segurança na Ásia-Pacífico no início da década de 1990 por várias razões: sua tradicional inquietação com relação a organizações multilaterais, a falta de familiaridade com esses assuntos, o temor do papel dominante de Washington e a sensibilidade a respeito de questões de soberania (os problemas territoriais de Taiwan e das ilhas Spratly)[46].

Por essas razões, a China não tinha entusiasmo a respeito de arranjos multilaterais. De fato, era um ator relutante que pisava "com cautela nas novas águas multilaterais da Ásia-Pacífico"[47]. E se protegeu cuidadosamente contra qualquer acontecimento institucional que pudesse ameaçar seus interesses ou restringir sua capacidade. Considere, por exemplo, sua oposição, em 1995, à ideia de fazer "resolução de conflitos", o terceiro e final estágio do ARF[48]. Foi somente na segunda metade da década que a China começou a seguir uma política multilateral mais ativa. Porém, um senso explícito de multilateralismo emergiu somente no início do novo século.

O que explica a mudança de atitude da China, de participante relutante a um membro multilateral cada vez mais pró-ativo depois de meados dos anos 1990? Após um processo de participação e interação, as razões imediatas estavam ligadas ao reconhecimento de dois fatos por Pequim. O primeiro deles dizia respeito à característica institucional dos fóruns liderados pela Asean. Por exemplo, o ARF, um modelo ampliado da Asean, era operado de modo semelhante, enfatizando abordagens informais, incrementais, amplamente consultivas e consensuais[49]. Rosemary Foot observou que essas características possibilitaram à China participar do fórum com confiança, porque haveria menor necessidade de formar coalizões de partidários para votar contra qualquer agenda que pudesse prejudicar seus interesses[50].

O segundo reconhecimento que acalmou as suspeitas chinesas estava ligado ao papel único da Asean em se manter razoavelmente equidistante das principais potências[51]. Para a China, por exemplo, o fato do ARF ser liderado pela Asean, e não por potências como os Estados Unidos e o Japão, é politicamente aceitável e, na verdade, preferível. De fato, o cuidado da Asean em evitar uma abordagem de confronto foi visto pela China como um gesto de engajamento e não de restrição. Consequentemente, Pequim se convenceu de que o fórum provavelmente não se tornará uma coalizão antichinesa. Isso aumentou sua confiança a respeito da cooperação multilateral, abrindo o caminho, com o passar do tempo, para seu nível mais alto de participação.

Porém, esses fatores organizacionais explicam somente o crescente nível de conforto da China com a cooperação regional. Eles não constituem, por si só, uma condição suficiente para provocar o crescente entusiasmo chinês pela diplomacia multilateral. Outras razões de natureza político-estratégica, mais profundas, contribuíram para a mudança na política multilateral chinesa. Os modelos da *Aussenpolitik* e da *Innenpolitik* oferecem duas explicações concorrentes.

A explicação da *Aussenpolitik*: uma função da maximização do poder

Pela perspectiva da *Aussenpolitik*, a adoção do multilateralismo pelo PCC foi essencialmente uma função de maximização do poder – isto é, um desejo de ampliar o poder relativo da China, em um esforço para amenizar a pressão estrutural de um ambiente de segurança em mudança. O fim da Guerra Fria e de uma ordem bipolar criaram consequências confusas para a China. Por um lado, a queda da União Soviética reduziu significativamente a antiga ameaça militar ao longo de sua fronteira norte, dando a Pequim um nível de segurança sem precedentes[52]. Por outro lado, o colapso da bipolaridade acabou com a importância da China para os Estados Unidos, que passaram a ser a única superpotência do mundo, pondo fim efetivamente à "grande barganha" sino-americana, que ajudara a estabilizar as relações bilaterais por quase duas décadas[53]. Portanto, o efeito líquido da mudança de polaridade foi que ela alterou a fonte e a forma das pressões sistêmicas enfrentadas pela China, mas não as erradicou.

Para a China, as pressões sistêmicas sentidas depois da Guerra Fria se originaram principalmente no poder sem paralelo dos Estados Unidos. Especificamente, Pequim temia que a superpotência estivesse determinada a impedi-la de "exercer de forma legítima uma influência internacional condizente com sua crescente capacidade"[54] e de lidar legitimamente com sua soberania e seus assuntos domésticos[55]. Essa ansiedade se aprofundou depois das crises no Estreito de Taiwan em 1995-96, bem como com o fortalecimento das alianças bilaterais dos Estados Unidos, a partir de meados da década de 1990[56]. Para controlar a preponderância de Washington e evitar ser detida por ações regionais lideradas pelos Estados Unidos, a RPC fez da promoção da multipolaridade a principal meta de sua política externa desde a Guerra Fria[57].

Apesar da avaliação chinesa anterior sobre a estrutura de poder depois da Guerra Fria como "uma superpotência [Estados Unidos] e muitas grandes potências [China, União Europeia, Japão e Rússia] [*yichao duoqiang*]", desde meados dos anos 1990, os líderes chineses se deram conta de que a marcha no sentido da multipolaridade não estava prosseguindo tão depressa quanto haviam esperado[58]. Considerando as repetidas projeções de superioridade militar dos Estados Unidos, bem como da revitalização da economia americana, as elites chinesas começaram a reconhecer que a multipolaridade é "uma meta distante" e que a unipolaridade dominada pelos Estados Unidos persistirá pelas próximas décadas[59]. Consequentemente, os chineses têm aceitado gradualmente o demorado momento unipolar, "aprendendo a viver com a hegemonia alheia"[60].

Mas esse processo de adaptação não significa que a China tenha cancelado sua meta de multipolaridade. Ao contrário, o desejo de Pequim de perseguir esse objetivo foi reforçado, depois da intervenção militar da Otan em Kosovo e do bombardeio, pelos Estados Unidos, da embaixada chinesa em Belgrado, em março de 1999[61]. Esses acontecimentos, juntamente com o programa Theater Missile Defense* e o avanço da presença americana no Pacífico ocidental, aumentaram a desconfiança da China em relação às intenções dos Estados Unidos. Aos olhos dos chineses, a estratégia "neointervencionista" americana significa que a potência hegemônica agora está usando a noção de "direitos humanos superando a soberania", para justificar sua interferência nos assuntos domésticos de outros países[62]. A percepção do perigo de uma hegemonia irrestrita provocou, entre as elites chinesas, debates acalorados sobre a tese de "paz e desenvolvimento" de Deng, levando a China a reavaliar sua política externa[63]. De acordo com David Finkelstein, essa reavaliação exigiu uma política mais pró-ativa para moldar seu ambiente externo imediato, promovendo laços mais próximos com Rússia, Europa ocidental e países de sua periferia[64]. Foi contra este pano de fundo que a China deu, a partir de 2000, uma virada pró-ativa em sua política regional multilateral.

Do ponto de vista da *Aussenpolitik*, existem razões para se acreditar que Pequim está determinada a perseguir sua meta de multipolaridade via *meios diplomáticos e políticos* e por meio de plataformas *multilaterais regionais*[65]. Em parte, devido ao fato das relações sino-americanas serem, ao mesmo tempo, de natureza cooperativa e competitiva, e, em parte, devido à limitada força nacional abrangente da China [*zonghe guoli*], Pequim considera que tanto uma medida equalizadora em grande escala quanto a confrontação militar direta são desnecessárias, inviáveis e pouco inteligentes[66]. Em comparação, a participação em instituições regionais e o fortalecimento da cooperação regional são vistos como um caminho de baixo risco, mas potencialmente de altos resultados para consolidar a posição chinesa como potência importante e promover a multipolarida-

* [Programa americano de mísseis de médio alcance]. (N. do T.)

de[67]. As instituições regionais *asiáticas*, em particular a APT, a câmara de consultas Asean-China e possivelmente a ACD, são extremamente úteis a este respeito, porque definem suas agendas de forma basicamente independente da influência americana[68]. A SCO também é importante devido ao crescente valor geoestratégico da Ásia central para a China e à parceria sino-russa que está amadurecendo[69]. O caso da SCO ilustra que a diplomacia multilateral chinesa tem acompanhado os esforços do país para cultivar as assim chamadas parcerias estratégicas com as maiores potências. Pequim esperava que essas parcerias, a longo prazo, ajudassem a acelerar sua transformação no sentido da multipolaridade[70].

A meta de multipolaridade da China tem acompanhado duas iniciativas para promover o regionalismo. Através de seus esforços para promover a cooperação regional na Ásia oriental, Pequim visa especificamente apressar a emergência de um mundo tripartite, dividido entre os países do Nafta, a União Europeia e grupos da Ásia oriental[71].

Em termos empíricos, há sinais de que a política multilateral chinesa foi motivada por preocupações a respeito de seu poder relativo, como um cálculo para maximizar sua capacidade relativa e, quando possível, limitar a influência de outros países e evitar iniciativas hostis dos rivais. Alguns estudiosos observam que a mudança de Pequim no sentido de adotar a diplomacia multilateral, a partir de meados da década de 1990, foi motivada pela decisão de usar as instituições regionais "como barreira contra o poder americano e pelo temor de cerco por uma coalizão liderada pelos Estados Unidos"[72]. Outros destacam que a China tem usado claramente plataformas regionais para ampliar sua própria influência, em alguns casos às expensas do Japão e dos Estados Unidos. Durante a crise financeira asiática, por exemplo, a China comparou claramente "seu comportamento 'responsável' com a incapacidade de Tóquio em prover liderança regional e global na administração da crise[73]" e teria alertado alguns países da Asean para que se "guardassem contra as ambições 'hegemônicas' americanas de usar o FMI para exigir maior liberalização econômica e política[74]. No Fórum Regional da Asean, a China procurou contestar a legitimidade da estrutura de alianças americanas de segurança na região, descrevendo o pacto Estados Unidos-Japão como um reflexo da "mentalidade da Guerra Fria"[75]. Embora desde 2001 Pequim tenha parado de criticar publicamente a política hegemônica dos Estados Unidos, alguns observadores acreditam que o país "continua a trabalhar a longo prazo para enfraquecer a predominância americana em torno de sua periferia"[76].

Em resumo, os analistas da *Aussenpolitik* em geral veem a estratégia multilateral da China depois da Guerra Fria como um esforço de soma zero: ela procura reduzir o poder relativo dos rivais e ampliar o seu.

A explicação da *Innenpolitik*: um imperativo da preservação do regime

Por outro lado, a tradição da *Innenpolitik* afirma que o multilateralismo da China é motivado menos pelas preocupações do país a respeito de poder relativo e mais pela determinação do PCC em preservar internamente sua relevância política. Esta explicação é mais convincente por uma razão importante. A fundação que sustenta e orienta o presente multilateralismo da China – isto é, o desejo persistente, por parte das elites do PCC, de desenvolver relações próximas e abrangentes com os países vizinhos como barreira para compensar o *impacto doméstico* do relacionamento volátil do país com o Ocidente – começou a tomar forma imediatamente depois de 1989[77]. Isso foi *muito antes* de as elites chinesas começarem a se preocupar a respeito de uma possível restrição regional liderada pelos Estados Unidos, fato que levou Pequim a seguir uma estratégia regional mais ativa e cooperativa a partir de meados da década de 1990. Como já expliquei, na busca da sua política de boa vizinhança, durante a primeira metade dos anos 1990, a China continuou a se basear na diplomacia bilateral e não na multilateral, basicamente devido à sua suspeita habitual e por sua falta de familiaridade com a prática multilateral. Mas, em 1996, uma vez removidas essas barreiras psicológicas, após um processo de aprendizado por meio do qual a China conheceu o jogo multilateral pela participação direta, tornou-se natural reconhecer e fazer uso do valor desse tipo de diplomacia como instrumento complementar na busca de sua política externa para fins domésticos.

É claro que esta observação revela que há uma crucial dimensão doméstica que não pode ser ignorada para se compreender a atual política multilateral de Pequim. Ela não torna irrelevante a lógica da *Aussenpolitik*, e certamente não nega a meta da China de maximizar seu poder. Mas enfatiza o fato de que os interesses do regime do PCC (isto é, a preocupação dominante do partido com a restauração de sua capacidade doméstica de governança na esteira da revolta de Tiananmen) *precederam* os cálculos externos de Pequim a respeito de poder relativo na mudança decisiva da China em busca de uma abordagem ativa e cooperativa com seus vizinhos. Em outras palavras, embora o desejo de maximizar seu poder tenha de fato acelerado o ritmo da China na busca de uma diplomacia multilateral a partir de meados da década de 1990, foi o imperativo da preservação do regime que determinou a *direção* da política cooperativa chinesa imediatamente depois de 1989. E este imperativo, por sua vez, guiou e sustentou o crescente multilateralismo de Pequim até o fim da década e além.

Como preocupações com a preservação do regime têm orientado a política de boa vizinhança da China e a evolução de seu multilateralismo

A seguir, teremos uma exposição sobre como as maneiras pelas quais a determinação da China em melhorar seus laços com os países vizinhos foram motivadas pela preocupação do PCC com a preservação do regime depois de 1989 e os modos pelos quais essa meta orientou o envolvimento multilateral da China.

Pela perspectiva da *Innenpolitik*, o maior desafio enfrentado pela China, dirigida pelo PCC depois da Guerra Fria, não foi a preponderância americana, mas o resistente problema de legitimação do regime, refletido e agravado pela tragédia de Tiananmen em 1989. A despeito do fato das reformas de Deng a partir de 1978 terem trazido um notável crescimento econômico para o país, essas realizações foram acompanhadas pelo doloroso lado escuro da transformação socioeconômica, desde o aumento da inflação e da corrupção até a ampliação da desigualdade social e das disparidades regionais. A repressão às manifestações de estudantes em 4 de junho de 1989 aprofundou ainda mais a alienação das massas, deixando a elite do PCC com sua mais séria crise de legitimidade desde a Revolução Cultural[78].

A erosão dessa legitimidade e seus corolários – inquietação social e instabilidade política – não foram os únicos problemas enfrentados pela liderança do PCC depois de Tiananmen. Externamente, a China teve que enfrentar sanções econômicas e a condenação política do mundo inteiro, particularmente dos países ocidentais. O colapso dos regimes comunistas na Europa oriental e na União Soviética exacerbou ainda mais a ansiedade do PCC sobre a viabilidade de seu sistema socialista e da fundação de seu poder político. Esses acontecimentos levaram os líderes comunistas chineses a temer que a sobrevivência do regime "estivesse ameaçada por uma combinação de desafios internos e externos", em especial a "evolução pacífica [*heping yanbian*]", patrocinada pelo Ocidente (mudança de regime em países socialistas que, para a China, está sendo perpetrada por "forças do Ocidente"), a influência do "liberalismo burguês" dentro da China e a instabilidade social[79].

Deng respondeu propondo três princípios: "avaliar cuidadosamente a situação [*lengjing guancha*]; consolidar a posição da China [*wenzhu zhengjiao*]; e lidar com calma com os desafios [*chenzhuo yingfu*]"[80]. Esses princípios, por sua vez, guiaram a política externa chinesa depois de 1989 para focalizá-la em duas tarefas principais: (1) estabilizar as relações da China com os países da periferia, seguindo uma política de boa vizinhança; e (2) neutralizar as sanções impostas pelos países desenvolvidos[81]. Em conjunto, essas tarefas visavam neutralizar a pressão política do Ocidente e o isolamento diplomático, bem como assegurar o acesso contínuo da China a mercados e investimentos estrangeiros, apesar das sanções econômicas. Cada uma dessas tarefas era considerada essencial para restaurar a autoridade política do PCC imediatamente depois de Tiananmen.

Era em relação a este pano de fundo que a China estava determinada a cultivar um melhor relacionamento com seus vizinhos na nova era[82]. De 1990 a 1992, Pequim agiu para fortalecer suas relações com o Japão, ao mesmo tempo estabilizando e normalizando seus laços diplomáticos com a Coreia do Sul e com vários Estados do sudeste da Ásia. Os Estados da Asean em particular têm sido o foco da política de boa vizinhança da RPC[83]. Como observou Chen Jie, os líderes chineses foram bastante encorajados pelo fato de os laços políticos e empresariais da Asean não terem sido afetados por Tiananmen. Os governos do sudeste da Ásia, com exceção parcial de Cingapura, não só não condenaram a repressão do PCC, mas também continuaram a realizar visitas recíprocas de líderes e representantes governamentais de alto nível. Esta posição foi muito apreciada pelo regime comunista chinês, que dela muito necessitava, porque essas visitas "mostraram ao mundo que a China não estava isolada, pelo menos em seu próprio quintal"[84].

É importante não ver a política de boa vizinhança simplesmente como uma estratégia "regional". Ela deve ser compreendida como *parte integral da grande estratégia da China* para se proteger contra choques políticos produzidos pelos cíclicos altos e baixos de suas relações com os Estados Unidos, e com a finalidade suprema de amenizar o impacto indesejável dessa volatilidade sobre as funções domésticas do PCC. Como observaram dois analistas chineses, Pequim espera que laços sólidos e estáveis com países da região a ajudem a "se proteger contra o mau tempo nas relações sino-americanas"[85].

A agenda de boa vizinhaça da China convergiu significativamente com a meta comum dos Estados membros da Asean, que aspiravam a engajar a potência em ascensão em meio à incerteza estratégica do fim da Guerra Fria[86]. Essa convergência preparou o cenário para o envolvimento da China nas reuniões da Asean, além de suas interações bilaterais individuais com países do sudeste da Ásia[87]. O primeiro encontro multilateral da China com a Asean teve lugar em julho de 1991, quando o ministro do Exterior Qian Qichen compareceu à sessão de abertura do encontro ministerial, em Kuala Lumpur, como convidado da Malásia. Desde então, o ministro do exterior chinês tem conseguido encontrar seus pares nos eventos anuais da organização[88]. Esses acontecimentos plantaram as sementes para o futuro envolvimento da China no Fórum Regional da Ásia e em outras instituições lideradas pela Asean. Em retrospecto, não foi coincidência que o entusiasmo da China pelo multilateralismo se desenvolvesse e amadurecesse em suas interações sociais com o sudeste da Ásia e gradualmente se expandisse para toda a região asiática. A decisão da elite do PCC, de desenvolver laços mais próximos entre a China e a Asean, juntamente com seus esforços paralelos em manter relacionamentos cordiais com seus vizinhos do nordeste da Ásia e da Eurásia, é testemunho do fato de que, embora as relações com as principais potências continuem a ser cruciais para a China, a importância dos "países da periferia [*zhoubian guojia*]" tem aumentado consideravelmente nos cálculos da política externa de Pequim, desde o fim da Guerra Fria.

Mesmo depois de superados o isolamento diplomático e as sanções econômicas posteriores a Tiananmen, a importância dos países da região não desapareceu para Pequim. Em 2002, o Relatório do Décimo Sexto Congresso do Partido Comunista Chinês anunciou que a noção de "amizade e parceria com os países vizinhos [*yulin weishan, yulin weiban*]" seria o princípio guia para a "diplomacia na periferia da China [*zhoubian waijiao*]"[89]. Mais tarde, os líderes chineses aprimoraram este princípio, introduzindo a política de "tranquilizar, enriquecer e favorecer [*anlin, fulin, mulin*]"[90]. Em conjunto, essas diretrizes indicam que a estratégia chinesa de usar laços amigáveis com os vizinhos para se proteger contra os riscos potenciais de suas relações voláteis com o Ocidente permaneceu imutável e, na verdade, foi até fortalecida.

Do ponto de vista da *Innenpolitik*, a crescente importância dos Estados da região para a China pode ser atribuída a uma ampla gama de fatores, mas quatro são os mais críticos. Eles constituem caminhos vitais para a preservação do regime do PCC e todos eles levam o país a complementar cada vez mais sua tradicional abordagem bilateral com diplomacia multilateral.

1. *Garantir crescimento econômico ininterrupto.* As causas e consequências do incidente de Tiananmen indicam que o "desempenho econômico" – a fonte de legitimidade do PCC desde Mao – não poderia mais justificar o poder do partido para governar[91]. Embora o PCC tenha continuado a usar o desenvolvimento econômico como a base central da sua legitimidade política, desde os anos 1990, essa abordagem tem sido utilizada *em associação com* outras fontes internas de justificação. Entre elas, estão buscar o status de grande potência, reviver o nacionalismo, preservar a unidade nacional, promover o desenvolvimento sustentável e prometer buscar uma distribuição de renda mais justa entre os diferentes grupos sociais e entre as áreas rurais e urbanas[92].

Cada uma dessas fontes de legitimidade requer um crescimento econômico ininterrupto. As elites do PCC acreditam que a busca do desenvolvimento contínuo é crítica não só por si mesma, mas também para sua sobrevivência política. Isso foi salientado por Deng, quando ele proclamou, durante viagem ao sul em 1992, que "o desenvolvimento é uma necessidade absoluta [*fazhan shi ying daoli*]". E completou: "Se não desenvolvermos a economia e não melhorarmos a vida do povo, não haverá futuro para o partido"[93]. Jiang Zemin, sucessor de Deng, tocou num ponto semelhante, alertando seus camaradas: "Se não conseguirmos desenvolver rapidamente nossa economia, será muito difícil consolidar o sistema socialista e manter a estabilidade social a longo prazo"[94].

De que maneiras os países da Ásia oriental e a cooperação regional multilateral são importantes para a meta do PCC de assegurar esse contínuo crescimento econômico? A Ásia oriental é economicamente crítica para o país em pelo menos três aspectos principais:

- *Comércio e investimentos.* Devido em grande parte à compatibilidade, à proximidade geográfica e aos esforços de Pequim na diversificação, os volumes de comércio e de investimentos da China com o restante da região têm crescido de forma regular na última década. Em 2005, a região contribuiu com 30 por cento do comércio total da China[95]. Esta tendência serviu para reduzir a dependência chinesa em relação à Europa e aos Estados Unidos, diminuindo assim os riscos cíclicos de recessão econômica no mercado global.
- *Interdependência financeira.* Com a crise financeira asiática, a China aprendeu que, devido ao alto nível de interdependência das economias da Ásia oriental, os problemas financeiros em um país geram inevitavelmente repercussões negativas nos demais países da região, o que a inclui[96].
- *Recursos naturais.* A China entende que seu crescimento a longo prazo depende de um suprimento ininterrupto de recursos de energia e de matérias-primas. Este fator tem levado sua interação com o mundo exterior a um novo estágio, no qual sua meta é ter acesso não só a capitais, tecnologias e mercados internacionais, mas também a recursos. Na verdade, a preocupação da China com energia tem sido a força motriz por trás do perfil crescente de sua diplomacia, em todas as regiões do globo, inclusive no sudeste da Ásia.

Em combinação, esses imperativos econômicos significam que o futuro econômico da China – e, por extensão, a relevância política do PCC – está ligado de forma inextrincável ao desempenho econômico regional e também a suas relações cooperativas com os países da região. Os líderes chineses reconhecem que a onda de globalização tornou-se irreversível e que a cooperação regional é um meio essencial para proteger o interesse nacional do ataque globalizante[97]. Este reconhecimento obriga os chineses a complementar sua tradicional abordagem bilateral com a cooperação multilateral. Consequentemente, Pequim tem assumido um papel ativo em vários esforços da APT, como a Iniciativa Chiang Mai, buscando vigorosamente promover o ACFTA*. Pelo APT, o país espera ampliar ainda mais o comércio na Ásia oriental e evitar a repetição de uma crise financeira na região. Com o ACFTA, a China visa fortalecer o comércio e os laços de investimento com a Asean, para facilitar e acelerar a aquisição de recursos de seus vizinhos do sul, impulsionando o crescimento econômico de sua própria região sul, que ainda é subdesenvolvida.

2. *Preservar a estabilidade do ambiente externo.* As elites do PCC veem um ambiente regional estável e pacífico como condição *sine qua non* para a construção doméstica continuada da China[98]. As disputas territoriais no sul do mar da China (envolvendo China, Taiwan e os quatro Estados membros da Asean, Brunei, Malásia, Filipinas e Vietnã) e a incerteza a respeito da península coreana são vistas como potenciais pontos críticos, capazes de criar instabilidade regional e, pior ainda, atrair a interferência estrangeira para a periferia da China[99]. O país procura evitar conflitos em potencial e, para isso, os mecanismos multilaterais – em especial o diálogo Asean-China e as Conversações entre Seis Partes – são essenciais.

3. *Defender a soberania e a integridade territorial.* A China considera Taiwan, Xinjiang e o Tibete assuntos de sua soberania e integridade territorial. Dada a memória do povo chinês do "século de humilhação", de sua crescente maré nacionalista, qualquer liderança veria sua legitimidade em jogo, caso uma dessas questões fosse comprometida[100]. Por esta razão, os

---

* [Asean-China Free Trade Agreement]. (N. do T.)

líderes chineses têm persistentemente procurado evitar a independência de Taiwan, marginalizando os esforços diplomáticos de Taipei em virtualmente todas as partes do mundo, inclusive no sudeste da Ásia. E também têm tentado impedir que as minorias Uighur, da Ásia Central, ajudem os separatistas Uighur, em Xinjiang[101]. A este respeito, Pequim considera instituições multilaterais, como os encontros China-Asean, o ARF e a SCO, plataformas essenciais para enfatizar suas questões de soberania.

4. *Buscar o status de grande potência.* A aspiração da China ao status de grande potência não é nova, mas, somente depois do início do século XXI, essa meta foi expressa como item de agenda nacional, de forma inequívoca[102]. A noção de "ascensão pacífica [*heping jueqi*]" (e posteriormente de "desenvolvimento pacífico [*heping fazhan*]"), que pretende enfatizar para o mundo exterior essa natureza do crescimento da China, reflete, de forma sutil, a confiança renovada das elites na inevitável reemergência de seu país no novo século[103]. Essa confiança se origina, em parte, da crescente riqueza e do poder chineses e, em parte, de seu crescente nacionalismo[104].

Aos olhos dos analistas da *Innenpolitik*, a busca chinesa pelo status de grande potência não é um fim em si mesma, mas um meio para atingir a meta suprema de legitimação do regime. É uma fonte adicional da autoridade do PCC, que suplementa o desempenho econômico na justificação e no fortalecimento do poder do partido. Dado o alcance regional da China, a Ásia oriental é vista como o principal território para essa busca de status de grande potência, e as instituições regionais são consideradas como principais plataformas para atingir essa meta[105].

Do ponto de vista da *Innenpolitik*, esses quatro fatores de origem interna – o caminho para a legitimidade do regime – têm coletivamente motivado o envolvimento cada vez mais ativo da China nas instituições multilaterais asiáticas, ao longo da última década. Como nenhuma dessas questões poderia ser efetivamente resolvida somente pela diplomacia bilateral, a abordagem multilateral é considerada essencial. Não estou afirmando que o multilateralismo substituiu o bilateralismo como agente principal da política externa chinesa. Na verdade, o ponto é que a diplomacia multilateral começou a desempenhar um papel complementar, em alguns casos indispensável, na promoção dos objetivos externos do PCC.

Em resumo, a explicação da *Innenpolitik* afirma que, desde o fim da Guerra Fria, a diplomacia multilateral de Pequim tem sido motivada pelo desejo das elites do CCP de assegurar o crescimento econômico contínuo, preservar a estabilidade de seu ambiente externo, defender sua soberania e promover os interesses e a estatura do país no exterior, objetivando preservar e consolidar o poder do partido no âmbito doméstico.

Por que relações estáveis Estados Unidos-China são centrais para os atuais esforços de legitimação do PCC

A análise precedente não significa que, hoje, a China considera suas relações com os Estados da região mais importantes do que suas relações com as grandes potências. Como já foi observado, as relações com as grandes potências, em especial com os Estados Unidos, continuam a ser vitais para a política exterior chinesa. De fato, nenhum analista duvida de que o relacionamento sino-americano é o mais importante laço bilateral para os chineses. Ele é importante não apenas porque a América é fonte de capitais e tecnologias, bem como um mercado crucial para o crescimento chinês continuado, mas porque, como única superpotência desde o fim da Guerra Fria, "pode fazer mais do que qualquer outro país para facilitar ou dificultar a realização dos objetivos da política externa chinesa"[106]. Esses objetivos são, entre outros, a solução da questão de Taiwan e de outros problemas de soberania, a busca da China pelo status de grande potência, a perspectiva de sua segurança energética e o futuro de suas relações com quase todos os países de sua periferia.

Cada uma dessas questões afeta, direta ou indiretamente, a capacidade do PCC de preservar sua autoridade no âmbito doméstico. Assim, a necessidade de preservação do regime requer que Pequim busque maior cooperação, e não competição ou conflito, em suas relações com Washington. Isso representa um grande contraste com a situação nos dias em que, preocupada com a consolidação do regime, a elite do PCC fez uso das *relações de antagonismo* com outras potências, para fortalecer seu apelo ideológico e mobilizar a população, como no caso das relações sino-americanas, nos anos 1950, e sino-soviéticas, na década de 1960[107]. A preservação do regime explica por que a liderança do PCC procurou limitar, em vez de inflamar, as grandes demonstrações antiamericanas que eclodiram no país depois do bombardeio, pelos Estados Unidos, da embaixada chinesa em Belgrado em maio de 1999 e depois do incidente do EP-3* em abril de 2001[108]. Também explica por que Pequim optou por cooperar com Washington em questões desde o antiterrorismo até a crise nuclear norte-coreana. Essa mudança na atitude chinesa ocorreu não porque o país tornou-se mais gentil, mas simplesmente porque as mudanças nas bases de legitimidade do PCC as tornaram inevitáveis. A menos que a soberania chinesa seja diretamente desafiada, um confronto com os Estados Unidos é altamente improvável, porque somente perturbaria o desempenho econômico chinês. Isso, por sua vez, precipitaria a instabilidade doméstica e erodiria o domínio do PCC.

Conclusão: legitimação do regime em ação

O desenvolvimento do multilateralismo chinês na Ásia é um fenômeno que precisa ser explicado pelos modelos da *Aussenpolitik* e da *Innenpolitik*. Nenhum deles isoladamente pode explicar a evolução da política multilateral da China. A ênfase do modelo da *Aussenpolitik* nas mudanças de distribuição do poder global nos leva a ver que fatores estruturais constituem as forças contextuais às quais a China deve reagir para proteger seus interesses de segurança. Porém, este modelo, com frequência, deixa de lado as fontes domésticas da política externa chinesa. Em especial, ele não diz nada a respeito dos fatores internos que contribuíram para a guinada pragmática do país, em 1978, marcando a grande mudança na política de Pequim, em relação ao mundo das instituições multilaterais. Esta é uma área em que a *Innenpolitik* costuma ser mais útil. Ao salientar as mudanças nas bases políticas domésticas, este modelo demonstra como as preocupações predominantes do dia a dia do regime afetam a política multilateral chinesa.

---

* [Uma colisão entre um avião de reconhecimento da Marinha americana e um caça chinês]. (N. do T.)

Por sua vez, esta constatação nos permite responder se o atual multilateralismo chinês é uma questão de capacidade relativa ou o resultado de uma necessidade política doméstica. É verdade que a maximização da capacidade foi uma variável importante para explicar o comportamento multilateral de Pequim, como salienta o argumento da *Aussenpolitik*. Por exemplo, a longa jornada da China para se integrar ao mundo desde 1978 foi claramente motivada pelo desejo do país em adquirir maior capacidade, como mostra de forma inequívoca sua antiga meta de *fuguo qiangbing* (isto é, elevar o poder econômico e militar do país). Também é verdade que, à medida que a China adquire mais capacidade – em termos absolutos e também relativos –, é provável que ela conte com mais opções, abrangendo políticas de Estado tanto persuasivas quanto coercivas na promoção de seus interesses.

Porém, essas observações não sugerem necessariamente que o atual multilateralismo chinês é causado ou restringido por sua falta de capacidade coerciva para promover seus interesses. Esse argumento descreve essencialmente um relacionamento negativo entre a capacidade coerciva de um Estado e seu compromisso com a diplomacia multilateral ou, na verdade, todas as formas de persuasão pelo Estado. Ou seja, quanto mais baixa a capacidade de coerção de um Estado, maior sua probabilidade ou sua disposição em adotar o multilateralismo; por outro lado, quanto mais alta capacidade de coerção, mais baixa sua tendência em se comprometer com o multilateralismo. Porém, empiricamente, a inclinação da China para seguir uma diplomacia multilateral na última década tem crescido, numa época em que seu poder militar está em ascensão e não em declínio.

Aqui, duas inferências podem ser feitas. Primeira, existem fatores além do nível de capacidade coerciva que podem afetar a política multilateral de um Estado. Segunda, embora a capacidade crescente de uma grande potência tenha probabilidade de produzir um apetite crescente por mais espaço e recursos, ela não torna a diplomacia multilateral necessariamente irrelevante ou o meio coercivo na opção preferida. Em outras palavras, uma capacidade maior poderia induzir a China a "querer mais", mas não determinaria "o que a China quer" nem "como faz a China para obter aquilo que quer".

Em vez disso, como ficou claro na exposição anterior, as metas da China em termos de políticas, bem como as estratégias que escolhe, são moldadas principalmente pelas necessidades políticas domésticas enfrentadas pelo regime governante para ampliar sua capacidade de governança e pela disponibilidade de opções externas que ajudem a satisfazer essas necessidades. Até o ponto em que as necessidades domésticas da elite governante forem satisfeitas por seu acesso a opções produtivas do mundo exterior, o Estado optará pela cooperação multilateral de alto rendimento, em vez de meios coercivos de alto custo. A integração progressiva da China na comunidade internacional a partir de 1978 não só aumentou os incentivos para que o país adotasse uma abordagem mais cooperativa, mas também elevou os custos de ações de confronto ao estilo maoista. A este respeito, as ligações econômicas e institucionais em expansão de Pequim têm contribuído para sua crescente tendência de tratar a cooperação multilateral como uma opção mais atrativa e compensadora para atingir suas metas.

Isso é verdade, especialmente porque abordagens coercivas poderiam não ser tão eficazes quanto a diplomacia multilateral, para atingir *simultaneamente* as *múltiplas* metas do regime, já expostas. Para começar, as elites do PCC compreendem que o uso da força militar só colocaria em risco a estabilidade regional e destruiria o crescimento econômico. Também reconhecem que o poder militar por si só não concederia à China o status de grande potência. Com base em interações anteriores da China Imperial com Estados da região, meios não violentos, como influência econômica, atração cultural e inteligência diplomática, são considerados tão valiosos ou mais, para induzir o respeito e a deferência de outros países[109]. Finalmente, embora as elites do PCC vejam o poder militar como um meio necessário para proteger a soberania chinesa, sabem que uma estratégia ofensiva é uma forma contraproducente para melhorar seu dilema de segurança. Como observaram Zhang e Tang, "com mais de quinze países nas suas fronteiras, uma postura agressiva simplesmente não interessa à China, *por mais poderosa que ela venha a se tornar*. Porque uma agressão levaria a uma aliança equilibradora entre os países vizinhos e uma potência distante [os Estados Unidos]"[110]. Portanto, é provável que a diplomacia multilateral continue a ser relevante e essencial para a China, mesmo que cresça sua capacidade coerciva.

Não estou dizendo que agora as elites do PCC consideram desimportante o poder militar. De fato, o esforço pela modernização militar indica que os líderes chineses continuam a levar a sério a capacidade coerciva. Mas os acontecimentos de 1979 para cá também sugerem que o uso do poder militar foi limitado a finalidades dissuasórias e não ofensivas. Além disso, a despeito da inquietação chinesa a respeito do unilateralismo dos Estados Unidos, há poucas evidências comportamentais de que o país esteja realizando um esforço militar centralizado ou adotando uma abordagem revisionista para alcançar um equilíbrio de poder com a América[111]. Dada a prolongada importância do crescimento econômico e da estabilidade regional para o país, é muito pouco provável que a abordagem de confronto ganhe destaque na política externa chinesa – a menos, é claro, que sua soberania e sua segurança sejam diretamente ameaçadas pela independência de Taiwan ou por uma agressão externa. Nesses cenários, a pressão popular forçaria a liderança do PCC a recorrer ao caminho nacionalista agressivo para a legitimidade, mesmo que tais atos resultem em estagnação econômica e instabilidade regional.

Enquanto a soberania chinesa não for diretamente ameaçada, espera-se que o caminho do desempenho para a legitimação do regime prevaleça e leve Pequim a um comportamento mais cooperativo, mesmo, em alguns casos, ao custo de comprometer os interesses materiais do país. Isso pode ser observado no padrão de comportamento chinês nas negociações territoriais. Um estudo empírico realizado por Taylor Fravel revela que, principalmente devido às preocupações do regime com ameaças internas, Pequim tem oferecido concessões substanciais na maior parte dos acordos territoriais com seus vizinhos, "recebendo usualmente menos de 50 por cento das terras contestadas"[112]. Outro exemplo é a decisão de Pequim, em 1994, de concordar com a sugestão da Asean para o estabelecimento de um encontro anual de consultas políticas, apesar de a China estar bem ciente de que esse mecanismo provavelmente reduziria sua capacidade de manobra nas disputas sobre as ilhas Spratey. O comportamento dos chineses, nesses casos, aparentemente contradizia o raciocínio do modelo da *Aussenpolitik* sobre maximização do poder, mas era consistente com o modelo da *Innenpolitik*: o Estado procurou, de forma persistente, criar condições externas favoráveis para a meta maior de ampliação da autoridade doméstica do regime, mesmo ao preço de limitar seus interesses e a capacidade do Estado.

O que a evolução do multilateralismo chinês significa para as relações China-Estados Unidos? Embora o modelo da *Aussenpolitik* pinte um quadro mais alarmante da política chinesa, a explicação da *Innenpolitik* nos leva a crer que seu multilateralismo tem motivação basicamente interna e pode oferecer uma avenida para cooperação, em vez de uma competição de soma zero ou um conflito estrutural "inevitável" nas futuras relações sino-americanas.

Do ponto de vista da *Innenpolitik*, a diplomacia multilateral chinesa poderia não ser inteiramente um fato de soma zero, em termos dos interesses americanos na região. Considere, por exemplo, os papéis de mediação de Pequim nas Conversações entre Seis Partes, bem como seu envolvimento construtivo nas medidas do Fórum Regional Asiático, que têm contribuído para o crescimento da confiança e da estabilidade regionais na última década. Analogamente, a China requer a cooperação americana nos níveis bilateral e multilateral para promover seus interesses políticos. Sem o envolvimento de Washington, por exemplo, Pequim certamente não conseguirá avançar com a ideia de transformar as Conversações entre Seis Partes em um mecanismo regional de segurança permanente e institucionalizado no nordeste da Ásia, ajudando a garantir a paz e a estabilidade na região.

Embora a meta de multipolaridade da China não deva ser descartada pelo modelo da *Innenpolitik*, ela também não deve ser exagerada. Isso porque a principal preocupação do regime do PCC é a preservação de seu domínio doméstico e não a maximização do poder externo. A China não está diretamente ameaçada pelo predomínio americano. Na verdade, ela se beneficia do sistema existente, dominado pelos Estados Unidos, de várias maneiras, que vão desde a disponibilidade de capital, tecnologia, acesso ao mercado e fluxos de recursos para o suprimento de bens públicos internacionais, como a manutenção da paz regional e a segurança das rotas marítimas. O fato de Pequim ter recentemente baixado o tom de sua retórica de multipolaridade e expressado apoio à abrangência na cooperação na Ásia oriental pode ser um reflexo da crescente disposição chinesa de utilizar instituições multilaterais como plataformas para facilitar uma maior cooperação com a superpotência. Vista sob esta luz, a atual política americana de encorajar Pequim a ser uma "interessada responsável" na comunidade internacional poderá ajudar o multilateralismo da China a se tornar, a longo prazo, uma força positiva para a paz e a prosperidade regionais.

Agradecimentos

Agradeço o apoio de uma bolsa de estudos Fulbright e de um prêmio da Universiti Kebangsaan Malaysia por me possibilitarem fazer meus estudos de doutoramento na Paul H. Nitze School of Advanced International Studies, da Johns Hopkins University, e realizar os trabalhos de campo para este capítulo. Sou grato pela útil ajuda de Kent E. Calder, Laura Jones, Margaret Pinard, Ellen Psychas e Qi Zhou. Sou especialmente grato a Francis Fukuyama, David M. Lampton, Serene Hung e Bo Kong, pelos comentários detalhados e sugestões construtivas. Todas as deficiências do capítulo são de minha inteira responsabilidade.

NOTAS

1. Esta definição é diferente da oferecida por John Gerard Ruggie em seu trabalho de 1993, no qual ele define *multilateralismo* como "coordenar relações entre três ou mais Estados de acordo com determinados princípios", que requerem "uma indivisibilidade entre os membros de uma coletividade" e "expectativas de reciprocidade difusa". A distinção entre essas definições se deve à adoção de diferentes níveis de análise. Este capítulo focaliza a política externa de um país, ao passo que Ruggie estava preocupado sobre as *interações* entre três ou mais Estados. Veja John Gerard Ruggie, ed., *Multilateralism Matters: The Theory and Praxis of an Institutional Form* (Nova York: Columbia University Press, 1993), 8-14.
2. Sobre o envolvimento da China no ARF, veja Rosemary Foot, "China in the Asean Regional Forum: Organizational Processes and Domestic Modes of Thought", *Asian Survey* 38 (maio de 1998): 425-40; Ding Kuisong, "The Asean Regional Forum and the Asian Pacific Security Cooperation", Xiandai Guoji Guanxi [Relações internacionais contemporâneas] 7 (1998): 7-12; e Alastair Iain

Johnston, "The Myth of the Asean Way? Explaining the Evolution of the Asean Regional Forum", em Helga Haftendorn, Robert Keohane e Celeste Wallander, eds., *Imperfect Unions: Security Institutions over Time and Space* (Oxford: Oxford University Press, 1999). 287-324.

3. Entrevistas do autor com analistas políticos chineses e funcionários do Ministério do Exterior, Pequim, setembro de 2002-janeiro de 2003.
4. Foot, "China in the Asean Regional Forum", e Johnston, "The Myth of the Asean Way?"
5. Cheng-Chwee Kuik, "Multilateralism in China's Asean Policy: Its Evolution, Characteristics and Aspiration", *Contemporary Southeast Asia* 27 (abril de 2005): 102-22.
6. Thomas J. Christensen, "Fostering Stability or Creating a Monster? The Rise of China and U.S. Policy toward East Asia", *International Security* 31 (verão de 2006): 81-126.
7. Esta seção foi extraída de Cheng-Chwee Kuik, "Multilateralism in China's Asean Policy" e "China's Participation in the Asean Regional Forum: The Exogenous and Endogenous Effects of International Institutions", em James K. Chin e Nicholas Thomas, eds., *China and Asean: Changing Political and Strategic Ties* (Hong Kong: Centre of Asian Studies, University of Hong Kong, 2005), 141-69.
8. Evan S. Medeiros e M. Taylor Fravel, "China's Novel Diplomacy", *Foreign Affairs* 8 (novembro/dezembro de 2003): 22-35; Francis Fukuyama, "China: Global Citizen or Growing Menace?", The *Daily Yomiuri*, 16 de maio de 2004, disponível em www.unitar.org/hiroshima/programmes/ief04/Powerpoint/Yomiuri.PDF; Bates Gill, "China's New Security Multilateralism and Its Implications for the Asia Pacific Region", em *Sipri Yearbook* 2004 (Oxford: Oxford University Press, 2004), 205-30; David Shambaugh, "China Engages Asia: Reshaping the Regional Order", *International Security* 29 (inverno de 2004-5): 64-99; Francis Fukuyama e G. John Ikenberry, *Report of the Working Group on Grand Strategic Choices* (Princeton, NJ: Princeton Project on National Security, 2005), 14-25; e Christensen, "Fostering Stability or Creating a Monster?"
9. As exceções são, entre outras, Wang Yizhou, ed., *Mohe zhong de Jiangou: Zhongguo yu Guoji Zuzid Guanxi de Duoshijliao Toushi* [Construction in contradiction: A multiple-insight into relationship between China and key international organizations] (Pequim: China Development Press, 2003); Su Changhe, "Discovering China´s New Diplomacy: Multilateral International Regimes and China's Foreign Policy New Thinking", *Shijie Jingji yu Zhengzhi* [Economia e política mundiais] 4 (2005): 11-16; e Men Honghua, "Pressure, Perception, and International Image: A Historical Analysis of China's Strategy for International Institutions", *Shijie Jingji yu Zhengzhi* [Economia e política mundiais] 4 (2005): 17-22.
10. Fukuyama, "China: Global Citizen or Growing Menace?"
11. Este modelo foi adaptado de Alastair Iain Johnston, "Learning versus Adaptation: Explaining Change in Chinese Arms Control Policy in the 1990s and

1990s", *China Journal* 35 (janeiro de 1996): 27-61. Porém, em vez de comparar "adaptation" (um ajuste tático) com "learning" (um processo mais fundamental pelo qual um Estado internaliza novas definições de segurança e altera suas ações estratégicas, como fez Johnston, preferi comparar "adaptation" (determinada em grande parte pelas condições *externas* de capacidade relativa em todo o sistema) com "necessidade motivada internamente" (exigida pela necessidade *interna* de um regime para fortalecer sua autoridade para governar). Ao contrário do modelo de aprendizado-adaptação, que reflete o debate do "construtivismo versus racionalismo", nosso modelo visa explorar como a política doméstica, especificamente o imperativo de preservação do regime, afeta as opções na política externa.

12. Kenneth N. Waltz, *Theory of International Politics* (Reading, Mass: Addison Wesley, 1979), em especial 88-99. Veja também John J. Mearsheimer, *The Tragedy of Great Power Politics* (Nova York: W.W. Norton, 2001).
13. Sobre *Aussenpolitik* e *Innenpolitik*, veja Fareed Zakaria, "Realism and Domestic Politics: A Review Essay", *International Security* 17 (verão de 1992): 177-98, e Gideon Rose, "Neoclassical Realism and Theories of Foreign Policy", *World Politics* 51 (1998): 144-72.
14. Sobre realismo neoclássico, veja Rose, "Neoclassical Realism and Theories of Foreign Policy".
15. Sobre legitimação ou aquilo que Max Weber chama de "inner justifications" de domínio, veja Weber, "Legitimacy, Politics, and the State", em William Connolly, ed., *Legitimacy and the State* (Nova York: New York University Press, 1984), 32-62, e Carol Lee Hamrin, "Elite Politics and Foreign Relations", em Thomas W. Robinson e David Shambaugh, eds., *Chinese Foreign Policy: Theory and Practice* (Oxford: Clarendon, 1994), 70-114, esp. 76-79.
16. Devido ao foco deste livro em instituições *asiáticas*, este estudo exclui o acesso da China à Organização Mundial do Comércio e seu envolvimento em operações de manutenção da paz, a despeito do fato de serem importantes aspectos do envolvimento multilateral da China. Sobre essas questões, veja David M. Lampton, *Same Bed, Different Dreams: Managing US-China Relations 1989-2000* (Berkeley: University of California Press, 2001), 159-203.
17. Neste estudo, as expressões *instituições multilaterais*, *organizações internacionais* e *instituições internacionais* são usadas de forma intercambiável.
18. Men, "Pressure, Perception, and International Image", e Youngjin Zhang, *China in International Society since 1949: Alienation and Beyond* (Londres: Macmillan, 1998).
19. Influenciada pelos Estados Unidos, a Assembleia Geral aprovou uma resolução rotulando a RPC como "agressora" e recomendando que todos os países embargassem as exportações de materiais estratégicos e militares a Pequim. Veja Wang Jianwei, "Chinese Perspectives on Multilateral Security Cooperation", *Asian Perspective* 22 (1998): 104-6.

20. Samuel S. Kim, "China's International Organizational Behaviour", em Thomas W. Robinson e David Shambaugh, eds., *Chinese Foreign Policy: Theory and Practice* (Oxford: Clarendon, 1994), 401-34.
21. Zhang Baijia, "Changing Thy Self, Influencing Thy World", *Zhongguo Shehui Kexue* [ciências sociais chinesas] 1 (2002): 4-19.
22. H. Lyman Miller, "China: An Uneasy Alliance", *Hoover Digest* 3 (2002): disponível em www.hooverdigest.org/023/lmiller.html.
23. William C. Kirby, "Traditions of Centrality, Authority, and Management in Modern China's Foreign Relations", em Robinson e Shambaugh, *Chinese Foreign Policy*, 13-29, e Hamrin, "Elite Politics".
24. Richard H. Solomon, *Mao's Revolution and the Chinese Political Culture* (Berkeley: University of California Press, 1971), e Chen Jian, *Mao's China and the Cold War* (Chapel Hill: University of North Carolina Press, 2001).
25. Li Shenzhi, "On the People's Republic of China's Foreign Policy", *Zhanlue yu Guanli* [Estratégia e administração] 4 (2002): 1-8; Wang Jisi, "International Relations Theory and the Study of Chinese Foreign Policy: A Chinese Perspective", em Robinson e Shambaugh, *Chinese Foreign Policy*, 484.
26. Chen, *Mao's China and the Cold War*, 50-51, e Steven M. Goldstein, "Nationalism and Internationalism: Sino-Soviet Relations", em Robinson e Shambaugh, *Chinese Foreign Policy*, 224-65, esp. 228.
27. Hamrin, "Elite Politics".
28. Chen, *Mao's China and the Cold War*, 49-84; Harold P. Ford, "Calling the Sino-Soviet Split", disponível em www.cia.gov/csi/kent_csi/pdf/v42i5a05%20p.pdf; e Goldstein, "Nationalism and Internationalism".
29. David M. Lampton, "A Growing China in a Shrinking World: Beijing and the Global Order", em Ezra F. Vogel, ed., *Living with China: U.S.-China Relations in the Twenty-first Century* (Nova York: W.W. Norton, 1997), 120-40; Kim, "China's International Organizational Behavior".
30. David Shambaugh, "Patterns of Interaction in Sino-American Relations", em Robinson e Shambaugh, *Chinese Foreign Policy*, 197-223, citado na 198.
31. Kim, "China's International Organizational Behavior", e Lampton, "A Growing China in a Shrinking World", 120-40.
32. Elizabeth Economy e Michel Oksenberg, eds., *China Joins the World: Progress and Prospect* (Nova York: Council on Foreign Relations, 1999), e Wang, *Construction in Contradiction.*
33. Shambaugh, "Patterns of Interaction in Sino-American Relations", 203.
34. Idem, 204.
35. Harry Harding, "China's Changing Roles in the Contemporary World", em Harding, ed., *China's Foreign Relations in the 1980s* (New Haven: Yale University Press, 1984), 177-223, e Wang, "International Relations Theory and the Study of Chinese Foreign Policy", 485.
36. Deng Xiaoping, *Deng Xiaoping Wenxuan* [Escritos selecionados de Deng Xiaoping], Vol. 3 (Beijing: Xinhua, 1994), 370. Veja também Susan Shirk, *The Politi-*

cal Logic of Economic Reform in China (Berkeley: University of California Press, 1993), 23-37, e Kenneth Lieberthal, *Governing China: From Revolution through Reform* (Nova York: W.W. Norton, 1995), 122-27.

37. Lieberthal, *Governing China*, e Yongnian Zheng e Liang Fook Lye, "Political Legitimacy in Reform China: Between Economic Performance and Democratization", em Lynn White, ed., *Legitimacy: Ambiguities of Political Success or Failure in East and Southeast Asia* (Cingapura: World Scientific Publishing, 2005), 183-214.
38. Economy e Oksenberg, *China Joins the World.*
39. Zhang, "Changing Thy Self", 4-19.
40. Harold K. Jacobson e Michel Oksenberg, *China's Participation in the IMF, the World Bank, and GATT: Toward a Global Economic Order* (Ann Arbor: University of Michigan Press, 1990).
41. Wang, "International Relations Theory and the Study of Chinese Foreign Policy", e Li, "On the People's Republic of China's Foreign Policy".
42. Johnston, "Learning versus Adaptation".
43. As reuniões de quatro dessas instituições contam com a presença dos Estados Unidos, em especial as da Apec, do ARF e do CSCAP, bem como as Conversações entre Seis Partes.
44. Cheng-Chwee Kuik, "Analysing China's interest in joining the Asean-led Regional Institutions", *Shijie Jingji yu Zhengzhi* [World economy and politics] 9 (2004): 53-59, e Men Honghua, "Participation, Creation, and Domination: Promoting East Asian Integration via Institutional Building" *Guoji Wentti Luntan* [International issues forum] 1 (2005): 1-16.
45. Lee Lai To, "Domestic Changes in China since the 4 June Incident and Their Implications for Southeast Asia", *Contemporary Southeast Asia* 13 (junho de 1991): 17-43; Chen Jie, "Major Concerns in China's Asean Policy", em Chandran Jeshurun, ed., *China, India, Japan and the Security of Southeast Asia* (Cingapura: Institute of Southeast Asian Studies, 1993), 144-80.
46. Susan Shirk, "Chinese Views on Asia-Pacific Regional Security Cooperation", *NBR Analysis* 5 (1994); Banning Garrett e Bonnie Glaser, "Multilateral Security in the Asia Pacific Region and Its Impact on Chinese Interests: Views from Beijing", *Contemporary Southeast Asia* 16 (junho de 1994): 14-34.
47. Yuen-Foong Khong, "Evolving Regional Security and Economic Institutions", *Southeast Asian Affairs 1995* (Cingapura: Institute of Southeast Asian Studies, 1995), 59.
48. Foot, "China in the Asean Regional Forum", e Johnston, "The Myth of the Asean Way?"
49. Michael Leifer, *The Asean Regional Forum: Extending Asean's Model of Regional Security*, Adelphi Paper 320 (Oxford: Oxford University Press, 1996); Yuen-Foong Khong, "Making Bricks Without Straw in the Asia Pacific?" *Pacific Review* 10 (1997): 289-300; e Amitav Acharya, *Constructing a Security Community in Southeast Asia* (Londres: Routledge, 2001).

50. Foot, "China in the Asean Regional Forum", 428.
51. Pan Zhenqiang, "The Future of the ARF: A Chinese Perspective", em Khoo How San, ed., *The Future of the ARF* (Cingapura, Institute of Defence and Strategic Studies, 1999).
52. Qimao Chen, "New Approaches in China's Foreign Policy: The Post-Cold War Era", *Asian Survey* 33 (março de 1993): 237-51.
53. Lampton, *Same Bed, Different Dreams.*
54. Avery Goldstein, *Rising to the Challenge: China's Grand Strategy and International Security* (Stanford, Califórnia Stanford University Press, 2005), 8.
55. Yan Xuetong, *Meiguo Baquan yu Zhongguo Anquan* [American hegemony and Chinese security] (Tianjin: Tianjin Peoples's Publication, 2000), e Zhang Ruizhuang, "Qingxing Renshi Zhongmei Guanxi de Fuzhaxing [Clearly recognizing the complexity of Sino-U.S. relations]", *Wenweipo* (Hong Kong), 7 de setembro de 2005, disponível em http://paper.wenweipo.com/2005/09/07/ww05090700-03.htm.
56. Veja Robert S. Ross, "The 1995-96 Taiwan Strait Confrontation: Coercion, Credibility, and the Use of Force", *International Security* 25 (outono de 2000): 87-123, e Christensen, "Fostering Stability or Creating a Monster?"
57. Yang Jiemian, "Big Power Relations and International Order: Interaction and Impact", *Guoji Wenti Luntan* [International review] 39 (verão de 2005): 1-113, e Robert G. Sutter, *China's Rise in Asia: Promises and Perils* (Nova York: Rowman and Littlefield, 2005), esp. 43-47.
58. Yong Deng, "Hegemon on the Offensive: Chinese Perspectives on U.S. Global Strategy", *Political Science Quarterly* 116 (2001) 343-65.
59. Idem, e Goldstein, *Rising to the Challenge,* 133.
60. Jia Qingguo, "Learning to Live with the Hegemon: Evolution of China's Policy toward the US since the End of the Cold War", *Journal of Contemporary China* 14 (agosto de 2005): 395-407.
61. Yan, *American Hegemony and Chinese Security.*
62. Deng, "Hegemon on the Offensive", 350.
63. Shi Yinghong, "Correctly Evaluating International Structure and Its Evolving Trend", *Zhanlue yu Guanli* [Strategy and management] 4 (1999): 103-5, e Zhang Ruizhuang, "Reevaluating Chinese Foreign Policy's International Environment", *Zhanlue yu Guanli* [Strategy and management] 1 (2001): 20-30.
64. David M. Finkelstein, *China Reconsiders Its National Security: The Great Peace and Development Debate of 1999* (Alexandria, VA.: CNA Corporation, dezembro de 2000).
65. Shen Jiru, "Multilateral Diplomacy and a Multipolar World", e Meng Xiangqing, "Participating in Multilateral Security Cooperation: A Challenge, but also an Opportunity", ambos em *Shijie Jingji yu Zhengzhi* [World economy and politics] 10 (2001): 20-24 e 25-29, respectivamente.
66. Chu Shulong, "China's National Interests, National Power, and National Strategy", *Zhanlue yu Guanli* [Strategy and management] 4 (1999): 13-18.

67. Pang Zhongying, "China's Asia Strategy: A Flexible Multilateralism", *Shijie Jingji yu Zhengzhi* [World economy and politics] 10 (2001): 30-35, e Men Honghua, "The Strategic Framework of China's Peaceful Rise", em Men, ed., *Zhongguo: Daguo Jueqi* [Ascensão da China Moderna] Hangzhou: Zhejiang People's Publication, 2004), 205-30.
68. Men, "Participation, Creation, and Domination".
69. Ahmed Rashid, *Jihad: The Rise of Militant Islam in Central Asia* (New Haven, Conn: Yale University Press, 2002), 201-7.
70. Goldstein, *Rising to the Challenge*, 142.
71. Yan Xuetong, "China's Foreign Policy Must Stand on Periphery Ground", *Liaowang* 11 (2000): 49-50.
72. Christensen, "Fostering Stability or Creating a Monster?" 83; Michael A. Glosny, "Heading toward a Win-Win Future? Recent Developments in China's Policy toward Southeast Asia", *Asian Security* 2 (2006): 24-57; e Serene Hung, *China in Asean-led Multilateral Forums*, Maryland Series in Contemporary Asian Studies 185 (Baltimore: University of Maryland School of Law, 2006).
73. Thomas G. Moore e Dixia Yang, "Empowered and Restrained: Chinese Foreign Policy in the Age of Economic Interdependence", em David M. Lampton, ed., *The Making of Chinese Foreign and Security Policy in the Era of Reform* (Stanford, CA: Stanford University Press, 2001). 221-22.
74. Amitav Acharya, "Realism, Institutionalism, and the Asian Economic Crisis", *Contemporary Southeast Asia* 21 (abril de 1999): 1-29.
75. H.E. Tang Jiaxuan, ministro de Negócios Exteriores, República Popular da China, palestra de abertura, Sétimo ARF, Bangcoc, 27 de julho de 2000.
76. Robert Sutter, "China's Regional Strategy and Why It May Not Be Good for America", em David Shambaugh, ed., *Power Shift: China and Asia's New Dynamics* (Berkeley, CA: University of California Press, 2005), 295.
77. Embora a China há muito defenda sua "solidariedade com países do Terceiro Mundo", durante a era Mao, suas relações com muitos países vizinhos foram obstruídas por vários problemas políticos e ideológicos ao longo de todo o período da Guerra Fria. Somente no início dos anos 1990, a China fez progressos reais na promoção de relações próximas e abrangentes com seus vizinhos, como ficou salientado pelo estabelecimento de relações diplomáticas com a Indonésia (agosto de 1990), Cingapura (outubro de 1990), Brunei (setembro de 1991), Vietnã (novembro de 1991) e Coreia do Sul (agosto de 1992).
78. Andrew J. Nathan, *China's Crisis: Dilemmas of Reform and Prospects for Democracy* (Nova York: Columbia University Press, 1990).
79. Wu Xinbo, "China: Security Practice of a Modernizing and Ascending Power", em Muthiah Alagappa, ed., *Asian Security Practice: Material and Ideational Influences* (Stanford, CA: Stanford University Press, 1998), 132.
80. Jia, "Learning to Live with the Hegemon", 397. Três outros princípios foram acrescentados depois: "keeping low key and biding our time [*taoguang yahui*],

accomplishing something [*yousuo zuowei*] e "never aspiring to lead [*juebu dangtou*]", formando assim a "estratégia de 24 caracteres" [*ershisi-zi fangzhen*].

81. Zhang Baijia, "China's Domestic Politics and Foreign Relations in the 1990s", *Zhonggong Dangshi Yanjiu* [estudos de história do CCP] 6 (2001): 29-34.
82. Chen, "New Approaches in China's Foreign Policy".
83. Zhang Yunling, "How to View Our Periphery Relations and Security Problems", disponível em www.iapscass.cn/XueShuWZ/ showcontent.asp?id=356; China Institute of Contemporary International Relations, "A Research Report on China's Asean Policy", *Xiandai Guoji Guanxi* [contemporary international relations] 10 (2002): 1-10.
84. Chen, "Major Concerns in China's Asean Policy", 162.
85. Zhang Yunling e Tang Shiping, "China's Regional Strategy", em Shambaugh, *Power Shift*, 50.
86. Cheng-Chwee Kuik, "Regime Legitimation and Foreign Policy Choices: A Comparative Study of Southeast Asian States' Hedging Strategies toward a Rising China, 1990-2005", resumo de dissertação apresentado na Paul H. Nitze School of Advanced International Studies (SAIS) (Washington, D.C.: The Johns Hopkins University, setembro de 2006).
87. Kuik, "Multilateralism in China's Asean Policy".
88. Termsak Chalermpalanupap, "Asean-China Dialogue: Towards Enhancing Friendship and Good Neighbourliness", *China-Asean Review 1999* (Hong Kong: University of Hong Kong, 1999).
89. Wang Yi, "Yulin Weishan, Yulin Weiban [Amizade e companheirismo com os vizinhos]", *Qiushi* (Seeking truth] 4 (2003): 19-22.
90. Yongnian Zheng e Sow Keat Tok, *China's 'Peaceful Rise': Concept and Practice*, China Policy Institute Discussion Paper 1 (Nottingham, Inglaterra: University of Nottingham, 2005), 14.
91. Lucian Pye, "China: Erratic State, Frustrated Society", *Foreign Policy* 69 (outono de 1990): 56-74, e Minxin Pei, "China's Governance Crisis", *Foreign Affairs* 81 (2002): 96-109.
92. Wang Gungwu e Zheng Yongnian, *Reform, Legitimacy, and Dilemmas: China's Politics and Society* (Cingapura: Singapore University Press and World Scientific, 2000), esp. 1-20; Harry Harding, "The Halting Advance of Pluralism", *Journal of Democracy* 9 (1998): 11-17; e Thomas J. Christensen, "China", em Richard J. Ellings e Aaron L. Friedberg, eds., *Strategic Asia 2001-2002: Power and Purpose* (Seattle, Wash.: National Bureau of Asian Research, 2001), 27-69.
93. Deng, *Deng Xiaoping Wenxuan*, vol. 3, 370.
94. Jiang Zemin, "Accelerating Reform and Opening-Up", *Beijing Review* 35 (1992): 9-32.
95. Website do Ministério do Comércio Chinês, disponível em http://yzs.mofcom.gov.cn/aarticle/date/c/200601/20060101431338.html.
96. Feng Xiaoming, "China and Asean Can Enjoy Prosperity Together", *Guoji Jingji Pinglun* [International economy review] 1-2 (2002): 60-62.

97. Takahara Akio, "Beijing Embraces Regionalism", *Japan Echo* 29 (2002): 38-49.
98. Deng, *Deng Xiaoping Wenxuan*, Vol. 2, 417.
99. Tang Shiping, *Shuzhao Zhongguo de Lixiang Anquan Huanjing* [Construct China's ideal security environment] (Pequim: CASS Publishing, 2003), 86-96.
100. Yan Xuetong, "Whatever-It-Takes Would Ensure China's National Unification" *Lianhe Zaobao* (Cingapura), 28 de novembro de 2003, 19, e Shi Yinghong, "China's External Difficulties and the New Leadership Challenges: International Politics, Foreign Policy, and the Taiwan Problem", *Zhanlue yu Guanli* [Strategy and management] 3 (2003): 34-39.
101. Chien-Peng Chung, "The Defense of Xinjiang", Harvard International Review (verão de 2003): 58-62; Bates Gill e Matthew Oresman, *China's New Journey to the West: A Report of the CSIS Freeman Chair in China Studies* (Washington, D.C.: Center for Strategic and International Studies, 2003).
102. Veja Yan Xuetong, "The Rise of China in Chinese Eyes", *Journal of Comtemporary China* 10 (2001): 33-39, e Ye Zicheng, Zhongguo Da Zhanlue: *Zhongguo Chengwei Shijie Daguo de Zhuyao Wenti ji Zanlue Xuantze* [China's grand strategy: The major problems and strategic choices for China's quest to become a world major power] (Pequim: China Social Sciences Publishing, 2003). Para uma visão histórica da "ascensão da China", veja Wang Gungwu, "The Fourth Rise of China: Cultural Implications", *China: An International Journal* 2 (setembro de 2004): 311-22.
103. Sobre a "ascensão pacífica da China", veja Zheng Bijian, *Peaceful Rise – China's New Road to Development* (Pequim: Central Party School Publishing House, 2005).
104. Sobre o nacionalismo da China, veja Peter Hays Gries, *China's New Nationalism: Pride, Politics, and Diplomacy* (Berkeley: University of California Press, 2004), e Shuisheng Zhao, "China's Pragmatic Nationalism: Is It Manageable?" *Washington Quarterly* 29 (inverno de 2005-6): 131-44.
105. Tang, *Construct China's Ideal Security Environment*, e Men, "Participation, Creation, and Domination".
106. Steven I. Levine, "Sino-American Relations: Practicing Damage Control", em Samuel Kim, ed., *China and the World: Chinese Foreign Policy Faces the New Millennium*, 4ª ed. (Boulder, CO: Westview, 1998), 91.
107. Christensen, *Useful Adversaries*, e Chen Jian, *Mao's China and the Cold War*.
108. Ambos os incidentes são amplamente vistos como "crises político-militares" que poderiam ter tido consequências sérias para as relações sino-americanas. Para uma excelente análise de como os líderes chineses e americanos administraram essas crises, veja Michael D. Swaine e Zhang Tuosheng, eds., *Managing Sino-American Crises: Case Studies and Analysis* (Washington, D.C.: Carnegie Endowment for International Peace, 2006), esp. 327-452.
109. Li Shaojun, *Guoji Zhengzhixue Gailun* [Study of international politics] (Xangai: Shanghai People's Publication, 2002), 520-26.

110. Zhang e Tang, "China's Regional Strategy", 50, e Zhang Yunling, "Comprehensive Security and Some Thoughts on Our National Security". *Dangdai Yatai* [Contemporary Asia Pacific] 1 (2000): 4-16.
111. Alastair Iain Johnston, "Is China a Status Quo Power?" *International Security* 27 (primavera de 2003): 5-56.
112. M. Taylor Fravel, "Regime Insecurity and International Cooperation: Explaining China's Compromises in Territorial Disputes", *International Security* 30 (outono de 2005): 46-83.

CAPÍTULO 6

A China e a impraticabilidade do regionalismo fechado

– *Daniel H. Rosen*

Será que as nações do Nordeste da Ásia continuarão a adotar instituições financeiras e econômicas globais à medida que cresce seu peso econômico no mundo, ou recorrerão a estruturas locais de bases regionais? Até que ponto a Ásia, em particular a China, desenvolverá seu próprio sistema econômico de orientação interna? As perspectivas da China sobre essas perguntas são de especial importância, por várias razões. Espera-se que sua trajetória de crescimento em pouco tempo lhe dê peso político e econômico para liderar um "bloco de governança" independente do Ocidente e das instituições existentes por ele lideradas. Como seu crescimento marginal é tão importante para o bem-estar econômico de seus vizinhos imediatos, a China poderá induzi-los à participação pela influência da persuasão (inclusive sedução, em vez de compulsão). A ascensão de uma estrutura de governança no nordeste da Ásia também poderá levar a um declínio relativo das estruturas multilaterais normalmente dominadas pelos Estados Unidos, e com isso à diminuição da influência daquele país.

Quando exploro este tópico da perspectiva da economia, minha abordagem focaliza *mercados*. Nas páginas seguintes, identifico sistemas econômicos e mercados dos quais dependem os interesses chineses, exploro quais sistemas de governança são necessários para seu sustento e tiro conclusões a respeito de se os interesses da China poderão ser satisfeitos por meio de um sistema de governança asiático, dominado ou não por Pequim, em vez de pelas alternativas multilaterais hoje existentes. De forma geral, a China não pode esperar administrar seus interesses econômicos, a curto ou médio prazo, nos limites de alternativas centradas na Ásia para instituições multilaterais. Embora, a longo prazo, o "asianismo"* não possa ser eliminado, não há razões para pressupor sua evolução, até que haja um progresso bem maior em suas pré-condições.

Introdução: o que sabemos sobre a visão da China

Ao longo dos últimos 25 anos, as ações da China têm manifestado um compromisso com a economia de mercado, além da mera retórica. As barreiras internas ao comércio e as tarifas externas foram cortadas para uma fração de seus níveis anteriores; barreiras não tarifárias de todos os tipos foram bastante reduzidas; barreiras contra investimentos e controles de preços foram em grande parte abolidas, e assim por diante. A extensão dessas reformas é impressionante e amplamente reconhecida[1]. Ironicamente, a China é um bom exemplo de boa compreensão da escola de pensamento do Consenso de Washington na economia de reformas políticas e comercialização[2].

Embora ainda seja pobre em termos absolutos, a China tornou-se muitas vezes mais rica nos últimos anos e está a caminho, em mais algumas décadas, de atingir uma riqueza moderada em termos absolutos. Contudo, suas realizações passadas, presentes e futuras dependem de seu compromisso com um conjunto de sistemas econômicos que estão além da autoridade soberana de Pequim e exigem governança coletiva. Entre eles, estão:

- mercados externos de capitais,
- mercados externos para as exportações e importações chinesas,
- regimes internacionais para administrar a volatilidade econômica regional e global,
- regimes de segurança e de governança para administrar os fluxos internacionais de energia e de recursos, e
- regimes globais que apoiem o desenvolvimento e a estabilidade regionais.

* [Doutrina que prega a união das nações asiáticas]. (N. do T).

Como veremos, a China pode esperar administrar cada uma dessas necessidades externas por meio de mecanismos regionais em vez de multilaterais globais. Porém, as conclusões extraídas deste estudo são necessariamente incertas e especulativas pelas seguintes razões:

- O histórico dos que tentam adivinhar a visão das lideranças chinesas mais velhas sobre questões de estratégia nacional é notoriamente ruim, tanto entre comunidades estrangeiras de informações como entre pessoas "de dentro" que alegam ter acesso excepcional a Pequim. Simplesmente não contamos com um canal com discernimento a respeito de como Pequim pensa sobre essas questões.
- Não há *uma única China*. Hoje em dia, as visões na China mudam bastante; uma mudança seminal está em andamento na formação educacional de líderes chineses e, consequentemente, em seu modo de pensar[3]. Não há, entre as lideranças chinesas, uma ideologia consistente sobre muitas questões, com nacionalistas e internacionalistas competindo por influência sobre políticas[4]. Mesmo dentro dos grupos, a visão muda, dependendo da sofisticação técnica dos indivíduos envolvidos e dos detalhes políticos.
- Os direitos adquiridos estão evoluindo na China, à medida que são criadas novas riquezas. À medida que mudam os custos e benefícios do melhor envolvimento com os mercados externos, mudam os interesses nacionais do país, em especial quando o gerenciamento de riquezas passa a ser uma preocupação importante da classe média chinesa, composta por 100 milhões de administradores, técnicos e intelectuais[5].
- Uma minoria de líderes chineses ainda se preocupa – alguns diriam que de forma neurótica – em eliminar a vulnerabilidade da nação em relação ao mundo exterior. Este grupo já foi mais forte do que é hoje, mas ainda não pode ser ignorado quando se considera o discurso dos mais velhos. Esta continua a ser a "carta imprevisível" na psicologia governamental chinesa[6].

Por essas e outras razões, precisamos especular quando consideramos a perspectiva chinesa sobre a integração econômica do nordeste da Ásia (assim como estaríamos especulando se fôssemos explorar a perspectiva da América sobre o envolvimento militar continuado no Iraque). Isso não significa que nossa especulação não possa ser razoável ou profética.

Outro ponto preliminar: a pergunta que abordo não é se a China deseja exercer liderança ou poder sobre os sistemas econômicos externos dos quais depende, mas sim se é viável para ela fazê-lo a curto prazo. Muita gente considera discutível se os chineses querem ou não ter responsabilidade gerencial em várias áreas econômicas, uma vez que isso exige o envolvimento em conflitos transculturais bizantinos e dramas políticos para os quais Pequim parece ter vocação limitada. Porém, vamos assumir que Pequim pretende, em algum ponto, envolver-se nessas dores de cabeça e perguntar se seus esforços para tanto poderão reduzir a primazia americana.

Mercados externos de capitais

Poderia a China buscar um fornecedor no nordeste da Ásia para satisfazer suas necessidades de capital, talvez até mesmo um regime que ela pudesse dominar? Para responder, precisamos esclarecer a natureza das necessidades chinesas de capitais externos e o que os regimes multinacionais que atuam com capitais têm a oferecer.

Desde a Segunda Guerra Mundial, a teoria do desenvolvimento econômico afirma que aumentar a formação de capital é a chave para ver o desenvolvimento econômico nos países pobres. Por ter começado pobre, a China sem dúvida precisava de investimentos. Hoje, as empresas chinesas ainda precisam levantar dinheiro. Obter fundos de fontes governamentais não é a maneira preferida pelas empresas mais dinâmicas, porque isso implicaria perda de independência gerencial e de competitividade. Como a China ainda tem um sistema dominado por bancos estatais, papéis domésticos e mercados de títulos são inadequados para o levantamento de fundos. Algumas pessoas em Pequim acreditam que levantar capitais domésticos pode ser "terceirizado" para mercados externos, porque até agora a China cresceu de forma muito rápida sem o benefício de bons mercados internos. Isso é um erro, mas para nossos propósitos a questão é que as empresas chinesas – tanto empresas privadas de qualidade quanto frágeis empresas estatais – buscam dinheiro no exterior.

Hoje, há na China três tipos de fluxos de capital externo. Investimento externo direto (FDI), investimento de bancos de desenvolvimento multilaterais (MDB) e investimento de carteiras em mercados de ações.

Investimento externo direto (FDI)

O FDI chinês é motivo de inveja no mundo em desenvolvimento. As entradas anuais de capital, entre 2000 e 2005, cresceram acima de 100 por cento, de US$ 38,4 bilhões para US$ 79,1 bilhões, tornando o país o segundo maior receptor de FDI do mundo. Contudo, o FDI representa somente cerca de 5 por cento do total de investimentos na China (acima de US$ 1 trilhão, de acordo com recentes revisões do PIB)[7]. E uma parcela significativa, mas incerta, desse FDI faz "ida e volta" – origina-se na China, sai do país e volta, para gozar de condições preferenciais para investidores estrangeiros. Portanto, o que importa não é a formação de capital de US $60 bilhões de FDI, mas sim seu papel catalisador. Muitas vezes, ele é, direta ou indiretamente, o principal agente causador de uma cascata de outros investimentos. Com frequência, ele traz progresso tecnológico para as indústrias chinesas, gera investimentos derivados; quando os "piratas" chineses imitam processos estrangeiros de produção, eles criam ligações com o mercado doméstico, abrindo fluxos de comércio nos dois sentidos e gerando novas construções para instalações e parceiros na cadeia de suprimentos.

A China tem dois interesses estratégicos principais a respeito do FDI. O primeiro é a integração de cadeias de produção de valor em toda a Ásia oriental, por meio de FDI. Na última década, empresas japonesas, coreanas e taiwanesas têm convergido para a China, estabelecendo empreendimentos de propriedade de estrangeiros, ou conjuntos, para oferecer a montagem final de bens manufaturados, produzidos a partir de componentes intermediários, importados dos países vizinhos. Esta integração traz eficiências econômicas que ficam em parte na China. Porém, ela também gera interdependência, o que é saudável para a China e para o sistema político-econômico da Ásia oriental, porque cria a expectativa de que os problemas internacionais podem ser resolvidos de forma cooperativa e que as soluções unilaterais são excessivamente caras.

O segundo interesse estratégico da China no FDI está ligado às transferências explícitas ou implícitas de tecnologia que normalmente o acompanham. Os líderes chineses estão ansiosos para elevar a cadeia de valor industrial para que possam atingir a meta de quadruplicar a renda *per capita* entre 2000 e 2020. As lideranças chinesas consideram o FDI ligado à alta tecnologia vital para esse processo.

Embora não haja nenhum regime internacional regendo o FDI, regimes multinacionais e regionais tentaram prover regras para incentivar investimentos através das fronteiras. Houve proposta de criação de uma Agência Multilateral de Investimentos, mas o esforço fracassou há poucos anos. O acordo da Organização Mundial do Comércio (OMC) sobre Medidas de Investimento Relacionadas ao Comércio (TRIMs) fez algo no sentido de disciplinar políticas de investimento injustas; os acordos regionais incluem, em escala crescente, provisões ligadas a investimentos. No final de 2005, China, Japão e Coreia do Sul realizaram conversações preliminares sobre a inclusão de provisões sobre investimentos em um tratado econômico envolvendo o nordeste da Ásia, o que poderá facilitar a futura inclusão de provisões semelhantes em uma iniciativa da Association of Asian Nations (Asean) Plus Three[8].

O aprofundamento da integração econômica e de governança na Ásia poderá facilitar a concretização da meta estratégica de integração regional da cadeia de valor, mas somente em parte. Fontes críticas de alta tecnologia e de conhecimento estão fora da Ásia. Europa e Estados Unidos ainda contam com ativos industriais sofisticados e P&D; mas, para deles tirar proveito, a China ainda necessita de um robusto ambiente de FDI. A Figura 6.1 mostra que, embora a Ásia oriental seja uma fonte importante de FDI, mais da metade das entradas que não vêm de Hong Kong provêm de países de fora da Ásia. Caso a China dirigisse suas energias de captação de investimentos para uma estrutura regional, para longe de estruturas envolvendo Europa e Estados Unidos, ela sofreria um declínio em transferência de tecnologia e em elos comerciais com esses importantes mercados.

Bancos de Desenvolvimento Multilaterais (MDBs)

Empréstimos e concessões de MDBs, como o Banco Mundial, tiveram, no passado, uma parte importante na acumulação de capital chinês, financiando grandes projetos de infraestrutura e ambientais. Mas, nos úl-

Figura 6.1 FLUXOS DE FDI PARA A CHINA, 1995-2005

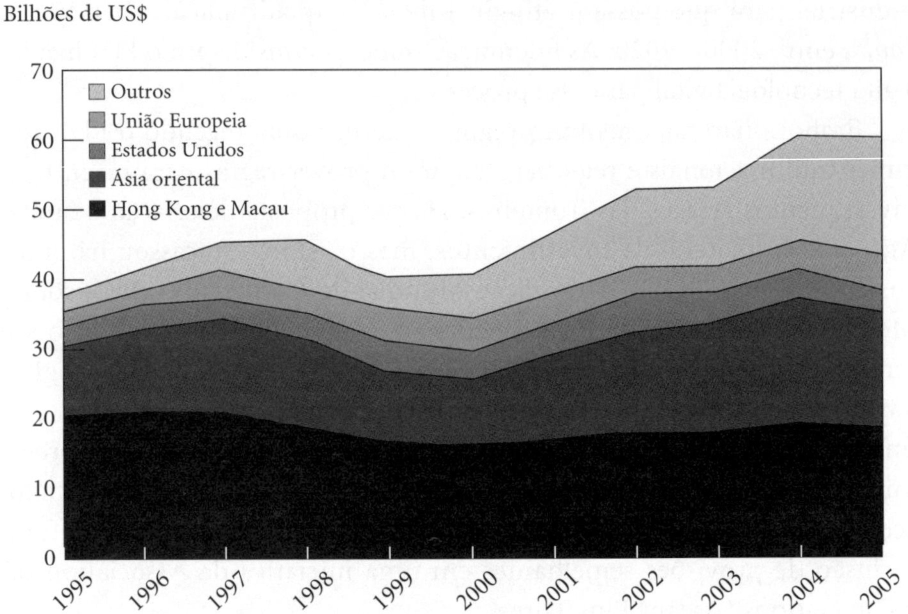

Fontes: Estimativas da CEIC Data Co. e do Bureau Nacional de Estatísticas da China.
Nota: A Ásia oriental é composta por Indonésia, Japão, Coreia, Malásia, Filipinas, Taiwan e Tailândia.

timos anos, à medida que os financiamentos do Banco Mundial para a China declinaram, aumentaram os empréstimos do Asian Development Bank (ADB). Em 2004, o Banco Mundial concedeu à China US$ 1 bilhão em novos empréstimos (comparados com US$ 2,9 bilhões em 1996), ao passo que o ADB aprovou US$ 1,3 bilhão em empréstimos (de cerca de US$ 600 milhões em 1997)[9]. Contudo, os dois bancos têm um papel marginal e declinante na satisfação das necessidades do total de capital da China, como demonstra a Figura 6.2, que compara financiamentos do Banco Mundial com o total de investimentos.

Investimentos de carteiras estrangeiras

Embora os MDBs e o FDI estejam se tornando marginais em termos das necessidades totais de capital da China, os mercados financeiros externos desempenham um papel grande e crescente. Embora mercados

FIGURA 6.2 FINANCIAMENTOS DO BANCO MUNDIAL E DE FDI, 1995-2005

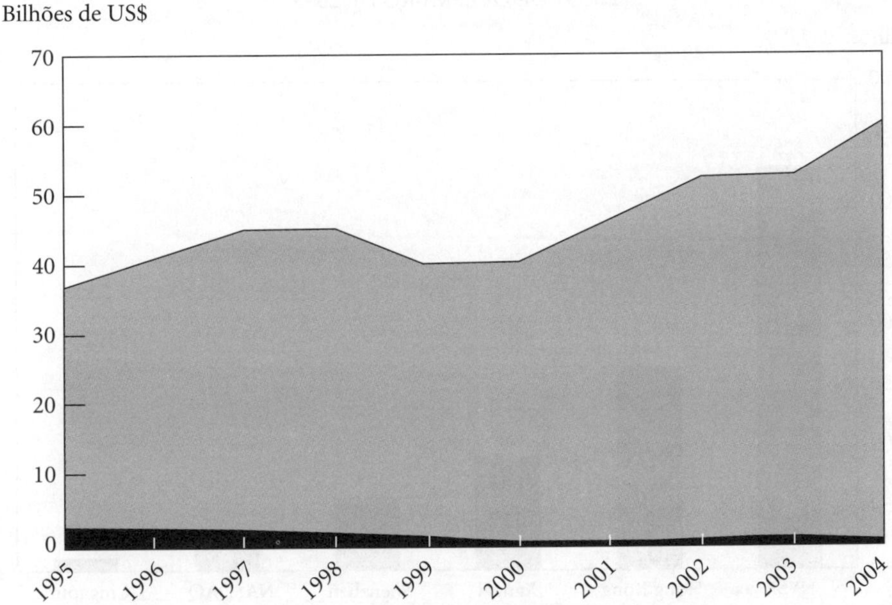

Fontes: Relatórios anuais do Banco Mundial, 1996-2005 (World Bank FY2005 está relacionado sob 2004 etc.). Dados de FDI para 1994-2004 da United Nations Conference on Trade and Development. Cifras de investimentos totais da Economist Intelligence Unit, provenientes de fontes nacionais e do FMI, *International Financial Statistics.*
Nota: A área negra indica novos empréstimos do Banco Mundial; a área cinza indica investimento direto do exterior.

asiáticos, como Hong Kong e Cingapura, tenham atraído um grande número de empresas chinesas em busca de dinheiro, as normas em evolução nesses mercados de capitais e nas bolsas de Xangai e Shenzhen ainda são dominadas pelos altos padrões do pensamento regulatório europeu e americano. Como resultado, gigantes chineses como a Petro-China, a China Mobile e a China Life Insurance decidiram entrar para a Bolsa de Valores de Nova York (NYSE). As 17 empresas chinesas negociadas nessa bolsa tinham, no final de 2005, uma capitalização de mercado combinada de US$ 329 bilhões[10]. Empresas chinesas de tecnologia, como Baidu, também são negociadas na Nasdaq[11]. Como mostra a Figura 6.3, o valor das ações das empresas chinesas em Nova York supera a capitalização de mercado de suas ações nas bolsas de Hong Kong, Cingapura e da própria China combinadas.

FIGURA 6.3 CAPITALIZAÇÃO DE MERCADO DE EMPRESAS CHINESAS EM 31 DE DEZEMBRO DE 2005

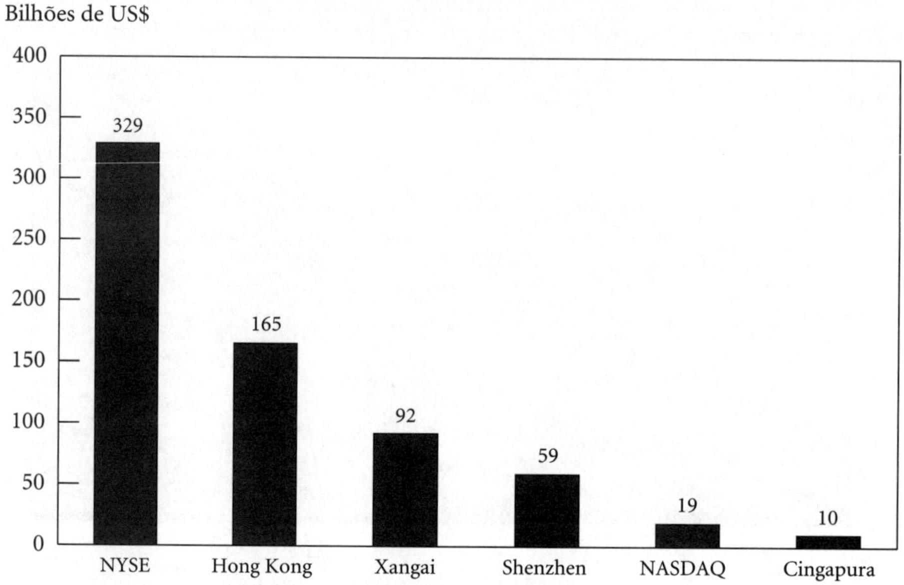

Fonte: CEIC Data Co. e websites da Thomson Financial e das bolsas relacionadas.

Quanto tempo se passará até que a Ásia rivalize com os Estados Unidos como lugar altamente competitivo para se levantar capital? A diversidade e a profundidade dos mercados americanos, associadas às instituições regulatórias bem estabelecidas que os regem, têm atraído, tradicionalmente, grandes volumes de capitais globais para os Estados Unidos. Através dos mercados americanos, empresas chinesas têm acesso a uma ampla gama de investidores do mundo inteiro.

Para superar os Estados Unidos como lugar para levantar capital, a Ásia precisa atrair mais investidores internacionais em busca de investimentos lucrativos. E, para atrair investidores grandes e sofisticados, precisa estabelecer uma infraestrutura regulatória confiável, desenvolver padrões internacionais de experiência financeira e introduzir uma ampla gama de produtos que satisfaçam as necessidades de investimento e proteção dos investidores internacionais. Os mercados asiáticos estão se desenvolvendo rápido nessas áreas, particularmente Hong Kong, devido à sua proximidade com a China e ao seu tradicional papel como ponto de entrada para capitais internacionais em busca de investimentos em empresas chinesas.

É importante notar que o Índice Hang Seng terminou 2004 com HKD de 300 bilhões (US$ 40,1 bilhões) em financiamento de ofertas públicas iniciais (IPO), tornando-se o segundo mercado mais lucrativo depois de Nova York[12]. De fato, o China Construction Bank está planejando lançar sua esperada IPO de US$ 7,7 bilhões em Hong Kong e não nos Estados Unidos[13]. As razões incluem os altos custos de inscrição em Nova York e os severos padrões a serem seguidos para IPOs na Nyse e na Nasdaq. A obediência à Lei Sarbanes-Oxley, de 2002, é mencionada como um oneroso requisito de abertura financeira e contábil, que eleva a responsabilidade dos membros do conselho de uma empresa por atos incorretos[14]. De acordo com a Dealogic Holdings, houve uma grande queda no volume de dinheiro levantado por empresas chinesas na Nyse, com somente US$ 1,37 bilhão no período de janeiro a agosto de 2005, em comparação com os US$ 7,26 bilhões de 2004[15]. Caso esta tendência se mantenha, os mercados asiáticos poderão superar os Estados Unidos como locais favoritos para a capitalização chinesa.

Porém, os padrões fixados nos mercados americanos influenciarão por algum tempo os padrões a serem satisfeitos pelos buscadores estrangeiros de capitais. As firmas americanas de gerenciamento de ativos também podem transferir dinheiro para investimentos na Ásia, fora dos mercados de capitais americanos, mas, quando o fazem, continuam a respeitar os padrões fiduciários desenvolvidos e obedecidos nos Estados Unidos.

Mercados externos para exportações e importações da China

Os líderes chineses dependem de uma economia doméstica forte para validar e perpetuar o sistema político e econômico que controlam. A produção para exportação (com uma alta parcela de reexportações) tem sido vital para o crescimento e a reforma econômica chineses; o superávit das exportações responde pela maior parte do crescimento do PIB do país. A China também depende de mercados externos para ter acesso às matérias-primas, aos bens e aos serviços que consome e processa.

Como foi mencionado na exposição sobre o FDI, os investimentos na produção chinesa por parte de empresas japonesas, coreanas e taiwanesas estão progressivamente integrando a Ásia oriental, com a China como o ponto de montagem final para as matérias-primas e os bens intermediários importados de seus vizinhos. O país tornou-se um parceiro comercial importante para todas as nações da Ásia oriental ao longo dos últimos 10 anos (Figura 6.4). Em 2004, a China respondeu por 22 por cento do comércio total do Japão, muito acima dos 8 por cento de 1994. A participação chinesa no comércio total da Coreia passou de 6 para 19 por cento no mesmo período.

Figura 6.4 COMÉRCIO DE PAÍSES ASIÁTICOS COM A CHINA COMO PORCENTAGEM DO SEU COMÉRCIO TOTAL, 1993-2004

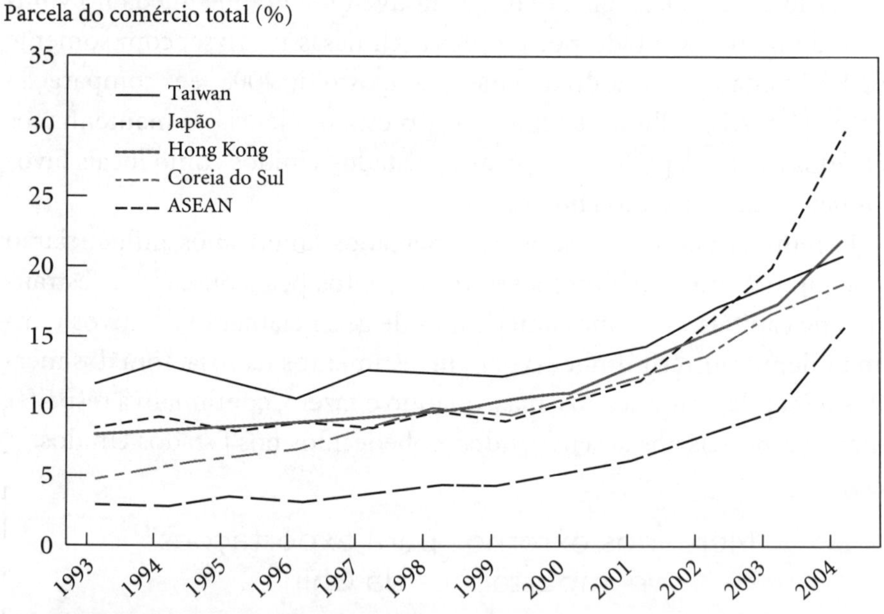

Fonte: Comtrade da ONU, 14 de julho de 2005.
Nota: Classificação HS 1992.

Contudo, o acesso da China à OMC, que estabilizou os mercados ocidentais para as exportações chinesas, provocou uma diminuição no papel da Ásia oriental em termos do comércio total chinês. Embora a Coreia do Sul e as nações membros da Asean constituam uma parcela ligeiramente maior dos fluxos comerciais chineses do que em 1993 (Figura 6.5), esses aumentos não compensam a redução nas posições de Hong Kong e do Japão na carteira de comércio.

Figura 6.5 COMÉRCIO DA CHINA COM PAÍSES ASIÁTICOS COMO PARCELA DO SEU COMÉRCIO TOTAL, 1993-2004

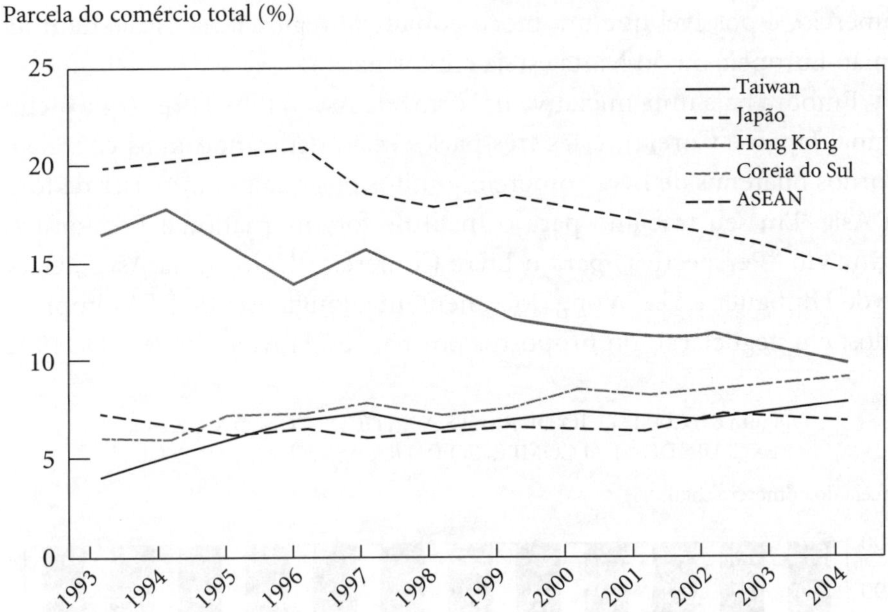

Fonte: Comtrade da ONU, 14 de julho de 2005.
Nota: Classificação HS 1992.

O resultado da crescente dependência da Ásia oriental do comércio com a China, associada à aceitação das exportações chinesas pelos mercados ocidentais, é uma cadeia asiática de valor integrada. Como mostra a Figura 6.6, a parcela declinante do Japão no comércio da Ásia oriental com o mundo reflete a parcela crescente da China, ao longo dos últimos 10 anos. Bens de capital, bens intermediários e matérias-primas do Japão param na China para montagem final, antes de ser exportados para o Ocidente. Assim, embora as importações da China para os Estados Unidos tenham crescido muito durante a última década, as importações americanas de toda a Ásia oriental declinaram de 37,3 por cento, em 1996, para 34,5 por cento, em 2004[16].

A integração econômica na Ásia oriental gerou muita especulação sobre a perspectiva de um acordo de livre comércio (FTA) pan-asiático. A ideia foi proposta pelo antigo primeiro-ministro da Malásia Mohamad Mahathir em 1990, mas deixada de lado em favor da Apec, que inclui

Austrália, Canadá, Nova Zelândia, Rússia e Estados Unidos. Como, desde sua inauguração, a Apec pouco tem feito em termos da liberalização do comércio, é possível que um bloco comercial regional na escala de uma União Europeia ou do Nafta esteja em formação?

Embora haja uma iniciativa na forma da Asean Plus Three (que inclui China, Japão e Coreia), estes três países estão dedicando mais energia a acordos bilaterais de livre comércio, muitos dos quais com países de fora da Ásia. Em seu trabalho para o Institute for International Economics, intitulado "Perspectivas para o Livre Comércio Regional na Ásia", Gary Clyde Hufbauer e Yee Wong documentam a longa lista de FTAs implantados, em negociação ou propostos por nações da Ásia oriental. De 1992

Figura 6.6 COMÉRCIO DE PAÍSES ASIÁTICOS COM O MUNDO, EXCLUINDO-SE O COMÉRCIO INTRA-ASIÁTICO, 1993-2004

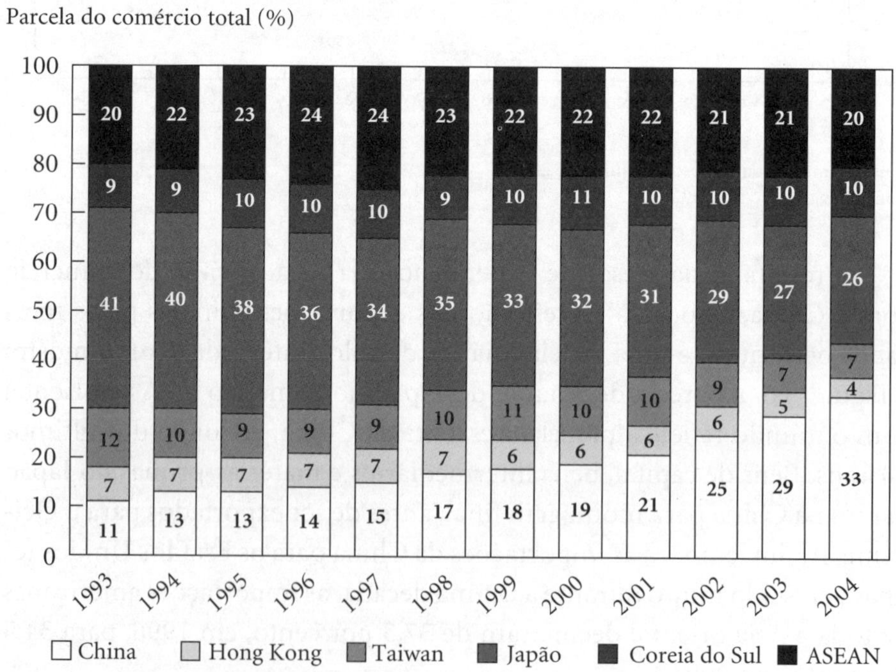

Fonte: Comtrade da ONU, 14 de julho de 2005.

Nota: Classificação HS 1992. Ásia oriental (EA): Asean + China + Hong Kong + Japão + Coreia do Sul + Taiwan. Diferenças em quantidades de unidades ignoradas na busca da Comtrade. A Comtrade não aceita Taiwan como relatora; portanto, a busca foi invertida para colocar a ex-EA global como relatora e a EA (que inclui Taiwan) como parceira. O resto do mundo = ex-EA global = mundo menos a Ásia oriental.

a 2005, foram implantados 15 FTAs, nove dos quais com parceiros de fora da Ásia oriental. Dos 27 FTAs em negociação, somente nove são com países da região.

Dependente de mercados não asiáticos para matérias-primas e bens intermediários, a China tem sido particularmente ativa na busca de FTAs bilaterais fora da Ásia. Como mostra a Figura 6.7, os Estados Unidos continuam cruciais para Pequim, recebendo 25,6 por cento das exportações globais chinesas (exceto Hong Kong) em 2005. A União Europeia responde por 22,6 por cento das exportações chinesas, também com exceção de Hong Kong. E é claro que uma parcela importante daquilo que a China exporta para Hong Kong também se destina ao Ocidente[17].

Figura 6.7 EXPORTAÇÕES DA CHINA PARA O MUNDO, 1995-2005

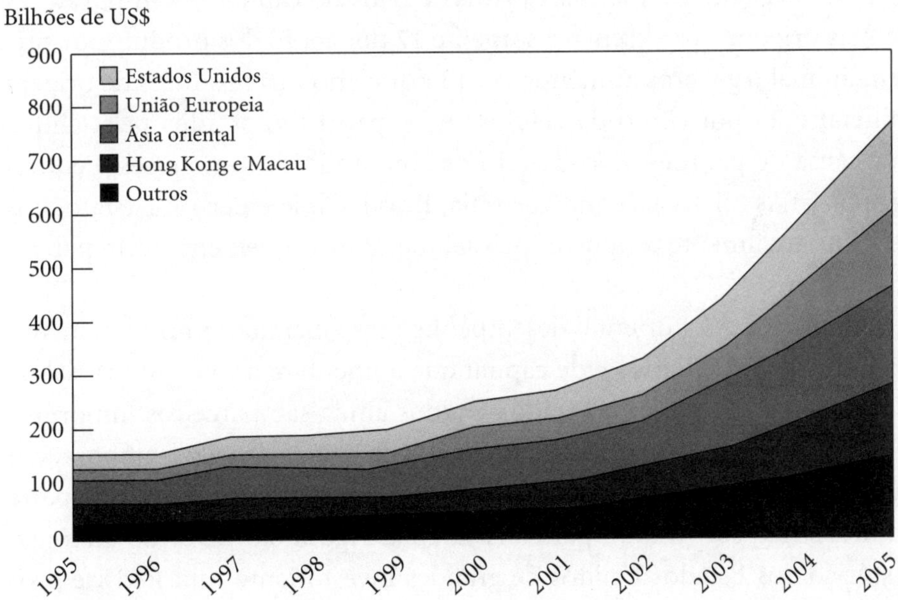

Fontes: Estimativas da Ceic Data Co. e do Bureau Nacional de Estatística da China.
Nota: A Ásia oriental consiste de Indonésia, Japão, Coreia, Malásia, Filipinas, Cingapura, Taiwan e Tailândia.

A importância do mercado americano para os chineses é amplificada pela competição entre o país e o resto da Ásia. As economias asiáticas de alta renda, como Cingapura, Coreia do Sul e Taiwan, competem com a China na exportação de produtos de alta tecnologia. Os chineses também são competidores importantes de nações com abundância de mão de obra, como Indonésia, Tailândia e Vietnã, fabricando produtos em que essa mão de obra é de uso intensivo, como roupas, calçados e bens de consumo elétricos.

O porte do mercado americano deixa poucas dúvidas de que ele continuará, por muito tempo, exercendo grande influência sobre a estratégia comercial chinesa e asiática. Sua importância deixará de crescer – mas provavelmente não declinará –, na medida em que China e Ásia gradualmente forem integrando seus padrões de produção para refletir as mudanças em suas vantagens comparativas e prosseguirem no sentido de um relacionamento comercial cada vez mais complementar.

A China também depende de mercados não asiáticos para muitas das suas importações de matérias-primas e bens de capital. As importações da Ásia oriental* representam somente 17 por cento dos produtos de origem animal e gêneros alimentícios, 13 por cento dos produtos de origem mineral e 25 por cento da celulose e do papel importados pela China. Por causa de padrões de comércio de commodities como esses, Pequim propôs FTAs bilaterais com Austrália, Brasil, Chile e Peru[18]. De fato, dos 18 FTAs atualmente propostos pela China, somente seis envolvem parceiros asiáticos.

Embora a Ásia oriental desempenhe um papel maior no suprimento dos bens intermediários e de capital que alimentam a força industrial da China, União Europeia e Estados Unidos ainda são parceiros importantes e não podem ser facilmente excluídos da cadeia de valor, embora, em outras áreas de produção, como a de instrumentos ópticos, grande parte da indústria já se mudou para a Ásia (veja Figura 6.8). Devido ao longo histórico dos Estados Unidos de grandes investimentos em P&D, é provável que o acesso à tecnologia americana permaneça crítico para a China no futuro previsível.

Finalmente, o papel da Marinha americana em garantir a segurança das rotas marítimas do mundo provavelmente não será suplantado nos próximos 50 anos. Uma grande parcela do comércio da China com o

---

* A Ásia oriental consiste de Indonésia, Japão, Coreia, Malásia, Filipinas, Cingapura, Taiwan e Tailândia.

mundo atravessa pontos de estrangulamento, como o estreito de Málaca. A vulnerabilidade dos fluxos de importação de commodities a um ataque terrorista num desses pontos é uma preocupação crescente das lideranças chinesas[19]. Embora a hesitação em depender da América para a segurança do comércio tenha levado Pequim a fortalecer sua capacidade naval, a competência para substituir os Estados Unidos como provedor da força policial que protege as rotas marítimas asiáticas frustrará a China por algum tempo.

Figura 6.8 IMPORTAÇÕES CHINESAS DE ALTO VALOR, 2005

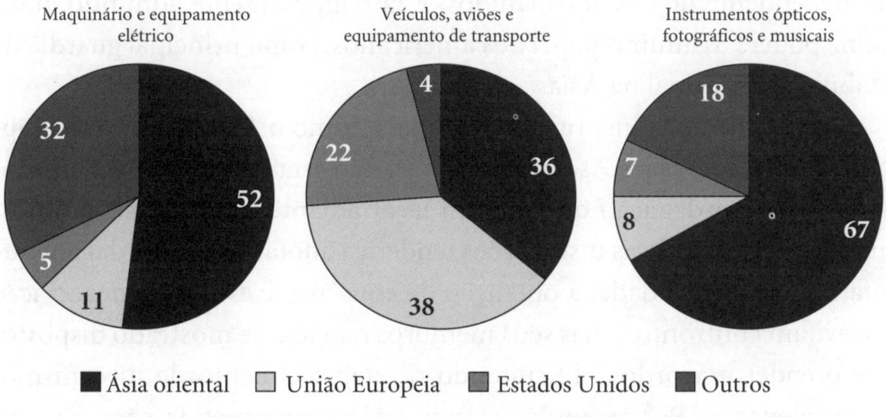

Fontes: Estimativas da Ceic Data Co. e do Bureau Nacional de Estatística da China.
Nota: A Ásia oriental consiste de Indonésia, Japão, Coreia, Malásia, Filipinas, Cingapura, Taiwan e Tailândia.

Regimes para administrar a volatilidade econômica regional e global

Como a base econômica e política da China está crescendo, sua vitalidade econômica regional e global está deixando de ser um "problema dos outros". Sua força econômica externa é parte integrante do crescimento continuado do país e de sua ascensão ao status de potência global de primeira classe, ponto enfatizado pelo secretário do Tesouro dos Estados Unidos John Snow e por Alan Greenspan, presidente do Federal Reserve, na visita de ambos a Pequim para uma reunião de representantes do G20. Na China, essa mensagem não caiu em ouvidos surdos.

Hoje, os Estados Unidos mantêm o papel principal na promoção do crescimento econômico global e no gerenciamento da volatilidade por meio de instituições financeiras internacionais, como o Fundo Monetário Internacional (FMI), a Organização Mundial de Comércio (OMC), o Banco Mundial e outras. Embora comparativamente a Ásia desempenhe um papel menor, esse papel deverá se expandir na medida em que a China se torne uma participante cada vez mais importante na economia mundial. De fato, a formação da Asean Plus Three muitas vezes é vista como um movimento para formar um bloco econômico e político asiático menos dependente dos Estados Unidos. É fato amplamente admitido que a China poderá assumir o papel dos americanos, como principal guardiã da estabilidade regional na Ásia.

Porém, até hoje, instituições regionais, como o ADB (Asian Development Bank), a Apec e a Asean Plus Three, não estabeleceram mecanismos efetivos de coordenação que possam levar adiante reformas econômicas ou resolver crises. Essas instituições tendem a adotar uma abordagem que enfatiza a informalidade, a obtenção de consenso e estilos de negociação que evitam confrontos, mas seus membros não têm se mostrado dispostos a se prender a acordos, dificultando o estabelecimento de mecanismos de coordenação. Por exemplo, a Apec está comprometida com a noção de que seus integrantes celebrarão acordos de forma unilateral, em vez de negociar formalmente e assinar tratados. Portanto, existe pouca disciplina quando se trata de reduzir barreiras ao comércio. Embora a integração financeira também tenha recebido atenção no nível regional, há limites para a capacidade de o Fundo Monetário Asiático substituir o FMI como principal estabilizador econômico da Ásia oriental.

A noção de um Fundo Monetário Asiático (AMF) foi proposta, principalmente pelo Japão, depois da crise financeira de 1997, em parte como resposta às preocupações locais sobre a ênfase política do FMI. Em 2000, a Asean Plus Three deu um passo no sentido da realização desta noção através de um arranjo de permuta de moedas conhecido como Iniciativa Chiang Mai[20]. Alguns esperam que, no futuro, um FMA saia desse acordo. Porém, os recursos de um FMA provavelmente não serão suficientes para resolver realmente o problema da volatilidade econômica sistêmica da

Ásia. Os Estados Unidos têm reservas em relação a um fundo monetário exclusivamente asiático. Além disso, outros países asiáticos relutam em conceder poderes a um FMA forte pelas mesmas razões que vêm retardando a formação de uma organização exclusivamente asiática para a reforma do comércio: nutrem desconfianças mútuas sobre um assunto sensível como a política monetária e relutam em se submeter à disciplina de outros países. Confiança e disposição para se submeter a uma disciplina mútua são fatores necessários para uma resposta eficaz a crises.

Uma alternativa para as nações da Ásia oriental é buscar uma representação maior no FMI. Embora China, Japão e Coreia controlassem em conjunto 43 por cento das reservas em moedas estrangeiras do mundo, em 2004, eles representavam somente 9,8 por cento dos votos totais no FMI (Figura 6.9). Enquanto isso, Europa e Estados Unidos, que controlavam apenas 5,2 por cento das reservas globais em moedas estrangeiras, representavam 46,82 por cento do poder de voto. Rodrigo de Rato, diretor

Figura 6.9 FMI: PESO DO VOTO E RESERVAS EM MOEDAS ESTRANGEIRAS, 2004

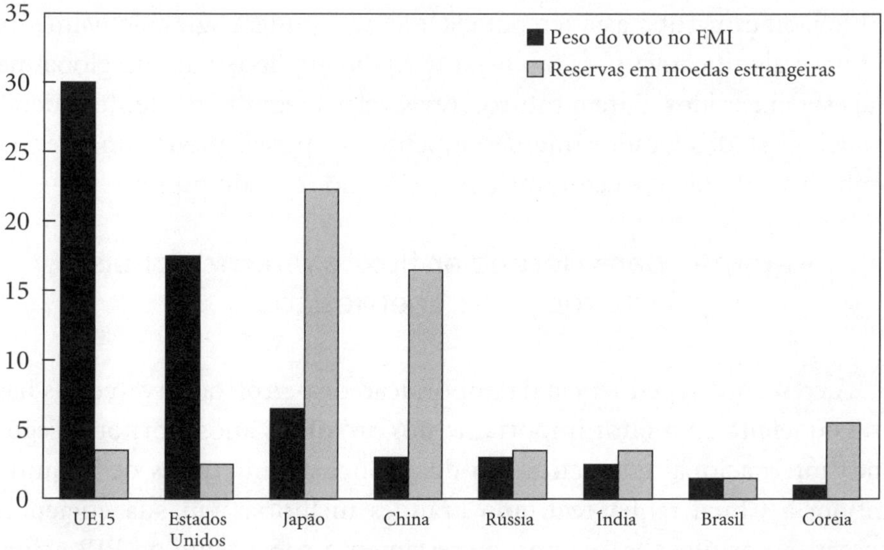

Fontes: "IMF Members' Quotas and Voting Power, and IMF Board of Governors", 14 de fevereiro de 2006, disponível em www.imf.org, e Economist Intelligence Unit. Cifras das reservas em moedas estrangeiras tiradas de FMI, *International Financial Statistics*, 2004.

gerente do FMI, e Michael Camdessus, ex-diretor, fizeram palestras no outono de 2005, pedindo uma realocação dessa representação na instituição[21]. Embora quase todos concordem com que o FMI precisa reformar sua governança para manter sua eficácia, as visões sobre quem deverá ceder influência para os gigantes da Ásia oriental variam. No Fórum Econômico Mundial de janeiro de 2006, os ministros das Finanças europeus rejeitaram a noção de uma diminuição do poder de voto da União Europeia sem uma redução correspondente na representação dos Estados Unidos[22].

O resultado das discussões sobre a reforma na reunião do FMI de 2006 teve grande influência sobre a decisão da China, do Japão, da Coreia e da Asean em decidir sobre usar o fundo para gerenciar sua estabilidade econômica regional ou dirigir suas energias no sentido de fortalecer a Asean Plus Three e um FMA em potencial. Contudo, para que este último tenha sucesso, será preciso haver um senso mais forte de solidariedade asiática para melhorar a estrutura cooperativa das organizações regionais existentes. Com tensões continuadas na região – uma das maiores é entre China e Japão, as duas maiores e mais importantes economias –, essas perspectivas ainda estão distantes. Na ausência de um histórico de ação mútua para coordenar o gerenciamento econômico na Ásia, é difícil prever como a China, ou um grupo asiático por ela liderado, poderá agir coletivamente de forma significativa para suportar a vitalidade da economia global na qual estão inseridos. Para o futuro previsível, os regimes existentes liderados pelos Estados Unidos irão desempenhar os papéis predominantes no combate à volatilidade econômica na Ásia e no resto do mundo.

Regimes para gerenciar fluxos internacionais de recursos energéticos

A crescente dependência da importação de petróleo, carvão e gás natural liquefeito (um fator importante nos próximos anos) tornou a segurança internacional energética um dos principais interesses de Pequim. Embora a China tenha realizado grandes melhorias em sua eficiência energética nos últimos 20 anos, o crescimento consistente do PIB acima de 8 por cento fará com que a demanda do país por energia cresça muito nos próximos anos (veja Figura 6.10). Com suas minas de carvão operando no máximo da capacidade e campos de petróleo, como o de Daqing, se esgotando, a China dependerá cada vez mais da importação de fontes de energia. Garantir o suprimento energético sem interrupções é um importante objetivo político do governo chinês. Sua maior preocupação é a dependência do país de petróleo estrangeiro.

A China passou a ser uma importadora líquida de petróleo desde meados dos anos 1990, ultrapassando o Japão em 2003 e tornando-se a segunda maior importadora de petróleo cru depois dos Estados Unidos. A Agência Internacional de Energia (AIE) relata que a demanda chinesa por petróleo cresceu 15,4 por cento em 2004. Embora, em 2005, a taxa de crescimento dessa demanda tenha recuado para 3,2 por cento, em consequência de um forte controle estatal, em 2006 ela deverá voltar a crescer em mais de 7 por cento.

Mais de 80 por cento do petróleo importado pela maior parte dos países asiáticos, inclusive a China, são transportados através do mar do Sul da

Figura 6.10 CONSUMO E INTENSIDADE DE ENERGIA NA CHINA, 1980-2025

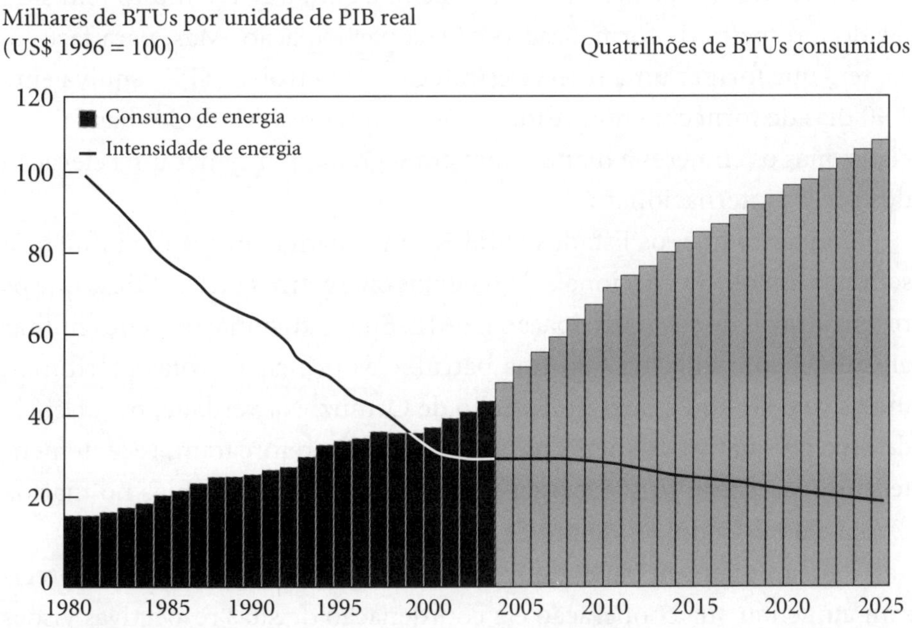

Fontes: Dados do PIB obtidos de estatísticas nacionais calculadas pela Economist Intelligence Unit, e do FMI, *International Financial Statistics*. Dados e previsões de consumo de energia do *International Energy Annual*, 2003, da Agência de Informações de Energia, e de projeções do *International Energy Outlook*, 2005.

China e pelo Estreito de Málaca[23]. Apesar disso, pouco esforço conjunto é feito para proteger os suprimentos de óleos combatendo a pirataria naquelas águas, ou para prover uma alternativa à Marinha dos Estados Unidos na proteção das rotas do Oriente Médio e do norte da África. A proposta do Japão, de patrulhas multinacionais em águas territoriais e internacionais, enfrentou resistência da Indonésia e da Malásia. Suspeitas mútuas e preocupações com violações de soberania são fatores importantes que prejudicam a cooperação entre as nações asiáticas. Na verdade, a competição por energia tornou-se uma fonte de tensões entre China e Japão. Os direitos de perfuração no mar da China e o destino dos oleodutos e gasodutos russos se tornaram motivo de muitas disputas no nordeste da Ásia.

Apesar de sua parcela no consumo global de energia estar crescendo, em nível multilateral, a Ásia continua a ser um participante menor na coordenação de políticas energéticas internacionais (veja Figura 6.11). Somente duas das 26 economias asiáticas – Japão e Coreia do Sul – são membros da AIE, a principal organização de coordenação entre os importadores de energia. A China se relaciona com a AIE e muito tem sido falado a respeito da formalização de sua participação. Mas, para fazê-lo, ela terá que formar uma reserva estratégica de petróleo (SPR) equivalente a 90 dias de fornecimento. A formação de uma reserva de 30 dias foi iniciada, mas os chineses a mantiveram em segredo, por temer uma elevação dos preços internacionais.

Enquanto isso, os Estados Unidos continuam com grande influência sobre os fluxos internacionais de recursos energéticos e as políticas que os regem através de sua participação na AIE. Sua tradicional presença militar global faz com que sua Marinha patrulhe as principais rotas marítimas, inclusive o Golfo Pérsico e o Estreito de Ormuz. Na verdade, na ausência de uma alternativa asiática[24], os Estados Unidos reforçaram, recentemente, sua capacidade para proteger importantes rotas marítimas no mar da China e no Estreito de Málaca.

Para ampliar seu papel no front da energia, as nações asiáticas precisam aumentar sua cooperação e a coordenação de suas respectivas visões sobre essa questão. Isso poderá abrir a porta a uma maior cooperação na proteção das rotas marítimas. Mas todas as questões ligadas à confiança e

Figura 6.11 CONSUMO DE PETRÓLEO, 1983-2003

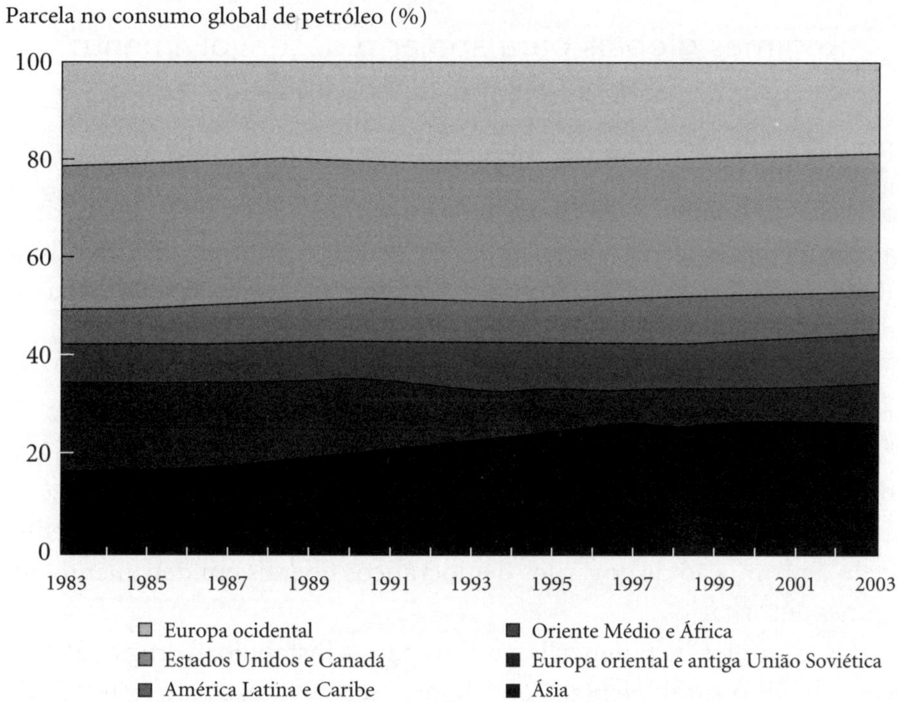

Fonte: Departamento de Energia dos Estados Unidos, Agência de Informações sobre Energia, *International Energy Annual*, 2003.

ao histórico regional, que tornam difícil a coordenação em assuntos monetários e comerciais, são ainda mais problemáticas em energia, porque esta é uma commodity estratégica muito sensível. É pouco provável que a China, ou qualquer outro país asiático, possa encontrar, em futuro próximo, uma alternativa local para a AIE, dirigida pelos Estados Unidos, para resolver questões internacionais ligadas à demanda de energia. Embora Pequim responda à sua maior dependência de energia buscando acordos com produtores na África, na Ásia Central e no Oriente Médio, a China é grande demais para garantir de forma unilateral sua segurança nesse setor. Perturbações no suprimento e picos de preços, que representam os maiores riscos para o crescimento econômico chinês, somente poderão ser administrados por meio de abordagens multilaterais, como a da AIE.

Regimes globais para apoiar o desenvolvimento e a estabilidade regionais

O desenvolvimento econômico regional é crucial para a continuidade do crescimento interno da China e sua estabilidade política. A volatilidade na Ásia tem potencial para perturbar e prejudicar as economias da China e de seus vizinhos. De fato, os principais propulsores das economias asiáticas – o comércio exterior e a entrada de investimentos estrangeiros – dependem da estabilidade política regional. O interesse chinês é claramente promover o desenvolvimento econômico regional por meio de investimentos e da política externa, por razões comerciais e também políticas. De forma mais cínica, pode-se dizer que também é do interesse da China oferecer uma alternativa ao apoio ocidental ao desenvolvimento, ligado à promoção de governos democráticos liberais em detrimento dos regimes autoritários.

Os exemplos de potenciais gatilhos para a instabilidade regional asiática incluem o fundamentalismo islâmico da Indonésia, a fragilidade do Estado norte-coreano e a dependência da Ásia central do tráfico de ópio, para citar alguns. A Ásia, e em particular a China, desempenha um papel importante na reação a esses riscos. Reconhecendo que a pobreza pode exacerbar essas ameaças e provocar tumulto político, Japão e Coreia do Sul têm desembolsado ajuda para o desenvolvimento dos países asiáticos mais pobres, tanto sob a forma bilateral quanto por meio de instituições regionais e internacionais, como o ADB e as Nações Unidas (Figura 6.12). Embora a China tenha desempenhado um papel central nas Conversações entre Seis Partes sobre o destino do programa nuclear da Coreia do Norte e na Organização de Cooperação de Xangai para a Ásia central, só recentemente passou a ser uma fonte importante de assistência para o desenvolvimento dos países da região. De acordo com estatísticas oficiais, a ajuda externa chinesa cresceu de US$ 19 milhões em 1993 para US$ 186 milhões em 2004[25]. Embora o valor seja pequeno quando comparado com os US$ 9 bilhões desembolsados pelo Japão naquele ano, ele se aproxima dos US$ 423 milhões de ajuda exercida pela Coreia do Sul[26].

Figura 6.12 ASSISTÊNCIA OFICIAL PARA O DESENVOLVIMENTO DA ÁSIA ORIENTAL, 1984-2004

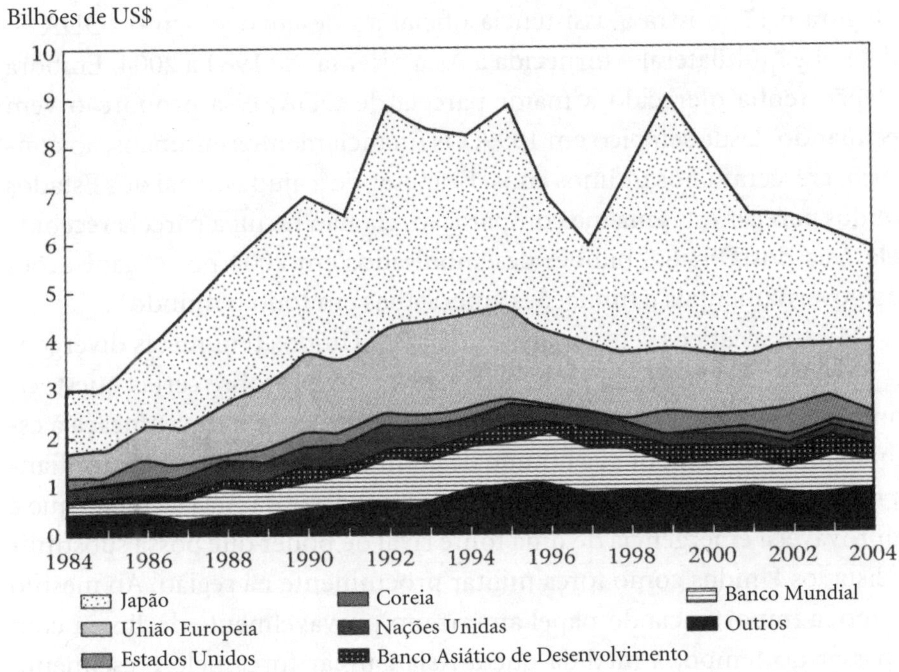

Fonte: OCDE, *International Development Statistics.*

Por muitos dos acordos bilaterais assinados pela China com nações em desenvolvimento da Ásia, como Camboja, Mianmar e Vietnã, o dinheiro desembolsado vai principalmente para a construção de infraestrutura que facilite o crescimento econômico (e, é claro, o comércio com a China). Em resposta às acusações de que a assistência chinesa ao desenvolvimento vem com condições restritivas, funcionários do governo chinês não hesitam em admitir, em caráter privado, que os recursos são usados para promover os interesses chineses e em geral não são oferecidos como parte de uma tradição de caridade.

A China terá, nos próximos anos, capacidade para promover a estabilidade e o desenvolvimento regionais de forma unilateral ou por meio de veículos exclusivamente asiáticos? É pouco provável. A instituição de desenvolvimento regional com o mais forte perfil desenvolvimentista, o ADB, inclui uma participação dos Estados Unidos, e, do total da assistência bilateral para o desenvolvimento da Ásia, somente o Japão faz uma contribuição significativa em comparação com a americana e a europeia. A Figura 6.12 mostra a assistência oficial ao desenvolvimento (ODA) – bilateral e multilateral – fornecida à Ásia oriental de 1984 a 2004. Embora o Japão tenha oferecido a maior parcela de ODA, essa proporção vem declinando desde seu pico em 1999. Os financiamentos europeus, ao contrário, cresceram nos últimos anos. E, apesar de a ajuda oficial dos Estados Unidos parecer marginal na comparação, ela não inclui a parcela recebida pela Ásia dos US$ 6,8 bilhões desembolsados em 2004 por organizações não governamentais e fundações americanas em todo o mundo[27].

Muitos asiáticos sentem que os Estados Unidos têm metas divergentes daquelas da China, do Japão e da Coreia do Sul sobre certas questões, como a Coreia do Norte, e que até mesmo representam uma ameaça à estabilidade regional, por sua atitude de confronto. Contudo, a desconfiança mútua entre as principais potências do nordeste da Ásia significa que é improvável a emergência de uma fonte rival de poder que possa substituir os Estados Unidos como força militar proeminente na região. Ao mesmo tempo, a importância do papel americano provavelmente declinará com o passar do tempo, à medida que a Ásia ganhar força pelo crescimento econômico pelo desenvolvimento político. A longo prazo, a paz na Ásia poderá ter mais a ver com o "declínio pacífico" dos Estados Unidos do que com a "ascensão pacífica" da China. Nas próximas décadas, a Ásia dependerá dos Estados Unidos e de instituições dominadas por aquele país para garantir prosperidade econômica e estabilidade regional.

Conclusão: a centralidade do papel dos Estados Unidos

A Ásia desempenha um papel importante e crescente em prover mercados externos para comprar bens e serviços chineses e fornecer recursos e intermediários. A China poderá desempenhar um papel importante no desenvolvimento de esforços regionais. Em termos de gerenciamento da vitalidade regional e global, a Ásia (com a China) ainda tem um papel limitado. Com exceção de Hong Kong, o papel da Ásia em prover as empresas chinesas de mercados externos de capital para levantamento de recursos também é limitado. Por outro lado, os Estados Unidos desempenham um papel importante em todas essas áreas do interesse econômico chinês e continuarão a fazê-lo por algum tempo.

Seria um sério engano se os americanos concluíssem que sua influência sobre regimes e instituições cruciais para os interesses da China é invulnerável. Caso sejam confrontados por um líder de governo complacente, mesmo que essa complacência seja benigna ou justificada como uma questão de prioridades de curto prazo, outros financiadores internacionais agirão para criar estruturas alternativas para garantir seus interesses. É um erro para a América operar como se o seu papel de liderança estivesse sob ataque em todas as frentes, quando de fato não está. Os Estados Unidos maximizarão a influência que conquistaram – e na qual investiram muitas décadas – não com uma atitude defensiva, mas pela compreensão, com um senso de confiança, de que as instituições existentes são favoráveis aos seus interesses, mesmo que, com sua administração, novas potências venham a ocupar um papel cada vez mais importante.

Agradecimentos

Trevor Houser, da China Strategic Advisory, contribuiu com suas pesquisas para este capítulo.

NOTAS

1. Para uma boa revisão, veja Barry Naughton, *Growing Out of the Plan* (Cambridge: Cambridge University Press, 1996).
2. Digo "ironicamente" porque muitos assumem que o crescimento econômico da China é um contraponto à família de prescrições de políticas do Consenso de Washington e alguns chegaram a sugerir a existência de algo como um "Consenso de Pequim", como alternativa a ser imitada por outras nações candidatas ao desenvolvimento.
3. Veja, por exemplo, Li Cheng, "Educational and Professional Backgrounds of Current Provincial Leaders", *China Leadership Monitor* 8 (outono de 2003).
4. Veja, por exemplo, uma de minhas análises favoritas do debate interno chinês, Erika Downs, "The Chinese Energy Security Debate", *China Quarterly* 177 (2004).

5. Sobre os resultados variáveis de mudar a política quando mudam os interesses, recomendo como exemplo Scott Kennedy, "China's Porous Protectionism: The Changing Political Economy of Trade Policy", *Political Science Quarterly* 120 (2005). Kennedy demonstra como os interesses competem uns com os outros para determinar o nível de proteção que afeta as importações. Sobre a tradução do interesse econômico para a demanda por participação política no nível cívico, veja Benjamin Read, "Democratizing the Neighborhood? New Private Housing and Homeowner Self-Organization in Urban China", *China Journal* 49 (janeiro de 2003): 31-59.
6. Dan Rosen, Scott Rozelle e Jikun Huang, *Roots of Competition* (Washington, DC: Institute for International Economics, 2004), examinam este impulse quando ele surge na forma de autossuficiência em grãos, mesmo que essas políticas perpetuem a pobreza agrária na China (de modo geral, a China tem pouca vantagem comparativa no cultivo de grãos que exigem uso intensivo de terras; portanto esses agricultores serão em média improdutivos e relativamente pobres).
7. Veja detalhes da revisão do PIB em www.stats.gov.cn/english/newsandcoming events/t20051220_402297118.htm (acessado em 28 de dezembro de 2005).
8. Veja "Japan, China, S. Korea to Conclude Investment Talks in Nov.", *Kyoto News*, 14 de outubro de 2005.
9. Asian Development Bank e World Bank Annual Reports, em www.adb.org e www.worldbank.org, respectivamente (acessados em 19 de fevereiro de 2005).
10. New York Stock Exchange, "NYSE 2005 Year-End Review: New Records in Average Daily Volume, NYSE Composite Index and Seat Prices New Listings Outpace 2004 Level", 30 de dezembro de 2005, disponível em www.nyse.com/Frameset.html?display Page=/press/1135252289621.html.
11. "Update: Nasdaq Sees Pace of China IPOs Continuing in 2006", Dow Jones Newswires, 8 de dezembro de 2005, disponível em www.djnewswires.com.
12. E-line Financials, "Dynamic Market Opportunities", disponível em financials.com, 20 de janeiro de 2005.
13. "China Construction Bank to Launch IPO on Oct 27 or 28", Agência France Presse, 27 de setembro de 2005.
14. Keri Geiger, "Chinese Cos Favour Hong Kong over US for IPOs", Economic Times Online, Associated Press, 20 de agosto de 2005.
15. Idem.
16. U.S. International Trade Commission, DataWeb, disponível em www.usitc.gov.
17. Os números do comércio bilateral chinês e americano variam consideravelmente, devido ao transbordo de cargas em Hong Kong, não incorporado às estatísticas chinesas. Enquanto o U.S. Census estima que as importações totais da China em 2005 foram de US$ 243 bilhões, para os chineses o valor é de US$ 163 bilhões. Ao examinar a composição do comércio da China com o mundo, feito a partir de dados chineses, não se consideram os números referentes a Hong Kong para eliminar essa disparidade.

18. Veja Hufbauer e Wong, "Prospects for Regional Free Trade in Asia", Working Paper WP 05-12 (Washington, DC: Institute for International Economics, outubro de 2005).
19. Erica Downs, "The Chinese Energy Security Debate", *China Quarterly* 117 (2004): 21-41.
20. Veja Hufbauer e Wong, "Prospects for Regional Free Trade in Asia".
21. Edwin M. Truman, "A Strategy for IMF Reform", Policy Analysis in International Economics 77 (Washington, DC: Institute for International Economics, fevereiro de 2006.
22. Stella Dawson, "US Upbeat on IMF Quota Deal, Europe Holds Out", *Reuters News*, 28 de janeiro de 2006.
23. Energy Information Administration, U.S. Department of Energy, "South China Sea Region", Country Analysis Briefs, setembro de 2003, disponível em www.eia.doe.gov/emeu/cabs/schina.html.
24. Michael T. Klare, "Global Economy – the Oil That Drives the U.S. Military", Global Policy Forum, 9 de outubro de 2004, disponível em www.globalpolicy.org/security/oil/2004/1009 protection. htm.
25. CEIC Data Co.
26. OCDE, International Development Statistics, disponível em www.stats.oecd.org/wbus/default/aspx.
27. Idem.

CAPÍTULO 7

O Japão e as novas estruturas de segurança do multilateralismo asiático

- Kazuhiko Togo

Qual a perspectiva do Japão sobre multilateralismo relativo à segurança na Ásia e qual é o seu papel nesse processo? Descrevo aqui as três organizações multilaterais ligadas à segurança que se desenvolveram na Ásia a partir dos anos 1990: (1) o Forum Regional (FRA) da Associação das Nações do Sudeste da Ásia (Asean), estabelecido em 1994 na região Ásia-Pacífico, que vem realizando até hoje atividades moderadas; (2) a Asean Plus Three, que teve início em 1997, juntamente com o East Asia Summit (criado como uma extensão a ela) e o conceito emergente da Comunidade da Ásia oriental; e finalmente (3) as Conversações entre Seis Partes, realizadas pela primeira vez em 2003 no nordeste da Ásia. A seguir, discuto o futuro da segurança na Ásia pelas perspectivas japonesa e americana.

O Fórum Regional da ASEAN

A ideia que levou ao FRA foi exposta pela primeira vez em junho de 1991 na conferência dos Institutos de Estudos Estratégicos e Internacionais da Aaean (Asean-Isis), realizada em Jacarta, onde foi feita proposta para a organização de um congresso, iniciado pela Conferência Pós-Ministerial da Asean (PMC) para debater a estabilidade e a paz na região Ásia-Pacífico.

A iniciativa do Japão no FRA

Yukio Sato, diretor-geral do Departamento de Informação e Análise do Ministério de Assuntos Externos do Japão (Mofa), participou do encontro Asean-Isis e concordou que estava na hora de estabelecer um diálogo na região Ásia-Pacífico sobre segurança. Em julho daquele ano, na reunião da Asean PMC em Manila, Taro Nakayama, ministro japonês para Assuntos Externos, fez uma proposta baseada na ideia de Sato – que se iniciasse um diálogo para tranquilidade mútua entre os países amigos da região. A proposta de Nakayama não foi recebida com entusiasmo pela Asean nem pelos Estados Unidos. Uma das razões foi a falta de consultas prévias suficientes. Mas essa ideia também diferia da agenda da Asean-Isis porque não incluía os países socialistas e contemplava o próprio Asean PMC como fórum adequado para a realização desses diálogos[1]. Apesar da fria reação da Asean e dos Estados Unidos, o Japão continuou a insistir em sua proposta para o estabelecimento de um fórum sobre segurança com base na Asean PMC, como fez o primeiro-ministro Kiichi Miyazawa em discurso em Washington, em julho de 1992[2].

Dois fatores caracterizaram a abordagem positiva do Japão ao regionalismo da Ásia oriental naquele período. Primeiro, o país fez um esforço considerável para conceituar o regionalismo da Ásia oriental como apenas uma parte de sua "estratégia de segurança em múltiplas camadas". Kuniko Ashizawa afirma que, naquele período, podiam ser identificadas quatro camadas distintas dessa estratégia e cita o discurso de Nakayama, em julho de 1991, em Kuala Lumpur, bem como os escritos de Sato. A primeira camada se refere aos relacionamentos bilaterais de segurança existentes, como a aliança Japão-Estados Unidos; a segunda camada se refere aos arranjos caso a caso para lidar com questões específicas, como Coreia do Norte ou Camboja; a terceira se refere a uma estrutura multilateral regional para o diálogo sobre segurança; e a quarta se refere a arranjos não ligados à segurança, particularmente na esfera econômica[3]. Em 1991-92, já existiam três camadas, mas a quarta ainda precisava ser desenvolvida. A principal finalidade dessa conceituação era indicar claramente a grande importância para o Japão de seus laços bilaterais com os Estados Unidos, ao mesmo tempo em que o país buscava um fórum aceitável para o desenvolvimento de acordos cooperativos de segurança regional. O conceito de uma estratégia de múltiplas camadas em quatro fases foi explicado de forma detalhada no *Gaiko Seisho* (Diplomatic bluebook – relatório anual de atividades do Ministério do Exterior do Japão) de 1992 e 1993[4], e desde então continua a ser divulgado como suporte principal do pensamento do Mofa[5].

Em segundo lugar, como destacaram Paul Midford e Ashizawa, a liderança japonesa enfatizou que o país estava promovendo a ideia de um fórum regional porque queria criar um ambiente adequado em que poderia explicar sua política de se tornar uma potência mais pró-ativa e compreensiva em assuntos ligados à paz e à segurança e, ao mesmo tempo, garantir a seus vizinhos que não tinha nenhuma intenção de se tornar uma "potência militar". Além de Sato e Nakayama, o primeiro-ministro Toshiki Kaifu fez declarações claras a esse respeito[6].

Em meados de 1991, a realidade política pós-Guerra Fria já afetava seriamente o Japão. Por outro lado, estava claro que a retirada dos Estados Unidos da Ásia poderia conduzir a uma importante reorientação de sua aliança com o Japão e que aquele país estava destinado a assumir um papel mais responsável. O primeiro alarme real veio em abril de 1990, quando os Estados Unidos publicaram um relatório sobre a redução de 14 mil a 15 mil homens em suas forças na Ásia oriental, inclusive de cinco mil a seis mil de bases japonesas[7]. Mas o incidente mais decisivo foi a Guerra do Golfo, de 1990-91. A assistência econômica de US$ 14 bilhões, concedida pelo Japão aos Estados Unidos e aos países da região do Golfo, não foi valorizada pela comunidade internacional, tendo sido considerada "pequena demais e tarde demais". E, mais importante, a "diplomacia do talão de cheques", sem o envolvimento de pessoal para derramar suor ou sangue, foi considerada egoísta e irresponsável. O Japão tinha que agir de modo a mostrar ao mundo que não era uma potência irresponsável e egoísta. O país havia chegado ao ponto em que sua posição econômica exigia um comportamento responsável. Essa era a realidade que o Japão tinha diante de si na esteira da Guerra Fria.

Mas havia outra realidade, produto da memória profundamente arraigada nas mentes de seus vizinhos asiáticos, particularmente China e Coreia, que "reagiam com o máximo de suspeita" em relação ao Japão[8].

Portanto, o desenvolvimento de um fórum multilateral, no qual se pudesse explicar que o Japão pretendia se tornar uma potência compreensiva, não agressiva, era de grande importância. Para os japoneses, tratava-se de recuperar a confiança de seus vizinhos na Ásia. As ações eram naturalmente importantes, mas como elas seriam interpretadas e reconhecidas era ainda mais importante.

Assim, na esteira da Guerra Fria, o estabelecimento de um fórum regional de segurança, baseado no princípio cooperativo, satisfazia a necessidade japonesa de poder e identidade, isto é, a exigência dos realistas de que se tornasse uma potência responsável e pró-ativa, e também a dos construtivistas, de que ele estabelecesse uma identidade intersubjetiva, para ser aceito na Ásia como potência harmoniosa[9]. As ações ocorreram em 1991. Em junho de 1992, o Japão adotou a Lei da Cooperação pela Paz Internacional e isso preparou terreno para o envio, em setembro, de suas Forças de Autodefesa ao Camboja. A China, que havia advertido o Japão até o último momento, também enviou tropas de engenharia e as duas forças se empenharam em trabalhos semelhantes de reconstrução. Quando dois soldados japoneses foram mortos, em abril e maio de 1993, os líderes da Malásia e de Cingapura pediram que o Japão não retirasse seus homens[10]. Qualquer reserva americana sobre um fórum multilateral foi afastada em julho de 1993, quando, durante sua viagem à Coreia, o Presidente Bill Clinton pediu pela "promoção de novos diálogos multilaterais regionais sobre toda a gama de desafios comuns à segurança"[11]. No mesmo mês, a Asean PMC decidiu iniciar o FRA no ano seguinte. Este foi lançado em julho de 1994, com total apoio do Japão.

O desenvolvimento do FRA e o papel da China

Durante a segunda metade dos anos 1990, mesmo com lentidão, foi desenvolvido o mecanismo do FRA de construção de confiança. Os assuntos discutidos iam de questões de segurança tradicionais a não tradicionais, e o fórum assumiu uma abordagem cooperativa baseada no "modo da ASEAN", de conduzir pelo consenso[12]. Em todo esse processo, a China tornou-se bem mais ativa na intensificação da segurança cooperativa na região. Em 1996, logo depois do estabelecimento do FRA, Japão e Estados

Unidos reconfirmaram sua aliança, provocando duras críticas da China. Porém, desde então, a China tornou-se um participante muito mais ativo no diálogo do FRA. Akiko Fukushima afirma que o país queria fortalecer sua posição, ampliando a segurança regional comum[13], uma visão apoiada por Thomas Christensen[14]. Em 1997, a China recebeu e copresidiu um grupo de formação de confiança e, em novembro de 2004, recebeu e copresidiu a primeira Conferência sobre Políticas de Segurança do FRA, em que "funcionários da área de políticas de defesa contribuíram ainda mais para a geração de confiança e a promoção de entendimento mútuo"[15].

Mas esse engajamento realmente causou alguma mudança no comportamento de defesa e segurança da China? Usando um problema existente como exemplo, Donald Weatherbee afirma: "O problema do sul do mar da China é um bom exemplo da irrelevância relativa do FRA para um verdadeiro gerenciamento de conflitos." O fórum teve que se contentar em dar boas-vindas às negociações sobre o Código de Conduta das Partes no Sul do Mar da China, formulado como declaração em 2002[16].

Pode-se argumentar que ter uma declaração é melhor do que não ter nada para guiar ações no futuro. Além disso, se a China está preparada ou mesmo entusiasmada sobre a formulação de normas regionais, não vale a pena para ela influenciar essas normas em vez de permanecer fora do processo? Masashi Iida afirma que, caso se consiga elevar a confiança mútua entre a China e a Asean, as atividades expansionistas chinesas poderão ser contidas[17], e o FRA poderá ser um dos catalisadores para esse movimento. Christensen alerta sobre menosprezar os acontecimentos cooperativos regionais como "mera retórica"[18]. Cheng-Chwee Kuik vê uma subjacente "aspiração chinesa em moldar as 'regras do jogo' para instituições regionais com o fim supremo de satisfazer as necessidades de uma gama de preocupações com políticas externas"[19].

Como tem sido amplamente reconhecido, a eficácia do FRA na solução de questões concretas de segurança é limitada. Mesmo assim, o Japão tem encontrado méritos nele. No presente, diante do fenômeno de uma China em ascensão, o Japão percebe que é de seu interesse se engajar com a China no regionalismo multilateral em aspectos de segurança, ampliando a cooperação. Os princípios do realismo sugerem que países com valores diferentes podem coexistir, mas compreensão mútua, cooperação e, se possível, confiança facilitariam essa coexistência. Um esforço para concordar sobre uma visão de cooperação baseada em valores prezados pelo Japão também seria válido. Ao mesmo tempo, há questões importantes relativas à segurança futura e suas políticas de defesa que o Japão terá que explicar. Naquele país, muitos querem a emenda do artigo 9º da constituição para torná-lo uma potência responsável e pró-ativa, que não irá ameaçar seus vizinhos[20].

Esta é uma questão importante, sobre a qual um fórum multilateral como o FRA pode ampliar a compreensão. O objetivo a longo prazo do Japão, de reentrar na Ásia, seria melhor servido pelo engajamento ativo do país nesse fórum. O *Gaikou Seisho* de 2004 declarou que "o Japão contribuirá mais para que o FRA se transforme numa organização que contribui efetivamente para a segurança da região"[21].

Asean Plus Three, encontro da Ásia oriental e comunidade da Ásia oriental

Na primeira metade da década de 1990, o FRA era a principal organização multilateral envolvida com a segurança na região Ásia-Pacífico, ao passo que a Asia-Pacific Economic Cooperation (Apec), fundada em 1989, era a principal organização em cooperação econômica. A Apec conquistou influência política depois da reunião de líderes em 1993. Mas, ao enfrentar dificuldades consideráveis em 1998, devido ao conflito entre Japão e Estados Unidos sobre a liberalização dos mercados de pesca e produtos florestais[23], outro mecanismo de cooperação regional emergiu na Ásia oriental. A Asean Plus Three (APT) foi formada na época da crise financeira asiática de 1997-98. Inicialmente concebida com a missão de promover o diálogo na área de cooperação econômica, foi gradualmente ampliada para cobrir um campo mais abrangente, incluindo questões políticas e de segurança. A ideia de realizar um encontro da Ásia oriental foi apresentada na reunião da Asean Plus Three de 2001. Depois disso, a noção de uma Comunidade da Ásia oriental (EAC) começou a ser amplamente debatida.

O desenvolvimento cronológico da EAC

O Período de Formação (1997-99). Foi a crise financeira asiática de 1997-98 que provocou o interesse ativo do Japão pela cooperação regional. A iniciativa do Fundo Monetário Asiático (FMA) em agosto-novembro de 1997 fracassou[23], mas a assistência fornecida pelo Japão chegou a US$ 10 bilhões para a Coreia do Sul, a US$ 5 bilhões para a Indonésia e a US$ 4 bilhões para a Tailândia[24]. Assim, a Asean convidou o Japão, tal como a China e a Coreia, para o encontro em dezembro de 1997 em Kuala Lumpur, para comemorar seu trigésimo aniversário. Os principais tópicos de discussão foram assuntos monetários e financeiros[25].

Em agosto de 1998, o Vietnã, país hospedeiro do encontro da Asean, mais uma vez convidou Japão, China e Coreia do Sul a comparecer ao segundo encontro da Asean Plus Three em dezembro. Lá, o primeiro-ministro Keizo Obuchi expressou sua determinação em trabalhar pela antecipação da implantação da Iniciativa Miyazawa, de US$ 30 bilhões, declarada em outubro[26].

Mas foi no terceiro encontro da APT, em novembro de 1999, que a organização começou a atrair seriamente a atenção da liderança japonesa. Foi adotada uma "Declaração Conjunta sobre Cooperação na Ásia Oriental", na qual se declarou que as questões de política de segurança e transnacionais eram objeto de cooperação, além daquelas ligadas às áreas econômica e social[27]. Na APT[28], Obuchi lançou uma proposta para o desenvolvimento de recursos humanos, embora sua iniciativa mais notável tenha sido organizar uma reunião de café da manhã entre Japão, China e Coreia do Sul à margem do encontro da APT. Essa reunião focalizou assuntos econômicos e ligados a comércio, evitando temas políticos, como a Coreia do Norte. Mas, dada a complexidade das relações entre Japão, China e Coreia do Sul, qualquer que fosse o tema central das conversações, uma reunião tripartite sob os auspícios da Asean foi como uma brisa fresca, e deu ao Japão um caminho para reentrar na Ásia pelo regionalismo[29].

Em dezembro de 1999, Obuchi também empreendeu uma importante iniciativa com Goh Chok Tong, primeiro-ministro de Cingapura, sob a qual um grupo de especialistas começou a estudar a viabilidade de um

Acordo de Livre Comércio Japão-Cingapura (FTA) [30]. Foi a primeira iniciativa a explorar o "bilateralismo teia de aranha" como forma de estruturar uma organização de comércio regional[31].

A Iniciativa de Mori e a Ascensão da China (2000-2001). Na área de cooperação financeira, a reunião, em maio de 2000, de ministros das finanças em Chiang Mai estabeleceu uma rede de arranjos de intercâmbio de moedas que veio a ser conhecida como Acordo de Chiang Mai[32]. O bilateralismo teia de aranha produziu um resultado tangível e o Ministério das Finanças japonês (MOF) foi decisivo para este sucesso. Durante aqueles anos, reuniões ministeriais sobre vários assuntos começaram a ser realizadas regularmente.

No encontro da APT em 2000, o primeiro-ministro Yoshiro Mori propôs uma cooperação baseada em três princípios: estabelecimento de parcerias, regionalismo aberto e diálogo e cooperação abrangentes sobre assuntos ligados a política e segurança. Ele também propôs uma conferência asiática sobre pirataria e engajou a Indonésia e a Coreia no contexto de um diálogo sobre segurança com outros líderes. Enquanto isso, a China agiu rapidamente sobre cooperação concreta em comércio. Em suas conversações bilaterais com a Asean em 2000, ela propôs a conclusão de Acordo de Livre Comércio China-Asean e, em 2001, chegou-se à estrutura de um tratado para concluir o FTA, em princípio, até 2010.

A Iniciativa de Koizumi (2002-3). Para surpresa de muitos, em seu discurso de janeiro de 2002, em Cingapura, o primeiro-ministro Junichiro Koizumi citou Austrália e Nova Zelândia como "membros centrais" da EAC. O ato criou uma impressão de caráter inclusivo para a organização, em contraste com a grande atenção da China com os treze países membros da APT[33].

Em outro discurso, feito na Austrália em maio daquele ano, Koizumi enfatizou a "cooperação funcional" como o principal suporte da cooperação na Ásia oriental. Foi inteligente usar esse conceito para guiar a cooperação com a Austrália, que não era integrante da APT, mas que, afirmou ele, "deveria se tornar um membro central". Essa noção de funcionalidade tornou-se, para o Japão, o conceito central para guiar a cooperação na EAC[34].

Porém, desde o segundo semestre de 2002, a tendência pela inclusão da Austrália e da Nova Zelândia se reverteu e o pêndulo voltou à noção original de cooperação dentro da APT. O passo moderado de novembro de 2002, no sexto encontro da APT no Camboja, no qual Kozumi e os líderes da Asean adotaram uma Declaração Conjunta sobre um Acordo de Parceria Econômica Abrangente (EPA)[35], foi engolido em 2003 por três outros importantes passos para ampliar a cooperação na Ásia oriental. Primeiro, no sétimo encontro da APT realizado em outubro, em Bali, a Índia estava presente. Finalmente, Japão e Asean assinaram uma Estrutura para Parceria Econômica Abrangente[36] e concordaram em estabelecer um EPA/FTA, a princípio por volta de 2012[37].

Segundo, Japão, China e Coreia do Sul assinaram uma declaração conjunta sobre a Promoção da Cooperação Tripartite, o primeiro acordo apenas entre esses três países[38]. O documento era surpreendente, porque incluía "cooperação generalizada e orientada para o futuro em várias áreas" e defendia a cooperação tripartite como uma "parte essencial da cooperação na Ásia oriental". Dadas as dificuldades nas relações bilaterais Japão-China e Japão-Coreia, a concentração exclusivamente em relações orientadas para o futuro, sem referência à história, era surpreendente.

Terceiro, em dezembro Tóquio hospedou um encontro Asean-Japão, o primeiro na história da organização realizado fora do sudeste da Ásia. Numa seção do documento resultante intitulada "Aprofundamento da Cooperação na Ásia Oriental para uma Comunidade da Ásia Regional", os participantes concordaram em "manter as tradições e os valores asiáticos, respeitando ao mesmo tempo regras e princípios universais"[39]. O que se queria dizer com "valores asiáticos" ainda era vago, mas, para o Japão – que havia muito tinha sido rejeitado como parceiro aceitável para a Ásia devido à sua guerra no Pacífico –, essa manifestação de maior aceitação foi um passo importante no sentido do restabelecimento de sua identidade asiática.

A Busca Polarizada por EAC (2004-5). Com a aproximação da data do oitavo encontro da APT, no Laos, realizado em novembro de 2004, aumentou entre os países membros[40] o interesse por uma reunião de nações da Ásia oriental (EAS). Mas o governo do Japão preparou, em junho de 2004, "*issue papers*" sinalizando cautela na diferenciação entre o encontro da APT e um EAS[41]. Houve alguma confusão na reunião da Asean no Laos e também no oitavo encontro da APT, em novembro, mas finalmente a

Asean decidiu realizar um EAS no ano seguinte na Malásia. No encontro da APT, Koizumi ficou algo surpreso por aquela virada de eventos, afirmando: "É preciso discutir o conceito da conferência", mas aceitou a conclusão da Asean[42].

Assim, no Japão, o ano de 2005 começou com um sentimento positivo em relação a uma EAC. Em 21 de janeiro, em seu discurso sobre a Política Geral na Assembleia, Koizumi declarou pela primeira vez: "O governo desempenhará um papel ativo na criação de uma comunidade na Ásia oriental, uma comunidade aberta que compartilhe a prosperidade econômica e ao mesmo tempo aceite a diversidade"[43]. Haruki Wada afirmou que "depois de um esquecimento de sessenta anos, a declaração de um novo regionalismo no Congresso constituiu um evento extremamente importante"[44].

Mas uma demonstração de estudantes chineses, em abril de 2005, revelou uma crescente rivalidade geopolítica e uma fissura cada vez mais profunda sobre questões ligadas à história, alimentada pela visita anual de Koizumi ao Santuário Yasukuni, onde estão enterrados os mortos do Japão na guerra. Tudo isso levou as relações políticas sino-japonesas a seu ponto mais baixo desde a Segunda Guerra Mundial, impossibilitando a cooperação entre os dois países a respeito de uma EAC.

Nesse ponto, passou a haver uma forte oposição americana a um EAC exclusivo. A oposição americana à Convenção Econômica da Ásia Oriental (EAC), que fora proposta em 1990 pelo primeiro-ministro da Malásia, Mohamad Mahatir, era bem conhecida[45]. Mas, depois da crise financeira asiática de 1997-98, os Estados Unidos não ofereceram resistência à APT embrionária. Depois que George W. Bush assumiu o poder em 2001, os Estados Unidos até encararam o regionalismo asiático de forma positiva, como meio de lançar uma luta comum contra o terrorismo global[46].

Porém, essa visão tolerante foi substituída, ao final de 2004, por críticas abertas a uma EAC exclusiva. A súbita politização do Encontro da Ásia Oriental (EAS) e a preocupação subjacente dos Estados Unidos com a ascensão da China podem ter sido fortes razões para essa mudança de atitude. O governo Bush não tornou pública essa posição[47], mas as visões de líderes da opinião pública foram expressas de forma inequívoca[48]. Uma mensagem clara veio de Richard Armitage, considerado o guardião da aliança Japão-Estados Unidos. Em artigo de maio de 2005, na revista japonesa *Wedge*, Armitage enfatizou a solidez e a eficácia da aliança e levantou objeções a um EAS exclusivo sem conteúdo, finalidade e agenda claramente definidos, afirmando que "Índia, Austrália e Estados Unidos devem ter o direito de participação"[49].

Àquela altura, numerosos relatórios haviam dito que a China estava decidida sobre a ampliação da cooperação baseada na estrutura da APT. No Japão, o pêndulo oscilou rapidamente de volta ao "caráter inclusivo", manifestado no início de 2002. Diante da deterioração das relações políticas com a China e das claras objeções dos Estados Unidos, o pensamento geopolítico mudou no sentido da expansão do número de participantes na cooperação regional na Ásia oriental. Numa entrevista coletiva realizada no fim de fevereiro, Shotaro Yachi, vice-ministro para assuntos externos, declarou que "as relações Japão-Estados Unidos são a pedra angular da nossa política; qualquer coisa que possa ser incompatível com elas deve ser profundamente analisada"[50]. Em 22 de março, o ministro do Exterior declarou numa palestra que a EAC "tem que ser uma comunidade aberta; Índia e Austrália são bem-vindas; os Estados Unidos são bem-vindos como observadores; também é importante que a Rússia participe de alguma forma"[51].

Em 11 de abril, os ministros do Exterior dos países membros da Asean concordaram que todos os participantes do EAS deveriam ser parceiros no diálogo e assinar um Tratado de Amizade e Cooperação com a Asean. Essa decisão definiu um rumo para resolver a questão da participação dos países como membros. Em 27 de julho, os ministros do Exterior da APT, reunidos em Vientiane, concordaram que, além das treze nações da APT, Austrália, Índia e Nova Zelândia participariam do primeiro EAS na Malásia, em dezembro. Depois dessa forte discordância a respeito da participação no EAS, a luta de lideranças entre Japão e China parece ter se acalmado[52].

De fato, essa calma mostrou ser meramente a bonança que precede a tempestade. Na reunião da APT, em dezembro, e no EAS na Malásia, todas as notícias indicavam que a China pressionava pelo uso da APT como principal veículo para o desenvolvimento da EAC[53], ao passo que o Japão procurava exercer a liderança para permitir que o emergente EAS tivesse um papel decisivo. As declarações resultantes diziam que a APT deveria "continuar a ser o principal veículo para atingir aquela meta [de concretizar uma comunidade da Ásia oriental]" e que o EAS "poderia desempenhar um papel importante na construção dessa comunidade na região". Do ponto de vista da delegação japonesa, tratava-se de uma concessão para concordar com a fórmula chinesa de "principal veículo" para a APT, garantindo ao mesmo tempo um "papel importante" para os japoneses no EAS[54]. Seja como for, do ponto de vista da reentrada do Japão na Ásia e sua reconciliação com a região, foi um sério revés o fato de China e Coreia participarem de um encontro tripartite regular (entre Japão, China e Coreia), sob os auspícios da APT.

Proponentes, modificadores e oponentes da EAC

Assim, no final de 2005, a posição do governo japonês a respeito da EAC tinha mudado muito, no sentido do "caráter inclusivo"; a cooperação regional no nordeste da Ásia estava se tornando uma meta distante. Contra esse pano de fundo, pode ser válido reexaminar a gama de variantes do pensamento japonês a respeito da EAC entre ministérios, empresas e líderes de opinião, para entender a amplitude e a complexidade da questão.

Proponentes da EAC. A principal e inconteste razão pela qual alguns são a favor da integração regional é econômica. As exportações, os investimentos domésticos diretos e o PIB da Ásia oriental cresceram muito nos últimos 15 anos[55]. O mesmo se deu com o comércio regional[56]. Os três principais ministérios japoneses são a favor da integração econômica regional. O relatório do Ministério da Economia, Comércio e Indústria para 2005 dedicou, pela primeira vez, uma grande seção à natureza da economia em desenvolvimento da Ásia oriental. Sua principal conclusão foi de que o Japão precisava de uma integração mais profunda com a Ásia oriental para superar seus próprios problemas demográficos e estruturais. O Ministério das Finanças continua a promover o acordo de Chiang Mai e também está apoiando o estabelecimento de um mercado de títulos para cada país da região, promovendo ao mesmo tempo o estabelecimento de seu próprio mercado de títulos em ienes[57]. Os esforços do Ministério para Assuntos Externos em concluir EPAs e FTAs continuam, com ênfase nos cinco países fundadores da Asean[58]. O *Gaiko Seisho* [Livro Azul sobre Diplomacia] de 2004 classificou as razões pelas quais o Japão necessita de EPSs e FTAs como se segue: razões econômicas, que incluem a ampliação do livre comércio e a suplementação da Organização Mundial do Comércio; razões de segurança, que incluem a melhoria das condições dos países em desenvolvimento, juntamente com a assistência ao desenvolvimento no exterior; e razões políticas e estratégicas, que incluem a consolidação das relações com os países considerados importantes pelo Japão[59]. Líderes de opinião discutem por que o Japão e a Ásia necessitam de uma comunidade econômica da Ásia oriental. Toshio Watanabe e outros acadêmicos, por exemplo, apoiam fortemente a expansão gradual de EPAs e FTAs, mas acrescentam que uma maior integração será implementada por reconhecimento comum, apoio à governança e diálogo político[60]. Baseado em seu longo tempo de serviço na OCDE, Makoto Taniguchi escreve que o Japão deve se tornar um verdadeiro parceiro da comunidade econômica da Ásia oriental e assumir um papel de liderança para que Ásia, Europa e Estados Unidos possam liderar o desenvolvimento da economia mundial[61]. Baseado em suas pesquisas sobre a EAC, de 2003, Haruki Yoshida propõe o estabelecimento de uma comunidade econômica de Dez Mais Cinco, incluindo Hong Kong e Taiwan, e possivelmente também Mongólia e Coreia do Norte[62].

Alguns japoneses veem a busca do Japão pelo regionalismo asiático emanando do desejo do país em recuperar sua identidade local, abalada em 1945. Eles sentem que o apoio ao regionalismo da Ásia oriental tornou-se um meio de reconciliar o Japão com a região. E veem a aproximação do primeiro-ministro Obuchi, a Declaração do Japão e da Asean em Tóquio, em 2003, identificando "valores asiáticos", e o claro reconhecimento, pelo Ministério de Assuntos Exteriores, de que o estágio final da EAC envolverá a criação de um "senso de comunidade", como ações no sentido de reparar as relações do país com a região, historicamente azedas. Toshiaki Arai descreve a identidade japonesa como a questão subjacente à sua busca por uma esfera econômica asiática[63]. Em sua *home page*, Haruki Wada afirma que o Japão precisa reconciliar-se com seus dois importantes vizinhos, China e Coreia, para um sólido desenvolvimento do regionalismo[64].

Essas visões levam à pergunta: o que é a identidade asiática? Do ponto de vista do Japão, além de meramente ser aceito por outros países asiáticos como amigo verdadeiro e membro, quais são os valores específicos que distinguem a região e criam uma identidade local? Em maio de 2004, foi estabelecido o Conselho da Comunidade da Ásia oriental (CEAC), reunindo proeminentes intelectuais japoneses de todas as áreas. Eles prepararam um *Seisaku-houkokusho* (relatório político), publicado em agosto de 2005[65]. O relatório da CEAC destacou dois pontos que podem lançar luz sobre a questão de uma identidade asiática: mostra que ela já pode estar em andamento, baseando-se no "estilo de vida semelhante de trabalhadores urbanos de classe média" que acompanhou o processo de desenvolvimento econômico do Japão no pós-guerra e hoje é compartilhado por várias economias asiáticas recém-industrializadas, países do sudeste asiático e a China. O relatório também levanta uma segunda questão que fronteira entre a busca construtivista por identidade e a busca liberal por valores democráticos. Ele propõe que, como valores orientadores para unir a Ásia oriental, o Japão promova aqueles que têm respeitado, em seu próprio desenvolvimento, desde a II Guerra Mundial: liberdade, democracia e direitos humanos. Kenichi Ito, presidente da CEAC, afirma que o Japão precisa desenvolver uma EAC motivada por esses "princípios estratégicos" e não apenas por seus sentimentos antiChina[66].

A questão essencial é a China. As relações entre Japão e China estão se tornando tensas, particularmente sob o primeiro-ministro Koizumi. Mas, se o Japão se der conta de que é de seu interesse reduzir essa tensão, também deverá ver que uma forma para isso é seguir um processo multilateral e engajar a China em projetos comuns para aumentar o entendimento. O ativismo chinês em estruturas multilaterais tem aumentado. Sua posição pró-ativa, a partir de 2000, tem sido notável quando comparada com seu envolvimento passivo anterior (1990-95) e, mais tarde, com sua participação ativa (1996-99) em instituições multilaterais lideradas pela Asean, na última década[67]. Sua tranquilizadora diplomacia de "comércio e sorriso" permite que a China desempenhe um papel de segurança cada vez maior[68]. Sua política regional se baseia em quatro pilares principais: participação em organizações regionais, aprofundamento de relações bilaterais, expansão dos laços econômicos e redução da desconfiança na esfera da segurança[69]. Será que a EAC não é um fórum adequado dentro do qual o Japão pode se engajar positivamente com esta espécie de China?

Em 24 de junho de 2004, Hitoshi Tanaka, vice-ministro de Negócios Externos encarregado de assuntos políticos, explicou por que o seu ministério acredita que uma EAC é necessária: (1) é do interesse do Japão a longo prazo; (2) ela poderá criar um sistema dentro do qual o país poderá cooperar com a China; (3) ajudará a absorver o nacionalismo doentio. O segundo ponto mencionado por Tanaka é que o multilateralismo regional poderá ajudar o Japão a estabelecer melhores relações com a China. Makoto Iokibe afirma que os dois países deveriam fazer um esforço para acertar suas diferenças e que, mesmo que as relações do Japão com os Estados Unidos sejam sólidas, os japoneses não devem criticar os chineses, porque, fazendo isso, poderão ficar em má situação, caso haja uma reaproximação entre Estados Unidos e China[70].

Modificadores da EAC. Tensões crescentes com a China e objeções claras dos Estados Unidos à formação de uma EAC exclusiva abalaram o modo de pensar do Japão e pelo menos duas linhas modificadoras começaram a tomar forma. A primeira favorecia a abertura do escopo de cooperação a outros países banhados pelo Oceano Pacífico e pelo Oceano Índico. A participação da Austrália, da Índia e da Nova Zelândia no EAS foi vista como o primeiro passo. O Japão era a favor da inclusão da Rússia e dos Estados Unidos. Depois de todas as indicações, no primeiro semestre de 2005, o governo japonês definiu um curso nessa direção. O fundamental interesse geopolítico do Japão em engajar a China e com ela cooperar foi substituído por um interesse geopolítico de curto prazo de competir com ela. A questão de participação da Rússia no EAS (depois de ela ter estado presente ao EAS de 2005, como convidada do governo da Malásia) e dos Estados Unidos (depois de a ênfase deste país ter mudado de forma mais clara para a APEC) perdeu impulso político, mas prevaleceu a ênfase japonesa no caráter inclusivo do EAS.

A segunda linha de pensamento favorecia a limitação da cooperação à área econômica, em que as razões para isso são mais fortes. O caráter totalitário do governo chinês e a atitude antijaponesa do povo chinês impediram que o Japão fosse longe demais no estabelecimento de uma "comunidade". Noboru Hatakeyama, ex-presidente da Organização de Comércio Exterior do Japão, defende esta abordagem[71].

Oponentes da EAC. Embora aqueles que defendiam modificações na EAC pudessem ser vistos como tentando ajustar a visão da cooperação na Ásia oriental à realidade, o ceticismo sobre a China levou alguns líderes de opinião a negar totalmente a ideia de cooperação regional. Taro Yayama afirmou que a EAC era um estratagema chinês para arrastar o Japão para a esfera do sino-centrismo e que a solução, para o Japão, estava na criação de uma "Comunidade Ásia-Pacífico" com Austrália, Asean, Índia, Nova Zelândia e Estados Unidos como participantes, ou então a criação de uma "Aliança de Estados Marítimos"[72]. Mineo Nakajima fez distinção entre a continentalidade da China, a insularidade do Japão e a peninsularidade da Coreia, enfatizando uma ampla gama de discrepâncias no reconhecimento da história moderna e declarando que, durante a "nova guerra fria" entre a China e Estados Unidos, a EAC poderia ser uma ilusão[73]. O discurso feito em 30 de novembro de 2006 pelo ministro do Exterior Taro Aso, "Arco de Liberdade e Prosperidade: os Horizontes Diplomáticos do Japão em Expansão", pode ser considerado uma extensão dessa linha de pensamento[74].

Implicações da EAC para a segurança

Se fosse "funcional" e todos os países relevantes estivessem incluídos, a cooperação baseada na EAC poderia produzir resultados tangíveis, beneficiando todos os países participantes. Porém, evitar duplicações é uma preocupação legítima. Demarcar entre a cooperação sob o ARF e sob a EAC pode ser uma consideração válida, assim como, em assuntos econômicos, uma demarcação entre Apec e EAC poderia ser útil.

Mas a verdadeira questão de segurança é a China, isto é, como devemos entender a China do presente e considerar a questão da cooperação multilateral nesse contexto. Faz sentido ampliar a segurança cooperativa com a China? Se a China está querendo manifestar sua tradição sino-centrista, baseada no poder em rápido desenvolvimento nas frentes militar, política e econômica e usar a aversão pelo Japão para promover a unidade nacional, pode não ser prudente para os japoneses flertarem com o regionalismo na Ásia oriental, pelo menos sem a participação dos Estados Unidos. Embora o diálogo seja essencial para o engajamento construtivo, é bem diferente de esforços conjuntos pela criação de uma EAC.

Mas, se a China é uma potência em rápido crescimento que não se ajustou à velocidade de sua ascensão, entende mal o mundo exterior e tem ideias que devem ser ouvidas e entendidas pelo Japão – como afirma Sakutaro Tanino, ex-embaixador japonês em Pequim[75] –, os esforços no sentido da segurança cooperativa e da ampliação de uma forma adequada de regionalismo são cruciais para o interesse nacional japonês. Naturalmente, mesmo nesse caso, a importância de se manter a segurança no sentido tradicional, por meio de forças de defesa estratégica, a aliança permanece firme. Além disso, o Japão não deve se render a pressões indevidas na esfera da política externa. Mas seu comportamento geral pode mudar, dependendo de como se vê a China.

Caso o segundo cenário represente o quadro mais acurado da China, teria havido boas razões para o Japão se mostrar ativo no trabalho ligado à APT e à EAC. Mas, nessa situação, do ponto de vista da segurança e das alianças do Japão, permanece uma séria questão, com quatro aspectos: a política do Japão é consistente, caso ele diga aos Estados Unidos (1) que não há motivo de preocupação sobre a participação japonesa em uma EAC da qual os EUA podem não fazer parte; (2) que o objetivo do Japão em integrar uma EAC é garantir que a China se harmonize com a região; (3) que há uma necessidade urgente do Japão criar uma estrutura multilateral regional viável, não só por razões econômicas, mas também para satisfazer o antigo desejo do país em ser aceito como parceiro na Ásia; (4) e que sua aliança com os Estados Unidos desde a Segunda Guerra Mundial deveria ser uma boa base para que os americanos confiem em que o Japão não irá prejudicar seus interesses? Analisando a política do Japão na Ásia desde a virada do século, outra pergunta prejudica a posição do país em relação à parte (3) da pergunta anterior: se "reentrar na Ásia" é tão importante para o Japão, como ele foi capaz de se comportar de forma a antagonizar a China, reduzindo o relacionamento político entre os dois países ao seu ponto mais baixo desde a Segunda Guerra Mundial?

Não é possível entender a EAC de forma adequada sem uma apreciação do fato de que o Japão está tentando recuperar a identidade asiática perdida após sua derrota, em agosto de 1945. No país, essa derrota também resultou numa contradição entre o negativismo completo em relação às atividades japonesas de antes da guerra e o desejo legítimo de proteger sua honra[76]. A dificuldade em resolver essa contradição está criando uma crise de identidade nacional. As duas abordagens nas quais foi baseada sua busca por identidade – "reentrar na Ásia" e "restabelecer os valores nacionais" – estão em curso de colisão.

Embora essa crise de identidade tenha um caráter fortemente doméstico, sua repercussão internacional está afetando a política externa do Japão. Numa época em que a identidade nacional parece estar sobrepujando a identidade asiática, ninguém no Japão pode explicar, de forma responsável e persuasiva, como a EAC é importante para a prosperidade econômica e a estabilidade geopolítica do país, assim como o restabelecimento de sua honra na Ásia. Entre as "onze lições para o sucesso do regionalismo" no nordeste da Ásia, de Gilbert Rozman, a mais sensata é de que o Japão está andando para trás por não buscar, com o máximo de empenho, "um acordo com a China sobre segurança", abrindo mão da oportunidade para "promover uma identidade regional" [77].

Devido a essa confusão, o Japão está se movendo para a posição de buscar uma EAC com maior número de membros para confrontar a China e incluir os Estados Unidos. Mas será que essa posição atende realmente aos melhores interesses do país? De uma perspectiva geopolítica imediata, quando as relações com a China estão hostis e os Estados Unidos se opõem abertamente à EAC, assumir a posição de "modificador expansionista" é a única opção. Aqui se aplica a teoria clássica do equilíbrio de poder. Mas a longo prazo, se o Japão pudesse participar de uma EAC robusta, na qual conseguisse colocar a China em harmonia com o mundo exterior e conquistar maior compreensão e confiança na região, será que essa EAC não seria a melhor solução para os interesses japoneses na área de segurança? O poder ainda é uma consideração vital. Mas conciliação e equilíbrio também podem ser. Além disso, a busca por uma identidade asiática pode ser no mínimo tão importante quanto a busca por uma identidade nacional. Depois de um ano de uma política asiática inesperadamente harmoniosa sob o primeiro-ministro Shinzo Abe, em setembro de 2007, foi eleito primeiro-ministro Yasuo Fukuda, conhecido por ser mais favorável à Ásia. Do ponto de vista dos EUA, uma EAC que melhorasse as relações entre Japão e China também não iria contribuir para os interesses dos Estados Unidos sobre segurança?

Sob a ótica de seu interesse nacional, os Estados Unidos podem exigir de forma legítima uma cooperação inclusiva da Ásia oriental, da qual eles sejam parte integrante. Mas, mesmo nesse caso, ainda permanece uma pergunta chave: os americanos prefeririam um Japão capaz de administrar suas relações com a China, ou um Japão enfraquecido e dependente? Hoje, as relações Japão-China estão tão tensas que a relevância desta pergunta parece remota[78].

As Conversações entre Seis Partes

No final da década de 1990, enquanto o interesse do Japão pelo regionalismo se manifestava principalmente dentro de uma estrutura cooperativa, que compreendia o nordeste e o sudeste da Ásia, também tomava forma um importante esquema para tratar da cooperação em torno da península coreana. Em resposta à primeira crise nuclear da Coreia do Norte de 1993-94, havia sido estabelecida em 1995 a Organização para Desenvolvimento de Energia na Península Coreana (Kedo)[79], e as Conversações entre Quatro Partes começaram em 1996. A Kedo era, em princípio, um órgão técnico cujo objetivo era construir um reator resfriado a água leve e as Conversações entre Quatro Partes não tinham uma tarefa concreta a realizar dentro de um prazo definido.

As Conversações entre Seis Partes (6PT) eram totalmente diferentes. Da perspectiva geopolítica, a tarefa da 6PT era deter a nuclearização norte-coreana; sua missão era eliminar uma ameaça à segurança regional no sentido mais tradicional. Ou, como indicou Francis Fukuyama, a 6PT (ou possivelmente 5PT) poderia se transformar numa entidade que influenciaria profundamente a paz e a estabilidade futuras do nordeste da Ásia[80]. Do ponto de vista da identidade japonesa, pelo fato de o que estava em jogo ser tão ligado à questão central da segurança tradicional, a presença dos Estados Unidos era um pré-requisito. Quer o Japão buscasse sua identidade reentrando na Ásia ou restabelecendo seu orgulho nacional, era importante que, entre os participantes do jogo, estivesse seu vital parceiro do outro lado do Pacífico, os Estados Unidos, e seus dois vizinhos continentais, a China e a Coreia; não havia espaço para a agonia típica das associações.

As relações Japão-Coreia do Norte antes da 6PT

Depois do fim da Guerra Fria, durante a década de 1990, as relações entre Japão e Coreia do Norte oscilaram entre dois polos: de relativamente cordiais a frias, com ausência de comunicação (veja Tabela 7.1). Essas oscilações pendulares refletem as relações da Coreia do Norte com todo o mundo exterior.

Tabela 7.1
RELAÇÕES JAPÃO-COREIA DO NORTE, 1991-2005

Anos	Relações Japão-Coreia do Norte	Relações externas norte-coreanas
1991-92 P	Visita de Kanemaru; oito rodadas de conversações	Declaração conjunta Norte-Sul na ONU
1993-94 N	Crise nuclear	Crise nuclear
1995-97 P	Retorno das donas de casa, ajuda alimentar	Fundada a Kedo; Conversações entre Quatro Partes
1998-99 N	Crise dos mísseis, invasão do espaço marítimo	Provocações na costa leste da Coreia do Sul
1999-2000 P	Três rodadas de conversações; ajuda alimentar	Encontro Norte-Sul; Rússia; China
2001 N	Navio bombardeado e afundado (-)	Europa estabelece relações (+)
2002 P	Visita de Koizumi (setembro) (+)	Discurso sobre Eixo do Mal (-)
2003-5 N	Sequestro, crise nuclear	Crise nuclear

Nota: P, (+), positivo; N, (-), negativo.

A importância da visita do primeiro-ministro Koizumi a Pyongyang em setembro de 2002 deve ser analisada no contexto dessas relações. Na época da visita, numerosos problemas separavam o Japão da Coreia do Norte, e a opinião pública exigia justiça para as vítimas japonesas de sequestros por norte-coreanos[81]. Mas a visita de Koizumi resolveu todas essas questões, a maioria das quais como fora prescrito na Declaração de Pyongyang de 17 de setembro de 2002, o que incluía o reconhecimento dos sequestros e um pedido de desculpas [82]. Sobre a segurança no nordeste da Ásia, a declaração continha uma afirmação de que ambos os países reconheciam "que é importante contar com uma estrutura para que os

Estados da região promovam a construção de confiança, à medida que se normalizem as relações entre eles" [83].

Durante um curto período, parecia que aquele sucesso diplomático dera a Koizumi uma pequena, mas sem precedentes, oportunidade para assumir uma posição de liderança nas negociações relativas à Coreia do Norte. Makoto Iokibe declarou que "sequestros são abomináveis, mas, para que essa tragédia não se repita, a normalização das relações deve ser conseguida sem nenhum erro"[84]. Shinichi Kitaoka elogiou a visita de Koizumi como "um sucesso a ser lembrado na política externa pós-Segunda Guerra Mundial"[85]. Mas é desnecessário dizer que, quando a questão nuclear eclodiu em outubro, a perspectiva de normalização mudou muito. A posse de armas nucleares pela Coreia do Norte era uma clara violação da Declaração de Pyongyang e uma grave ameaça à segurança japonesa. Uma posição rigorosa do Japão contra a nuclearização norte-coreana era natural e inevitável. Mas, caso Koizumi tivesse mantido sua posição diplomática e o canal para o Norte, a capacidade do Japão para se comunicar com a Coreia do Norte poderia ter tido um impacto diferente sobre o processo da 6PT.

Porém, os eventos assumiram uma direção diferente. O público japonês ficou chocado e irritado pelo fato de oito dos 13 sequestrados terem sido declarados mortos em circunstâncias misteriosas. A cobertura pela mídia do retorno ao Japão dos cinco sequestrados restantes, em 15 de outubro, foi repleta de emoção nacional. Em 24 de outubro, a despeito do entendimento básico de que os cinco sequestrados deveriam voltar à Coreia do Norte, o governo Koizumi decidiu não o permitir[86].

Essa decisão teve um impacto profundo. Foi apoiada pelo público, influenciado pelas famílias dos sequestrados, então já organizadas como a Associação das Famílias das Vítimas Raptadas pela Coreia do Norte (AFVKN) e apoiadas pela Associação Nacional para o Salvamento de Japoneses Raptados pela Coreia do Norte (NARKN)[87]. Depois de anos de sofrimento sozinhas, as famílias haviam começado a cooperar entre si nos anos 1990, formando a AFVKN em 1997 e ganhando "força para lutar contra Kim Jong-iI" [88]. Sua ira também foi dirigida contra o governo japonês, pela negligência em proteger seus cidadãos contra sequestros. Embora a maior parte dos sequestros tivesse ocorrido em 1977 e 1978, nenhuma medida de precaução havia sido tomada[89]. Foi somente em 1988 que o governo reconheceu oficialmente que "havia dúvidas suficientes para suspeitar de que a Coreia do Norte tinha sequestrado seis cidadãos japoneses"[90].

A decisão de permitir ou não que os cinco sequestrados retornassem à Coreia do Norte era difícil: suas famílias temiam, e com razão, que poderiam não ser autorizados a voltar ao Japão. Mas os negociadores norte-coreanos afirmaram que a não devolução dos sequestrados constituiria uma quebra de confiança, o que, dado o nascente relacionamento entre os dois países, poderia colocar em risco todo o processo. Dizem que Yasuo Fukuda, secretário de gabinete, e Hitoshi Tanaka, diretor-geral do Escritório para a Ásia e principal negociador com a Coreia do Norte, concordavam com os coreanos, ao passo que Shinzo Abe, subsecretário de gabinete, e Shotaro Yachi, o mais alto funcionário do Ministério do Exterior no gabinete do primeiro-ministro, tinham opinião contrária[91].

Quando prevaleceu a visão de Abe e Yachi, a Coreia do Norte virtualmente se retirou de todo o processo iniciado em 17 de setembro. No Japão, os sequestros se tornaram prioridade nacional nas negociações com os norte-coreanos. A ideia de adotar sanções econômicas visando a uma mudança de regime ganhou cada vez mais apoio[92]. Tanaka começou a ser retratado na mídia como um "traidor nacional", por ter agido por interesse próprio, não dando atenção suficiente à aliança com os Estados Unidos e se mostrando demasiadamente disposto a transigir com a Coreia do Norte[93]. Koizumi manteve a confiança em Tanaka, que havia mantido aberto um canal de comunicação com os norte-coreanos, mas na realidade a capacidade de negociação do Japão parecia ter sido abalada.

A decisão de Koizumi de manter os sequestrados no país deve ser vista, em parte, como refletindo a dinâmica da política interna japonesa. A opinião pública era esmagadoramente simpática às famílias dos sequestrados, que afirmavam que eles não deveriam ser enviados de volta à Coreia do Norte. Ao mesmo tempo, o amplo apoio à decisão de não permitir que eles retornassem foi o reflexo de um novo sentimento de identidade nacional: pareceu apropriado que o Estado tomasse medidas para proteger seus cidadãos, protegendo, assim, a honra nacional e a identidade do Japão.

A posição relativa à segurança do Japão na 6PT

Com as partes interessadas enfrentando um impasse sobre a questão nuclear da Coreia do Norte, o Japão não ficou quieto. Como foi recentemente revelado por Jim Kelly, ex-secretário de Estado assistente, os japoneses propuseram ao secretário de Estado, Colin Powell, em fevereiro de 2003, a realização de conversações entre Coreia do Norte, Estados Unidos, China, Coreia do Sul e o próprio Japão, ou entre seis países, com a inclusão da Rússia. Powell concordou, mas reformulou a ideia como se ela fosse americana e a propôs à China, que não concordou imediatamente[94]. Os chineses acabaram concordando e a Coreia do Norte finalmente expressou seu apoio às Conversações entre Seis Partes através da Rússia, em 31 de julho de 2003[95].

A posição do Japão nas seis rodadas de conversações pode ser assim resumida:

- Como foi claramente declarado no discurso de abertura de cada rodada, a solução do impasse sobre os sequestros, juntamente com a questão nuclear, era um pré-requisito para a normalização das relações bilaterais[96].
- A Coreia do Norte deveria eliminar "todos os programas nucleares". Essa eliminação deveria ser abrangente, verificável e irreversível[97].
- O Japão estava disposto a ajudar a Coreia do Norte, desde que fossem satisfeitas as condições adequadas. Na quarta rodada, o Japão declarou que "sob condições adequadas, estava disposto a aderir a um programa conjunto sobre energia", proposto pela Coreia do Sul na segunda rodada[98].
- A cooperação com Washington e a consolidação das posições americana e japonesa eram vitais[99].

A ênfase do Japão nos sequestros deixou-o na mais difícil posição entre os cinco países que negociavam com a Coreia do Norte. Isso, no entanto, salvou os Estados Unidos do isolamento pelos quatro outros países. A ajuda adequada à Coreia do Norte era consistente com a política japonesa. Mas sua posição de se manter duro com os norte-coreanos foi colocada em risco quando os Estados Unidos adotaram a política de buscar acordo com o norte, na quinta rodada das conversações, em fevereiro de

2007. O Japão decidiu não aderir ao fornecimento de suporte financeiro, acertado naquela rodada. A insistência nos sequestros isolou os japoneses dos outros quatro países e seu papel não se comparava ao da China, hospedeira das reuniões e principal interlocutora em definir a direção das negociações, nem ao da Coreia do Sul, em fazer propostas concretas para persuadir a Coreia do Norte a deixar de lado seu programa nuclear, nem ao dos Estados Unidos, em agir de forma decisiva para chegar a alguma espécie de acordo com os norte-coreanos.

Como aquela situação deveria ser considerada, no contexto das relações entre Japão e Estados Unidos? A posição japonesa prejudicou a posição americana na resolução da questão nuclear norte-coreana? É difícil dizer. A abordagem reativa do Japão se baseia nas condições enfrentadas pelo país desde a decisão de Koizumi a respeito dos sequestrados, em 24 de outubro de 2002, quando o potencial japonês em desempenhar um papel mais pró-ativo foi grandemente reduzido. Yoshihide Soeya oferece uma das raras análises diretas: "As negociações (entre Japão e Coreia do Norte) foram rompidas em consequência da decisão do governo japonês de não devolver os sequestrados e malogrou a estratégia da política externa de liderar a transformação da Ásia oriental por meio da normalização das relações entre Japão e Coreia do Norte"[100]. Caso o Japão tivesse continuado com sua política básica, expressa em setembro de 2002, e conseguido influenciar Kim Jong-il a respeito da questão nuclear, as relações do Japão com os Estados Unidos teriam se fortalecido ainda mais.

Do ponto de vista dos realistas, a preservação do canal de negociações aberto por Koizumi com Kim Jong-il poderia ter sido uma prioridade, porque há enormes apostas envolvidas no desenvolvimento de armas nucleares pela Coreia do Norte. Mas, do ponto de vista da recuperação da identidade nacional do Japão, proteger os cinco sequestrados a todo custo tornou-se um pré-requisito. O povo japonês considerou apenas justo que, depois de tantos anos de negligência, o governo havia finalmente tomado as providências necessárias para proteger seus cidadãos. De qualquer modo, a conquista de um papel de liderança geopolítica na península coreana era um objetivo extremamente difícil e remoto; em comparação, a tarefa de proteger os cinco sequestrados era um objetivo tangível, no qual Koizumi não podia falhar. Políticas internas também estavam em jogo. A escolha era clara: a identidade superou o realismo.

Conclusão: que espécie de Japão é o parceiro em segurança mais digno de crédito para os Estados Unidos?

A segurança do Japão na Ásia oriental é mais garantida por fóruns multilaterais, quando poder geopolítico, eficiência econômica e busca por uma identidade nacional e asiática são harmonizadas e a política é bem coordenada com base nesses três fatores. No presente, o conflito entre poder e identidade está criando dificuldades reais, que enfraquecem a posição do Japão no tocante à segurança.

A política japonesa com respeito ao ARF está sendo conduzida com sucesso razoável. Concebido como um fórum Ásia-Pacífico que incluiria Estados Unidos e China, seu principal objetivo, para o Japão, era usar o ARF como um ambiente no qual se harmonizasse sua política de defesa com as de seus vizinhos. A estrutura e a finalidade básicas do fórum eliminaram os conflitos entre poder e identidade.

Com relação à EAC, a cooperação entre países da Ásia oriental tem um potencial para conflito com os Estados Unidos: a busca do Japão por uma identidade asiática poderá entrar em choque com seus interesses geopolíticos em manter uma aliança sólida com os americanos. Quando se tentou a cooperação sob a APT, motivada por uma economia com ênfase na "funcionalidade", as contradições não vieram à superfície. Mas, quando essa cooperação começou a desenvolver um ímpeto político, provocou objeções por parte dos americanos. Isso coincidiu com a deterioração das relações bilaterais do Japão com a China, e o delicado equilíbrio entre poder e identidade sob a APT começou a se desintegrar. Com a tensão com a China como pano de fundo, a busca do Japão por uma identidade nacional começou a receber apoio mais forte do que a busca por uma identidade asiática. *Vis-à-vis* com a China, preferiu-se o equilíbrio de poder com Austrália, Índia e Nova Zelândia à busca de uma harmonização de poder com os chineses dentro de uma EAC. A identidade nacional e a geopolítica ganharam prioridade em relação à identidade asiática.

A 6PT começou sem contradições de participação. Tanto Estados Unidos quanto China foram membros fundadores. A 6PT tinha potencial para servir como berço de um efetivo multilateralismo ligado à segurança no nordeste da Ásia. Como afirma Francis Fukuyama em seu capítulo neste livro, uma nova organização com cinco potências (contando a Coreia) poderia ser uma opção viável para ampliar a cooperação em assuntos de segurança na região, particularmente para superar as diferenças entre os países membros sobre democracia e direitos humanos. Os interesses de segurança do Japão poderiam ter sido maximizados se o país assumisse uma posição de liderança na 6PT, e a visita de Koizumi a Pyongyang em setembro de 2002, poderia ter oferecido uma rara oportunidade para se conseguir isso. Mas a decisão em assumir uma posição dura na questão dos sequestros congelou o canal de negociação com a Coreia do Norte, que havia aberto o caminho para a visita de Koizumi. Na 6PT, o Japão passou a assumir uma posição ainda mais dura do que a dos Estados Unidos em relação aos norte-coreanos. A identidade nacional sobrepujou o realismo geopolítico.

Da perspectiva dos Estados Unidos, qual é a visão do Japão sobre a segurança multilateral na Ásia oriental? Na EAC e também na 6PT, o Japão apoia fortemente a posição americana. Sua proposta de incluir os Estados Unidos entre os 13 países membros da APT, embora como observador, foi a mais próxima da posição americana. A dura postura do Japão em relação à Coreia do Norte na 6PT foi eficaz em não isolar os Estados Unidos até a quinta rodada das conversações, quando a delegação americana passou a adotar uma política mais flexível para obter um acordo com o Norte.

Ao mesmo tempo, em relação à China e à Coreia do Norte, o Japão fracassou em maximizar o potencial de sua política externa sob o primeiro-ministro Koizumi. Sua posição de segurança em relação à China está enfraquecida por sua incapacidade em conduzir um diálogo sólido no nível de altos líderes e administrar as dificuldades entre os dois países, da história à geopolítica. O Japão foi incapaz de usar uma pequena janela de oportunidade para maximizar sua influência sobre a Coreia do Norte com relação à questão nuclear. Pode-se afirmar que sua posição como parceiro na aliança com os Estados Unidos hoje está enfraquecida, pois o país é incapaz de maximizar seu potencial de segurança na política externa.

Assim, uma pergunta que os Estados Unidos poderiam considerar importante, do ponto de vista de seus interesses nacionais, a longo prazo é: que espécie de Japão a América prefere como parceiro de aliança? Um parceiro forte, que está maximizando seu potencial de segurança, capaz de harmonizar seu poder, sua eficiência e sua identidade e que está desenvolvendo relações sólidas com a China, por meio de laços bilaterais e multilaterais? Ou um parceiro enfraquecido, cuja posição de segurança é problemática, devido a seu conflito entre identidade e poder, um parceiro que enfrenta dificuldades bilaterais e multilaterais com a China e que está se tornando cada vez mais dependente dos Estados Unidos na Ásia oriental? A América tem direito de escolher o tipo de parceiro que prefere.

Do ponto de vista do Japão, a harmonização de seu poder, sua eficiência e sua identidade poderá ser conseguida por meio de seus objetivos políticos fundamentais no pós-guerra: fortalecer a aliança com os Estados Unidos e reentrar na Ásia. Caso a situação internacional o force a escolher um dos dois, o consenso é claro: a aliança terá precedência. Mas essa espécie de quadro de soma zero não é desejável para o país. O Japão precisa atingir ambos os objetivos, para maximizar sua postura diplomática e satisfazer seus interesses nacionais[101].

A situação em que o Japão se encontrava em 2005 – deterioração sucessiva de suas relações com outros países asiáticos, em especial a China – simplesmente contradizia seu desejo fundamental de reentrar na Ásia e seus esforços para esse fim. A despeito da expectativa de que uma abordagem "regida por princípios" com a China maximizará a sua postura internacional a longo prazo, a incapacidade japonesa em administrar as dificuldades do presente está enfraquecendo sua reputação internacional. Do ponto de vista japonês, isso é lamentável e um Japão assim pode realmente não ser o melhor parceiro para os Estados Unidos numa aliança.

As relações entre Japão e China melhoraram de forma substancial sob o primeiro-ministro Abe. Na gestão do primeiro-ministro Fukuda, as relações com a Ásia ainda podem ser melhoradas. Se o Japão começar a se comportar como um parceiro mais forte, capaz de conduzir uma política mais responsável e efetiva na administração das suas relações com a China e com outros países asiáticos, estará no interesse dos Estados Unidos considerar melhor lidar com esse Japão e decidir reconhecer e encorajar o seu desejo fundamental de reentrar na Ásia, ou desaprová-lo e fazer-lhe objeções. A resposta pode não ser simples, dependendo da preferência americana sobre seu envolvimento na Ásia oriental. Qualquer que seja a preferência, acredito fortemente que os 60 anos de consolidação dessa aliança dê aos Estados Unidos motivos suficientes para confiar no Japão, em seus esforços para reentrar na Ásia.

Agradecimentos

Agradeço aos professores Thomas Berger, Kent Calder, Rosemary Foot, Francis Fukuyama e Gilbert Rozman, assim como a um leitor anônimo, por seus valiosos comentários, e à sra. Serene Hung, por suas pesquisas e seus comentários.

NOTAS

1. Paul Midford, "Japan's Leadership Role in East Asian Security Multilateralism: The Nakayama Proposal and the Logic of Reassurance", *Pacific Review* 13 (2000): 380.
2. Kuniko Ashizawa, "Japan's Approach toward Asian Regional Security: From 'Hub-and-Spoke' Bilateralism to 'Multi-Tiered'", *Pacific Review* 16 (2003): 367.
3. Idem, 363-64.
4. Ibidem, 367-68.
5. As expressões diferem um pouco de ano para ano, mas essa diferença não afeta os princípios fundamentais. Porém, é interessante notar que, nas edições do *Gaiko Seisho* para os anos de 2001 a 2004, foram incluídas declarações explícitas de que o engajamento e a presença dos Estados Unidos devem ser considerados "pré-requisitos" para a cooperação em múltiplas camadas, embora as edições de 1999 e 2000 não contivessem essas declarações. A redação usada nesses anos foi a seguinte: 2001-4 – "com o pré-requisito da presença e do engajamento dos Estados Unidos na região, o Japão prossegue no diálogo bilateral e multilateral em múltiplos níveis (as edições de 2003 e 2004 usavam a redação "com a forma de colocar os diálogos de múltiplas maneiras"); 2000 – "prosseguir com diálogo e cooperação bilaterais e multilaterais em múltiplos níveis"; 1999 – "prosseguir com diálogo bilateral e multilateral em múltiplos níveis"; 1998 – "com o pré-requisito da presença dos Estados Unidos, acumular vários esforços para ampliar (a) diálogo e cooperação bilaterais e multilaterais para resolver conflitos; (b) diálogo sobre política e segurança para gerar transparência e tranquilidade na região Ásia-Pacífico; (c) estabilidade política por meio de assistência econômica". Tirado do *website* do Ministério do Exterior (MOFA): www.mofa.go.jp/mofa/gaiko/bluebook/index.html (acessado em 11 de agosto de 2005).

6. Em maio de 1991, Kaifu disse: "O Japão decidiu recentemente enviar caça-minas à região. Este ato não significa que o país está assumindo um papel militar na comunidade internacional nem representa nenhuma mudança na política básica de defesa do Japão". No mês seguinte, Sato escreveu: "Nos próximos anos, o Japão se empenhará, de forma mais positiva do que antes, no processo para ampliar a estabilidade política e a segurança na região Ásia-Pacífico.... Contudo, a ansiedade por parte de muitos países sobre a possibilidade de o Japão se transformar numa 'potência militar' persistirá, a menos que... o país se envolva no processo do diálogo regional sobre esta questão." Em julho do mesmo ano, Nakayama disse: "Esta expansão do papel político japonês na região Ásia-Pacífico tem causado ansiedade e preocupação entre outros países.... Tais preocupações e apreensões sobre a futura direção da política externa japonesa constituem um tópico válido para esse tipo de diálogo político, em que os países amigos da região poderáo se engajar em trocas francas de opinião sobre assuntos de interesse mútuo." Midford, "Japan's Leadership Role", 376, 381, 381-83.
7. Ashizawa, "Japan's Approach toward Asian Regional Security", 370.
8. Midford, "Japan's Leadership Role", 375.
9. A terminologia "realistas" versus "construtivistas" é usada de acordo com a mais recente teoria de relações internacionais, em obras de Muthiah Alagappa, John Ikenberry, Peter Katzenstein e Alexander Wendt, entre outros. Se o Japão estivesse realmente disposto a ser uma potência harmoniosa, há uma pergunta: por que a proposta de Nakayama de 1991, para um fórum regional não incluía a China como membro fundador? A Coreia aderiu à Asean-PMC em 1991, mas a China só o fez em 1996. Paul Midford apresenta um argumento convincente de que essa omissão deveu-se à relutância do Japão em incluir a União Soviética (Midford, "Japan's Leadership Role", 376-78).
10. Tadashi Ikeda, *Kanbojiawaheiheno Michi* (O caminho para a paz cambojana) Tóquio: Chou Seihan, 1996), 179-80.
11. Do discurso do presidente Clinton perante a Assembleia Nacional coreana, em Akiko Fukushima, *Japanese Foreign Policy: The Emerging Logic of Multilateralism* (Londres: Macmillan, 1999), 144.
12. A segurança cooperativa dirige sua atenção para a maneira pela qual cada Estado lida com a ameaça. David Dewitt e Amitav Acharya apresentam três maneiras: inclusiva, hábitos de diálogo e cooperação entre os atores e dentro dos Estados. Akiko Fukushima, David Capie e Paul Evans, *Rekishikon, Ajiataiheiyo Anzenhoshotaiwa* (O léxico de segurança Ásia-Pacífico) (Tóquio: Nihonkeizai Hyoronsha, 2002), 96. O modo da Asean pode ser caracterizado como "paciência, progressão, informalidade, realismo e consenso" (Idem). Kusuma Snitwongse definiu-a como "uma prática de consulta e concessão por meio de contatos frequentes" (Idem, 25).
13. Fukushima, *Japanese Foreign Policy*, 146-47. A segurança comum é definida pela Palme Commission como "assegurar a segurança pela cooperação, em vez de política competitiva de poder". Fukushima, Capie e Evans, *Rekishikon, Ajiataiheiyo Anzenhoshotaiwa*, 109.

14. Thomas Christensen, "China, the U.S.–Japan Alliance, and the Security Dilemma in East Asia", em Michael Brown et al., eds., *The Rise of China* (Cambridge, Mass.: MIT Press, 2000), 158.
15. Da declaração do presidente do ARF, na 12ª reunião do ARF, em 29 de julho de 2005, disponível em www.aseanregionalforum.org /Default.aspx?tabid=67 (acessado em 12 de agosto de 2005).
16. Donald Weatherbee, *Southeast Ásia: The Struggle for Autonomy* (Nova York: Rowman and Littlefield, 2005), 151.
17. Masafumi Iida, "Chuugoku-Asean Kankeito Higashiajia Kyoruruoku (As relações China-Asean e a cooperação na Ásia oriental))" em Kokubun Ryousei, Ed., *Chuugokuseijito Higashiajia* (A política chinesa e a Ásia oriental) (Tóquio: Keio University Press, 2004), 334.
18. Christensen, "China and the U.S.-Japan Alliance", 158.
19. Cheng-Chwee Kuik, "Multilateralism in China's Asean Policy: Its Evolution, Characteristics, and Aspiration", Contemporary Southeast Asia, 1º de abril de 2005, 11.
20. O artigo 9º proíbe o exercício, pelo Japão, do "direito de beligerância" e a manutenção de "forças armadas terrestres, marítimas e aéreas". Ele tem sido interpretado como não permitindo que o país se engaje em iniciativas coletivas de autodefesa. Alguns políticos e líderes de opinião japoneses têm criticado o artigo como a causa de um pacifismo excessivo.
21. Disponível em www.mofa.go.jp/mofaj/gaiko/bluebook/2004/hakusho/h16/index.html (acessado em 19 de agosto de 2005).
22. J. Ravenhill, *Apec and the Construction of Pacific Rim Regionalism* (Cambridge: Cambridge University Press, 2001), 183-84.
23. Michael Green oferece uma excelente análise da natureza da crise financeira asiática e de como a proposta do Japão para um Fundo Monetário Asiático (FMA) surgiu, foi negociada e desapareceu. Michael Green, *Japan's Reluctant Realism* (Nova York: Palgrave, 2001), 239-50.
24. Disponível em www.mofa.go.jp/policy/economy/asia/crisis0010.html (acessado em 4 de outubro de 2007.
25. Disponível em www.mofa.go.jp/mofaj/kaidan/kiroku/s_hashi/arc _97/asean97/kaigi.html (13 de agosto de 2005).
26. Veja www.mofa.go.jp/policy/economy/asia/crisis0010.html (acessado em 4 de outubro de 2007).
27. Disponível em www.mofa.go.jp/region/asia-pac/asean/pmv9911/joint.html (acessado em 12 de agosto de 2005).
28. Veja www.mofa.go.jp/mofaj/kaidan/kiroku/s_obuchi/arc_99/asean99/3shuno.html (acessado em 12 de agosto de 2005).
29. Na véspera do café da manhã, Obuchi disse à imprensa japonesa: "Sinto-me muito grato à Asean, que nos deu esta ocasião, mas simplesmente não posso perder esta oportunidade". *Asahi Shinbun*, 29 de novembro de 1999.
30. Um acordo aconômico para uma parceria na nova era foi assinado entre Japão e Cingapura em 13 de janeiro de 2002.

31. Julie Gilson, "Complex Regional Multilateralism: 'Strategising' Japan's Responses to Southeast Asia", *Pacific Review* 17 (março de 2004): 78. *Spider-web bilateralism* refere-se a uma rede de acordos bilaterais entre múltiplos atores. O arranjo consiste de acordos bilaterais pro forma, mas em essência equivale a um tratado multilateral.
32. Este acordo consistia em um arranjo para o fornecimento de recursos financeiros de curto prazo em acordos bilaterais de permuta de moedas.
33. O discurso de Koizumi deixou outra impressão evidente: ele afirmou que a EAC deveria ser aberta a outras entidades regionais, como Apec e Asia-Europe Meeting (Asem). A EAC está geograficamente na esfera Ásia-Pacífico e, portanto, é parte da Apec; ela enfrenta a Europa e assim está fora da Asem. O Japão estava claramente dando uma ênfase maior à cooperação na Ásia oriental do que na esfera Ásia-Pacífico. O convite à Austrália e à Nova Zelândia pode ter sido feito para compensar a gama mais ampla de cooperação na região Ásia-Pacífico.
34. O relatório do Mofa de 2004 resume da seguinte maneira a razão pela qual esta abordagem tornou-se importante: "(a) a ideia da formação de uma comunidade na Ásia oriental foi originalmente inspirada pelo progresso de vários projetos de cooperação funcional (tais como lidar com a crise financeira asiática ou o engajamento em questões transnacionais); (b) essa abordagem acomoda a diversidade de uma região na qual a aplicação de regras unificadas e o estabelecimento de mecanismos abrangendo toda a sua extensão são menos exequíveis, em comparação com outras regiões; e (c) a promoção da cooperação funcional não conduz a restrições à soberania, o que nenhum governo da região está preparado para aceitar." O relatório está disponível em www.mofa.go.jp/region/asia-paci/issue.pdf (acessado em 13 de agosto de 2005).
35. Koizumi propôs uma "abordagem de duas pistas" visando, ao mesmo tempo, um EPA abrangente com a Asean e EPAs e FTAs bilaterais com seus países membros. Veja www.mofa.go.jp/region/asia-paci/asean/conference/asean3/overview0211.html (acessado em 13 de agosto de 2005).
36. Disponível em www.mofa.go.jp/region/asia-paci/asean/pmv0310/framework.html (acessado em 13 de agosto de 2005).
37. Com este acordo, a Asean concordou em concluir EPAs ou FTAs com a China até 2010, com a Índia até 2011 e com o Japão até 2012.
38. Disponível em www.mofa.go.jp/region/asia-paci/asean/conference/asean3/joint0310.html (acessado em 13 de agosto de 2005).
39. Disponível em www.mofa.go.jp/region/asia-paci/asean/year2003/summit/tokyo_dec.pdf (acessado em 13 de agosto de 2005).
40. A ideia de realizar um encontro da Ásia oriental foi proposta pelo East Asian Vision Group em 2001 e o East Asian Study Group concluiu, em 2003, que era "um objetivo desejável a longo prazo".
41. Disponível em www.mofa.go.jp/region/asia-paci/issue.pdf (acessado em 13 de agosto de 2005).
42. Agência de notícias Kyodo Tsushin, 29 de novembro de 2004, *Asahi, Sankei* e *Mainichi Shinbun*, 30 de novembro de 2004.

43. Disponível em: www.kantei.go.jp/foreign/koizumispeech/2005/01/21sisei_e.html (acessado em 13 de agosto de 2005).
44. Disponível em www.wadaharuki.com/newpaper.html (acessado em 13 de agosto de 2005).
45. Fukushima, *Japanese Foreign Policy*, 138.
46. Yoshihide Soeya, "Higashiajia Anzenhosho Shisutemuno Nakano Nihon (O Japão no sistema de segurança da Ásia oriental)", em Yoshihide Soeya e Masaaki Tadokoro, Eds., *Nihon-no Higashi-Ajia Kousou* (Iniciativas do Japão na Ásia oriental) (Tóquio: Keio University Press, 2004), 207. O auge da tolerância dos Estados Unidos à liderança do Japão no regionalismo da Ásia oriental foi marcado por um artigo de Gerald Curtis na primavera de 2004, que dizia que "o regionalismo na Ásia oriental era um caminho vital para que o Japão superasse uma profunda crise de identidade entre o Ocidente e a Ásia" e que "os Estados Unidos têm potencialmente muito a ganhar com o fortalecimento de um diálogo sobre segurança e com a cooperação entre as nações da Ásia oriental". Gerald Curtis, "For the United States and Japan Multilateralism Is the Key", *Foreign Affairs* (março-abril de 2004).
47. *Jiji Press*, 24 de junho de 2005.
48. Yoshihisa Komori resumiu a reação dos Estados Unidos à EAC como questionando "se não se tratava de um estratagema chinês visando excluir os Estados Unidos da Ásia oriental" e citou Marcus Noland, Kent Calder, Francis Fukuyama, Max Beaucus, Fred Bergstein, Harry Harding e Edward Lincoln como tendo expressado preocupação a respeito de uma EAC sem a participação americana em vários seminários no final de 2004. Yoshihisa Komori, *Chugoku Hannichino Kyomou* (Mentiras e furos do 'antijapanismo' da China) (Tóquio: PHP, 2005), 102-12.
49. Richard Armitage, "Higashiajaikyoudoutaiheno Sankaha Kokuekininarunoka (Será que juntar-se à comunidade da Ásia oriental serve aos interesses nacionais?)", em *Wedge* (Tóquio), maio de 2005, 6.
50. *Asahi Shinbun*, 31 de março de 2005.
51. Idem.
52. *Asahi Shinbun*, 28 de julho de 2005.
53. Em minhas entrevistas com líderes de opinião chineses em junho de 2005, havia uma visão unânime de que uma cooperação prática e passo a passo entre as nações da APT era muito importante e que a politização da questão não interessava a nenhum país da Ásia oriental. Entrevistas pelo autor, Xangai, 22-23 de junho de 2005, e Pequim, 27-28 de junho de 2005.
54. *Sankei Shinbun*, 13 de dezembro de 2006.
55. Os números de 2002, comparados com os de 1980, mostram que as exportações cresceram 7,8 vezes, os investimentos diretos domésticos, 25,6 vezes e o PIB, 25,6 vezes. Banco Mundial, *World Development Indicators*, 2004, CD-ROM, e Conselho da Comunidade da Ásia oriental (CEAC), *Seisaku-houkokusho* (Relatório de políticas), agosto de 2005, disponível em www.ceac.jp/j/pdf/policy_report.pdf (acessado em 17 de agosto de 2005).

56. Comparando os números de 1980 com os de 2003, as exportações regionais da Ásia oriental aumentaram de 33,9 por cento para 50,5 por cento do total, e as importações regionais de 34,8 por cento para 59,7 do total. Cifras da Organização do Comércio Exterior do Japão. CEAC, *Seisaku-houkokusho,* 23.
57. CEAC, *Seisaku-houkokusho,* 27-28.
58. O Japão concluiu FTAs com Chile, Malásia, México, Filipinas, Cingapura e Tailândia. Também foram obtidos acordos básicos com Brunei e Indonésia. Negociações tiveram início ou estão em consideração com Asean, Austrália, Conselho de Cooperação do Golfo, Índia, Coreia, Suíça e Vietnã. Veja www.mofa.go.jp/mofaj/gaiko/bluebook/2004/hakusho/h16/index.html (acessado em 14 de agosto de 2005).
59. Disponível em www.mofa.go.jp/mofa/gaiko/bluebook/2004/hakusho/h16/index.html (acessado em 14 de agosto de 2005).
60. Yuji Miura, "Nihonwa Higashiajiakeizairenkeijidaini Ikanitaiousubekika (Como deve o Japão reagir nesta era de parceria econômica na Ásia oriental?)", em Toshio Watanabe, ed., *Higashiajia Keizairenkeino Jidai* (Parcerias para desenvolvimento econômico na Ásia oriental) (Tóquio: Toyokeizaisha, 2004), 228-35.
61. Makoto Taniguchi, *Higashiaajia Kyoudoutai* (Comunidade da Ásia oriental) (Tóquio: Iwanami Shinsho, 2004), ii.
62. Haruki Yoshida, "Higashiajaisamittoha Nichibeidoumeiwo Sokonauka (O EAS prejudica a aliança Japão-Estados Unidos?)", *Sekai Shuuho,* 26 de abril de 2005.
63. Toshiaki Arai, *Asean to Nihon, Higashiajia Keizaiken-no Yukue* (Asean e Japão: Até onde se estende a esfera econômica da Ásia oriental?) (Tóquio: Nichyuu Shuppan, 2003), 152-73.
64. Muthiah Alagappa, *Asian Security Order* (Oxford: Oxford University Press, 2001), 244-54.
65. O relatório está disponível em www.ceac.jp/j/pdf/policy_report.pdf (acessado em 17 de agosto de 2005).
66. *Sankei Shinbun,* 14 de julho de 2005.
67. Kuik, "Multilateralism in China's Asean Policy", 4-7.
68. David Lampton, "What Growing Chinese Power Means for America", declaração apresentada perante o Senado dos americanos, 7 de junho de 2005, 9.
69. David Shambaugh, "China Engages Asia, Reshaping the Regional Order", *International Security* 29 (inverno de 2004-5): 72-78.
70. Makoto Iokibe, "Nichyuuno Mizoha Umarunoka? (As diferenças entre China e Japão serão superadas?)" debate, *Gaikou Forum* (Tóquio), julho de 2005, 11, 19.
71. Noboru Hatakeyama, "Higashiajiakyoudoutraino Gensowo Suteyo (A ilusão da EAC deve ser abandonada)", *Chuuou Kouron* (Tóquio), setembro de 2005, 154-61.
72. *Sankei Shinbun,* 23 de maio de 2005.
73. *Sankei Shinbun,* 1º de agosto de 2005.
74. O discurso está disponível em www.mofa.go.jp/mofaj/press/enzetsu/18/easo_1130.html (acessado em 4 de outubro de 2007).

75. Tanino, "Nichyuuno Mizoha Umarunoka?", 14, 17.
76. Muthiah Alagappa, *Asian Security Order: Instrumental and Normative Features* (Stanford, CA: Stanford University Press, 2003), 4.
77. Gilbert Rozman, *Northeast Asia's Stunted Regionalism: Bilateral Distrust in the Shadow of Globalization* (Cambridge: Cambridge University Press, 2004), 366.
78. Em setembro de 2005, o Grupo de Trabalho sobre Grandes Opções Estratégicas do Princeton Project on National Security emitiu um relatório que incluía a opção da criação de um FTA entre Japão e Estados Unidos que tiraria proveito do valor comum da democracia dos países. Esta é certamente uma ideia criativa e interessante na linha de encorajar um envolvimento mais profundo dos americanos na Ásia oriental. Mas permanece uma pergunta chave: o Japão poderá superar sua incapacidade de reger suas relações com a China? O relatório está disponível em www.wws.princeton.edu/ppns/conferences/reports/fall/GSC.pdf (acessado em 13 de fevereiro de 2006).
79. Esperava-se que Japão, Coreia do Sul e Estados Unidos se tornassem contribuintes importantes.
80. Francis Fukuyama, "Re-envisioning Asia", *Foreign Affairs* (janeiro-fevereiro de 2005): 75.
81. No final da década de 1970, a Coreia do Norte sequestrou cidadãos japoneses, principalmente da área litorânea do mar do Japão, com a finalidade básica de educar espiões e agentes coreanos. O governo japonês reconhece hoje 17 sequestros.
82. A declaração incluía um guia para o estabelecimento de relações diplomáticas; o reconhecimento por Kim (de que oito dos 13 já haviam morrido), um pedido de desculpas e a promessa de não repetir os sequestros; e uma declaração da intenção da Coreia do Norte de respeitar acordos internacionais a respeito de questões nucleares. A declaração está disponível em www.mofa.go.jp/region/asia-paci/n_korea/pmv0209/pyongyang.html (acessado em 17 de agosto de 2005).
83. Declaração de Pyongyang, cláusula 4.
84. *Asahi Shinbun*, 1º de outubro de 2002.
85. Shinichi Kitaoka, "Sengo Nihongaikoushini Nokoru Seikoudearu (Foi um sucesso ser lembrado na política externa posterior à Segunda Guerra Mundial)", *Chuuoukouron*, novembro de 2002, 46-57.
86. *Asahi Shinbun*, 25 de outubro de 2002.
87. Veja.www.sukuukai.jp/narkn/index.html.(acessado.em.4.de outubro de 2005).
88. Teruaki-Masumoto, vice-diretor-geral da AFVKN, em *Asahi Shinbun*, 10 de novembro de 2002.
89. Dos 16 sequestrados reconhecidos pelo governo do Japão, 12 foram raptados em 1977-78, quatro, em 1980 e dois, em 1983. Veja o *website* da NARKN, www.sukuukai.jp/narkn/. Até 1978, a polícia havia detido 39 agentes norte-coreanos por acusações que incluíam sequestro. Hoje, políticos e líderes de opinião afirmam que o governo deveria estar em posição de conhecer o perigo e tomar medidas adequadas para proteger os cidadãos japoneses. Veja Tooru Maeno,

Boukokunihonheno Ikarino Shougen (Testemunho da ira diante da desintegração do Japão) (Tóquio: PHP, 2004), 31.

90. Tsotomu Nishioka, vice-presidente da NARKN, em *Asahi Shinbun*, 8 de dezembro de 2002.
91. O *Yomiuri Shinbun* tem relatos incomumente detalhados dos conflitos intergovernamentais sobre manter os cinco no Japão ou mandá-los de volta à Coreia do Norte, e a seguir chamá-los de volta com seus filhos. Veja *Yomiuri Shinbun*, 25 e 27 de outubro e 1º de dezembro de 2002.
92. Tsutomu Nishioka, *Kinshojitsugashikaketa "Tainichi Daibouryaku" Rachino Shinjitsu* (A verdade sobre os sequestros: "Grande estratagema" de Kim Jong-il) (Tóquio: Tokuma, 2002), 183.
93. Para dar alguns exemplos: em dezembro de 2002, *Chuuoukouron* publicou um artigo, "Nichibeidoumeino Sahouwomushishita 'Taibeihimitsugaikou' ("Diplomacia confidencial" excluindo as regras dos Estados Unidos ignoradas pelos aliados)" (38-57), criticando fortemente a maneira pela qual Tanaka havia promovido secretamente a visita de Koizumi a Pyongyang; em novembro de 2002, a revista *Bungeishunju* publicou um artigo de Tatsuya Shiroyama, "Dokudangaikouan Tanaka Hitoshitoha Nanimonoka (Quem é esse diplomata despótico Hitoshi Tanaka?)" (186-90) e prosseguiu na edição de agosto de 2003 com um artigo de Hiroshi Kodama, "'Boukokuno Gaikoukan' Tanaka Hitoshino Shoutai (A realidade oculta de Hitoshi Tanaka, um diplomata que arruinará o Japão)" (198-206). Os títulos indicam o conteúdo. *Chuuoukouron e Bungeishunju* são consideradas as mais respeitadas revistas mensais.
94. Jim Kelly, entrevista ao *Asahi Shinbun*, 18 de junho de 2005.
95. *Asahi Shinbun*, 1 de agosto de 2003.
96. Os relatos das quatro rodadas estão disponíveis como segue (todas as fontes na Internet acessadas em 18 de agosto de 2005): primeira rodada: www.mofa.go.jp/mofaj/area/n_korea/abd /6kaigo_gh.html; segunda rodada: www.mofa.go.jp/mofaj/area/ n_korea/abd/6kaigo2_gh.html; terceira rodada: www.mofa.go.jp/ mofaj/area/n_korea/abd/6kaigo3_gh.html; quarta rodada: *Asahi Shinbun*, 27 de julho de 2005.
97. Para as três primeiras rodadas, veja o *website* do Mofa, www.mofa.go.jp/; para a quarta rodada, veja *Asahi Shinbun*, 3-4 de agosto de 2205.
98. Para conhecer a posição oficial do Japão na terceira rodada, veja www.mofa.go.jp/mofaj/area/n_korea/abd/6kaigo3_gh.html (acessado em 18 de agosto de 2005). Veja também *Sankei Shinbun*, 29 de fevereiro e 27 de junho de 2004, e *Asahi Shinbun*, 28 de julho de 2005.
99. *Sankei Shinbun*, 30 de agosto de 2003 e 27 e 29 de fevereiro de 2004.
100. Soeya, "Higashiajia Anzenhosho Shisutemuno Nakano Nihon", 214.
101. A respeito dos esforços do Japão para atingir seu duplo objetivo de consolidar a aliança com os Estados Unidos e reentrar na Ásia no período anterior a Koizumi, veja Kazuhiko Togo, "The Second Half of the 1990's", em Gilbert Rozman, Kazuhiko Togo e Jody Ferguson, eds., *Japan's Strategic Thought toward Asia* (Nova York: Palgrave, 2007), 79-108.

CAPÍTULO 8

Perspectivas coreanas no regionalismo da Ásia oriental

– *Sook-Jong Lee*

Como pequena potência cercada por nações mais fortes, a Coreia do Sul tem se mostrado suscetível à ideia do multilateralismo pela perspectiva de um equilíbrio regional de poder. Estrategistas coreanos do final do século XIX, como Queen Minbi, precisavam estar conscientes do equilíbrio regional de poder para a sobrevivência de sua fraca dinastia Chosun. Desde que o país perdeu a soberania nacional para o Japão porque não conseguiu chegar a um equilíbrio entre Japão, China e Rússia, no início do século XX, a elite dirigente da Coreia tem uma compreensível aversão a permitir que qualquer potência isolada domine a Ásia oriental. Em consequência, os arquitetos da segurança nacional da Coreia vêm tentando proteger a independência do país, ligando-o simultaneamente a numerosos atores regionais.

A Guerra da Coreia tornou desnecessária a busca dos sul-coreanos pelo equilíbrio de poder, porque o país foi integrado à estratégia de defesa do Ocidente para a região Ásia-Pacífico, durante a Guerra Fria. Ancorada a uma forte aliança bilateral com os Estados Unidos, a Coreia do Sul modernizou com sucesso sua economia, detendo, ao mesmo tempo, a ameaça militar da Coreia do Norte. Fortes laços bilaterais militares, políticos e econômicos com os Estados Unidos permitiram naturalmente que o país desenvolvesse uma interdependência pelo Pacífico: os Estados Unidos forneceram ajuda, investimentos, tecnologia e, mais importante, o maior mercado de exportação do país. O Japão tornou-se outro importante parceiro, depois que a Coreia do Sul normalizou relações diplomáticas com seu antigo senhor colonial em 1965. A despeito da animosidade histórica e de um rancor ocasional[1], os sul-coreanos mantiveram uma aliança virtual com o Japão por meio de seu aliado comum, os Estados Unidos. A Coreia do Sul também desenvolveu laços econômicos com outros países do Pacífico, em especial Austrália, Canadá e Nova Zelândia.

O fim da Guerra Fria renovou o interesse sul-coreano pelo multilateralismo. Sob uma atmosfera de alívio da tensão, Roh Tae-woo, presidente do país, propôs uma "Conferência Consultiva para a Paz no Nordeste da Ásia", em sua fala para a Assembleia Geral das Nações Unidas, em outubro de 1988. A proposta pedia o lançamento de uma base sólida para paz e prosperidade duráveis na região, por meio de uma conferência com a participação da China, do Japão, da União Soviética e dos Estados Unidos, além das duas Coreias – os mesmos membros das atuais Conversações entre Seis Partes. Embora a ideia não tenha sido levada a sério na ocasião, a Coreia do Sul tornou-se uma das primeiras proponentes de uma arquitetura multilateral de segurança. A proposta ganhou confiança depois do rejuvenescimento das relações, anteriormente antagônicas, com a Rússia e com a China, com a normalização, respectivamente em 1991 e 1992. A Coreia do Sul lançou oficialmente a proposta para um Diálogo sobre Segurança no Nordeste da Ásia (Neased), no Encontro de Representantes Seniores do Fórum Regional da Ásia, em 1994.

O país tem participado ativamente das conversações multilaterais Track II, ligadas à segurança na região Ásia-Pacífico, em fóruns como o Conselho para a Cooperação em Segurança na Ásia-Pacífico (CSCAP) e o Diálogo de Cooperação no Nordeste da Ásia (NEADC). O CSCAP foi criado em 1994, como órgão para cooperação entre organizações privadas de pesquisa, e, desde que foi criado o CSCAP-Coreia, no mesmo ano, com cerca de 50 membros inclusive acadêmicos, empresários e jornalistas[2], a Coreia do Sul tem participado ativamente. O NEACD foi formado em 1993 pelo Institute on Global Conflict and Cooperation (IGCC), na Universidade da Califórnia-San Diego, para encorajar a cooperação entre os países do nordeste da Ásia. Participantes não governamentais se uniram a funcionários dos ministérios do Exterior e da Defesa das duas Coreias, da China, do Japão e da Rússia. De modo geral, no entanto, o diálogo entre os governos locais, os processos Track II e os mecanismos de coordenação bi ou trilaterais na área Ásia-Pacífico permanecem em estado embrionário, e um multilateralismo qualitativamente novo ainda está para ocorrer[3]. As redes multilaterais menos movidas por governos serviram bem aos interesses coreanos até recentemente, porque a região ainda está maleável, e a Coreia ainda não desenvolveu uma política regional independente de seus laços bilaterais convencionais.

As antigas ideias coreanas sobre multilateralismo eram limitadas nos seguintes sentidos. Primeiro, o multilateralismo era limitado pelo bilateralismo, concebido como um complemento, não como substituto dos arranjos bilaterais existentes. Essa postura tem sido vigorosamente apoiada na área de segurança. Os líderes da República da Coreia têm mantido a posição de que a chave da segurança coreana deve continuar a ser a aliança com os Estados Unidos. Os arranjos multilaterais são vistos como tendo acrescentado valor à Coreia do Sul somente como um meio de preparação para as incertezas estratégicas na região Ásia-Pacífico depois do fim da Guerra Fria[4]. A conferência de 1993 entre o Institute for Foreign Affairs and National Security e a Brookings Institution produziu um relatório que concluía convocando para o início de um diálogo multipartite sobre segurança para tratar de problemas específicos no nordeste da Ásia. Esse diálogo iria complementar, e não competir, com o sistema americano de alianças bilaterais na região[5]. Embora os nacionalistas de esquerda tenham questionado recentemente este conceito, até o momento a liderança política sul-coreana tem conseguido defendê-lo com sucesso.

Segundo, as ideias anteriores a respeito de arranjos multilaterais não determinavam com clareza um limite geográfico estratégico específico. Há muito, a Coreia do Sul comprometeu-se a manter o princípio de abertura indiscriminada em assuntos regionais. O país racionalizou sua participação ativa na Cooperação Econômica Ásia-Pacífico (Apec), descrevendo o grupo como a incorporação do "regionalismo aberto". Até mesmo a Neased foi descrita mais como um canal para o diálogo entre países da região no qual os Estados Unidos tinham participação do que como um mecanismo ativo para a resolução de conflitos regionais. A própria Coreia do Sul relutava em mudar sua antiga posição de que a paz e a reunificação da península coreana deveriam ser resolvidas pelas duas Coreias. Somente depois da primeira crise nuclear norte-coreana, em 1993-94, foi que as

Conversações entre Quatro Partes – mais tarde, Conversações entre Seis Partes – foram legitimadas como um mecanismo para lidar com a questão.

O pensamento sobre como situar a Coreia do Sul numa ordem regional dinâmica começou a evoluir lentamente no final da década de 1990. O ambiente regional do final daquela década, em especial depois da crise financeira de 1997-98, foi um fator importante na definição dos interesses sul-coreanos na Ásia oriental, assim como sua definição de uma "comunidade imaginada" que enfatizaria principalmente as relações econômicas. Este capítulo analisa os interesses emergentes e as ideias do país a respeito do regionalismo, examinando as mutáveis respostas a instituições regionais, novas e já existentes, e como a política doméstica e suas coalizões políticas influenciaram suas lideranças nacionais na escolha de políticas específicas para "conjunturas críticas"[6].

A evolução do regionalismo da Ásia oriental na Coreia do Sul

Conhecendo as instituições regionais da Ásia oriental

Desde os anos 1990, o sudeste da Ásia tem desempenhado um papel catalisador na emergência de instituições regionais da Ásia oriental. Quando Mohamad Mahathir, primeiro-ministro da Malásia, sugeriu fundar um Grupo Econômico da Ásia Oriental (EAEG), cuja meta final seria criar uma área exclusiva de livre comércio na região, muitos coreanos ficaram impressionados com a ousadia da ideia, mas a rejeitaram como irrealista. Entre os membros sugeridos (China, Japão, Hong Kong, Coreia do Sul e Taiwan) de fora da Associação de Nações do Sudeste da Ásia (Asean), a Coreia do Sul e o Japão se mostraram particularmente frios a respeito. Eles mantinham fortes laços políticos e econômicos com os Estados Unidos e, como a economia da China ainda era vista como uma força dominante no sudeste da Ásia, não poderiam usar a Asean para compensar. Como consequência da clara oposição americana, o EAEG de Mahathir foi incorporado à Apec, em 1993, na forma modificada da Convenção Econômica da Ásia oriental. Ponderando a importância do mercado de exportações para os Estados Unidos e da aliança sobre segurança com aquele país, na ocasião, a Coreia do Sul considerou que seus interesses nacionais estavam sendo solidamente atendidos pela cooperação através do Pacífico.

Essa cooperação era vista como uma consolidação frouxa, mas bem-sucedida, do regionalismo no sudeste e no nordeste da Ásia. Em consequência, a Coreia começou a levar a Asean mais a sério. O Fórum Regional da Asean (ARF) foi lançado em 1994 como o primeiro a discutir a possibilidade de cooperação sobre segurança no contexto Ásia-Pacífico. Barry Buzan afirma que essa criação de conexões institucionais, ligando os Estados do nordeste e do sudeste da Ásia, foi acompanhada pelo desenvolvimento paralelo de uma preocupação comum sobre o crescente poder chinês, bem como do desenvolvimento de uma economia regional, considerada fortemente ligada à política e à estabilidade da Ásia oriental[7]. Embora o ARF não fosse um arranjo multilateral sofisticado de segurança, sua formação foi um estímulo para que os países do nordeste da Ásia vissem a Asean como parte do seu próprio cálculo estratégico. A criação da estrutura da Asean Plus Three (Coreia do Sul, China e Japão), em 1995, foi originalmente um subproduto das preparações para o primeiro encontro Ásia-Europa, em Bangcoc, um ano depois. Porém, esse encontro institucionalizou-se como evento anual, depois do encontro da Asean em Kuala Lumpur em 1997. Como resultado, três países do nordeste da Ásia que não podiam formar seu próprio órgão sub-regional começaram a usar a Asean Plus Three para sua diplomacia na Ásia. A partir de novembro de 1999, Coreia do Sul, China e Japão usaram esse espaço político para seus próprios encontros trilaterais ou bilaterais para a cooperação sub-regional. A China, por exemplo, propôs que fosse examinada a viabilidade de um acordo de livre comércio Coreia-China-Japão, no encontro trilateral de 2002, realizado no Camboja.

A Asean Plus Three tornou-se uma forte instituição regional porque três países do nordeste da Ásia, representando cerca de 90 por cento do PIB da região, se uniram. A inesperada crise financeira asiática de 1997 permitiu que esses três países se considerassem parte integrante da Ásia oriental e contribuíssem para a consolidação da fórmula Asean Plus Three. No auge da crise, o Japão propôs o estabelecimento de um Fundo Monetário Asiático (AMF) de US$ 100 bilhões; esperava-se que ele amenizasse as restrições do capitalismo no estilo anglo-americano, imposto aos países que recebiam ajuda de instituições financeiras internacionais. A oposição americana, que impôs fim à iniciativa, foi vista negativamente na região. Em consequência, foram criados arranjos alternativos para autoajuda entre os países da Ásia oriental. O Japão modificou a proposta do FMA, transformando-o no Plano Miyazawa, de US$ 30 bilhões. Os ministros das Finanças da Asean Plus Three reuniram-se em Chiang Mai, Tailândia, em 2000, para anunciar a criação de uma rede de acordos bilaterais de permuta de moedas para evitar crises monetárias futuras. Entre os participantes, os três países do nordeste da Ásia detinham as maiores reservas em moedas estrangeiras, e assim desempenhavam um papel central na rede de permutas. Inicialmente, a China se opôs à ideia do FMA, por temer a liderança japonesa na região, mas forneceu recursos financeiros através do Fundo Monetário Internacional e comprometeu-se a não desvalorizar o yuan nos primeiros anos posteriores à crise[8].

Imediatamente após a crise financeira, o regionalismo da Ásia oriental estava ligado ao desejo de limitar a influência dos Estados Unidos e das instituições financeiras internacionais controladas por aquele país[9]. Isso também refletia o reconhecimento de que a região estava sub-representada em instituições globais. Harris salienta corretamente que, na Ásia oriental, a cooperação é movida por crises[10]. Nos anos posteriores à crise financeira, o regionalismo tem enfraquecido à medida que as economias asiáticas se recuperaram. Para que a Ásia oriental construa instituições regionais, os responsáveis pelas políticas precisarão compreender que a cooperação é a única maneira viável de resolver certas questões. Nesse sentido, problemas comuns, como lidar com a ameaça nuclear norte-coreana ou fazer com que a China se comporte como uma potência pacífica, podem promover o regionalismo na Ásia oriental.

O incipiente regionalismo durante o governo do presidente Kim Dae-jong

A crise financeira asiática foi crucial para plantar, na Coreia do Sul, as sementes do regionalismo na Ásia oriental. O país foi atingido por uma crise de liquidez e submetido a uma reestruturação que, provavelmente, foi a mais dura do FMI. Psicologicamente, a crise econômica foi tão traumática para os coreanos que eles a chamaram de segundo maior desastre depois da Guerra da Coreia de 1950. A crise ajudou o líder da oposição, Kim Dae-jong, a vencer a eleição presidencial de 1997, e ele adotou muitas reformas durante seus dois primeiros anos de mandato.

Kim foi o primeiro presidente coreano a prever a Ásia oriental como uma comunidade. A crise financeira asiática fez com que os líderes sul-coreanos revissem sua antiga posição de "regionalismo aberto"; eles não acreditavam na Apec devido à impotência da instituição antes e depois da crise. Essa identidade instável era evidente na diplomacia coreana em relação ao Japão, e também em sua busca por acordos de livre comércio. O conceito de Kim, de adotar em relação ao Japão uma política voltada para o futuro, deixando de lado questões históricas, se baseava na ideia de que uma identidade comum na Ásia oriental e a cooperação japonesa seriam necessárias para promover prosperidade e paz na região. A visita do presidente Kim a Tóquio, em outubro de 1998, e seu encontro com o primeiro-ministro Keizo Obuchi abriram um novo estágio nas relações bilaterais. O pedido oficial de desculpas do governo japonês à Coreia do Sul por seu passado colonialista e o plano de ação para a cooperação bilateral, incluídos no comunicado conjunto do encontro, foram aceitos como sinais sem precedentes de progresso no relacionamento Coreia-Japão[11].

No passado, o interesse da Coreia do Sul pela cooperação econômica regional havia orbitado em torno dos territórios que cercam o rio Tuman ou o mar Amarelo. Os governos locais e o setor privado haviam sido os principais responsáveis pela cooperação que, em nível de Estado, não tinha sido considerada. Depois da crise financeira, no entanto, as discussões sobre cooperação econômica regional passaram a se referir à ajuda entre Estados asiáticos. É interessante notar que a busca pelo governo coreano de uma política regional foi acompanhada pela busca por acordos bilaterais de livre comércio (FTAs). Embora não houvesse mostrado anteriormente nenhum interesse por esses acordos, isso mudou, na reunião de novembro de 1998 do Comitê de Coordenação da Economia Externa. Os participantes da reunião concluíram que a Coreia do Sul seguiria uma política ativa de FTA, para evitar o isolamento econômico em meio à tendência internacional de disseminar acordos regionais e ampliar mercados de exportação e investimentos diretos de estrangeiros no país. A Coreia do Sul pretendia concluir FTAs com parceiros comerciais importantes como China, União Europeia, Japão e Estados Unidos. Um FTA com o Chile tinha a finalidade de testar as águas, em termos políticos e econômicos, para maiores acordos no futuro. O Chile era um parceiro comercial relativamente pequeno e esperava-se que um FTA com a Coreia causasse menos danos às indústrias coreanas[12].

Sob a diplomacia voltada para o futuro do presidente Kim, o Japão tornou-se o principal objeto do interesse da Coreia para um FTA. Houve debates acalorados sobre o conceito de um FTA Coreia-Japão entre altos burocratas do comércio, em consequência das redundâncias econômicas entre os dois países e a reestruturação que esse tratado inevitavelmente exigiria[13]. A viabilidade da ideia foi examinada a partir de novembro de 1998, quando os ministros do Comércio dos dois países concordaram em avaliá-la em seus respectivos centros de pesquisa. A proposta também foi analisada pela comunidade de negócios de cada país e posteriormente por um grupo tripartite de estudos, composto por representantes de centros de pesquisa, empresas e governo. A despeito de uma disputa imprevista a respeito da aprovação, pelo governo japonês, de um livro direitista de história para o ensino médio, que camuflava as opressivas leis coloniais do Japão na Coreia, a busca do FTA entre os dois países teve sucesso pela abertura das negociações oficiais com o Japão em outubro de 2003 pelo governo do presidente Roh Moo-hyun. A mudança na política sul-coreana no sentido de FTAs bilaterais com parceiros comerciais asiáticos estava claramente ligada a um regionalismo emergente.

A Coreia do Sul mostrou-se mais ativa no desenvolvimento de propostas e políticas orientadas para a região durante a presidência de Kim. No encontro da Asean Plus Three, em 1998, em Hanói, Kim propôs a formação de um Grupo de Visão da Ásia Oriental (EAVG) e um Grupo de Estudo da Ásia Oriental (EASG) para permitir ao setor privado pesquisar uma futura cooperação no âmbito da instituição[14]. Seul sediou a reunião inaugural do Fórum da Ásia Oriental em dezembro de 2003, realizada para promover programas cooperativos do EASG. No final de 2003, a Asean Plus Three abrangia cerca de um terço da população mundial, um quinto do PIB global e um quinto do volume de comércio do mundo. O comércio da Coreia do Sul com a região respondeu por cerca de 40 por cento do seu comércio total; e a Asean sozinha foi a quinta maior parceira dos sul-coreanos (depois de Estados Unidos, China, Japão e União Europeia), respondendo por 11 por cento do comércio total daquele país, que gastou 21 por cento do total de sua verba de ajuda e 42 por cento de seus fundos de assistência ao desenvolvimento na região da Asean Plus Three[15].

O novo foco da Coreia do Sul na Asean Plus Three tem sido acompanhado pelo aumento do interesse da China pelo sudeste da Ásia. O movimento da China em favor da formação de um FTA com a Asean foi um sinal de sua crescente confiança. O premier chinês Zhu Rongji fez essa proposta durante o encontro da Asean Plus Three em novembro de 2000. Numa reunião de altos representantes econômicos da Asean e chineses em Brunei, no verão seguinte, a China propôs reduções de tarifas e outras medidas a serem implantadas nos próximos sete anos, 2003-09. A Asean respondeu de forma cautelosa, propondo um período de implantação de 10 anos, a princípio sem data específica. No encontro Asean-China de novembro de 2001, o premier Zhu propôs formalmente a realização de um FTA China-Asean dentro de 10 anos. A Asean aceitou a proposta e anunciou seu plano conjunto com a China no encontro de novembro de 2002, realizado no Camboja[16]. O FTA China-Asean reflete o novo conceito de segurança da China, que defende um mundo multipolar e o multilateralismo para diluir o unilateralismo dos Estados Unidos. A China enfatizou o multilateralismo como o melhor caminho para uma Ásia mais pacífica em busca de segurança comum. Além de protegê-la contra os choques econômicos da globalização, a abordagem chinesa à integração econômica com a Asean foi concebida de forma estratégica[17]. A China também ratificou, em 2003, o Tratado de Amizade e Cooperação com a Asean. Embora o multilateralismo de Pequim no sudeste da Ásia seja motivado pelo desejo nacionalista de fortalecer sua presença na região em face da concorrência do Japão e dos Estados Unidos[18], a Coreia foi levada a agir no sudeste da Ásia, de modo a compensar o maior domínio conquistado pela China na Ásia oriental, por suas ligações com a Asean.

A iniciativa para o regionalismo da Ásia oriental por Roh Moo-hyun

Em sua política regional, o presidente Roh Moo-hyun manteve essencialmente a ênfase do governo anterior sobre a Ásia oriental. Não obstante, a fronteira estratégica foi reduzida de forma a focalizar o nordeste da Ásia. Em seu discurso de posse, em fevereiro de 2003, Roh expôs o conceito de uma "era de paz e prosperidade no nordeste da Ásia" como principal meta política do novo governo. Em abril de 2003, foi criado o Comitê Presidencial sobre o "Centro de Negócios do Nordeste da Ásia" para traçar uma política abrangente, que, em junho de 2004, mudou de nome para Comitê Presidencial sobre a Iniciativa de Cooperação no Nordeste da Ásia. Para criar uma nova ordem, a iniciativa exigia uma estratégia em três níveis. O primeiro era a cooperação regional para criar um círculo virtuoso de paz e prosperidade, estabelecendo uma nova ordem de integração e cooperação. O segundo era o estabelecimento de paz e prosperidade na península coreana. O terceiro era o fortalecimento da competitividade nacional por meio de inovações e reformas. Essa estratégia definia o papel da Coreia do Sul como o de uma "nação ponte" para ligar potências continentais e marítimas; como uma "nação cubo" para emergir como o centro de ideias que assegurassem a paz e prosperidade na região e para redes inter-regionais; e como uma "nação cooperadora", servindo como catalisadora para a cooperação regional para construir uma comunidade de paz e prosperidade na região. A estratégia enfatizava a ligação entre segurança e economia na cooperação no nordeste da Ásia[19].

O foco do presidente Roh no nordeste da Ásia, em vez de meramente no "leste da Ásia", reflete a crescente importância estratégica da região para a Coreia. A ameaça nuclear norte-coreana e o início das Conversações entre Seis Partes, em agosto de 2003, limitou a política do governo sul-coreano anteriormente favorável ao Norte e prosseguida em trocas e cooperação bilaterais. Para lidar com o imperativo de resolver a ameaça nuclear da Coreia do Norte, a Coreia do Sul buscou cooperação entre os Estados Unidos e potências regionais, como China, Japão e Rússia. Ao mesmo tempo, Roh permaneceu comprometido com o princípio da reconciliação entre as duas Coreias e com a criação de uma solução pacífica para a ameaça norte-coreana à segurança na região pelo desenvolvimento econômico e político. Nesse contexto, os líderes políticos coreanos inseriram sua política regional como para-choques contra a política potencialmente drástica dos Estados Unidos com relação à Coreia do Norte. O aumento da liderança regional chinesa havia se tornado visível nas Conversações entre Seis Partes, ao mesmo tempo em que a política do presidente George W. Bush com relação aos norte-coreanos era considerada antagônica e potencialmente desestabilizadora para a região.

Além disso, o poder econômico chinês havia crescido rapidamente; assim, ampliar as relações positivas da Coreia do Sul com a China e, ao mesmo tempo, administrar antigas relações econômicas e de segurança com o Japão passaram a ser criticamente importantes. Neste contexto, a Coreia do Sul passou a ver sua posição estratégica no nordeste da Ásia como um instrumento de equilíbrio entre dois líderes regionais, desenvolvendo assim seu interesse por instituições sub-regionais.

A China ultrapassou os Estados Unidos como o maior parceiro comercial da Coreia do Sul em 2004; a parcela chinesa do comércio total da Coreia cresceu de 15,3 para 16,6 por cento entre 2003 e 2004, enquanto a dos Estados Unidos declinou de 15,8 para 15 por cento. Em 2003, a China respondeu por 18,1 por cento do total de exportações da Coreia e 12,2 por cento de suas importações, ao passo que os Estados Unidos responderam respectivamente por 17,6 e 13,8 por cento. Em 2004, a China aumentou para 19,6 por cento sua participação nas exportações totais da Coreia e para 13,2 por cento nas importações, enquanto os Estados Unidos reduziram sua participação respectivamente para 16,9 e 12,8 por cento. Em termos regionais, a Ásia respondeu pela metade do comércio total da Coreia em 2003 e 2004, enquanto as áreas banhadas pelo Pacífico das Américas do Norte e do Sul e da Oceania responderam juntas por 23,8 por cento do comércio total da Coreia em 2003, e 22,8 por cento em 2004. Em resumo, as ligações asiáticas da Coreia se fortaleceram e o aumento do comércio com a China foi o principal responsável por isso[20]. A Coreia do Sul é um país dependente do comércio, que em 2004 representou 70 por cento de seu PIB anual. Além disso, a Coreia teve com a China um superávit comercial de US$ 13,2 bilhões em 2003 e US$ 20,2 bilhões em 2004. Por outro lado, o país tem tido um déficit consistente com o Japão, que chegou a US$ 19 bilhões em 2003, e a US$ 24,4 bilhões em 2004.

A China também passou recentemente a ser o destino número um dos investimentos da Coreia do Sul no exterior. Como região, a Ásia recebe cerca de 60 por cento dos investimentos sul-coreanos – 47,1 por cento em 2002, 59,3 por cento em 2003, 56,5 por cento em 2004 e 59,9 por cento em 2005 – e cerca de 70 por cento de seus investimentos totais vão para a China. Isso significa que a China recebeu cerca de 40 por cento dos investimentos externos totais da Coreia do Sul em 2005. Por outro lado, alguma coisa entre um quinto e um quarto dos investimentos externos da Coreia vão para os Estados Unidos. Em 2005, os investimentos na América do Norte (19,8 por cento), na Europa (9,8 por cento), na América do Sul (5,7 por cento) e na Oceania (2,4 por cento) responderam por 37,7 por cento dos investimentos externos totais da Coreia, de US$ 6,4 bilhões, uma soma menor do que os investimentos coreanos na China[21].

Não obstante, Europa e América do Norte são regiões importantes, das quais a Coreia do Sul recebe investimentos diretos. Em 2005, União Europeia e Estados Unidos representaram respectivamente 42,2 por cento e 23,3 por cento do total de investimentos estrangeiros na Coreia do Sul (US$ 11,56 bilhões). Os investimentos da região asiática totalizaram 30,3 por cento, maiores do que os da América do Norte, de 26,9 por cento. Porém, a parcela chinesa foi de escassos 0,6 por cento[22]. Esse robusto padrão de investimento de capital na Coreia pela União Europeia e pelos Estados Unidos provavelmente não irá mudar em futuro próximo, porque a China e o restante da Ásia, com exceção do Japão, ainda estão tentando "alcançar" o Ocidente. As economias chinesa e asiática estão sedentas de investimentos de capital em suas próprias indústrias. Esse fenômeno corrobora afirmação de Pempel de que a integração da Ásia oriental tem ocorrido mais nas esferas econômica e privada do que na governamental e na institucional, e que, enquanto capitais americanos e europeus continuarem a fluir para a região[23], é provável que a Ásia mantenha fortes laços através do Pacífico.

As diretrizes do governo Kim Dae-jung sobre FTAs e, até certo ponto, os dois primeiros anos do governo Roh, estavam ligadas à política regional. Quer fossem motivadas por razões econômicas ou por preocupações com segurança, as políticas bilaterais ou trilaterais para FTAs focalizavam mais as regiões leste ou nordeste da Ásia. Mas os FTAs bilaterais mais recentes da Coreia visam muitos países de fora da Ásia. Embora tenha havido oposição interna ao FTA Coreia-Chile, os acordos com Cingapura e com a Associação Europeia de Livre Comércio (EFTA) foram concluídos sem incidentes importantes. O FTA Coreia-Cingapura foi concluído em novembro de 2004, depois de apenas 11 meses de negociações. Os ministros do Comércio dos dois países assinaram o FTA em agosto de 2005 e este entrou em vigor em 2006. As negociações do FTA Coreia-EFTA começaram em janeiro de 2005 e foram concluídas com sucesso em julho; o FTA foi assinado em dezembro do mesmo ano. Além desses três FTAs bilaterais, o governo coreano está engajado em outras negociações ou estudos, visando FTAs. As conversações para um FTA entre Coreia e Asean começaram em fevereiro de 2005. O acordo básico, além de um outro para resolver conflitos, foi assinado em dezembro do mesmo ano. A Coreia do Sul concordou com a Asean em criar uma área de livre comércio até 2010, significando que o acordo entre as duas deverá ser realizado *antes* que o FTA entre China e Asean entre em vigor, a despeito de as negociações entre Coreia e Asean terem se iniciado três anos depois do que com a China. O governo coreano também concordou em negociar um FTA com o Canadá em julho de 2005. Mais recentemente, em abril de 2007, a Coreia concluiu as negociações para um FTA com os Estados Unidos, e também explorou a possibilidade de FTAs com a Índia e com o Mercosul, além de outro com Japão e China, e mais um tratado somente com a China.

Criada em 2004, a agência de FTAs da Coreia do Sul tem promovido de forma agressiva cada um desses acordos e estudos comerciais. A agência diz que a política coreana, de criar redes de FTAs por meio de uma "estratégia de FTAs simultâneos", visa evitar o isolamento do país numa economia global regionalizada e ampliar seus mercados de exportação. A atual política coreana a respeito de FTAs foi formulada pelo Guia determinado numa reunião de ministros do Exterior em 30 de agosto de 2003. Ele diz que o governo coreano buscará FTAs abrangentes com uma abordagem múltipla para atingir um PIB per capita de US$ 20.000 e emergir como o "Estado cubo" da Ásia oriental. Os critérios para a seleção de parceiros são validade econômica, implicações políticas, a forte disposição do parceiro para concluir um FTA com o país e a ligação com um bloco econômico maior e mais avançado[24].

É interessante notar que o governo coreano procura criar uma ligação estratégica entre sua meta de se tornar um Estado cubo no nordeste da Ásia e uma política múltipla para FTAs, incluindo países de fora da Ásia oriental[25]. A visão anterior de Roh, da Coreia como um Estado cubo do nordeste da Ásia, e sua ideia posterior de colocar o país como fator de equilíbrio serviriam para aumentar a autonomia coreana em relação aos Estados Unidos. Mesmo quando estava em busca de parceiros para FTAs bilaterais, a Coreia não estava considerando os Estados Unidos. Portanto, foi uma surpresa quando os dois governos anunciaram, em fevereiro de 2006, que dariam início, em maio, a negociações para fechar um FTA. Como preparação, o governo coreano reduziu à metade o número de dias exigidos para exibição de filmes coreanos nos cinemas dos Estados Unidos, apesar da forte oposição de sua indústria cinematográfica. O governo acredita que o FTA Coreia-Estados Unidos consolidará a união entre os dois países, transformando a aliança sobre segurança em aliança econômica. Ele também considera os Estados Unidos como o melhor parceiro de FTA para aumentar o volume do comércio coreano, aperfeiçoar suas instituições econômicas e aduaneiras e expandir os investimentos externos no país, devido a uma maior confiança global em sua economia.

Conclusão: perspectivas para a política regional sul-coreana

Há muito, a Coreia busca a modernização da sua aliança com os Estados Unidos para segurança, e agora está tentando promover o desenvolvimento de laços econômicos e políticos com aquele país. Devido ao seu foco em laços bilaterais com os americanos, a Coreia do Sul não desenvolveu uma política regional até o final da década de 1990. Embora o fim da Guerra Fria tenha renovado seu interesse pelo multilateralismo, numa perspectiva de equilíbrio de poder, suas ideias multilaterais não estavam limitadas a uma região específica nem ao bilateralismo. Foi a consolidação do regionalismo no sudeste da Ásia, com a Asean, e a criação do ARF que levaram os sul-coreanos a considerar de forma mais séria sua própria sub-região. Quando, em 1997, foi institucionalizada reunião anual da Asean Plus Three, emergiu a ligação entre o sudeste e o nordeste da Ásia. A Coreia do Sul passou a participar ativamente dessa estrutura para levar adiante suas políticas orientadas para a região. A crise financeira na Ásia facilitou o regionalismo movido pela crise, dando origem a uma comunidade epistêmica que enfatiza a cooperação e as consultas entre os países daquela área. O governo de Kim Dae-jung adotou a tendência em sua política externa. O presidente Kim propôs a criação do Grupo de Visão da Ásia oriental e melhorou as relações com o Japão, num trabalho para resolver as preocupações regionais comuns de forma simpática. FTAs bilaterais ou trilaterais foram negociados, como forma de prover ligações para a Ásia oriental. O governo do presidente Roh Moo-hyun estreitou seu escopo regional para o nordeste da Ásia e acrescentou uma dimensão à sua política regional. O nordeste da Ásia foi incorporado ao novo cálculo de segurança dos sul-coreanos, para lhes dar uma autonomia relativa em relação à pressão americana sobre as questões relativas à Coreia do Norte e permitir que o país contribua para o equilíbrio entre China e Japão. Porém, os FTAs fechados na região enfraqueceram a política sul-coreana em relação ao nordeste da Ásia. Assim, seu governo adotou uma via pragmática de tentar aprofundar seus laços com os Estados Unidos por meio de cooperação econômica, na forma de um FTA. O presidente Roh, que no passado havia se comprometido a buscar uma maior independência dos Estados Unidos, gravitou de volta à sabedoria convencional de que o país deveria aprofundar sua aliança com os americanos, para fortalecer seu papel na região.

A questão de como interpretar os recentes esforços sul-coreanos em busca de FTAs bilaterais em várias regiões é controversa. Alguns podem argumentar que seria melhor limitar os parceiros aos países asiáticos, porque os padrões comerciais intrarregionais criaram de fato um bloco na Ásia oriental. Outros podem argumentar que FTAs bilaterais com países ou regiões importantes não afetam negativamente a política regional, destacando que as entradas de capital e de tecnologia na Coreia do Sul continuam vindo principalmente da União Europeia e dos Estados Unidos. Portanto, o regionalismo na Ásia oriental, mesmo no sentido econômico, é prematuro. Outros países da região optaram por FTAs bilaterais. Bisley afirma que o otimismo com relação ao regionalismo local foi substituído por ceticismo devido ao declínio da liderança regional pela Austrália, pelo Japão e pelos Estados Unidos. Depois da crise financeira local, a colaboração entre Estados deu lugar a acordos comerciais bilaterais que desviaram os países da região da tarefa de construção de uma comunidade regional[26]. Acredita-se que o crescente nacionalismo na China e no Japão complique a tarefa de estabelecer uma liderança regional na Ásia oriental e o regionalismo, movido pela crise, parece estar se dissipando com o retorno à normalidade.

Caso se defina a existência de normas coletivas e finalidade social como critérios para o multilateralismo, provavelmente a colaboração multilateral na Ásia oriental se manterá funcional em vez de normativa. Se regionalização significa maior interação econômica e social, e se o regionalismo é o corpo de ideias, valores e metas concretas que dirigem esses processos[27], a Ásia oriental poderá continuar a ser um caso em que a regionalização das atividades econômicas não conduz a outras formas de regionalismo. Não obstante, a sabedoria convencional, que afirma que o regionalismo ali está destinado a ser movido economicamente, sem cooperação política nem institucionalização, não diz a verdade[28]. A Ásia oriental precisa prestar atenção a novos imperativos funcionais para construir uma estrutura multilateral de segurança. A recente formação de uma estrutura para as Conversações entre Seis Partes demonstra que as instituições regionais do nordeste da Ásia podem ser implementadas em segurança. É cedo demais para prever se as atuais Conversações entre Seis Partes podem se transformar numa instituição multilateral de segurança significativa; porém, está claro que os países do nordeste da Ásia precisarão lidar com os conflitos em potencial, por meio de regimes de segurança multilaterais, como faz o sudeste da Ásia. Além do fantasma da ameaça nuclear norte-coreana, muitas disputas territoriais e o potencial de conflitos com a China perseguem aquela área. Buzan prevê que a bipolaridade será duradoura no contexto da segurança na Ásia oriental, porque nenhum outro Estado chega perto de se equiparar à China ou ao Japão, e um bem-sucedido sistema regional de segurança só poderá se desenvolver no contexto de um ambiente internacional global favorável. Por este motivo, os Estados Unidos deverão permanecer engajados na Ásia oriental[29].

Atualmente, a cooperação multilateral no leste ou no nordeste da Ásia se move na esfera da segurança. É provável que essa tendência se fortaleça no futuro. Além disso, a participação da Coreia do Sul no regime de segurança asiático se manterá proeminente. As relações entre as duas Coreias ainda são turbulentas e potencialmente perigosas. Além disso, do ponto de vista de um equilíbrio de poder, a Coreia do Sul ou uma Coreia unificada, presa entre China e Japão, será um fator crucial para o equilíbrio na Ásia oriental. Usar o antigo aliado coreano, os Estados Unidos, para elevar seu valor estratégico entre seus vizinhos poderosos permanece como uma boa opção. A liderança nacionalista da Coreia deve enfrentar a realidade de que, à medida que se afrouxa a aliança Coreia do Sul-Estados Unidos, será preciso se esforçar para aprofundar o engajamento americano na segurança.

NOTAS

1. Victor Cha, *Alignment Despite Antagonism: The U.S.-Korea-Japan Security Triangle* (Stanford, CA: Stanford University Press, 1999.
2. A CSCAP visa criar confiança entre os países da região e apoiar a cooperação multilateral em assuntos de segurança. Dez países aderiram na ocasião da sua formação e havia 20 membros no final de 2005. A CSCAP reporta os resultados de sua pesquisa ao Fórum Regional da Asean.
3. Nobuo Okawara e Peter Katzenstein, "Japan and Asian-Pacific Security: Regionalization, Entrenched Bilateralism and Incipient Multilateralism", *Pacific Review* 14 (2001): 165-94.
4. Jin-hyun Paik, "Multilateralism and the Korean Peninsula", *Korea and World Affairs* 21 (1997): 12-14.
5. Institute of Foreign Affairs and National Security (Ifans), *Evolving Multilateral Security Regime in Northeast Asia* (Seul: Ifans, 1994).
6. Calder e Ye sugerem o emprego da abordagem da conjuntura crítica, que combina as forças analíticas do realismo e o institucionalismo histórico para explicar a criação de órgãos regionais. Eles enfatizam a estrutura de incentivo dos responsáveis pelas decisões vitais em momentos fluidos de tomada de decisões. Assim, esta abordagem atribui maior peso à variável da política doméstica, como os motivos e interesses da liderança política de cada país. Veja Kent Calder e Min Ye, "Regionalism and Critical Junctures: Explaining the 'Organization Gap' in Northeast Asia", *Journal of East Asian Studies* 4 (2004): 191-226.

7. Barry Buzan, "Security Architecture in Asia: The Interplay of Regional and Global Levels", *Pacific Review* 16 (2003): 155-61. Buzan destaca que o ARF foi formado porque os Estados Unidos puseram fim à sua antiga oposição ao diálogo multilateral sobre segurança na região quando havia menos, estrategicamente, e mais, economicamente, em jogo na Ásia oriental. Os países da Asean também ficaram desapontados com a incapacidade daquele órgão em se tornar um contrapeso para a China, e viram, portanto, a necessidade de tentar preparar a China para o convívio, transformando-a em boa cidadã por meio do ARF.
8. Hiwatari afirma que a compatibilidade entre as preferências dos países da Ásia oriental em termos de políticas, seus sistemas financeiros domésticos e suas posições de equilíbrio externo têm feito com que eles criem arranjos bilaterais e internacionais em vez de alternativas regionais. Veja Nobuhiro Hiwatari, "Embedded Policy Preferences and the Formation of International Arrangements after the Asian Financial Crisis", *Pacific Review* 16 (2003): 331-50.
9. Paul Bowles, "Asia's Post-Crisis Regionalism: Bringing the State Back in, Keeping the United States Out", *Review of International Political Economy* 9 (verão de 2002): 244-70.
10. Stuart Harris, "Asian Multinational Institutions and Their Response to the Asian Economic Crisis: The Regional and Global Implications", *Pacific Review* 13 (2000): 495-516, passagem citada em 513.
11. Victor Cha, "Positive and Preventive Rationales for Korea-Japan Security Cooperation: The American Perspective", em Ralph A. Cossa, ed., *US-Korea-Japan Relations: Building toward a 'Virtual Alliance'*" (Washington, D.C.: Center for Strategic and International Studies Press, 1999), 84-85.
12. Ministério de Assuntos Exteriores e Comércio (MFAT), *1999 White Paper on Diplomacy* (Seul: MFAT, julho de 2000), 230. Em comparação com as expectativas dos burocratas, a primeira experiência com um FTA não foi tranquila devido à oposição dos produtores domésticos de uvas. Os governos da Coreia e da China entraram em negociações oficiais em setembro de 1999, mas foram necessários três anos até a conclusão das negociações, e mais dois anos para que os resultados se tornassem efetivos, o que ocorreu em 1º de abril de 2004.
13. Lee Sook-Jong, "Political Economy of Korea-Japan Free Trade Agreement: Change in Trade Policy and Industrial Restructuring", em Lee Sook-Jong, ed., *Korea-Japan Relations in Transition* (Seul: Sejong Institute, 2002), 37-78.
14. O EAVG é composto por 26 acadêmicos, empresários e membros do serviço público, dois de cada um dos 13 membros da ASEAN Plus Three.
15. Chung Jae-wan et al., *ASEAN PLUS THREE Economic Trend and South Korea's Economic Cooperation* (em coreano) (Seul: Korea Institute of External Economy, Policy Data, 2004).
16. O Acordo Estrutural sobre Cooperação Econômica Abrangente, um instrumento legal para reger a futura cooperação econômica Asean-China, cobre a cooperação em bens, serviços e investimentos, além de outras áreas relevantes. O ano de início das atividades, 2010, foi definido pela China e pelos seis Estados

originais da Asean: Brunei, Indonésia, Malásia, Filipinas, Cingapura e Tailândia, 2015 foi definido para os Estados restantes, menos desenvolvidos: Camboja, Laos, Mianmar e Vietnã.

17. Sheng Lijun, "China-Asean Free Trade Area: Origins, Developments and Strategic Motivations", relatório (Cingapura: Institute of Southeast Asian Studies, 2003).
18. Christopher R. Hughes, "Nationalism and Multilateralism in Chinese Foreign Policy: Implications for Southeast Asia", *Pacific Review* 18 (março de 2005): 119-35.
19. Veja o folheto *Presidential Committee on Northeast Asian Cooperation Initiative*, disponível em www.nabh.go.kr.
20. Veja Ministério de Assuntos do Exterior e Comércio (Mofat), "Trends of Exports and Imports by Region" (em coreano), disponível em www.mofat.go.kr. O Japão respondeu por 8,9 por cento do total de exportações da Coreia e por 20,3 por cento do total de importações em 2003. Em 2004, a participação do Japão foi respectivamente de 8,5 por cento e 20,5 por cento.
21. Korea Export-Import Bank, *Oversea Investment Trends* for 2005 (em coreano), 2006, disponível em www.koreaexim.go.kr.
22. Ministério de Comércio, Indústria e Energia, Foreign Direct Investment Statistics, 2005, disponível em www.mocie.go.kr.
23. T.J. Pempel, "International Finance and Asian Regionalism", *Pacific Review* 13 (2000): 57-72, passagens citadas em 59 e 70.
24. Ministério de Assuntos do Exterior e Comércio (Mofat), *Roadmap to Pursue FTA* (em coreano) (Seul: Mofat, setembro de 2003).
25. Chung Jin-Young, "Northeast Asian Economic Cooperation and South Korea's FTA Strategy: Policy Appraisal of Roh Government" (em coreano), National Strategy Panel Report 12 (Seul: East Asian Institute, janeiro de 2006).
26. Nick Bisley, "The End of East Asian Regionalism?" *Journal of East Asian Affairs* 17 (primavera-verão de 2003): 148-69., passagens citadas em 157-58.
27. Helge Haveem, "Political Regionalism: Master or Servant of Economic Internationalization?" em Bjorn Hettne, Andras Inotal e Osvaldo Sunkel, eds., *Globalism and the New Regionalism* (Londres: Palgrave Macmillan, 1999), 86-87.
28. O nacionalismo e o bilateralismo com os Estados Unidos no leste da Ásia frequentemente são dados como razão para a perda da identidade coletiva que é crítica para a construção de instituições regionais. Veja, por exemplo, Christopher Hemmer e Peter Katzenstein, "Why Is There No NATO in Asia? Collective Identity, Regionalism and Multilateralism", *International Organization* 56 (2002): 575-607.
29. Buzan, "Security Architecture in Asia", 163.

PARTE III

IMPLICAÇÕES PARA AS POLÍTICAS

CAPÍTULO 9

Uma nova ordem na Ásia oriental?

– G. John Ikenberry

A Ásia oriental é uma região em transição – para o quê, ninguém tem certeza, mas uma mudança está em andamento. A velha ordem na região, organizada em torno do domínio militar e econômico americano, ancorado na aliança Estados Unidos-Japão, proporcionou, durante 50 anos, estabilidade, segurança e mercados abertos, enquanto Japão, Coreia do Sul e outros países asiáticos se desenvolviam, se democratizavam e se juntavam ao mundo modernizado. Hoje, a preocupação é de que a nova ordem na Ásia não seja ordenada, mas marcada pelo retorno a uma rivalidade instável entre as grandes potências, uma vez que China, Japão e Estados Unidos competem por segurança e influência. No pior caso, a Ásia oriental pode vir a se parecer com a Europa na década de 1870, quando a hegemonia britânica cedia lugar a transições de poder, dilemas de segurança, competição militar e à luta pelo domínio do Ocidente.

Esse não é um futuro bem recebido pelos Estados Unidos e seus aliados locais. De fato, o desafio é tirar proveito deste momento de transição para empurrar a região numa direção diferente – no sentido mais parecido com a Europa do final dos anos 1940, um momento em que os Estados europeus, cansados de guerras, tomaram decisões monumentais de construir uma ordem regional em torno de estruturas multilaterais de cooperação e laços econômicos e de segurança. Na Ásia oriental, novas e grandes negociações e arranjos institucionais regionais são igualmente necessários para que as rápidas oscilações de poder e o nacionalismo intensificado possam ser canalizados em direções estabilizadoras e pacíficas.

Os mais fortes motivadores de mudanças na Ásia oriental são a ascensão da China e a "normalização" do Japão. O rápido crescimento da China e a disseminação de sua influência pela região é um dos grandes dramas do século XXI. O mesmo se dá com a busca do Japão por um senso maduro de identidade nacional e de posição de Estado – e pelos tradicionais direitos de soberania e autodefesa que os acompanham. Cada um desses grandes acontecimentos tem potencial para colocar em risco relações estáveis na região; em conjunto, ameaçam criar círculos viciosos de antagonismos e insegurança.

Outros acontecimentos locais também estão solapando a velha ordem liderada pelos americanos. O desenvolvimento da democracia e da política populista na Coreia do Sul tornou mais fácil, para os líderes daquele país, questionar seu status de cliente e sua dependência da aliança com os Estados Unidos. O crescimento e a integração da economia regional da Ásia oriental também reduziram a centralidade dos mercados e investimentos americanos, transferindo seu foco para as relações comerciais com a China. Ao mesmo tempo, a ascensão da Índia e o retorno da Rússia ampliaram o "espaço" geopolítico da Ásia e o envolveram na gama mais ampla da política das grandes potências eurasianas. Finalmente, as mudanças nas prioridades globais de segurança e de alianças da América, motivadas por sua guerra ao terrorismo, criaram novas incertezas e controvérsias a respeito dos laços a longo prazo de Washington e de seu comprometimento com a região.

A despeito dessas mudanças dramáticas, a aliança Estados Unidos-Japão continua forte. Mas sua saúde e bem-estar dependerão cada vez mais da construção de uma nova ordem na Ásia oriental que acomode e amorteça o impacto de uma China em ascensão e permita que o Japão se normalize sem disparar novas espirais de conflito. O segredo será segurar-se na aliança Estados Unidos-Japão – e nos demais pactos bilaterais de segurança formados – buscando, ao mesmo tempo, maneiras para embuti-los em novas camadas de arranjos multilaterais regionais.

Em poucas palavras, a ascensão da China e a normalização do Japão precisam prosseguir em conjunto com novos compromissos de ambos os governos com o fortalecimento de instituições regionais que os obriguem a uma visão comum para a ordem na Ásia oriental. A experiência de reintegração e normalização da Alemanha depois da Segunda Guerra Mundial e sua unificação oferecem o modelo mais relevante para a China e o Japão. E os americanos precisam trabalhar com as outras nações da Ásia oriental para criar uma organização regional multilateral de segurança em torno da qual China, Japão e Estados Unidos possam assumir compromissos de não agressão, sinalizar tranquilidade e moderação e estabelecer diálogos permanentes sobre segurança. Esse grupo não substituirá as parcerias bilaterais de segurança da América, mas servirá como veículo multilateral para torná-las mais duráveis e dignas de crédito.

Neste capítulo, revejo a lógica da velha ordem na Ásia oriental e as forças que a estão corroendo. A seguir, examino mais de perto a ascensão da China e a normalização do Japão como fatos que provocam mudanças na região. Finalmente, apresento o argumento de que China e Japão podem promover seus interesses – e a região pode ser tornada mais estável – se ambos os países trabalharem para desenvolver uma instituição de segurança regional que permita que se unam a seus vizinhos e sinalizem moderação. E digo que também os Estados Unidos têm incentivos para fortalecer a arquitetura regional de segurança e fixar ainda mais sua presença na Ásia oriental.

A lógica da ordem na Ásia oriental

Existe uma visão generalizada de que o sistema pós-guerra de economia, política e segurança na Ásia oriental não está bem organizado. O contraste com a Europa é chocante. A Europa desenvolveu, no pós-guerra, uma paz estável em torno de um acordo franco-germânico e de muitas camadas de instituições regionais – a Organização do Tratado do Atlântico Norte (Otan), a União Europeia, a Organização para Cooperação em Segurança na Europa e o Conselho da Europa, entre outras. O movimento político por uma nova constituição europeia fracassou, mas a União Europeia continua a representar uma região profundamente integrada, com uma crescente infraestrutura judicial, parlamentar, burocrática e intergovernamental. Hoje, é comum chamar a Europa ocidental de zona de paz Kantiana. Em contraste, a Ásia oriental é vista como "propícia à rivalidade"[1]. Onde não há instituições multilaterais com participação legalmente obrigatória e abrangendo toda a região. Há numerosos e profundos antagonismos, sistemas econômicos conflitantes, territórios divididos e disputados, e relações de poder em rápida mudança[2].

Contudo, em parte por acidente e em parte por intento, uma ordem relativamente estável e pacífica emergiu na região nos últimos 50 anos. Trata-se de uma ordem organizada em torno de um bilateralismo "tangível" e de um multilateralismo "intangível". No seu centro, estão a aliança Estados Unidos-Japão e o sistema mais amplo de alianças bilaterais que conectam os americanos e Coreia, Taiwan e outros países asiáticos. Complementando esse sistema de segurança, há vários diálogos regionais informais, como a Apec (Cooperação Econômica Ásia-Pacífico), o Fórum Regional da Associação das Nações do Sudeste da Ásia (Asean), a Asean Plus Three e a Conferência de Cúpula Asiática[3]. De fato, a ordem de segurança é construída em torno do sistema de alianças americano; e a ordem econômica, em torno de um sistema trans-Pacífico de comércio e investimento, no qual os Estados Unidos constituem um importante mercado de destino e a China é, cada vez mais, a produtora de baixo custo.

Embutido nesta, está um conjunto de grandes acordos políticos entre os Estados Unidos e os países da região – acordos que também estão embutidos nas relações da América com a Europa. Um é o pacto realista, nascido da estratégia geral da América para a Guerra Fria. Os Estados Unidos fornecem a seus parceiros europeus e asiáticos proteção e acesso aos mercados, à tecnologia e aos suprimentos americanos no âmbito de uma economia mundial aberta. Em retorno, esses países concordam em ser parceiros confiáveis, que proveem apoio diplomático, econômico e logístico aos americanos, enquanto eles comandam a ordem internacional. Outro item é um acordo liberal que trata das incertezas do poder americano. Os Estados da Ásia oriental e da Europa concordam em aceitar a liderança americana e operar em um sistema político-econômico consensual. Em troca, os Estados Unidos se abrem para seus parceiros e se unem a eles. Na verdade, os americanos constroem uma coalizão institucionalizada de parceiros e reforçam a estabilidade dessas relações mutuamente benéficas a longo prazo, tornando-se mais "amistosos com o usuário" – isto é, jogando pelas regras e criando processos políticos permanentes com esses outros Estados, que lhes facilitam as consultas e a tomada conjunta de decisões. Os Estados Unidos tornam seu poder seguro para o mundo e, em troca, o mundo concorda em viver dentro do sistema americano. Esses acordos datam da década de 1940, mas continuam a reforçar a ordem surgida desde a Guerra Fria.

O sistema de alianças de "cubo e raios" tem suas origens no início da Guerra Fria e no fracasso dos arranjos multilaterais de segurança que pretendiam imitar o pacto do Atlântico. A aliança Estados Unidos-Japão tinha o objetivo de impedir a expansão do poder soviético e do comunismo, de um modo amplo, na região Ásia-Pacífico. Essa meta anticomunista da Guerra Fria levou os Americanos a usarem a ocupação do Japão e sua vitória militar no Pacífico para moldar ativamente a região – com mais sucesso no nordeste do que no sudeste da Ásia. O Japão, por sua vez, transformou sua aliança bilateral com os Estados Unidos na base de sua política externa regional do pós-guerra[4].

Desde o início, essa ordem de segurança bilateral tem estado entrelaçada com a evolução das relações econômicas regionais. Os Estados Unidos facilitaram a reconstrução econômica japonesa depois da guerra e criaram mercados para as exportações daquele país, em particular depois do fechamento da China em 1949. Os americanos promoveram ativamente as importações de bens japoneses durante os anos 1950, para encorajar o crescimento econômico e a estabilidade econômica do país. Também assumiram a liderança em ajudar o Japão a encontrar novas relações comerciais e fontes de matérias-primas no sudeste da Ásia, para substituir a perda dos mercados chinês e coreano[5]. Na verdade, durante esse período, Japão e Alemanha foram parceiros menores dos Estados Unidos, destituídos de capacidade militar e reorganizados como locomotivas do crescimento econômico mundial. A contenção na região era baseada no crescimento do Japão e em sua integração na economia da Ásia não comunista – aquilo que o secretário de Estado Dean Acheson chamou de "grande crescente", referindo-se aos países que iam do Japão até a Índia, passando pelo sudeste da Ásia. "Na Ásia oriental", como escreve o historiador Bruce Cumings, "planejadores americanos vislumbraram uma economia regional movida pela rediviva indústria japonesa, com acesso garantido a mercados e matérias-primas para suas exportações"[6]. Essa estratégia serviu para unir países não comunistas ameaçados ao longo do crescente, criar fortes conexões econômicas entre Estados Unidos e Japão, e reduzir a importância das propriedades coloniais europeias na área. Os americanos ajudaram ativamente o Japão a restabelecer uma esfera econômica na Ásia, permitindo que prosperasse e desempenhasse um papel de liderança regional dentro da ordem americana do pós-guerra. O crescimento econômico japonês, a expansão dos mercados regionais e mundiais e a luta da Guerra Fria caminharam juntas.

A garantia americana de segurança para seus parceiros na Ásia oriental forneceu uma base lógica de segurança nacional para que o Japão abrisse seus mercados. O livre comércio ajudou a consolidar a aliança, e esta, por sua vez, ajudou a apaziguar disputas econômicas. As estratégias de desenvolvimento orientadas para as exportações do Japão e de outros "tigres" asiáticos dependiam da disposição dos americanos em aceitar importações e enormes déficits comerciais tornados politicamente toleráveis pelos laços da aliança. Em essência, a ordem do pós-guerra na Ásia oriental foi construída de acordo com uma lógica hegemônica ao estilo americano: os Estados Unidos exportaram segurança e importaram bens. Essa é uma ordem na qual a aliança Estados Unidos-Japão, em conjunto com o sistema de cubo e raios dos laços bilaterais de segurança, proporcionou os suportes ocultos a toda a região[7].

Ao longo das décadas, esse sistema liderado pelos americanos tem sido bastante funcional para os Estados Unidos e seus parceiros. Isto é verdade em pelo menos quatro aspectos. Primeiro, o sistema de alianças de cubo e raios provê a base política e geográfica para a projeção da influência americana na região. Com bases avançadas e compromissos de segurança, os Estados Unidos se estabeleceram como potência dominante em toda a Ásia oriental. Segundo, as alianças bilaterais ligam os americanos à região, estabelecendo compromissos e mecanismos fixos que aumentam a certeza e a previsibilidade de seu exercício do poder e reduzem localmente a preocupação a respeito das idas e vindas americanas. Terceiro, os laços dessas alianças criam, para o Japão e os outros parceiros, canais de acesso a Washington. De fato, elas oferecem oportunidades para que esses países se expressem. Finalmente, a aliança Estados Unidos-Japão, em particular, tem desempenhado um papel mais específico e crucial: ela permite que o Japão esteja seguro sem a necessidade de se tornar uma potência militar tradicional. O Japão podia se defender, permanecendo, ao mesmo tempo, uma "potência civil"; isso significava que o país podia se reconstruir e reentrar na região sem causar dilemas perigosos de segurança[8].

Dessa maneira, a aliança Estados Unidos-Japão e o sistema de acordos bilaterais têm sido mais do que arranjos de defesa; eles também serviram como arquitetura política para o sistema mais amplo. Por esse sistema, o poder americano foi ligado ao Japão e se tornou mais previsível, ao passo que os japoneses conseguiram tranquilizar seus vizinhos, integrar-se à região e ser o pioneiro de um caminho civil para o crescimento e a influência. De fato, se no pós-guerra o país desempenhou o papel de Alemanha na Ásia oriental, os Estados Unidos desempenharam o papel da França. Assim como a parceria franco-germânica foi a chave para a reintegração da Alemanha na Europa, a aliança Estados Unidos-Japão foi a chave para a reentrada do Japão na Ásia. O apoio mudo da China a essa aliança reflete, ao longo das décadas, o fato de que suas funções de estabilização e pacificação foram amplamente apreciadas na região.

Mesmo hoje, quando as mudanças erodem aspectos dessa ordem, a velha lógica da ordem ainda tem suas virtudes. De fato, é difícil vislumbrar uma lógica de ordem totalmente nova para a Ásia oriental que seja igualmente funcional. É difícil imaginar um sistema pacífico e utilizável sem esses suportes bilaterais de segurança e sem a presença hegemônica permanente dos Estados Unidos. No futuro, o desafio será adaptar essa ordem regional para acomodar a ascensão da China e a normalização do Japão, de modo a manter as suas virtudes.

Como controlar a China em ascensão

A ascensão da China representa um desafio fundamental à ordem do pós-guerra na Ásia oriental. Durante a Guerra Fria, os chineses operavam, em grande parte, fora de suas estruturas e acordos regionais. Mas, na última década, devido a seu crescimento rápido e sustentado e à sua diplomacia cada vez mais ativista, a China mudou para uma posição diretamente regional, e seu poder e sua influência continuam a se expandir[9].

A crescente presença chinesa na região tem características de uma clássica "transição de poder", isto é, o momento em que um Estado em ascensão enfrenta uma ordem mais antiga e estabelecida, internacional ou regional. Tais momentos são repletos de perigo[10]. A ascensão da Alemanha pós-Bismarck, no final do século XIX – e a subsequente rivalidade entre as grandes potências, paralelamente a corridas armamentistas, instabilidades, realinhamentos e uma guerra de 30 anos entre Inglaterra e Alemanha –, é o caso clássico. A ascensão da Alemanha começou com a unificação sob Bismarck, em 1870, e o rápido crescimento de sua economia. Em 1870, a Grã-Bretanha tinha vantagem de três para um em poder econômico sobre a Alemanha, mas, em 1903, esta passara à frente daquela em poder econômico e militar. O crescimento alemão provocou a dinâmica clássica de uma transição de poder: à medida que a Alemanha se unificou e cresceu, o mesmo se deu com sua insatisfação, exigências e ambições; à medida que se tornou mais poderosa, surgiram dilemas de segurança e a Alemanha passou a aparecer cada vez mais como uma ameaça às outras grandes potências europeias. O resultado, é claro, foi uma guerra na Europa[11].

É óbvio que nem todas as transições de poder geram guerras ou subvertem a antiga ordem. Nas primeiras décadas do século XX, a Grã-Bretanha cedeu poder a uma América em rápido crescimento, sem grandes conflitos nem uma ruptura nas relações. O PIB do Japão cresceu de 5 por cento do PIB americano, no final dos anos 1940, para mais de 60 por cento, no início dos anos 1990, sem desafiar a ordem internacional existente. Existem claramente tipos diferentes de ascensão e de transições de poder. Alguns Estados (por exemplo, o Japão) cresceram rapidamente em poder econômico ou geopolítico e, no final, se acomodaram à ordem internacional existente. Outras grandes potências (por exemplo, a Alemanha pós-Bismarck) cresceram e de fato tentaram desafiar a ordem existente das grandes potências. Alguns momentos de transição de poder levaram ao colapso da velha ordem e ao estabelecimento de uma nova hierarquia, global ou regional (por exemplo, na Grã-Bretanha depois de 1815 e na América depois de 1945). Outros momentos de transição resultaram não numa transformação da ordem internacional, mas em ajustes mais limitados nos sistemas regional e global (como no Japão e na Alemanha depois da Segunda Guerra Mundial)[12].

Certamente, muitos fatores afetam a maneira pela qual as transições de poder se desenrolam[13]. O caráter da "insatisfação" de um Estado ascendente pode variar. Isto é verdade com relação aos julgamentos subjetivos de líderes a respeito dos seus interesses e desejos por um papel maior de governança. Mas também há variações na capacidade dos Estados ascendentes em de fato promoverem suas metas econômicas e políticas dentro de uma ordem existente, internacional ou regional. Além disso, a subversão da ordem existente também varia. Na nossa era, em que China, Estados Unidos e outras grandes potências contam com armas nucleares, os custos e benefícios – de fato, a racionalidade – de uma guerra hegemônica são essencialmente reduzidos a zero. Analogamente, a transição dinâmica de poder, em geral, é vista como ocorrendo entre o Estado dominante mundialmente e o Estado em ascensão, isto é, um drama entre dois Estados. Mas o verdadeiro poder do Estado líder será bem maior caso seja efetivamente agregado ao poder de outras grandes potências a ele aliadas. Neste sentido, um Estado em ascensão enfrenta não apenas um líder, mas – ao menos potencialmente – uma ampla coalizão de grandes potências partidárias do *status quo* reunidas em torno do poder hegemônico. Finalmente, o caráter da ordem internacional ou regional – e o grau até o qual ela se baseia em coerção e consentimento – é importante. Ele influenciará a maneira pela qual um Estado ascendente calcula seus interesses e as opções que fará para se integrar à ordem existente ou desafiá-la. E influenciará a capacidade do Estado líder em agregar poder e fazer com que as regras sejam cumpridas, mantendo uma ordem internacional estável.

O caráter institucional da ordem internacional ou regional também pode ser importante, oferecendo uma estrutura que ajuda a reduzir a suspeição ou o temor que surge durante a transição de poder. Independentemente das intenções do Estado em ascensão, seus vizinhos têm motivos de preocupação sobre as consequências de oscilações adversas na distribuição de poder. Esse é o problema do "dilema de segurança"; um Estado que age de modo apenas defensivo pode provocar temores e respostas defensivas que, por sua vez, podem despertar temores e respostas defensivas do primeiro Estado. O resultado é uma espiral de insegurança e competição por segurança que aumenta a probabilidade de uma corrida armamentista e o perigo de uma guerra[14]. Isso acontece mesmo que a guerra em si seja removida como possibilidade. Uma estrutura de segurança para a Ásia oriental pode ter seu papel na redução da incerteza e na provisão de um mecanismo pelo qual tanto a China quanto seus vizinhos possam sinalizar moderação e comprometimento.

De fato, à medida que a China se torna mais poderosa, é provável que ocorram duas coisas. Ela quererá usar sua capacidade crescente para reformular as regras e instituições da ordem regional de modo a que reflitam melhor seus interesses, e será cada vez mais considerada como uma ameaça à segurança dos outros países da região. O resultado será tensão crescente, desconfiança, dilemas de segurança e conflitos. A China representa um espectro formidável e potencialmente perturbador – 1,3 bilhão de pessoas, armas nucleares, 9 por cento de crescimento econômico, um espírito nacionalista forte e aspirações regionais em expansão – e também é uma grande potência em rápida ascensão, que emerge em grande parte fora da ordem regional estabelecida.

Consequentemente, a atual ordem regional ameaça se desfazer. É provável que os países da Ásia oriental precisem "escolher lados". A Coreia do Sul, por exemplo, poderá se perguntar cada vez mais se os Estados Unidos devem continuar a ser seu patrono em termos de segurança ou se o seu futuro a longo prazo estará em operar dentro de uma ordem regional centralizada na China. Alguns países se inclinariam pela China e outros pelos Estados Unidos, que poderão enfrentar uma pressão cada vez maior para manter seus parceiros estratégicos e suas posições avançadas na região. Os cenários específicos são numerosos, mas todos incluem histórias a respeito de uma futura crise da velha ordem.

O desafio americano não é bloquear a entrada da China na ordem regional, mas ajudar a formular seus termos, buscando oportunidades para fechar acordos estratégicos em vários momentos ao longo das trajetórias oscilantes de poder e das esferas geopolíticas que se invadem mutuamente. O principal acordo que os Estados vão querer fechar com a China é acomodar o país em ascensão, oferecendo-lhe status e posição na ordem regional, em troca de Pequim aceitar e se adaptar aos interesses estratégicos centrais de Washington, os quais incluem sua permanência como provedor dominante de segurança na Ásia oriental[15].

Fechando este acordo estratégico, os Estados Unidos também vão querer tentar construir na Ásia oriental arranjos institucionais multilaterais que ligarão a China à região. Em anos recentes, os chineses já compreenderam a utilidade dessa estratégia, e agora tentam ativamente tranquilizar e cooptar seus vizinhos, oferecendo-se para participar de instituições regionais como a Asean Plus Three e a Cúpula Asiática. Foi exatamente o que os Estados Unidos fizeram nas décadas posteriores à Segunda Guerra Mundial, construindo níveis de instituições econômicas, políticas e de segurança, regionais e globais, operando dentro delas, tornando-se assim mais previsíveis e abordáveis, e reduzindo o incentivo que os demais Estados poderiam ter, em outras circunstâncias, para resistir ou prejudicá-los, formando coalizões que os neutralizariam.

Talvez mais relevante para uma China em ascensão seja o caso da Alemanha às vésperas da unificação em 1989. A possibilidade de uma Alemanha unificada – e ainda mais poderosa – preocupava os líderes da Grã-Bretanha, França e Rússia. Ao progredir no sentido da unificação, o chanceler Helmut Kohl sinalizou para seus vizinhos que, se eles concordassem com a unificação, a Alemanha redobraria seu compromisso com a integração europeia e com a comunidade de segurança do Atlântico. Hans-Dietrich Genscher, ministro do Exterior alemão, articulou a visão em um discurso de janeiro de 1990: "Queremos colocar o processo da unificação alemã no contexto do processo de integração da CE [Comunidade Europeia], da CSCE [Conferência sobre Segurança e Cooperação na Europa], da parceria Leste-Oeste pela estabilidade, da construção da casa comum europeia e da criação de uma ordem europeia pacífica, do Atlântico aos Urais." A mensagem alemã era clara: para conquistar a concordância sobre sua unificação e seu crescimento em poder, ela estava preparada para se unir ainda mais a seus vizinhos[16].

De fato, a Alemanha seguiu uma estratégia que pode ser chamada de "autounião institucional", na qual uma grande potência se engaja em um padrão de moderação estratégica institucionalizada em relação a seus vizinhos mais fracos, em troca do reconhecimento, por parte deles, de sua liderança e dos seus interesses econômicos e de segurança. Também foi o que os Estados Unidos fizeram depois da Segunda Guerra Mundial, quando estavam no auge do poder e decididos a construir uma ordem internacional que atrairia Estados amigos – mas mais fracos – para um sistema estável e aberto, centrado na América. Não só patrocinaram a criação de uma ampla variedade de instituições no pós-guerra – econômicas, políticas e de segurança – como concordaram em operar dentro delas. Por essas instituições, o país se uniu a outros Estados, e estes, por sua vez, concordaram em se associar aos Estados Unidos[17].

O desafio para os americanos é encorajar a China a agir dessa mesma maneira esclarecida. Mas, para isso, os chineses necessitam de um órgão ou mecanismo institucional ao qual possam se unir. Isto é, a Ásia oriental necessita de uma organização de segurança regional, formal e articulada, à qual a China possa se integrar. Essa organização não precisará ter as características de um sistema multilateral de alianças; os países da região não estão preparados para isso. Mas é preciso uma organização de segurança que tenha como centro um tratado de não agressão e mecanismos para consultas periódicas. De fato, existe atualmente uma variedade de estruturas institucionais regionais que já oferecem à China a possibilidade de enviar sinais de moderação e compromisso com a região – como o Fórum Regional da Asean, a Cúpula Asiática e a Apec. Mas uma organização regional de segurança no nordeste da Ásia poderia oferecer um cenário institucional mais explícito, que permitiria à China em ascensão se ligar aos seus vizinhos.

Os Estados Unidos insistirão em que uma nova organização regional de segurança na Ásia oriental irá complementar em vez de suplantar suas alianças bilaterais. Além disso, a criação de uma nova organização de segurança que inclua a China não é necessariamente inconsistente com esforços simultâneos para fortalecer os laços com os aliados democráticos da América na região, por duas razões: primeira, pelo fato de o futuro da China ser tão incerto, os Estados Unidos naturalmente vão querer limitar-lhe as relações e reforçar as suas próprias relações com os Estados democráticos da região. Mas também, como afirma o professor Thomas Christensen, da Universidade de Princeton, a atual disposição da China em seguir uma estratégia de engajamento e participar de instituições multilaterais regionais resulta, ao menos em parte, das preocupações de Pequim de que os Estados Unidos procurem contê-la e neutralizá-la. Caso isso seja verdade, os dois caminhos da política americana trabalharão juntos, atraindo a China para uma ordem regional mais institucionalizada e fortalecendo o baluarte das alianças entre os Estados democráticos da Ásia oriental.

Japão – perdido na transição

Na medida em que o Japão procura se tornar uma grande potência mais "normal", ele representa cada vez mais um desafio à velha ordem na Ásia oriental. E a solução regional para o problema é semelhante àquela para lidar com a China. O Japão também tem incentivos para se ligar a uma ordem regional de segurança de modo a reduzir as preocupações e os dilemas de segurança que de outra forma poderão emergir.

Por mais de 50 anos, o Japão tem seguido uma estratégia de desenvolvimento que enfatiza a superioridade econômica e o crescimento em vez do retorno à proeminência geopolítica. Ele transformou a necessidade da ocupação americana e a imposição de uma constituição que exige a paz numa virtude política. Por trás da proteção oferecida por seu tratado de segurança com os americanos, o país foi pioneiro de um retorno "civil" ao cenário político global. Ao longo do caminho, ele celebrou sua "constituição de paz" e se autodefiniu como uma grande potência civil que investiria na paz e na segurança internacionais, sob os auspícios das Nações Unidas. O país tem financiado cerca de 20 por cento do orçamento da ONU, apoiado compromissos internacionais com a segurança humana e é um generoso provedor de assistência oficial ao desenvolvimento[16].

Essa abordagem distinta à segurança e à identidade política japonesas foi tornada possível pelo caráter e pela organização da ordem internacional no pós-guerra, centrada na América. Japão e Alemanha foram reintegrados ao mundo industrial avançado como potências "semissoberanas"; isto é, aceitaram limites constitucionais sem precedentes sobre sua capacidade militar e sua independência[19]. Tornaram-se, assim, particularmente dependentes de uma gama de instituições multilaterais econômicas e de segurança ocidentais. A ordem política ocidental, na qual esses dois países foram introduzidos, foi parte integrante de sua estabilidade e de seu funcionamento. O democrata cristão Walther Leisler Kiep afirmou, em 1972, que "a aliança germano-americana... não é meramente um aspecto da história moderna alemã, mas sim um elemento decisivo, resultante de seu lugar proeminente em nossa política. De fato, ela provê uma segunda constituição ao nosso país"[20]. Certamente, o mesmo vale para o Japão.

Muitos observadores japoneses chamam a aliança Estados Unidos-Japão de parte integrante da constituição japonesa. As instituições ocidentais econômicas e de segurança – em particular as alianças com a América – proporcionam à Alemanha e ao Japão um baluarte político de estabilidade que transcende em muito seus desígnios imediatos e práticos.

Por todos os critérios, esta abordagem distinta ao desenvolvimento no pós-guerra tem sido um sucesso, marcado por extraordinários avanços materiais e políticos. A despeito da grande recessão econômica dos anos 1990, o Japão tem seguido no pós-guerra uma trajetória dramática de crescimento econômico, tornando-se, na década de 1980, a segunda maior economia do mundo e gozando de um dos mais avançados padrões de vida. O Japão também descobriu como se proteger das suspeitas de seus vizinhos e do ônus da sua história. Sob o guarda-chuva de segurança americano, o país não precisou se rearmar nem apresentar à região um Japão "normal", com uma identidade tradicional de grande potência militar. A identidade política reconstituída do Japão é amplamente admirada. Recentes pesquisas globais de opinião pública, por exemplo, mostraram que o Japão é visto em torno do mundo como um dos países mais admirados e respeitados[21]. Mas isso não acontece no nordeste da Ásia; lá, o Japão ainda é um estranho na sua própria região[22].

O problema é essencialmente que os japoneses não foram capazes de extinguir as suspeitas e mágoas que ainda chamejam na China e na Coreia, como resultado de seu passado imperial militarista. Enquanto a Alemanha, no pós-guerra, conseguiu deixar de lado a "questão histórica", o Japão não conseguiu. O resultado é que, 62 anos depois de se haver rendido e ter iniciado seu longo e pacífico retorno à comunidade internacional, o país permanece isolado e incapaz de prover liderança numa região que está sendo rapidamente transformada pela ascensão da China.

Para piorar o problema, o Japão – com encorajamento de Washington – embarcou no longo caminho para sua normalização como grande potência. A reforma da constituição japonesa – especificamente, a adição do artigo 9º, que proíbe o uso da força – está no centro desse empreendimento histórico. Em certo sentido, a normalização japonesa é um processo inevitável de reivindicação de sua identidade como nação e de seus direitos soberanos. Essa tem sido, há muito, uma aspiração que faz parte da plataforma do partido do governo desde que o primeiro-ministro Junichiro Koizumi tomou posse. O debate sobre a reforma do artigo 9º data pelo menos da primeira guerra no Iraque. Nos círculos do *establishment*, a decisão tem sido sobre dar aos japoneses uma base legal para participação na "segurança coletiva", dentro da estrutura da aliança Estados Unidos-Japão e das Nações Unidas. Neste sentido restrito, existe apoio no Japão para que o país desempenhe um papel maior em iniciativas da ONU – manutenção da paz, intervenções humanitárias e prevenção de conflitos. Nesta abordagem cautelosa à recuperação de direitos soberanos, a luta tem sido para encontrar uma "terceira via" entre o pacifismo constitucional e a forte militarização esperada de uma grande potência.

Esta forma moderada de normalização não é uma resposta ao crescente nacionalismo japonês. O acadêmico Masaru Tamamoto vê o debate principal como uma questão de "situação de Estado", isto é, a capacidade do Japão de usar a força em defesa própria como uma expressão e direito de soberania do Estado. Trata-se de reivindicar a soberania perdida do estado japonês e não uma resposta ao crescimento do nacionalismo público ou da emoção patriótica. Tamamoto diz:

> As vozes políticas e intelectuais hoje dominantes [no Japão] julgam que ele deixou de ser um Estado depois da Segunda Guerra Mundial. O argumento é simples: a recuperação de uma situação de Estado significa readquirir o direito de usar a força como instrumento político. Em certo sentido, a ascensão desse modo de pensar é compreensível. Afinal, o Japão está manobrando entre Estados Unidos e China, dois países extremamente sensíveis sobre a situação de Estado soberano e cujas políticas são movidas pela equação de soberania e segurança nacional[23].

A busca do Japão por um terceiro caminho, mais modesto, no sentido da normalização, também reconhece que, depois da guerra, de fato emergiu uma identidade – uma identidade do pós-guerra organizada em torno da democracia, da realização econômica e do apoio aos ideais globais liberais. O Japão criou para si mesmo um papel como grande potência única e continuará a evoluir nele.

Enquanto isso, cresceram as apostas da normalização. A crise nuclear norte-coreana, a ascensão da China e a política externa americana depois de 11 de setembro criaram internamente no Japão pressões no sentido de o país se mover mais depressa e ir rumo a se tornar uma grande potência tradicional com capacidade militar. O governo do presidente George W. Bush e outros em Washington têm incentivado Tóquio a dar novos passos, apelando para que o país aceite a responsabilidade e seja um aliado mais plenamente apto. Mesmo antes do 11 de setembro, os Estados Unidos queriam que o Japão saísse da sua camisa de força do pós-guerra. O influente "Relatório Armitage", publicado em outubro de 2000 por um grupo bipartidário americano de especialistas em políticas e diplomatas japoneses, pediu que o Japão se tornasse de fato a Grã-Bretanha da América na Ásia[24]. Seria uma potência militar mais normal, mas estaria fortemente ligado aos Estados Unidos, numa aliança com maior alcance regional e global do que no presente. Funcionários do governo Bush têm falado sobre a necessidade de o Japão rever sua constituição. Os diplomatas japoneses sentem essa pressão de Washington, em particular devido à aparente ambivalência do governo Bush a respeito de alianças fixas e formais.

Mas o modelo britânico para a normalização japonesa não é a terceira via imaginada por japoneses moderados. Afinal, a Grã-Bretanha possui armas nucleares e está constitucionalmente livre para usar a força. Caso o Japão adotasse o modelo britânico, reafirmaria seus tradicionais direitos e capacidades militares, posicionando-se para organizar forças lado a lado com os Estados Unidos em toda a região e em todo o mundo[25].

Este tipo de normalização seria claramente provocativo e ameaçaria gerar competição por segurança, corrida armamentista e instabilidade política na Ásia oriental. Um Japão mais "normal", definido num sentido mais amplo, tornaria a aliança Estados Unidos-Japão uma instituição mais controversa na Ásia. Por décadas, esta aliança bilateral tem sido considerada a chave da estabilidade na região. Agora, ela ameaça ser o relâmpago da instabilidade. Esta não é a normalização que desejamos para o Japão. Ela continuaria a antagonizar China e Coreia, exacerbando e retardando a resolução de "questões históricas" japonesas e alimentando paixões nacionalistas em todos os lados.

É menos importante para o Japão colocar-se em posição de enviar tropas de combate a lugares distantes do que ajudar a prover bens públicos globais e ajuda, comércio e desenvolvimento em partes problemáticas do mundo. O Japão deveria ser uma grande potência "responsável", mas está errado igualar responsabilidade e capacidade para usar força. Será que o país estará se comportando de forma responsável se alterar sua constituição para poder se juntar à guerra ao terror do governo Bush, ou será que estará se comportando de forma responsável se engajar-se à América em seus próprios termos e articular sua própria visão de segurança e de comunidade internacional?

O Japão precisa encontrar uma fórmula viável que lhe permita recuperar plenos direitos de soberania, manter seu relacionamento de segurança com os Estados Unidos e promover relações estáveis com a China. Transformar o Japão na Grã-Bretanha da Ásia oriental não é essa fórmula. Mais uma vez, o melhor modelo é a Alemanha. Assim como a China em ascensão deveria associar seu crescente poder a compromissos para fortalecer a cooperação na segurança regional, também o Japão deveria unir sua normalização a compromissos com uma nova organização cooperativa regional para a segurança.

Os Estados Unidos devem encorajar o primeiro-ministro Yasuo Fukuda e os futuros líderes japoneses a mudar de direção. Como um sinal para a região de que o Japão quer deixar para trás "questões históricas", o país deveria assumir a liderança na convocação de conversações para preparar terreno para uma nova organização regional de segurança que inclua os Estados Unidos e seja consistente com as alianças bilaterais já existentes. O centro dessa nova organização poderá ser um tratado de não agressão entre seus membros, juntamente com consultas formais sobre gastos com defesa e deslocamentos de armas.

Os Estados Unidos não deveriam encorajar o Japão a voltar a nacionalizar e a militarizar sua identidade nacional em segurança para ser um pleno parceiro na guerra ao terror. Em vez disso, os Estados Unidos deveriam ajudar na construção de uma ordem regional na Ásia oriental que possa acomodar uma China em ascensão e um Japão com senso de sua própria situação de Estado. Os americanos fizeram isso em relação à Alemanha no contexto da União Europeia e da Otan. No outro lado do mundo, os Estados Unidos e os países da Ásia oriental precisam inventar estruturas institucionais regionais que ajudem Japão e China a continuar a redefinir suas identidades políticas e de segurança sem explodir a região.

Conclusão: reinventar a liderança americana

As maneiras pelas quais China e Japão definem suas identidades de segurança e perseguem seus objetivos na Ásia oriental serão em parte moldadas pelos Estados Unidos. Para que esses países sigam estratégias de auto-obrigação, os Estados Unidos precisarão estar engajados na região, reafirmando seus laços de aliança e desempenhando um papel construtivo na definição da arquitetura de segurança regional. Só isso já será um desafio.

Na verdade, a posição da América na Ásia oriental também está em transição. A ascensão de uma América unipolar depois da Guerra Fria não provocou uma reação global, mas desestabilizou relacionamentos no mundo inteiro. Asiáticos e europeus se preocupam a respeito da estabilidade da liderança americana. Alguns governos e povos ao redor do mundo se ressentem da extensão e do caráter intrusivo do poder, dos mercados e da cultura americanos. Além de ódios e ressentimentos difusos, a realidade prática para muitas nações pelo mundo é que elas necessitam mais dos Estados Unidos do que o contrário – ou assim parece. As consequências políticas de uma superpotência unipolar pareciam óbvias. O governo Bush descobriu que poderia abandonar tratados e acordos com outros países – sobre o aquecimento global, o controle de armas, o comércio, a regulamentação dos negócios e assim por diante – e sofrer menos consequências do que seus parceiros. Mas, para conduzir com sucesso uma campanha contra o terrorismo, os Estados Unidos, agora, precisam do resto do mundo. Isso é uma bênção em potencial para a cooperação em todo o mundo. Para perseguir esses objetivos – combater o terrorismo, mas também administrar a economia mundial e manter relações de segurança estáveis – os americanos precisarão redescobrir e renovar os acordos políticos sobre os quais se baseia sua liderança hegemônica. A Ásia oriental será um lugar crítico para este processo.

NOTAS

Este capítulo é uma versão ampliada de G. John Ikenberry, "American Strategy in the New Asia", *The American Interest* 2 (setembro-outubro de 2006): 89-94.

1. Aaron Friedberg, "Ripe for Rivalry: Prospects for Peace in a Multipolar Asia", *International Security* 18 (1993): 5-33.
2. Para uma visão geral dos debates teóricos ligados às relações regionais na Ásia oriental, veja G. John Ikenberry e Michael Mastanduno, eds., *International Relations Theory and the Asia Pacific* (Nova York: Columbia University Press, 2003).
3. Para estudos recentes do regionalismo na Ásia oriental, veja Gilbert Rozman, ed., *Northeast Asia's Stunted Regionalism: Bilateral Distrust in the Shadow of Globalization* (Nova York: Cambridge University Press, 2004); Ellis S. Krauss e T.J. Pempel, *Beyond Bilateralism: U.S.-Japan Relations in the New Asia-Pacific* (Stanford, CA: Stanford University Press, 2004); J.J. Suh, Peter J. Katzenstein e Allen Carlson, eds., *Rethinking Security in East Asia: Identity, Power and Efficiency* (Stanford, CA: Stanford University Press, 2004); Edward Lincoln, *East Asian Economic Regionalism* (Washington, D.C.: Brookings Institution, 2004); Muthiah Alagappa, ed., *Asian Security Order: Instrumental and Normative Features* (Stanford, CA: Stanford University Press, 2003); e G. John Ikenberry e Takashi Inoguchi, eds., *The Uses of Institutions: The U.S., Japan, and Governance in East Asia* (Nova York: Palgrave, 2007).
4. Veja G. John Ikenberry e Takashi Inoguchi, eds., *Reinventing the Alliance: U.S.-Japan Security Partnership in an Era of Change* (Nova York: Palgrave, 2003). Para discussões sobre as origens e o caráter da aliança Estados Unidos-Japão, veja Michael Schaller, *The American Occupation of Japan: The Origins of the Cold War in Asia* (Nova York: Oxford University Press, 1985); John Dower, *Embracing Defeat: Japan in the Wake of World War II* (Nova York: Norton, 2000); e John Swenson-Wright, *Unequal Allies? United States Security and Alliance Policy Toward Japan, 1945-1960* (Stanford, CA: Stanford University Press, 2005).
5. Michael Schaller, "Securing the Great Crescent: Occupied Japan and the Origins of Containment in Southeast Asia", *Journal of American History* 69 (setembro de 1982): 392-414.
6. Bruce Cumings, "Japan's Position in the World System", em Andrew Gordon, ed., *Postwar Japan as History* (Berkeley: University of California Press, 1993), 38.
7. Para descrições dessa ordem hegemônica americana na Ásia, veja G. John Ikenberry, "The Future of Liberal Hegemony in East Asia", *Australian Journal of International Affairs* 58 (setembro de 2004): 353-67; Michael Mastanduno, "Incomplete Hegemony: The United States and Security Order in Asia", em Muthiah Alagappa, ed., *Managing Security in Asia* (Stanford, CA: Stanford Universi-

ty Press, 2002), 141-70; e Mark Beeson, "American Hegemony and Regionalism: The Rise of East Asia and the End of the Asia-Pacific", *Geopolitics* 11 (inverno de 2006): 541-60.

8. Para uma exposição mais extensa desta lógica liberal hegemônica, veja G. John Ikenberry, *After Victory: Institutions, Strategic Restraint, and the Rebuilding of Order After Major War* (Princeton, NJ: Princeton University Press, 2001).
9. Para uma pesquisa sobre a diplomacia ativista da China e do seu crescente envolvimento na região, veja David Shambaugh, "China Engages Asia: Reshaping the Regional Order", *International Security* 29 (2004): 64-99; e Evan Medeiros e R. Taylor Fravel, "China's New Diplomacy", *Foreign Affairs* 82 (2003): 22-35.
10. Veja Robert Gilpin, *War and Change in World Politics* (Nova York: Cambridge University Press, 1981); e E.H. Carr, *The Twenty Years Crisis, 1919-1939: An Introduction to the Study of International Relations* (Nova York: Harper and Row, 1964), 208-23.
11. Paul Kennedy, *The Rise and Fall of the Great Powers* (Nova York: Random House, 1987).
12. Para uma exposição das variações na ascensão das grandes potências, veja Randall Schweller, "Managing the Rise of Great Powers: History and Theory", em Alastair Iain Johnson e Robert S. Ross, eds., *Engaging China: The Management of a Emerging Great Power* (Nova York: Routledge, 1999).
13. Para uma pesquisa das diferentes predições que as teorias sobre relações internacionais fazem a respeito do futuro entre China e Estados Unidos, veja Aaron Friedberg, "The Future of U.S.-China Relations: Is Conflict Inevitable?" *International Security* 30 (2005): 7-45.
14. Sobre o problema do dilema de segurança, veja Robert Jarvis, "Cooperation under the Security Dilemma", *World Politics* 30 (janeiro de 1978): 167-214.
15. Veja Gerald Segal, "Tying China into the International System", *Survival* 37 (1995): 60-73.
16. Veja Philip Zelikow e Condoleezza Rice, *Germany Unified and Europe Transformed: A Study in Statecraft* (Cambridge, Mass.: Harvard University Press, 1995).
17. Este argumento é desenvolvido em Ikenberry, *After Victory.*
18. Para descrições do relacionamento entre a parceria de segurança entre Japão e Estados Unidos e seu sistema de governo no pós-guerra, veja Richard Samuels, *"Rich Nation, Strong Army": National Security and the Technological Transformation of Japan* (Ithaca, NT: Cornell University Press, 1996), e Michael Green, *Arming Japan* (Nova York: Columbia University Press, 1998). Para uma pesquisa da estratégia de desenvolvimento do Japão, veja Chalmers Johnson, *MITT and the Japanese Miracle: The Growth of Japanese Industrial Policy, 1925-1975* (Stanford, CA: Stanford University Press, 1982).
19. Peter J. Katzenstein e Yutaka Tsujinaka, "'Bullying', 'Buying' and 'Binding': U.S.-Japanese Transnational Relations and Domestic Structures", em Thomas Risse-Kappen, ed., *Bringing Transnational Relations Back In* (Cambridge: Cambridge University Press, 1995), 79-111.

20. Thomas A. Schwartz, "The United States and Germany After 1945: Alliances, Transnational Relations, and the Legacy of the Cold War", *Diplomatic History* 19 (1995): 55.
21. Em recente pesquisa de opinião da BBC, o Japão foi considerado um dos países mais admirados. Como observa o relatório: "O Japão recebeu notas muito altas. Dos 33 países pesquisados, 31 deram uma nota positiva. Em média, 55 por cento deram notas positivas e 18 por cento negativas... As duas exceções foram China e Coreia do Sul, onde respectivamente 71 e 54 por cento responderam que o Japão está tendo uma influência negativa." BBC World Service Poll, publicado em 6 de março de 2007, disponível em http://news.bbc.co.uk/2/shared/bsp/hi/pdfs/06_03_07_perceptions.pdf.
22. Pew Global Attitudes Project, "Publics of Asian Powers Hold Negative Views of One Another", Relatório, 21 de setembro de 2006, disponível em http://news.bbc.co.uk/2/shared/bsp/hi/pdfs/06_03_07_perceptions.pdf.
23. Masaru Tamamoto, "After the Tsunami: How Japan Can Lead", *Far East Economic Review* 168 (janeiro-fevereiro de 2005): 10-18. Veja também Tamamoto, "How Japan Imagines China and Sees Itself", *World Policy Journal* 22 (inverno de 2005-6): 55-62.
24. Veja "The United States and Japan: Advancing toward a Mature Partnership", INSS Special Report (Washington, D.C.: Institute for National Strategic Studies, National Defense University, outubro de 2000). Um relatório atualizado foi publicado em 2007. Veja Richard L. Armitage e Joseph S. Nye, *The U.S.-Japan Alliance: Getting Asia Right through 2020* (Washington, D.C.: Center for Strategic and International Studies, fevereiro de 2007).
25. Veja G. John Ikenberry e Michael O'Hanlon, "Japan Has Kept Asia Anxious Too Long", *Los Angeles Times*, 16 de agosto de 2001.

CAPÍTULO 10

A arquitetura de segurança na Ásia e a política externa americana

– Francis Fukuyama

Em comparação com as instituições multilaterais estabelecidas na Europa depois da Segunda Guerra Mundial, a arquitetura de segurança organizada na Ásia pelos Estados Unidos foi um sistema de cubo e raios centralizado em Washington. O sistema foi concebido para atender aos desafios representados pelo comunismo global; agora, na segunda década depois do fim da Guerra Fria, surge naturalmente a pergunta: Essa arquitetura de segurança está certa, diante dos atuais desafios, ou precisa ser substituída ou complementada por outros tipos de instituições? Como notaram outros colaboradores deste livro, o número de organizações e iniciativas multilaterais regionais proliferou ao longo dos últimos anos com contribuições relativamente pequenas dos americanos, incluindo-se a Associação das Nações do Sudeste Asiático (Asean), o Fórum Regional da Asean (ARF), a Asean Plus Three, a Cúpula da Ásia oriental e a Iniciativa Chiang Mai, bem como uma série de propostas para pactos comerciais regionais a serem implementados. Em sua maioria eles focalizam questões econômicas, mas também têm implicações políticas e, em muitos casos, consequências ligadas à segurança. Outro fórum multilateral de segurança, as Conversações entre Seis Partes, surgiu com encorajamento americano para lidar com a questão das armas nucleares norte-coreanas.

Com exceção de um debate interno no governo do presidente George W. Bush sobre até que ponto levar a sério as Conversações entre Seis Partes, tem havido um silêncio ensurdecedor da parte dos responsáveis pelas políticas americanas a respeito do multilateralismo asiático, silêncio que caracterizou os governos Bush e Clinton[1]. Não está claro, por exemplo, o que Washington faz a respeito de instituições multilaterais como a Asean Plus Three, que excluem os Estados Unidos: opõem-se, ou querem fazer parte dela? O governo Clinton expressou sua desaprovação sobre a ideia de um Fundo Monetário Asiático, sugerida na esteira da crise financeira de 1997-98, mas não se opôs à Iniciativa Chiang Mai nem surgiu com qualquer proposta própria para estabilizar os sistemas monetários em crises futuras. O governo Bush criou as Conversações entre Seis Partes como uma espécie de improvisação para ajudar as nações mais afetadas a lidar com a questão nuclear norte-coreana, mas deixou de propor iniciativas mais amplas para a cooperação regional.

O silêncio, juntamente com um compromisso renovado com estruturas políticas existentes, como o Tratado de Segurança Estados Unidos-Japão, pode ser tudo o que é necessário nas atuais circunstâncias. Porém, há várias razões para pensar que vale a pena pelo menos explorar algumas novas abordagens.

Limitações do sistema de cubo e raios

O velho sistema de cubo e raios foi concebido no início da Guerra Fria como parte de uma ampla estratégia de contenção dirigida a várias ameaças militares específicas: aquelas representadas pela antiga União Soviética, pela China, Coreia do Norte e Vietnã do Norte, além dos movimentos de libertação nacional por elas apoiados. Mas a ameaça soviética desapareceu e os norte-vietnamitas venceram sua guerra. A Coreia do Norte permanece um grande desafio, não mais devido ao equilíbrio convencional de poder na península, mas pelo programa nuclear de Pyongyang e por sua tendência a exportar tecnologia militar sem se preocupar com os usuários finais. A combinação de armas nucleares e mísseis balísticos significa que o Japão está sob ameaça nuclear direta de um regime instável e errático, o que em muitos aspectos é mais assustador do que a ameaça nuclear soviética, bem maior, durante a Guerra Fria.

Porém, o que é drasticamente diferente a respeito da atual situação é a mudança na postura da Coreia do Sul. Desde a eleição de dois presidentes esquerdistas, Kim Dae-jung e Roh Moo-hyun, e, a partir do início da política de "luz do sol" de Kim, a Coreia do Sul deixou de ser um bastião do anticomunismo para buscar a reconciliação e até a unificação com a Coreia do Norte. Esta guinada reflete uma profunda mudança entre gerações de coreanos; os jovens do Sul são cada vez mais nacionalistas e antiamericanos. De fato, a América e sua postura militar sobre a península são frequentemente acusadas de prolongar a divisão política da Coreia. A despeito do papel da China como partidária do Norte, as relações sul-coreanas-chinesas estão consideravelmente mais cordiais. Assim, curiosamente, tanto os Estados Unidos quanto o Japão sentem-se diretamente ameaçados de uma forma não sentida pela Coreia do Sul – uma reversão da situação durante a Guerra Fria.

O raio sul-coreano da roda está apodrecendo lentamente. Embora elites na Coreia do Sul e nos Estados Unidos tenham buscado manter um relacionamento equilibrado (por exemplo, pelo envio, por Seul, de tropas ao Iraque), essas relações têm sido descritas como um casamento sem amor. É totalmente possível imaginar uma espiral de mal-entendidos, com os coreanos acusando os americanos de beligerância excessiva e estes reagindo ao que consideram uma ingratidão dos coreanos.

Uma segunda razão para pensar que o sistema de cubo e raios pode não ser adequado ao presente está ligada ao crescente nacionalismo na China, no Japão e na Coreia e à necessidade de esses países se entenderem melhor e diretamente sobre questões ligadas à história e à autoestima nacional. O potencial para mal-entendidos e conflitos entre Coreia do Sul, China e Japão nos próximos anos é substancial, mas poderá ser amenizado se houver múltiplas avenidas de comunicação entre eles.

Vários incidentes recentes ilustram essas tensões latentes. Apesar do crescente comércio bilateral entre China e Coreia do Sul, as relações entre os dois países ficaram tensas em 2004, devido ao trabalho de pesquisadores chineses, patrocinados por seu governo, que afirmaram que o antigo reino de Goguryeo, que se estendeu pela fronteira chinesa–norte-coreana, esteve sob o domínio chinês. Os coreanos, ao contrário, afirmaram que Goguryeo foi 100 por cento coreano e a luta que se seguiu precisou ser acertada num acordo de cinco pontos, negociado pelos ministros do Exterior dos dois países. Os motivos da China para permitir a publicação deste acordo não estão claros: em linha com o crescente nacionalismo, os chineses têm feito afirmações semelhantes a respeito da centralidade de seu país na história de outras nações situadas em suas fronteiras. É possível que a permissão de publicação tenha sido uma reação a conversas sul-coreanas sobre uma "Coreia maior", o que incluiria não só Norte e Sul, mas também os dois ou três milhões de coreanos que vivem atualmente na Manchúria.

A desconfiança entre chineses e coreanos é pequena em comparação com a queda nas relações entre chineses e japoneses desde 2001, depois da decisão do primeiro-ministro japonês Junichiro Koizumi de visitar todos os anos o Santuário Yasukuni, onde estão enterrados mortos de guerra, algo que havia sido feito publicamente pela última vez em 1985, pelo primeiro-ministro Yasuhiro Nakasone[2]. A esta altura, permanece um enigma a razão pela qual a China, que em geral tem recuado para persuadir os outros países da Ásia oriental de suas intenções pacíficas, fez crescer as tensões com o Japão durante o período. Numa partida de futebol pela Copa Asiática, em agosto de 2004, em Pequim, os torcedores chineses gritaram "Mata! Mata! Mata!" contra os jogadores japoneses vencedores, forçando a equipe a deixar a China prematuramente. Isto coincidiu com uma campanha, liderada por jovens chineses bem-educados, de protesto contra a ideia de um assento japonês no Conselho de Segurança das Nações Unidas, movimento que gerou mais de 44 milhões de assinaturas por todo o país[3]. Em abril de 2005, a polícia chinesa nada fez quando manifestantes que protestavam contra a revisão dos livros japoneses de história, amenizando o relato da ocupação da China pelo Japão, atacaram a embaixada japonesa em Pequim. Como salienta David Hale em seu capítulo, os sentimentos positivos japoneses sobre a China estavam em declínio entre 1995 e 2005, encontrados em somente um terço da população. Embora Shinzo Abe, o sucessor de Koizumi, tenha tomado providências para melhorar as relações com a China, a incapacidade subjacente dos japoneses para enfrentar questões históricas garante que eles continuarão a ser irritantes nas relações entre Tóquio e Pequim.

Subjacente a essas emoções populares, existe uma rivalidade estrutural. Embora hoje a economia japonesa seja maior do que a chinesa, está claro quais virão a ser suas posições relativas definitivas. A força de trabalho do Japão, equivalente a apenas um décimo da força chinesa, vem encolhendo em números absolutos, ao passo que a da China continua a crescer; exceto no caso de uma grande instabilidade chinesa, parece ser apenas uma questão de tempo para que aquele país substitua o Japão como potência predominante da Ásia. Os chineses também se irritam com a crescente aproximação do Japão tanto com Taiwan quanto com os Estados Unidos, assim como com o maior grau de colaboração militar entre Japão e Estados Unidos em questões como a defesa contra mísseis. Os dois países também têm problemas territoriais tradicionais a respeito de perfuração de petróleo no mar da China oriental, onde interesses econômicos potencialmente grandes estão em jogo.

A inimizade entre China e Japão tem sido mutuamente reforçada. Desde a revelação, nos anos 1980, das visitas de primeiros-ministros japoneses ao Santuário Yasukuni, o governo chinês as tem usado – além de outras manifestações do nacionalismo japonês – para fazer exigências políticas a Tóquio; no caso da campanha de assinaturas e das demonstrações diante da embaixada, aparentemente procurou-se usar sentimentos populares antijaponeses para aquecer questões diplomáticas importantes, como o assento do Japão no Conselho de Segurança da ONU e a disputa no mar da China oriental. Mas grande parte das emoções antijaponesas na China é espontânea e naquele caso escapou rapidamente ao controle da liderança. Em forte contraste com sua habilidade no gerenciamento das relações com a Asean, a China tem hostilizado muito o Japão, seu maior parceiro comercial e em investimentos na Ásia. Mais importante para o futuro, estimulou-se no país um crescimento significativo do nacionalismo japonês e de sentimentos antichineses, provocando assim exatamente o que se queria evitar.

E há as relações entre Japão e Coreia do Sul. Como os chineses, os coreanos reagiram de forma bastante negativa às visitas de Koizumi ao Santuário Yasukuni e às revisões nos livros escolares. Em grau até mais alto do que os Estados Unidos, o Japão tem problemas com a Coreia do Norte, não só a respeito das armas nucleares de Pyongyang, que podem alcançar o Japão, mas também sobre o caso dos sequestros de cidadãos japoneses por norte-coreanos, revelado durante a visita de Koizumi, em setembro de 2002. Em contraste, os sul-coreanos vêm buscando relações mais cordiais com o Norte e acham que a posição do Japão não ajuda a uma eventual reconciliação. Além disso, o crescente peso econômico e militar da

Coreia, embora menor do que o da China, permanece uma preocupação. Em meados da década de 1990, quando fazia pesquisas em Tóquio, soube por vários funcionários das forças de autodefesa do Japão que, no caso de uma unificação coreana, as forças armadas combinadas do Norte e do Sul seriam quase 10 vezes maiores do que as do Japão. Caso as forças coreanas não sejam drasticamente reduzidas nesse ponto, o Japão terá que interpretar o fato como uma decisão contra si e poderá tomar providências defensivas. Hoje, existe o fator adicional das armas nucleares, além da questão sobre o que a Coreia do Sul faria se assumisse a posse conjunta de uma bomba norte-coreana. Em recente pesquisa de opinião do jornal *Tokyo Shimbun*, 80 membros da Dieta japonesa declararam publicamente que o país deveria considerar a possibilidade de nuclearização à luz da ameaça norte-coreana. As observações do ex-primeiro-ministro Abe em março de 2007, negando que o Exército japonês tenha forçado mulheres coreanas a se prostituir durante a Segunda Guerra Mundial, prejudicaram seus esforços anteriores para reduzir as diferenças com Seul.

Uma razão final para se considerar uma estrutura multilateral para a Ásia está ligada à ascensão da China como potência econômica, sua possível expansão como potência militar e a seu papel na Ásia. O sistema de cubo e raios foi concebido para conter o comunismo, mas a contenção não é a melhor maneira para pensar como os Estados Unidos e outros países asiáticos deverão lidar com a ascensão chinesa.

A China representa alguns novos desafios para a política externa americana precisamente porque é complexa e multidimensional de uma maneira diferente da antiga ameaça comunista. As grandes potências rivais dos Estados Unidos no século XX, como a Alemanha nazista e a antiga União Soviética, constituíam adversários territorialmente agressivos, que tinham objetivos ilimitados e estavam dispostos a usar a força para satisfazer suas ambições internacionais. A China é uma espécie diferente de potência[4]. De muitas maneiras, ela está jogando pelas regras ocidentais: seu crescimento é impulsionado pelo capitalismo de mercado, o país começou a se engajar em instituições internacionais, como as Nações Unidas e a Organização Mundial do Comércio, e presumivelmente não tem ambições ideológicas nem territoriais ilimitadas[5]. Também existe uma grande área de interesses comuns entre a China e seus concorrentes em potencial, como Estados Unidos e Japão, em termos de interdependência em comércio e investimentos.

Se assumirmos que a China prosseguirá em sua atual trilha de crescimento econômico e militar ao longo das próximas duas décadas, ultrapassando o Japão em PIB absoluto e desenvolvendo capacidades de poder que poderão desafiar a predominância militar americana na Ásia, quais serão suas metas e até que ponto suas ambições serão compatíveis com os interesses americanos? Certamente é fácil imaginar cenários nos quais pode ocorrer um conflito Estados Unidos-China, como um esforço chinês não provocado para conquistar Taiwan ou a agressão militar contra outros vizinhos, como Japão ou Coreia. Mas é possível imaginar os Estados Unidos acomodando uma China em ascensão, assim como a Grã-Bretanha acomodou os Estados Unidos em crescimento no início do século XX? Afinal, o caso britânico é o mais notável exemplo recente de uma grande mudança de poder que não produziu conflito entre grandes potências[6].

Mesmo o levantamento do precedente britânico sugere limites para a analogia. Estados Unidos e Grã-Bretanha tinham etnia, cultura e tradição histórica comuns; esta podia ver o crescimento do poder americano com equanimidade, porque pensava que a América apoiava seus interesses globais. A China poderia aproximar-se de um status semelhante caso tivesse passado por uma revolução democrática e se tornado uma democracia liberal desenvolvida, que é o que esperavam muitos observadores como solução para o crescente problema chinês. Mas mesmo uma China democrática seria muito diferente dos Estados Unidos em termos culturais, além de ser provavelmente nacionalista de muitas maneiras. De qualquer forma, não podemos contar com mudanças democráticas. Precisamos planejar estrategicamente para lidar com um país ascendente que continuará sendo comunista, autoritário e nacionalista[7]. Nesse caso, quais serão as ambições chinesas?

A primeira resposta não é que simplesmente não sabemos, mas que os próprios chineses não sabem. Dentro da China existe uma pluralidade de visões. Parte da sociedade chinesa é altamente ocidentalizada e procura se integrar às comunidades da Ásia oriental e do mundo; parte é altamente nacionalista e a ideologia continua a mover o Partido Comunista Chinês, cuja legitimidade permanece contestada. Muitos observadores têm salientado que, quaisquer que sejam as ambições de um país em determinado ponto, elas mudam e se tornam mais expansivas com o crescente poder nacional. Mas o poder econômico fortalecerá outras vozes, e não é possível prever como acabará a luta política resultante.

Assim, a China ocupa uma posição ambígua: é uma competidora em potencial que poderá um dia desafiar a posição e os interesses americanos na Ásia e pelo mundo (por exemplo, o acesso ao petróleo), bem como as posições de aliados, como o Japão. Ao mesmo tempo, é uma importante parceira econômica, cuja disposição para comprar títulos do Tesouro americano tem propiciado aos Estados Unidos o luxo de um alto consumo e baixas taxas de juros. Isso significa que qualquer esforço para substituir a China pela antiga União Soviética na estrutura da Guerra Fria simplesmente não irá funcionar. O uso do termo *contenção* com respeito à China é particularmente inútil. A União Soviética era o centro de um movimento comunista global que procurava usar organizações locais e companheiros viajantes para espalhar sua influência e finalmente realizar a "mudança de regime" pró-comunista. Nesse contexto, contenção significava deter as forças comunistas locais, impedir o uso direto da força e neutralizar os esforços soviéticos para conquistar influência pelo fornecimento de armas e ajuda.

Nada disso se aplica à China de nossos dias. Ela não está tentando espalhar seu próprio estilo de vida pelo mundo; no máximo, está promovendo um rigoroso respeito pela soberania, quaisquer que sejam as instituições existentes nos países com os quais ela trata. A ascensão da China é movida por seu crescimento econômico e pela aquisição de capacidade militar; os Estados Unidos nada podem fazer para evitar e, no caso do crescimento econômico, têm um interesse positivo em vê-lo prosseguir.

Presumivelmente, a China está procurando recuperar o respeito e o status como grande potência que um dia já teve. Alguns têm sugerido que o país gostaria de recriar, na Ásia oriental, algo como seu antigo sistema imperial, no qual os países circundantes não eram absorvidos diretamente, mas mantinham um relacionamento de deferência perante Pequim. Os chineses claramente gostariam de moldar as instituições internacionais e o ambiente de modo que promovessem seus interesses nacionais (não incluindo, por exemplo, direitos humanos como critério para empréstimos, comércio ou intervenção). Os Estados Unidos podem procurar contestar esses objetivos ou negar à China essas metas, mas a palavra *contenção* é simplesmente errada para descrever uma política concebida para lidar com a ascensão de um país que se parecerá bem mais com uma grande potência tradicional do que com um movimento de motivação ideológica.

Se o desafio representado pelos chineses para o sistema internacional se assemelha mais ao da Alemanha unificada depois de 1871 do que ao da Alemanha nazista ou àquele da antiga União Soviética, um objetivo claro da política americana deveria ser evitar que a ascensão de uma China hostil ou expansionista se torne uma profecia autocumprida. Por interpretarem o desafio representado pela Alemanha imperial como uma ameaça estratégica, Grã-Bretanha e França formaram uma aliança para contê-la. Depois de Bismarck, a Alemanha contribuiu muito para essa impressão de ameaça, construindo uma Marinha de guerra e buscando "um lugar ao sol" na África. Mas era um tipo de grande potência bem diferente do regime nazista que emergiu mais tarde. A incapacidade do sistema de Estados europeu em lidar com a Alemanha em ascensão resultou num conflito desastroso para todos os envolvidos, que solapou a própria civilização europeia.

A evolução da política americana na Ásia

O sistema de segurança de cubo e raios que emergiu na Ásia depois da Segunda Guerra Mundial diferia grandemente daquele formado na Europa, onde a União Europeia, a Organização do Tratado do Atlântico Norte (Otan) e grupos menores, como a Organização para Cooperação e Segurança na Europa e o Conselho da Europa, assumiram responsabilidades para garantir a segurança do continente contra a ameaça soviética[8]. Em seu capítulo neste livro, Bruce Cumings sugere que o sistema asiático refletia uma opção unilateral deliberada por parte dos responsáveis pela política americana, que procuraram maximizar sua liberdade de ação, lidando com os países em bases bilaterais[9]. Mas isso levanta a pergunta de por que Washington não tentou algo semelhante na Europa.

A resposta, é claro, é que as instituições multilaterais eram as preferidas pelos próprios europeus e surgiram a partir de um alto grau de interesse e comprometimento comuns. A Comunidade Europeia de Carvão e

Aço, núcleo daquela que mais tarde se tornou a União Europeia, foi uma iniciativa franco-germânica que só recebeu a aprovação americana depois de ter sido criada. A aliança Otan foi moldada de forma mais deliberada por Washington e era multilateral desde o início devido à realidade da ocupação tripartite da Alemanha ocidental. Essas instituições foram consolidadas posteriormente porque se baseavam numa cultura comum e na experiência compartilhada do século XX, que levaram à ação coletiva. Foram os próprios europeus que buscaram uma estrutura multilateral "pós-nacional" na qual os Estados membros deveriam ceder à entidade coletiva (a União Europeia) importantes elementos de soberania, como o controle sobre suas próprias moedas.

Não existia, na Ásia oriental, nada parecido com essa consciência comum. A crescente divisão ideológica impedia, na região, a cooperação entre nações comunistas e não comunistas do tipo que ocorria na Europa; e as partes não comunistas da Ásia também estavam divididas pela história e pela cultura, de maneiras diferentes da Europa ocidental. Ao contrário da união de soberania, conseguida pela inclusão da Alemanha ocidental na Otan e na União Europeia, os Estados Unidos assumiram essa função pela imposição, ao governo japonês, de uma constituição que obrigava à paz e à substituição das forças armadas imperiais por suas próprias forças de defesa. Não está claro que os Estados Unidos de fato preferiam a estrutura de cubo e raios à multilateral; o governo do presidente Dwight Eisenhower tentou estabelecer uma Organização do Tratado do Sudeste da Ásia baseada na Otan, que fracassou pela falta de entusiasmo regional.

O multilateralismo deitou raízes na Ásia com o estabelecimento, em 1967, da Asean e com a criação, em 1977, da Conferência Pós-Ministerial da Asean, que abriu o fórum à participação dos Estados Unidos, do Japão e de outros países de fora do sudeste asiático. Em 1994, a Asean também gerou o ARF, que deveria lidar com questões ligadas à segurança. Como indica Chwee Kulk em seu capítulo, a China foi convidada a entrar no ARF, mas a princípio mostrou-se suspeitosa e distante; somente mais tarde ela veio a adotar o fórum como instrumento diplomático pelo qual ela podia tranquilizar seus vizinhos sobre suas intenções.

Foi em um encontro da Asean, em 1989, que o primeiro-ministro da Malásia, Mohamad Mahathir, propôs uma Convenção Econômica da

Ásia Oriental (EAEC), que excluiria os Estados Unidos e outras potências "brancas" do "clube asiático". A reação americana foi rápida e decisiva: o secretário de Estado James Baker deixou claro que os Estados Unidos se opunham à formação de uma EAEC, recomendando fortemente que o Japão usasse sua influência como membro do clube asiático para pôr um fim à ideia. Os Estados Unidos e a Austrália forçaram a criação da Apec como uma alternativa mais inclusiva e até hoje ela permanece a principal âncora multilateral da influência americana na região.

Muitas das propostas mais recentes para instituições multilaterais asiáticas têm se originado da crise de 1997-98 e têm focalizado questões econômicas. Muitos países da Ásia oriental achavam que os Estados Unidos e as instituições internacionais por eles influenciadas, como o Fundo Monetário Internacional e o Banco Mundial, estavam explorando a crise para forçar uma agenda pró-mercado que beneficiaria seus interesses. Quando o Japão propôs um Fundo Monetário Asiático, Washington rejeitou sumariamente a ideia, mas não ofereceu nada que atuasse como mecanismo institucional de coordenação e pudesse mitigar uma futura crise. Como consequência, países da região prosseguiram por conta própria para formar novas organizações e iniciativas multilaterais. Os Estados Unidos se mostraram em grande parte indiferentes a esse processo. Isso incluiu a Iniciativa Chiang Mai, que permite que os bancos centrais dos 13 países participantes permutem reservas de moeda em caso de um ataque especulativo, e o fórum da Asean Plus Three, que liga os Estados membros da Asean com a China, o Japão e a Coreia. No encontro da Asean que teve lugar em dezembro de 2004, em Vientiane, Laos, a organização decidiu realizar uma Cúpula da Ásia oriental, em 2005, em Kuala Lumpur, com base nos membros do grupo Asean Plus Three. O encontro acabou incluindo Austrália e Índia.

Em agudo contraste ao tratamento dado à proposta de uma EAEC por Mahatir, os Estados Unidos adotaram uma atitude de "esperar para ver" em relação aos novos fóruns multilaterais dos quais não é membro, isto é, a Asean Plus Three e a Cúpula da Ásia oriental. Os americanos nem argumentaram que, por uma questão de princípios, eles merecem fazer parte de qualquer grupo da Ásia oriental, nem tentaram deliberadamente sabotar essas iniciativas. Não está claro se essa ambiguidade provém de uma estratégia bem pensada a longo prazo ou da incapacidade dos responsáveis por essas políticas em focalizar questões asiáticas numa época de preocupação com o terrorismo e o Oriente Médio.

Em comparação, o nordeste da Ásia tem sido objeto de muito maior atenção por parte do governo Bush, cuja política em relação à região tem sido mais coerente. Bush tomou posse determinado a reverter a designação da China pelo governo Clinton como "parceira estratégica", em detrimento de aliados tradicionais como o Japão. O assim chamado Relatório Armitage-Nye[10], escrito em 2000, serviu como modelo para a política de fato seguida pelo governo Bush, que deliberadamente elevou a posição do Japão e aprofundou a cooperação militar entre os dois aliados. O Japão enviou tropas em apoio à intervenção americana no Iraque, colaborou na defesa contra mísseis e resolveu questões bilaterais importantes, como a instalação de bases militares americanas em Okinawa. A melhoria dos fatores militares do relacionamento Estados Unidos-Japão se encaixa em um plano maior, promovido pelo Pentágono, de revigorar uma série de relacionamentos bilaterais com países da periferia da China, inclusive Índia, Mongólia, Cingapura, Taiwan e Vietnã.

Como resultado de seus esforços para impedir que a Coreia do Norte consiga armas nucleares, o governo Bush meteu-se numa nova estrutura multilateral asiática, na forma das Conversações entre Seis Partes sobre a segurança coreana, que envolve Estados Unidos, Coreia do Norte e do Sul, Japão, China e Rússia. Isso porque, na esteira do colapso do Acordo de 1994 entre Estados Unidos e Coreia do Norte, Pyongyang insistiu em negociações bilaterais com os americanos sobre o futuro dos seus programas nucleares. O governo de Washington interpretou corretamente essa insistência como um esforço para afastá-lo de seu aliado sul-coreano e exigiu uma estrutura multilateral para as conversações. Com o passar do tempo, emergiu outro motivo importante: somente a China, com seus laços econômicos permanentes com a Coreia do Norte, estava em posição de levá-la à mesa de negociações. De fato, a China conseguiria forçar Pyongyang a aceitar o formato de seis partes simplesmente cortando seu suprimento de energia.

A política em relação à China continua a ser assunto de debates internos no segundo mandato Bush. Robert Zoelick, antigo vice-secretário de Estado, procurou definir a atitude de Wasington sobre a China não em termos de uma ameaça, mas por tomar ao pé da letra as alegações dos chineses de que estão buscando uma "ascensão pacífica"[11]. O Pentágono, ao contrário, tende a adotar a visão do Japão, mais alarmista, a respeito das intenções chinesas a longo prazo, como indicam as observações feitas pelo ex-secretário de Defesa Donald Rumsfeld em Cingapura, em junho de 2005, quando ele fez perguntas sobre os motivos por trás dos aumentos no orçamento de defesa da China[12]. Não está claro qual dessas visões irá finalmente predominar até que o governo conclua seu segundo mandato.

O futuro da aliança Estados Unidos-Japão

O relacionamento EUA-Japão havia se tornado extraordinariamente próximo por ocasião do segundo mandato do governo Bush, e por bons motivos. Além de ser um velho aliado dos EUA, o Japão é a mais antiga democracia desenvolvida da Ásia oriental, país que compartilha muitos valores e interesses americanos. Colocar Japão e China em igualdade de condições, ou mesmo priorizando a última, como o governo Clinton parecia pronto para fazer, enviou um mau sinal a todos os aliados dos americanos, prejudicando a estabilidade geral da região.

Tranquilizar um aliado tradicional, como o Japão, é particularmente importante neste momento, em que o país se sente excepcionalmente isolado e vulnerável. Qualquer que fosse a provocação pretendida à China e à Coreia do Sul com as visitas do primeiro-ministro Koizumi ao Santuário Yasukuni, permanece o fato de que a China reagiu de forma dramática aos sinais do nacionalismo japonês em ascensão e tornou a situação bem pior com seu encorajamento tácito ao popular sentimento antijaponês. Em 1994, Tomiichi Murayama, antigo primeiro-ministro japonês, havia claramente se desculpado pela agressão do Japão à China – um pedido de desculpas repetido em 2005 por Koizumi – e é razoável perguntar que outros passos podem ser esperados do governo japonês. A importância das revisões nos livros de história, que mereceram protestos da Coreia e da China, foi grandemente exagerada e a notícia passada adiante como fato consumado e não como uma questão a ser investigada. Os problemas de segurança do Japão com a China e com a Coreia do Norte são reais e a finalidade do Tratado de Segurança Estados Unidos-Japão, concluído em 1952 para consolidar a cooperação americano-japonesa na Guerra Fria, servia precisamente para proteger os japoneses contra qualquer nova ameaça que pudesse surgir no horizonte.

À luz de tudo que eu disse, a atual situação representa alguns desafios incomuns, diante do clima reinante de nacionalismo crescente no nordeste da Ásia, sugerindo que, nos próximos anos, a estrutura bilateral pode não ser adequada como forma de administrar os interesses estratégicos americanos na região. A questão que promete ser a mais nevrálgica é a intenção do Partido Liberal Democrata Japonês (LDP) de revisar o artigo 9º de sua constituição, redigida pelos americanos e imposta ao Japão depois da Segunda Guerra Mundial. A intenção de afastar o Japão da dependência do poder militar dos americanos, no sentido de um tipo mais normal de aliança estratégica, foi sinalizada pelos antigos primeiros-ministros Koizumi e Abe. O artigo 9º proíbe o país de fazer guerra ou manter forças militares (algo que o Japão seguiu à risca, chamando seus militares de "forças de autodefesa"). Subjacente a esta intenção está uma importante mudança na política doméstica japonesa, indicada pelo colapso da esquerda (com socialistas e comunistas, que anteriormente constituíam 14 por cento da população, caindo para 3 por cento em 2005). A ideia do Japão se tornar um país "normal", com autoridade soberana sobre sua própria política de segurança, é antiga e estava mais associada ao renegado do LDP Ichiro Ozawa. Há muito tempo, os Estados Unidos vêm apoiando uma mudança nas restrições da constituição de 1949 contra a manutenção de forças militares pelo Japão. Esta posição data no mínimo da última década da Guerra Fria, quando o governo Reagan forçou os japoneses a assumirem maiores responsabilidades para sua própria defesa. Depois da Guerra Fria, e particularmente depois do embaraço dos japoneses em não conseguir fornecer tropas de manutenção de paz em apoio à Guerra do Golfo, de 1991, a participação em intervenções internacionais sancionadas por razões humanitárias passou a ser sua principal justificativa para uma postura mais robusta com relação à defesa[13]. O Relatório Armitage-Nye, de 2000, reiterou o apoio americano à revisão do artigo 9º nos seguintes termos:

> A proibição do Japão contra a autodefesa coletiva é uma restrição à cooperação na aliança. O levantamento dessa proibição permitiria uma cooperação de segurança mais próxima e eficiente. Esta é uma decisão que somente os japoneses podem tomar. Os Estados Unidos têm respeitado as decisões domésticas que formam o caráter das políticas japonesas de segurança e continuarão a fazê-lo. Mas Washington deve deixar claro que receberá bem um Japão disposto a uma maior contribuição, tornando-se um parceiro de aliança mais igual[14].

O relatório prosseguia, seguindo a liderança de Ozawa, afirmando que as relações Estados Unidos-Japão deveriam seguir os moldes do relacionamento especial entre Estados Unidos e Grã-Bretanha.

Assim, os americanos se comprometeram a apoiar a revisão do artigo 9º pelos japoneses, no contexto das relações cada vez piores entre o Japão, de um lado, e a China e a Coreia do outro. Como declara o Relatório Armitage-Nye, a China não pode vetar medidas consideradas necessárias pelo Japão para sua autodefesa. Por outro lado, o comportamento japonês é, até certo ponto, responsável por exacerbar as reações hostis de seus vizinhos, e Washington tem interesse em se certificar de que essas relações não se deteriorem ainda mais.

O ex-primeiro-ministro Koizumi tinha várias razões legítimas para querer visitar o Santuário Yasukuni. Ele homenageia os espíritos não apenas de pessoas que os Estados Unidos e alguns dos vizinhos do Japão consideram criminosos de guerra, mas também todos os membros das forças armadas japonesas que serviram seu país desde o nascimento do Japão moderno[15]. Os motivos de Koizumi e dos membros da geração de japoneses que não passaram pela Guerra do Pacífico podem ser comparados aos do antigo chanceler alemão Gerhard Schröder e outros alemães mais novos, que viram o país suprimir seus sentimentos de orgulho nacional. Esses japoneses mais jovens sentem que o país já se desculpou o suficiente pelo passado, que de qualquer forma eles não foram responsáveis por nenhuma atrocidade cometida nesse passado e que o Japão e seus vizinhos precisam ir além da infindável repetição de velhas questões históricas.

O problema japonês – e a razão pela qual o país nunca conseguiu com seus vizinhos o grau de reconciliação atingido pela Alemanha – é que existem proporcionalmente mais japoneses do que alemães que não só acreditam que seu país já se desculpou o suficiente, mas que também pensam que não há motivos para pedir desculpas[16]. Este tipo nacionalista está longe de constituir a maioria do público japonês, mas vem crescendo rapidamente. Ao contrário da China, o Japão é um país democrático e não pode impedir que seus cidadãos expressem suas opiniões. Por outro lado, é razoável que os países vizinhos mostrem preocupação sobre o nacionalismo de uma importante minoria de japoneses.

A assombrosa vitória de Koizumi nas eleições para a câmara baixa, em setembro de 2005, deu ao LDP uma sólida maioria legislativa e um mandato para ir em frente com a revisão constitucional. Seu sucessor, Shinzo Abe, que seria forçado a renunciar depois de menos de um ano no poder, fez da revisão do artigo 9º uma meta explícita a ser realizada em seis anos.

Embora Abe tenha sido substituído em outubro de 2007 pelo primeiro-ministro Yasuo Fukuda, menos nacionalista, não está claro que a revisão da constituição está descartada para sempre. No momento, vale a pena analisar a lógica do forte apoio americano à revisão do artigo 9º, Washington deu sua aprovação não só porque necessita dos recursos do Japão, mas também da ativa participação japonesa à sua posição estratégica, da dissuasão total à manutenção da paz e à construção das nações. Por outro lado, a premissa básica de todo o relacionamento Estados Unidos-Japão era originalmente de que os americanos assumiriam determinadas funções de país soberano (inclusive dissuasão nuclear) no lugar do Japão. A presença da Sétima Frota americana no Pacífico oriental, assim como a postura do país em toda a região como força nuclear, foi legitimada pelo fato de outras nações asiáticas confiarem mais nos Estados Unidos com poder militar do que no Japão. Essa maior confiança nos Estados Unidos também inclui a China. Caso o Japão volte a ser um país plenamente soberano, como a Grã-Bretanha, a justificação para a presença de uma grande força americana na Ásia mudará.

Como o Japão, também a Alemanha tem recuperado soberania. Ela reduziu o número de tropas estrangeiras em seu território e enviou unidades militares para executar missões de manutenção da paz nos Bálcãs e no Afeganistão. Mas a soberania alemã permanece encerrada em instituições multilaterais regionais – Otan e União Europeia – que não têm equivalentes na Ásia oriental.

Isso sugere uma razão final pela qual algum tipo de estrutura multilateral poderia ser útil como complemento para o relacionamento bilateral Estados Unidos-Japão atualmente existente. Em teoria, a revisão do artigo 9º não deve ameaçar os vizinhos do Japão, mas será motivo de muitas controvérsias em Pequim, Seul e outras capitais asiáticas e poderá ser a fonte de enormes mal-entendidos. Trata-se de uma iniciativa que deverá ser executada com um planejamento cuidadoso e boa comunicação generalizada, e não como um ato unilateral de Tóquio, com a aquiescência silenciosa de Washington. Uma estrutura multilateral sobre segurança que facilite uma melhor comunicação entre os principais países do nordeste da Ásia poderia pelo menos prover um fórum para preparar o caminho para a normalização japonesa.

É importante salientar o fato de que qualquer estrutura multilateral complementará – e não substituirá – o relacionamento bilateral Estados Unidos-Japão. O Japão sente-se vulnerável e isolado, com os Estados Unidos como seu único amigo confiável. A América somente poderá ter influência mantendo-se ao lado do Japão e solucionando as principais fontes de sua insegurança. O governo Bush tem feito um excelente trabalho em tranquilizar os japoneses e construir confiança em Tóquio; este não é um ativo a ser desperdiçado. Um Japão inseguro tem probabilidade bem maior de tentar resolver as coisas por conta própria e se remilitarizar de forma que outros países asiáticos irão considerar bastante ameaçadora.

Abordagens alternativas

Existem várias abordagens alternativas que os Estados Unidos podem adotar com relação à arquitetura de segurança na Ásia. Cada uma tem vantagens e desvantagens e nenhuma garantirá plenamente a estabilidade na região.

Opção 1: Manter o atual sistema bilateral e fazer oposição à formação de novas organizações multilaterais que não incluam os Estados Unidos. Esta é em essência a posição de Richard Armitage, articulada antes e depois do seu mandato como vice-secretário de Estado e, em grande parte, posta em prática pelo governo Bush. Por esta opção, os Estados Unidos deverão continuar a enfatizar os tradicionais laços bilaterais com seus aliados asiáticos, particularmente o Japão. E usarão sua influência para impedir a formação de novas instituições multilaterais regionais, como a Asean Plus Three, que não inclui os Estados Unidos, procurando detê-las diretamente, como fizeram com a EAEC de Mahathir, ou diluindo-as através da ampliação do número de participantes para incluir mais países favoráveis aos americanos.

Uma extensão desta política, que tem sido promovida pelo Departamento de Defesa do governo Bush, é ampliar os laços militares bilaterais não apenas com os aliados existentes, mas com qualquer outro país disposto a colaborar com os Estados Unidos em assuntos de segurança. Washington melhorou seus laços com a Índia aceitando sua posição de Estado detentor de armas nucleares, prestou assistência à Mongólia e a outros países na periferia da China na Ásia Central e vem trabalhando em silêncio com Cingapura sobre questões de segurança.

Em certo sentido, esta política representa uma renovação do sistema de cubo e raios, desta vez com a intenção implícita de conter a China. Existem aqui dois riscos possíveis. O primeiro é o perigo, já mencionado, de criar uma profecia que se autorrealiza, na qual os chineses se verão cercados por uma barreira de contenção americana e presos a um relacionamento cada vez mais hostil com os Estados Unidos. Um risco subsidiário é que, no contexto de uma revisão do artigo 9º pelos japoneses, os Estados Unidos serão vistos não como simplesmente tranquilizando um aliado tradicional, mas apoiando o ressurgimento do Japão como grande potência, com uma agenda cada vez mais nacionalista. Isso poderá levar a Coreia do Sul a um alinhamento com a China, isolando Estados Unidos e Japão dos outros países da região, que tentarão aderir ao bloco chinês.

De qualquer maneira, o Japão tem agido para implantar sua própria versão do sistema de cubo e raios, ligando-se de forma mais próxima a países que poderão neutralizar a China sob a rubrica de uma política externa "baseada em valores". Em março de 2007 o país concluiu com a Austrália um acordo de cooperação em defesa que requer parceria "para auxílio em caso de desastre, segurança nas fronteiras e combate ao terrorismo"[17]. O Japão também fortaleceu seus laços com a Índia concordando em aumentar a cooperação sobre segurança marítima em exercícios navais conjuntos. Os japoneses também estão tentando conectar entre si as pontas dos raios, criando uma estrutura multilateral "virtual" por meio de acordos bilaterais interligados.

Se as ambições da China forem mais determinadas e expansionistas do que foram descritas em nossa exposição anterior, Estados Unidos e Japão pouco têm a ganhar buscando acalmar a ansiedade chinesa. Neste caso, o desafio será construir relacionamentos políticos entre Estados que queiram neutralizar o poder chinês, dos quais o relacionamento Estados Unidos-Japão será o núcleo. Novos grupos multilaterais, porém, correm o risco de ser dominados pela China ou por ela usados como meio para legitimar seu papel e sua influência na Ásia, na busca por uma posição hegemônica na região.

Opção 2: Lançar as fundações para uma barreira multilateral de contenção contra a China. Vários observadores têm sugerido que os Estados Unidos promovam na Ásia uma aliança multilateral de segurança moldada na Otan, que não só os inclua como também Japão, Austrália, Índia e outras democracias[18]. O problema com esta abordagem é que, com a possível exceção do Japão, nenhuma outra nação da região (inclusive aliados próximos, como a Austrália) assinaria sua participação nessa aliança. Todos os países asiáticos têm laços econômicos próximos com a China e, pelas razões anteriormente descritas, não querem provocá-la nem ver a região polarizada em lados pró e contra a China. Isto é particularmente verdade entre os Estados da Asean, os mais vulneráveis e dependentes da China.

Uma versão mais sofisticada dessa estratégia, que poderá ter maiores possibilidades de conquistar partidários, é começar com a economia em vez de com a segurança[19]. No centro, haverá uma Comunidade da Ásia oriental organizada de forma frouxa nos moldes da União Europeia em seus primeiros dias. Ela poderá começar com um acordo de livre comércio (FTA) entre Estados Unidos, Japão e qualquer outro país que queira aderir. Porém, em vez de ser mais um dos FTAs descritos nos capítulos por John Ravenhill e David Hale, deverá incorporar, como critérios de admissão, determinados elementos de boa governança – por exemplo, o poder da lei, transparência, responsabilidade de governo e assim por diante. A participação nesse FTA dará acesso às duas maiores economias do mundo, fato que constituirá um enorme incentivo para adesões. Ao contrário da União Europeia, uma Comunidade da Ásia oriental não definirá metas ambiciosas, como a criação de uma moeda comum ou uma ampla harmonização de regras; em vez disso, ela harmonizará regras em áreas diretamente ligadas à promoção do comércio e à integração econômica. A base lógica para a Comunidade da Ásia oriental será, no início, inteiramente econômica: será um veículo para promover governança e domínio da lei sobre a região economicamente mais dinâmica do mundo. A participação será efetivamente limitada a democracias, embora esse não precise ser um critério explícito para admissão. Essa comunidade servirá como núcleo para uma aliança democrática na Ásia, assim como a União Europeia ancora a democracia na Europa. Ela não será dirigida contra a China; na verdade, desde o início a China será convidada a satisfazer os critérios de aceitação e aderir. Mas a comunidade também será uma proteção: ao proporcionar um fórum multilateral pelo qual os países democráticos da região poderão falar entre si e se integrar, ela criará uma plataforma política acabada para a cooperação em assuntos relativos a segurança, caso isso venha um dia a ser necessário.

O aspecto negativo de uma comunidade como essa está na política interna americana. Embora o FTA Estados Unidos-Japão tenha sido discutido há muitos anos, existem obstáculos enormes políticos para conseguir a aprovação do Congresso para sua formação. No relacionamento recente, as questões do comércio bilateral Estados Unidos-Japão não têm sido irritantes como eram nos anos 1980, mas isso ainda está latente e provavelmente emergirá como obstáculos à aprovação de um FTA. Além disso, o convite aberto para a adesão à comunidade envolverá restrições à soberania americana, potencialmente controversas no Congresso.

Opção 3: Criar uma organização de cinco potências baseada nas Conversações entre Seis Partes. Como resultado de seus esforços para impedir que a Coreia do Norte obtenha armas nucleares, os americanos se meteram numa nova estrutura multilateral asiática na forma das Conversações entre Seis Partes, envolvendo Estados Unidos, Coreia do Norte e do Sul, Japão, China e Rússia[20]. Em cinco rodadas de negociações, no outono de 2007, as Conversações entre Seis Partes pareciam estar fazendo progresso em seu objetivo de forçar a Coreia do Norte a aceitar restrições sobre seu programa nuclear. Quer tenham ou não sucesso em cumprir a meta de desarmamento nuclear de Pyongyang, um diálogo permanente sobre segurança entre as cinco potências, semelhante ao da Organização para Cooperação e Segurança na Europa, seria útil como canal de comunicação.

Um obstáculo importante à criação dessa organização permanente de cinco potências é a própria Coreia do Norte, que na realidade não pertence a nenhuma comunidade civilizada de nações tendo em vista seu histórico em termos de direitos humanos e segurança. Pressionar demais para converter uma negociação fortemente focalizada entre seis partes numa organização permanente de cinco potências poderá prejudicar as conversações atualmente em andamento. Talvez o segredo seja isolar Pyongyang dentro do formato de seis partes e ajudar as outras cinco potências a se sentirem à vontade, lidando umas com as outras a longo prazo, talvez inicialmente como um fórum informal separado, dentro da estrutura das Conversações entre Seis Partes.

Também a China tem se mostrado relutante em ampliar o mandato das Conversações entre Seis Partes ou a se engajar em organizações que possam forçá-la a abrir para estranhos seu processo de tomada de decisões sobre segurança. Mas é exatamente por isso que essa organização seria valiosa a longo prazo. Se todos os membros fossem, por exemplo, solicitados a expor seus planos de gastos com defesa para cinco anos e justificá-los, isso forçaria uma articulação de temores e a discussão direta de metas entre todos os envolvidos. Dadas as questões pendentes entre China, Japão e Coreia do Sul, é importante que esses países consigam falar entre si diretamente em vez de retransmitir mensagens através de Washington.

Opção 4: Tentar revitalizar os fóruns multilaterais existentes, como Apec ou ARF, dos quais os Estados Unidos já participam. Eles podem servir como alternativas tanto para a Asean Plus Three, de um lado, como para o bilateralismo rigoroso, de outro. Parte da base lógica original da Apec era servir como alternativa à EAEC, proposta por Mahathir. Ela ainda serve como tal por prover uma forma mais inclusiva de multilateralismo na Ásia oriental. Ao contrário da Apec, o ARF lida explicitamente com assuntos de segurança; agora, a China decidiu que sua participação é útil a seus objetivos diplomáticos. Portanto, já existe um fórum para se lidar com questões, como a normalização do Japão.

O problema com esses fóruns é que eles são grandes demais e têm mandatos excessivamente difusos para que sejam úteis em qualquer tipo de discussão concreta de segurança. O ARF seria completamente incapaz de lidar com uma questão de segurança importante, como Taiwan. Uma organização de cinco potências também não conseguiria resolver uma crise como a de Taiwan, mas seu menor número de membros e o foco no nordeste da Ásia dariam aos Estados Unidos e ao Japão um peso maior do que aqueles que eles têm na Apec ou no ARF.

Opção 5: Encorajar as tendências existentes no sentido do multilateralismo asiático como meio de integrar o Japão à Ásia. Uma abordagem completamente diferente do multilateralismo é a de Kazuhiko Togo em seu capítulo. Ele sugere que os Estados Unidos encorajem a participação japonesa na Asean Plus Three como maneira de resolver as atuais diferenças entre o país e seus vizinhos asiáticos. O Japão sempre teve uma visão esquizofrênica de si mesmo, alternadamente como potência asiática ou como ocidental, uma divisão que se reflete no próprio Ministério do Exterior. Hoje, os críticos da China no Japão correspondem àqueles que gostariam de ver o país como uma potência ocidental e um estranho na Ásia.

Os Estados Unidos normalmente se preocupam com a possibilidade do Japão mudar para uma posição pró-asiática, dando mais atenção a Pequim do que a Washington. Mas no atual clima de inimizade entre os japoneses e seus vizinhos mais próximos, um esforço para "reasianizar" o Japão poderia ter o salutar efeito de reassegurar a China e a Coreia sobre as intenções japonesas. Neste cenário, o Japão assumiria a responsabilidade pelo gerenciamento de uma revisão do artigo 9º no contexto da Asean Plus Three e os Estados Unidos acompanhariam o processo a distância. Assim, a Asean Plus Three não seria vista como alternativa para um sistema de segurança centrado nos Estados Unidos, mas sim como um complemento que proveria múltiplas formas de conexão entre as potências asiáticas e evitaria a polarização da região em lados pró e antichineses. Os Estados Unidos só teriam que se preocupar com a possibilidade desse grupo regional adotar uma atitude antiamericana; mas, com o Japão no grupo, a probabilidade disso acontecer é pequena.

Conclusão: estruturar futuras opções para a Ásia

As opções para a política americana por mim delineadas parecem representar importantes opções estratégicas entre estruturas multilaterais e bilaterais, entre posturas pró e antichinesas e entre a inclusão dos americanos nos assuntos asiáticos ou sua exclusão. Mas essas opções são um pouco menos inflexíveis do que parecem à primeira vista, porque seria possível combiná-las de várias maneiras. O regionalismo econômico, como o visto na Asean Plus Three, é menos ameaçador aos interesses americanos (e aos de outras potências não incluídas) no contexto de uma Organização Mundial do Comércio. Como já foi observado, todas as abordagens multilaterais alternativas devem ser vistas como complementos e não como substitutos aos relacionamentos bilaterais existentes, particularmente o Tratado de Segurança Estados Unidos-Japão. Se a inimizade entre chineses e japoneses fizer com que o aprofundamento da aliança Estados Unidos-Japão pareça ameaçador à China, isso poderá ser compensado pela maior participação do Japão na Asean Plus Three.

Desde os ataques de 11 de setembro de 2001, os Estados Unidos têm se preocupado tremendamente com o Oriente Médio, em especial com o Iraque, e com a guerra global ao terrorismo. Porém, a longo prazo, há boas razões para se pensar que a competição clássica entre Estados na Ásia, em particular a parte nordeste da região, se tornará, a longo prazo, o maior desafio estratégico da América. Como observa John Ikenberry em seu capítulo, seria melhor para Washington começar a pensar agora a respeito de instituições que melhor possam dar forma a incentivos para os países da região, antes que mudanças no equilíbrio de poder tornem claramente obsoletos os arranjos hoje existentes.

NOTAS

1. Desde o início, o governo Clinton se mostrou mais receptivo a organizações multilaterais, como a Cooperação Econômica Ásia-Pacífico (Apec) e o ARF, bem como o Diálogo de Cooperação do Nordeste da Ásia Caminho 2.

2. O santuário foi visitado em caráter particular pelos primeiros-ministros Kiichi Miyazawa e Ryogo Hashimoto, respectivamente em 1992 e 1996.
3. Veja Joseph Kahn, "If 22 Million Chinese Prevail at UN, Japan Won't", *New York Times*, 1º de abril de 2005, e Minxin Pei e Michael Swaine, *Simmering Fire in Asia: Averting Sino-Japanese Strategic Conflict* (Washington, DC: Carnegie Endowment for International Peace, 2005).
4. Evan S. Medeiros e M. Taylor Fravel, "China's New Diplomacy", *Foreign Affairs* 82 (2003): 22-35.
5. Sobre o uso do multilateralismo pela China, veja o capítulo por Cheng-Chwee Kuik; veja também seu artigo "Multilateralism in China's Asean Policy: Its Evolution, Characteristics, and Aspiration", *Contemporary Southeast Asia* 27 (2005):102-22.
6. Sobre este assunto, veja Aaron L. Friedberg, "Ripe for Rivalry: Prospects for Peace in a Multipolar Asia", *International Security* 18 (1993): 5-33, e "The Struggle for Mastery in Asia", *Commentary* 108 (2000): 17-26.
7. Também podemos planejar contra a fragmentação ou o colapso da China, o que representaria um conjunto muito diferente de desafios.
8. Peter Katzenstein e Christopher Hemmer afirmam que os Estados Unidos se acharam mais capazes de identificação com uma comunidade cultural do Atlântico Norte, mas não com qualquer grupo comparável na Ásia. Veja o artigo deles "Why Is There No NATO in Asia? Collective Identities, Regionalism, and the Origins of Multilateralism", *International Organization* 56 (2002): 575-88.
9. O único caso claro em que o unilateralismo foi resultado de uma opção americana em vez de produto de realidades regionais foi a decisão do general Douglas MacArthur de excluir os demais membros da coalizão do tempo da guerra, em particular a União Soviética, de qualquer papel ativo na ocupação do Japão. Mesmo essa decisão foi provocada por eventos locais: ao contrário da Alemanha, o Japão foi ocupado somente pelos americanos.
10. *The United States and Japan: Advancing toward a Mature Partnership* (Washington, DC: National Defense University, Institute for National Strategic Studies, outubro de 2000).
11. Robert Zoellick, "Whither China: From Membership to Responsibility?", observações feitas para o Comitê Nacional sobre Relações Estados Unidos-China, Nova York, 21 de setembro de 2005.
12. Donald Rumsfeld, observações feitas no Instituto Internacional para Estudos Estratégicos, Cingapura, 4 de junho de 2005.
13. Veja Francis Fukuyama e Kongdan Oh, *The US-Japan Security Relationship after the Cold War*, MR-283-USDP (Santa Monica, CA: Rand Corporation, 1993).
14. *The United States and Japan.*
15. Ronald Reagan foi severamente criticado por visitar o Cemitério de Bitburg com o chanceler Helmut Kohl, em 1984, porque vários oficiais combatentes da SS lá foram enterrados. Kohl e outros alemães alegaram, assim como os japoneses, que eram uma pequena minoria e que a maior parte dos mortos era de alemães comuns, que não haviam cometido crimes de guerra.

16. Sobre a comparação entre Japão e Alemanha com relação à memória histórica, veja Ian Buruma, *The Wages of Guilt: Memories of War in Germany and Japan* (Nova York: Farrar, Straus and Giroux, 1994).
17. "Japan and Australia Sign Defense Pact", *Christian Science Monitor*, 14 de março de 2007.
18. Veja, por exemplo, Ellen Bork e Gary Schmitt, "A NATO for Asia", *Weekly Standard*, 11 de dezembro de 2006.
19. Para uma versão disso, veja Sherman Katz e Devin Stewart, "Securing America's Presence in the East Asian Order" (Washington, DC: Center for Strategic and International Studies, 1º de novembro de 2005).
20. Para uma discussão mais completa desta alternativa, veja Francis Fukuyama, "Re-envisioning Asia", *Foreign Affairs* 84 (2005): 75-87.

Conclusão

– Kent E. Calder e Francis Fukuyama

A crescente integração na Ásia oriental ao longo das duas últimas décadas tem sido claramente um dos acontecimentos épicos de nosso tempo, com implicações decisivas para a futura configuração dos negócios globais. A região já gera mais de 20 por cento do PIB global e está crescendo bem mais rápido do que a Europa ou a América do Norte, os outros grandes centros do poder político-econômico global. São boas as chances de que a Ásia oriental, com bem mais de um terço da população mundial – uma parcela que também está crescendo firmemente – em níveis impressionantes de educação, saúde, competência burocrática, estabilidade política e eficiência organizacional, continuará a passar por um crescimento rápido e sustentado por muitos anos.

Em finanças, em que os dividendos do sucesso econômico passado se tornam palpáveis, a influência potencial da Ásia oriental está latente, mas é inegável. Com China e Japão – hoje incontestavelmente os maiores credores da Terra – detendo entre si bem mais de US$ 2 trilhões em reservas de moedas estrangeiras, a região possui dois terços de todas essas reservas da Terra. Suas decisões financeiras têm potencial para abalar os mercados de capitais em todas as partes do mundo.

A influência asiática na dimensão político-militar está se tornando ainda mais substancial. Várias nações da região – China, Índia, Japão e Coreia do Sul, em particular – já contam com níveis sofisticados de tecnologias de defesa, com destaque especial para microeletrônica, sistemas de orientação de mísseis, comunicações de defesa e desenvolvimento de software. Com a continuação dos programas nuclear, químico e biológico dos norte-coreanos na esteira de um teste nuclear real em 2006, e com a manifesta capacidade do vizinho Japão para desenvolver tecnologia nuclear incontestada pelos especialistas, a escura sombra lançada por armas de destruição em massa também se aprofunda.

À medida que cresce a sofisticação econômica e tecnológica da Ásia, as capacidades e intenções dessa dinâmica região se tornam cada vez mais importantes no cenário global. Contudo, nessa conjuntura crítica, tanto o cenário político quanto os sistemas domésticos de nações vitais naquela região sofrem uma grande transição. Como salientam Francis Fukuyama e Cheng-Chwee Kuik neste livro, a China está ascendendo rapidamente como potência regional, tornando-se mais multilateral em sua orientação e isso representa consequências importantes para os assuntos internos da Ásia. O Japão está reorientando suas políticas de segurança e considerando a revisão de sua constituição para se tornar uma nação mais "normal", com capacidade de defesa menos restrita. A Coreia está em transição. E a Índia, agora com armas nucleares, se torna cada vez mais ativista em assuntos regionais.

Dado o ritmo rápido dessas mudanças político-econômicas numa região de grande importância estratégica global, está na hora dos generalistas de relações internacionais combinarem com especialistas regionais para pensar em maneiras criativas e criteriosas de estabilizar a arquitetura político-econômica da região. Foi essa a premissa por trás deste livro. Fukuyama apresentou de forma sucinta o argumento central para se reconsiderar o multilateralismo, destacando (1) as limitações da tradicional organização de "cubo e raios" da região, inclusive a deterioração nas relações Estados Unidos-Coreia e o crescente nacionalismo na Ásia; (2) a ascensão da China como potência econômica; e (3) a necessidade de um fórum para facilitar a "normalização" do papel do Japão na segurança da região. Calder observou que o multilateralismo tem na Ásia um histórico com frequência valorizado e recebeu recentemente manifestações importantes, como as Conversações entre Seis Partes. John Ikenberry destaca o papel positivo desempenhado por esse multilateralismo na mediação de "transições de poder em outras partes do mundo, inclusive a Europa" e afirma que ele poderá ter o mesmo papel na Ásia oriental do século XXI.

Nas páginas anteriores, exploramos várias dimensões do multilateralismo asiático: sua natureza e suas origens, as amplas restrições econômicas e sociais sobre sua operação, e suas perspectivas futuras à luz dessas restrições. Em nossa avaliação dos recentes acontecimentos político-econômicos asiáticos com relação ao regionalismo, focalizamos a evolução das abordagens sobre o nordeste da Ásia. Demos especial atenção aos acontecimentos na China, no Japão e na Coreia do Sul, que em conjunto representam cerca de 70 por cento da população e do PIB da região inteira, mas apresentam as circunstâncias de segurança mais enroladas, dando origem a incertezas prolongadas sobre a península coreana, o estreito de Taiwan e as políticas sino-japonesas e as relações entre os dois países. A interação das nações do nordeste da Ásia, entre si e com o subcontinente indiano, representa claramente as mais sérias questões de segurança enfrentadas pela Ásia a longo prazo.

Uma preocupação em todo este livro foi catalogar e compreender o perfil recente do regionalismo asiático. Porém, ao mesmo tempo estivemos muito interessados nas implicações das tendências regionalistas para a política externa americana e em como os Estados Unidos podem ajudar a configurar essa estrutura regional emergente de maneira consistente com seus próprios interesses nacionais. Se as nações da Ásia podem ou não entrar em acordo umas com as outras, e como os Estados Unidos irão se relacionar com essa provável união são questões prioritárias para a futura política externa americana, assim como a evolução da União Europeia foi motivo de preocupação em Washington.

Em conjunto, os capítulos deste livro mostram claramente a importância de uma abordagem interdisciplinar à integração regional asiática. Como sugerem Calder e Bruce Cumings, uma compreensão histórica é crítica porque clarifica as restrições institucionais embutidas que limitam aquilo que os responsáveis pelas políticas de qualquer nação podem realizar na reconfiguração dos assuntos regionais. Ela também ajuda a tornar clara a descontinuidade nas abordagens individuais nacionais à integração regional, como a mudança da China no sentido do multilateralismo durante a segunda metade dos anos 1990, registrada em detalhes por Kuik. A história também clarifica a dinâmica causal naqueles pontos de inflexão decisivos e catalíticos, muitos dos quais bem antigos, que acabaram criando os contornos das relações regionais que prevalecem até hoje.

Assim, a compreensão histórica ajusta nossa inclinação natural – por mais fácil que ela seja – para assumir que os problemas poderão ser prontamente resolvidos, bastando que as pessoas de bem tenham determinação e coragem para fazê-lo. A "mão morta do passado", como dizia Karl Marx, afeta fortemente as realidades correntes na forma de instituições estabelecidas e de consciência, complicando o processo de mudança. Precisamente por esta razão, a história também nos sugere a importância crítica daqueles períodos incomuns em que as restrições institucionais são relaxadas, em meio à fluidez de uma "conjuntura crítica". A Guerra da Coreia, a abertura econômica da China no fim da década de 1970 e a crise financeira asiática de 1997-98 tiveram fortes impactos sobre as perspectivas do regionalismo na Ásia oriental e seu perfil, como deixaram claro vários de nossos autores.

Eles também sugerem a importância da economia para uma compreensão plena e equilibrada do regionalismo. Como destaca Daniel Rosen, as instituições regionalistas asiáticas estão necessariamente inseridas num sistema econômico global, preexistente e mais amplo, que funciona com eficiência para solucionar muitas das importantes preocupações das nações membro e também das empresas privadas. Este fator de inserção é altamente importante, afirma Rosen, particularmente no caso da China. Ele sugere que os chineses têm uma maior necessidade de mercados financeiros globais sofisticados, já estabelecidos em Nova York e em Londres, e de tecnologia e gerenciamento ocidentais do que a Ásia pode fornecer localmente. Na extensão em que instituições globais solucionarem efetivamente as preocupações das nações asiáticas, os incentivos para uma integração regional efetiva e dinâmica serão significativamente reduzidos, conclui Rosen.

As observações de Rosen a respeito da primazia das instituições globais e sua utilidade econômica oferecem um contexto útil para a anomalia descrita com detalhes por John Ravenhill: a recente proliferação na Ásia de acordos de livre comércio bilaterais de duvidosa utilidade, a despeito da alta prioridade normalmente atribuída pelos líderes regionais ao crescimento econômico. Se a utilidade desses acordos é baixa, é válido perguntar por que as nações dedicam tanto capital político à sua negociação e observância.

Ravenhill sugere que as respostas estão mais na diplomacia e nas políticas domésticas do que na economia. Ele observa que a maior parte dos primeiros FTAs fechados na Ásia oriental foi concluída com parceiros comerciais relativamente insignificantes – um padrão que contrasta com aqueles de outras partes do mundo. Examinado de perto, este comportamento incomum parece ter quatro motivos: (1) menos custos políticos domésticos para os governos asiáticos com esses incrementos; (2) benefícios para segmentos exportadores estreitos, mas poderosos, como os setores automotivos japonês e sul-coreano; (3) o desejo de criar catalisadores para reformas domésticas; e (4) tranquilidade diplomática, como no caso do FTA da China com a Associação das Nações do Sudeste Asiático (Asean). Em importante contribuição para nossa compreensão de determinantes subnacionais do regionalismo, Ravenhill conclui que os FTAs bilaterais da Ásia são um exercício político-econômico em protecionismo negociado, com poucas probabilidades de conduzir ao multilateralismo. Como Rosen, ele se mostra cético a respeito do potencial para instituições asiáticas coerentes e exclusivistas devido à sua aparente irracionalidade neste mundo de interdependência global.

Como a história, a economia também nos dá critérios úteis para a compreensão das forças positivas que movem o sistema de relações regionais na Ásia. David Hale, por exemplo, afirma que sua crescente interdependência econômica – e, em especial, a crescente interdependência da China com o mundo em geral – está inibindo o radicalismo em termos políticos tão fortemente expresso nos tempos de Mao. O simples fato de o mundo absorver totalmente *metade* da produção manufatureira chinesa – e do crescente nível de emprego em manufatura permitir que o país absorva o rápido fluxo de trabalhadores migrantes em suas cidades – força a República Popular da China a ser bastante pragmática em assuntos econômicos internacionais. Vários autores também observam que forças econômicas – em especial o vasto acúmulo de reservas em moeda estrangeira na Ásia e a carência da região em termos de recursos energéticos – criam incentivos especiais para a coordenação regional em finanças e energia, inexistente no comércio.

Quanto potencial há para o multilateralismo asiático?

É claro que o foco central deste livro foi o multilateralismo na Ásia oriental, tanto em sua dimensão de segurança quanto na econômica. Fukuyama colocou o multilateralismo como um futuro estabilizador crucial para as relações internacionais neste estratégico canto do mundo. Que possibilidades veem nossos autores de sua materialização?

Calder, Cumings e Ikenberry apontam, em primeiro lugar, para a "lacuna organizacional" que constitui a herança histórica da Ásia oriental em suas relações com o mundo moderno desde a Segunda Guerra Mundial. Apesar de discordarmos marginalmente a respeito da extensão até onde Washington desejava inicialmente o unilateralismo, todos nós consideramos o sistema de cubo e raios de relacionamento bilateral desigual, irradiado de Washington, como a característica definidora crucial do cenário institucional tradicional da Ásia oriental. Nós o vemos como o ponto de partida necessário, apesar de inibidor, para qualquer futuro esforço de uma organização regional coerente.

Em seu detalhado estudo dos acordos comerciais bilaterais na Ásia e seu relacionamento com o multilateralismo, Ravenhill documenta claramente a lacuna organizacional e o recente movimento de esforços regionais para superá-la. Ele observa, por exemplo, que, em 2000, a Ásia oriental e, em termos mais amplos, a região Ásia-Pacífico estavam significativamente sub-representadas na "corrida ao regionalismo", com China, Japão, Coreia e Taiwan como "as únicas, entre as grandes economias mundiais, que não negociaram um arranjo comercial preferencial (PTA)". Mas ele também observa que em meia década esse padrão mudou de forma drástica, com a Ásia oriental se tornando a região mais ativa do mundo para a negociação de PTAs. Asean, China, Japão, Coreia do Sul e até Taiwan estão implantando importantes FTAs bilaterais e minilaterais, com numerosos projetos adicionais também em negociação.

Calder, Hale, Kuik e Sook-Jong notam uma recente aceleração descontínua de arranjos econômicos regionais na Ásia oriental, especialmente com relação a finanças, energia e infraestrutura. Em sua maioria, eles atribuem cronologicamente esta nova intensificação às consequências da crise financeira asiática, que deixou a região muito abalada por sua incapacidade em reagir de forma coerente às poderosas forças econômicas descendentes provocadas pela crise. Porém, alguns também notam que, antes da crise, a integração econômica estava crescendo, aprofundando assim a necessidade de ações coletivas para estabilizar os negócios regionais, uma vez iniciada a crise financeira. Kuik também percebeu a mudança, desde o fim da Guerra Fria, nas circunstâncias chinesas relativas à segurança regional, fato que tornou o país mais pró-ativo na busca de parceiros intrarregionais, como mais um fator importante em sua recente busca por novas formas institucionais.

Na primavera de 2005, a crise nuclear norte-coreana também levou à intensificação de interações multilaterais sobre assuntos de segurança, como foi observado na introdução a este livro. Apesar dos testes nucleares em 2006 pelo Norte – ou talvez por causa deles – tem havido algum progresso no sentido do encerramento do programa nuclear norte-coreano. Uma rede de laços humanos entre negociadores da China, do Japão, das duas Coreias, da Rússia e dos Estados Unidos começou a desenvolver algo que poderá ser útil na futura mediação de problemas com importações.

Porém, afirmar que há na Ásia oriental uma busca acelerada por veículos institucionais regionalistas não equivale necessariamente a dizer que essas novas formas organizacionais são importantes ou duradouras. Observamos na introdução que muitas inovações do passado em organização regional, como Maphilindo, o Conselho Ásia e Pacífico (Aspac) e a Organização do Tratado do Sudeste da Ásia, eram veículos diplomáticos, com pouca substância, que desapareceram quando sua base lógica original tornou-se supérflua. Por exemplo, vários órgãos regionais estabelecidos nas décadas de 1950 e 1960 para conter a China desapareceram logo depois da abertura para aquele país pelo presidente Richard Nixon e pelo secretário de Estado Henry Kissinger, no início dos anos 1970, e da queda de Saigon, em 1975.

Rosen alerta, como foi sugerido antes, que o contexto econômico global do regionalismo força a Ásia oriental, em especial a China, a essa forte dependência do comércio global, bem como dos mercados financeiros, e que um regionalismo completo é impossível a curto prazo. Na mesma linha, Hale observa que 57 por cento das exportações chinesas atualmente são geradas por empresas estrangeiras, que a relação entre as exportações e o PIB da China é três vezes superior aos níveis comuns no Grupo dos 7 e que uma grande parcela dessas exportações vai para nações fora da Ásia. Nessas condições, afirma ele, um regionalismo exclusivista é impossível. Ravenhill, com base na análise dos FTAs, concorda.

Este é o crepúsculo do sistema de San Francisco?

Será então que o regionalismo é meramente um assunto evanescente de linguagem bombástica, fumaça e espelhos, representando poucos desafios ao notavelmente durável sistema de "San Francisco", de relações baseadas em cubo e raios que vem persistindo há mais de meio século? Existe algo com probabilidade de durar no atual turbilhão de retórica e organizações? E existem em andamento mudanças com probabilidade de ter importância estratégica para as futuras relações pelo Pacífico?

Em sua maioria, nossos autores destacam que, quaisquer que sejam as instituições regionalistas que venham a emergir, dificilmente elas poderão ser exclusivistas. Como observam Hale, Ravenhill e Rosen, o comércio e os investimentos asiáticos estão demasiado ligados ao resto do mundo para ser exclusivos. Esta interdependência é especialmente pronunciada no caso da China, o país com os mais fortes incentivos geopolíticos para um regionalismo que exclua os Estados Unidos, seu provável futuro rival.

Uma base economicamente plausível para um regionalismo exclusivista poderia fluir de um tratado entre China e Japão. Em conjunto, os dois gigantes asiáticos abrangem um quinto do PIB global, com forças altamente complementares em finanças, mão de obra, recursos e manufatura. Contudo, animosidades políticas mútuas, inclusive apreensões estratégicas e abordagens muito diferentes à história, tornam difícil um acordo entre essas duas grandes potências.

Mesmo que um regionalismo exclusivista seja improvável, algumas formas de comunidade asiática mais profundas do que as hoje existentes

– com exclusão dos Estados Unidos em algumas dimensões – podem ser possíveis. Com relação ao futuro, Kazuhiko Togo registra uma importante nota de cautela, frequentemente esquecida por americanos que veem com ceticismo o regionalismo asiático. Embora seja um realista político e antigo partidário da aliança Estados Unidos-Japão, Togo afirma que, para os japoneses – para não mencionar chineses, coreanos e outros povos asiáticos menos intimamente ligados a Washington –, a identidade asiática é uma consideração pessoal importante, que torna desejável alguma forma de organização intra-asiática, em oposição a transpacífico, mesmo que os elementos simbólicos superem os práticos. A segurança do Japão, argumenta ele, é mais garantida quando poder geopolítico, eficiência econômica e a busca por uma identidade (na Ásia) estão harmonizados entre si.

Num mundo em que o Ocidente tem muitos órgãos e iniciativas regionais exclusivistas, como a União Europeia e o Nafta, considerações sobre equidade reforçam este ponto. Portanto, é miopia ver iniciativas como a nascente Cúpula da Ásia oriental somente em termos de suas realizações concretas. Mesmo quando não funcionam com eficiência – na verdade, precisamente *porque* não o fazem –, os órgãos regionais exclusivistas podem ser úteis para dar à Ásia um senso positivo, apesar de limitado, de comunidade e identidade.

No contexto de uma arquitetura sistêmica que inclua um papel para órgãos globais, como a Organização Mundial de Comércio e o Fundo Monetário Internacional, instituições multilaterais exclusivamente asiáticas também fazem sentido político doméstico em várias nações asiáticas além do Japão. Lee observa que, na Coreia do Sul, os governos de Kim Dae-jung e de Roh Moo-hyun (1998-2008) eram entusiastas desse exclusivismo na forma de cúpulas como a Asean Plus Three. Como salienta Kuik, a China também achou o regionalismo confortável em termos geopolíticos, desde que pudesse manter ao mesmo tempo afiliações multilaterais globais, como participar da OMC.

Além das questões de simbolismo e identidade, a importância dos perfis regionalistas asiáticos que estão emergindo – de fato, a própria forma do regionalismo asiático – dependerá fortemente das "forças causais que movem o sistema". Nossos autores identificaram pelo menos seis determinantes positivos dos futuros padrões de organização regional e pelo menos dois potenciais catalisadores adicionais, cujo impacto provavelmente aumentará. Devido à sua provável importância na moldagem do futuro de uma crucial região global, as forças identificadas por nossos autores merecem ser aqui resumidas.

Na visão de virtualmente todos esses autores, o futuro determinante mais fundamental de padrões de organização regional asiática provavelmente será a *mudança econômica*. Em termos concretos, a crescente importância econômica da China, ao lado de sua crescente reorientação voltada para as áreas vizinhas, em especial Coreia, Taiwan e Asean, e do seu relativo distanciamento dos Estados Unidos, poderá criar novos incentivos ao regionalismo. Como salienta Hale, a China já consome 44 por cento das exportações de Hong Kong, 37 por cento das de Taiwan, 22 por cento das da Coreia e 13 por cento das do Japão. A Coreia do Sul investiu mais de US$ 6 bilhões na China em 2005. Redes transnacionais de produção, alimentadas por investimentos intrarregionais, estão institucionalizando ainda mais esses relacionamentos. E as oscilações cambiais, que quase inevitavelmente elevarão o valor do Yuan chinês, provavelmente intensificarão ainda mais o caráter dos recentes padrões comerciais asiáticos centrado na China.

Como observa Cumings, no passado, o unilateralismo americano foi um importante determinante dos perfis regionalistas asiáticos. Ele destaca que a oposição dos Estados Unidos ao multilateralismo asiático, no início dos anos 1990, foi a razão central para o fracasso do conceito da Convenção Econômica da Ásia oriental, do primeiro-ministro da Malásia Mohamad Mahathir. Não há dúvida de que a influência americana continuará a ser importante nos futuros perfis do regionalismo asiático, mas provavelmente de maneiras novas e mais sutis, como sugere a configuração da Cúpula da Ásia Oriental, em Kuala Lumpur, em 2005. Embora este importante evento regional tenha sido realizado sem a participação americana, ele foi configurado com a presença de estados favoráveis aos americanos, como Austrália, Índia e Nova Zelândia, de forma a limitar o desafio geopolítico aos interesses de Washington.

As *redes interpessoais* constituem uma terceira força importante, que está moldando em silêncio as perspectivas a longo prazo para o regionalismo asiático. Durante a crise financeira de 1997-98, como destaca Calder, a carência dessas redes foi uma força importante, impedindo a cooperação dos chineses e outros povos locais com a iniciativa regionalista do Japão, o Fundo Monetário Asiático. Hoje, como sugerem Cuming, Hale e outros autores, a interação dos responsáveis pelas políticas e por comunidades epistemológicas em áreas como finanças, energia e transportes, é muito mais intensa, tornando as falhas de comunicação e as dificuldades de coordenação política, que intensificaram em muito a crise de 1997-98, cada vez menos prováveis no futuro.

Os *interesses domésticos* de forma inevitável influenciam os perfis regionalistas asiáticos, como observam Kuik e Ravenhill. É provável que também o façam no futuro, e de forma decisiva, com base em um senso amplamente aceito na Ásia, de que os asiáticos merecem os mesmos direitos à arquitetura ao mesmo tempo regionalista e globalista de que desfrutam Europa e América do Norte. Em termos transnacionais, a mudança recente mais visível e interessante é a ascensão, no nordeste da Ásia, das poderosas indústrias automotiva e eletrônica, centradas especialmente no Japão e na Coreia do Sul. Esses setores têm orientação antiprotecionista e estão se tornando catalisadores de FTAs, embora com um perturbador "protecionismo negociado" implícito. Algumas vezes, como destaca Ravenhill, trata-se de arranjos transregionais, por exemplo, entre Japão e México ou Coreia e Chile. Contudo, pelo fato de criar precedentes e sensibilizar os consumidores, eles potencialmente preparam terreno para um afastamento em relação ao protecionismo de orientação agrícola do passado. Essa evolução também poderá ter consequências econômicas importantes para a criação de laços comerciais regionais com os vizinhos mais próximos.

Uma *crise político-econômica*, como observam Calder e Hale, pode ser um catalisador especialmente poderoso para novas iniciativas em organização regional. Na verdade, foi a crise financeira asiática que produziu as mudanças mais dinâmicas, e muitas vezes descontínuas, dos últimos anos nos perfis de organização regional – muitas delas inesperadas antes da explosão da crise. Como sugere Calder, no futuro um "modelo Chiang Mai", segundo o qual a crise produz saltos descontínuos na formação de instituições regionais com base em padrões preestabelecidos de interdependência econômica, pode representar um importante paradigma de como a integração regional na Ásia oriental pode progredir. Esta dialética criativa, porém volátil, entre ideias e interdependência econômica poderá aproximar a Ásia do perfil eclético da Europa, de comunidade nacional e regional, que a maioria dos analistas previu.

A *liderança política* também tem sido um importante catalisador na determinação de padrões de integração regional, tanto em situações de crise quanto em casos de inovação mais incremental em políticas. Como salienta Lee, o presidente Kim Dae-jung da Coreia do Sul, representa um exemplo evidente. Durante a crise financeira asiática, Kim propôs reuniões de cúpula entre Coreia, China e Japão, dentro da estrutura da Asean Plus Three, bem como o estabelecimento do Grupo de Visão da Ásia oriental, e ambos mostraram ser inovações importantes em termos de políticas. Sucessor de Kim, Roh Moo-hyun também acelerou a orientação regionalista da Coreia com maior ênfase no nordeste da Ásia, como observa Lee.

Novos catalisadores para a integração regional – ligados apenas indiretamente a estratégias diplomáticas regionalistas – poderão emergir em futuro previsível. Alguns analistas sinalizam para o "infrarregionalismo" – o advento de projetos de infraestrutura em grande escala como aeroportos, portos e oleodutos – que poderá ser importante na integração da região. O Aeroporto Internacional de Incheon, perto de Seul, o porto de Busan, no sudoeste da Coreia e a Zona Econômica Especial de Kaesong, pouco ao norte da zona desmilitarizada e já em andamento, são alguns casos. Outros, como a rede de energia regional do nordeste da Ásia, poderão fazer progredir a desnuclearização da Coreia do Norte.

Pode-se acrescentar que o infrarregionalismo tem a distinta vantagem política de ser exequível sem criar uma estrutura legal ou regulatória abrangente. E tem a virtude adicional, do ponto de vista da integração regional, de criar pressões pela coordenação de políticas. Se, por exemplo, aeroportos e oleodutos forem construídos, será necessário pensar a seguir em transportes, energia e planejamento de políticas fiscais. Dada a importância da construção nos sistemas domésticos japonês, coreano e taiwanês e cada vez mais no chinês, o infrarregionalismo poderá ser, apesar dos enormes custos e riscos financeiros envolvidos, um importante veículo futuro, de uma dinâmica de efeitos indiretos para o aprofundamento da integração político-econômica entre as nações da região, em especial no nordeste da Ásia.

Uma força potencial final para o aprofundamento da integração da Ásia oriental, identificada por nossos autores, é a transformação política nacional. Cumings observa, por exemplo, que as mudanças políticas na península coreana poderão constituir um enorme catalisador para a integração regional, embora o possível perfil seja incerto. Afinal, a Coreia é literalmente o cubo da região nordeste da Ásia, com fronteiras com a China e com a Rússia, além de ser adjacente ao Japão. A unificação da Coreia, ou mesmo um relaxamento limitado das relações econômicas entre Norte e Sul poderão ampliar e acelerar de forma substancial a integração na região.

Fukuyama e Ikenberry observam que China e Japão também estão à beira de transformações potencialmente decisivas. A China está evoluindo internacionalmente para se transformar numa potência de grande importância global, mesmo quando passa por mudanças domésticas históricas. O Japão também procura recuperar um senso perdido de nacionalidade, de formas que poderão intensificar os dilemas regionais de segurança. Ambos os países veem o multilateralismo, com grande envolvimento americano para não minar a aliança Estados Unidos-Japão, como sendo crucial para facilitar a histórica "transição de poder" em andamento no nordeste da Ásia.

Calder, Cumings e Fukuyama veem a dinâmica das Conversações entre Seis Partes sobre a questão nuclear norte-coreana como um protótipo de como a integração na Ásia oriental poderá prosseguir de forma produtiva no futuro e para a espécie de configuração institucional que poderá acompanhá-la, desde que seja resolvido o problema nuclear. Na visão de Cumings, a dinâmica concreta é "a força diplomática chinesa, a integração regional e a aquiescência americana", embora outros apresentem a posição nuclear de Washington de forma mais positiva, como crucial para a estabilidade regional a longo prazo. Ikenberry enfatiza que podem ser necessárias algumas novas instituições de segurança, possivelmente complementadas por tratados de não agressão e mecanismos regulares de consultas, como um veículo pelo qual China e Japão em particular poderão se comunicar para amenizar dilemas de segurança incipientes. Um veículo para uma coordenação regional mais profunda, sugere Fukuyama, poderia ser uma "organização de seis potências", composta por China,

Japão, as duas Coreias (como uma única), Rússia e Estados Unidos. Independentemente de como seja concebida em termos institucionais, esta constelação de forças, catalisada por uma crise político-militar, poderá desempenhar um papel importante para determinar a futura configuração da Ásia oriental.

Quais são as implicações para o futuro do Pacífico em termos de políticas?

Nossos autores são unânimes em reconhecer, como diz Hale, que "há novas forças em jogo na Ásia oriental" e que elas tornam imperativo um novo modo de pensar a respeito da infraestrutura institucional na região. Três tendências principais costumam ser identificadas: a crescente interdependência econômica intrarregional, com seus imperativos regulatórios; a ascensão da China; e a transformação político-militar do Japão. Em conjunto, elas são vistas como necessitando de modificações na estrutura de cubo e raios que prevalece há meio século. Embora essas modificações possam produzir a curto prazo uma redução da influência regional americana na medida em que os "raios" da roda centrada em Washington comecem a falar entre si de forma mais sistemática, elas também podem dar, na visão de nossos autores, maior legitimidade à política americana na região do que a rígida insistência dos Estados Unidos em manter a estrutura de cubo e raios.

Contrariamente à concepção comum, afirma Hale, a política americana não tem sido estática. Washington, observa ele, tem negociado com sucesso FTAs com Austrália e Cingapura e também está em conversações com a Coreia. Os Estados Unidos apoiaram a noção das Conversações entre Seis Partes, com o representante americano Christopher Hill, em cooperação próxima com China e Japão, desempenhando um papel-chave na negociação do acordo de Pequim, de 2005, pelo qual a Coreia do Norte se comprometeu a abandonar seu programa nuclear, juntamente com acordos subsequentes de fechar e demolir instalações, como a de Yongbyon, apesar de sujeita a provisões econômicas, de segurança e de monitoramento que ainda deverão ser plenamente testadas.

Embora tenham sido citadas aqui algumas histórias de sucesso, muitos dos nossos autores sinalizaram para a passividade, ou o "silêncio ensurdecedor", da política americana sobre a questão do multilateralismo asiático, e para as consequências perversas desta negligência. Fukuyama, Ikenberry, Togo e outros notam a importância da aliança Estados Unidos-Japão para a estabilidade regional, especialmente sobre questões delicadas e explosivas de dissuasão, como relativas à Coreia do Norte e o estreito de Taiwan. Contudo, eles também observam que há questões pendentes, como a necessidade de lidar com a ascensão da China, o possível colapso da Coreia do Norte e a possível remilitarização do Japão, sobre as quais a existência de uma estrutura multilateral residual poderá ser altamente importante, e a estrutura exclusiva de alianças bilaterais é inadequada. Assim, o multilateralismo poderá promover, de forma útil, a estabilidade regional, o que constitui o objetivo central da política americana, desde que também permaneçam alianças bilaterais dignas de crédito para assegurar o seu poder de dissuasão.

Como destaca Fukuyama, os Estados Unidos "tropeçaram" no multilateralismo na Ásia oriental devido a seu desejo de fazer oposição à insistência norte-coreana no bilateralismo nas negociações sobre a questão nuclear, associado ao desejo de Washington de explorar a influência chinesa no trato com a Coreia do Norte. É crucial agora, concordam nossos autores, construir de forma mais sistemática sobre esse acontecimento aparentemente acidental. Uma organização com poder de fogo e um Fórum Regional da Asean revitalizado, possivelmente complementado por tratados de não agressão e diálogos estratégicos, são duas das possibilidades. Esperamos que este livro, com sua avaliação franca de onde está hoje o regionalismo na Ásia oriental e sua análise de longo prazo das forças que definem as futuras configurações, seja um instrumento útil para os responsáveis pelas políticas e também para os leitores em geral na avaliação do perfil de um futuro regional asiático com implicações cruciais para os Estados Unidos e para o mundo.

Colaboradores

Kent E. Calder é diretor do Edwin O. Reischauer for East Asian Studies e professor de Estudos da Ásia oriental na Paul H. Nitze School of Advanced International Studies (Sais) da Johns Hopkins University. Foi professor na Princeton University e ocupou a cátedra do Japão no Center for Strategic and International Studies. Foi ainda conferencista no Departamento de Governo da Harvard University, onde serviu como primeiro diretor executivo do Harvard University Program on U.S.-Japan Relations. Calder foi também conselheiro especial do embaixador dos Estados Unidos no Japão e conselheiro especial do secretário de Estado assistente para assuntos da Ásia oriental e Pacífico. Seus livros incluem *Pacific Defense: Arms, Energy, and America's Future in Asia; Crisis and Compensation: Public Policy and Political Stability in Japan; Strategic Capitalism: Private Business and Public Purpose in Japanese Industrial Finance; Embattled Garrisons: Comparative Base Politics and American Globalism;* e *East Asia Edge.* Foi editor associado de *World Politics* e atualmente é membro do conselho editorial de *Asian Security.*

Bruce Cumings pesquisa e leciona na Universidade de Chicago sobre história internacional do século XX, relações Estados Unidos-Ásia oriental, economia política na Ásia oriental, história coreana moderna e relações exteriores americanas. Interessa-se pela multiplicidade de maneiras pelas quais concepções, metáforas e discursos estão relacionados à economia política, a formas materiais de produção e a relações entre Oriente e Ocidente. Suas publicações incluem *The Origins of the Korean War, War and Television, Korea's Place in the Sun: A Modern History*, e *Parallax Visions: American-East Asian Relations at the End of the Century.*

Francis Fukuyama é professor de Economia Política Internacional na Paul H. Nitze School of Advanced International Studies (Sais) da Johns Hopkins University. Também é diretor do programa de Desenvolvimento Internacional da Sais. Tem escrito sobre questões de democratização e economia política internacional. Seus livros incluem *The End of History e The Last Man, Trust: The Social Virtues and the Creation of Prosperity; The Great Disruption: Human Nature and the Reconstitution of Social Order; Our Posthuman Future: Consequences of the Biotechnology Revolution; State-Building: Governance and World Order in the 21st Century;* e *America at the Crossroads: Power and the Neoconservative Legacy.* Trabalhou na Rand Corporation e no Departamento de Estado americano, com especialização em assuntos do Oriente Médio e assuntos político-militares europeus. De 1996 a 2000, lecionou Políticas Públicas na School of Public Policy da George Mason University.

David Hale, um economista global, é fundador da Hale Advisors, LLC, sediada em Chicago, e é presidente do conselho da China Online, LLC, uma prestadora de serviços para notícias sobre negócios e economia a respeito da China. Antes de abrir sua própria firma, era economista chefe global do Zurich Financial Services Group, onde assessorava as operações de seguros e o gerenciamento de fundos do grupo sobre o panorama econômico e uma ampla gama de questões de políticas públicas. Foi anteriormente economista chefe na Kemper Corporation. Seus artigos apareceram em publicações como o *Wall Street Journal, Far Eastern Economic Review, Financial Times, New York Times, Nihon Kezai Shimbun, Financial Analyst Journal, Harvard Business Review* e *Foreign Policy.*

G. John Ikenberry é professor de Política e Assuntos Internacionais no Departamento de Política, da Princeton University, e na Woodrow Wilson School. Também lecionou na Georgetown University e na Universidade da Pensilvânia. E esteve afiliado ao Carnegie Endowment for International Peace e à Brookings Institution. Seus livros incluem *After Victory: Institutions, Strategic Restraint, and the Rebuilding of Order after Major Wars; State Power and the World Economy; Reasons of State: Oil Politics and the Capacities of American Government;* e *The State and American Foreign Economic Policy.* Entre os livros que editou estão *New Thinking in International Relations, U.S. Democracy Promotion: Impulses, Strategies, and Impacts, International Relations Theory and the Asia-Pacific,* e *American Unrivaled: The Future of the Balance of Power.*

Cheng-Chwee Kuik é candidato ao doutoramento no programa de Estudos do Sudeste da Ásia na Paul H. Nitze School of Advanced International Studies (Sais), da Johns Hopkins University e também conferencista no Programa em Estudos Estratégicos e Relações Internacionais, da University Kebangsaan Malaysia (UKM).

Sook-Jong Lee é professor na Graduate School of Governance, Sung Kyun Kwan University em Seul, e antigo pesquisador sênior no Sejong Institute. Lecionou na Paul H. Nitze School of Advanced International Studies (Sais) da Johns Hopkins University e foi colaborador visitante no Brookings Institution Center for Northeast Asian Policy Studies. Pesquisa e leciona sobre economia política da Coreia e do Japão e sobre suas sociedades civis e governanças.

John Ravenhill esteve no corpo docente da University of Sydney, da University of Virginia, da International University of Japan, do Institute of Defence and Strategic Studies da Nanyang Technological University, de Cingapura, e da University of California, Berkeley. Entre seus livros recentes estão *Global Political Economy, Asia Pacific Economic Cooperation: The Construction of Pacific Rim Regionalism, The Asian Financial Crisis and the Architecture of Global Finance* e *The National Interest in a Global Era: Australia in World Affairs.* Seus artigos apareceram em muitas das mais importantes publicações sobre relações internacionais, inclusive *World Politics, International Organization, World Policy Journal, World Development* e *International Affairs.* É membro dos conselhos editoriais de *Pacific Affairs, International Relations, International Relations of the Asia-Pacific* e

Global Economic Review. Seus interesses em pesquisa estão centrados em economia política global, em especial nos campos de comércio, produção e na política externa australiana.

Daniel H. Rosen é conselheiro econômico especializado no desenvolvimento comercial da China, escreve e faz conferências sobre relações econômicas Estados Unidos-China. Dirige a China Strategic Advisory, uma consultoria especializada que ajuda altos executivos a analisar e compreender as tendências comerciais, econômicas e políticas na Grande China. Também é professor associado adjunto na Columbia University e colaborador visitante do Institute for International Economics (IIE) em Washington, D.C. Escreveu livros sobre as mudanças no setor do agronegócio da China e sobre as dinâmicas comerciais Estados Unidos-Taiwan.

Kazuhiro Togo é professor visitante na Seoul University (outono de 2007). Em 1968, entrou para o Ministério do Exterior do Japão, onde trabalhou extensamente sobre assuntos soviéticos/russos, bem como sobre a Europa, a América, direito internacional e economia. Foi embaixador do Japão na Holanda antes de se aposentar, em 2002. Em 1995, começou a lecionar em universidades em Moscou e Tóquio e, depois de aposentado, lecionou em Leiden, Princeton, Tansui (Taiwan) e Santa Barbara. Suas publicações recentes incluem *Japan's Foreign Policy 1945-2003: The Quest for a Proactive Policy;* e *The Inside Story of the Negociations on the Northern Treaty: Five Lost Windows of Opportunity* (em japonês). Entre os livros que editou estão *Russian Strategic Thought toward Asia and Japanese Strategic Thought toward Asia.*

markgraph

Rua Aguiar Moreira, 386 - Bonsucesso
Tel.: (21) 3868-5802 Fax: (21) 2270-9656
e-mail: markgraph@domain.com.br
Rio de Janeiro - RJ